西方传统 经典与解释
Classici et commentarii
HERMES

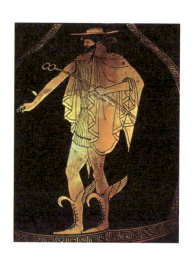

HERMES

在古希腊神话中，赫耳墨斯是宙斯和迈亚的儿子，奥林波斯神们的信使，道路与边界之神，睡眠与梦想之神，亡灵的引导者，演说者、商人、小偷、旅者和牧人的保护神……

西方传统 经典与解释
Classici et commentarii
HERMES
潘戈集
戴晓光 ● 主编

18世纪北美的共和主义与洛克哲学

The Spirit of Modern Republicanism:
The Moral Vision of the American Founders and the Philosophy of Locke

[美] 潘戈（Thomas L. Pangle）● 著

朱 颖 ● 译

华东师范大学出版社

华东师范大学出版社六点分社　策划

古典教育基金·"传德"资助项目

"潘戈集"出版说明

潘戈(Thomas L. Pangle, 1944)是施特劳斯学派的第二代重要代表人物,也是当代英语学界相当活跃且颇富思想力度的政治哲学家,在思想史和政治哲学领域享有广泛的学术声誉。

潘戈本科毕业(1966)后赴芝加哥大学深造,有幸成为施特劳斯亲自指导的硕士生,以柏拉图《法义》为主题撰写学位论文。施特劳斯去世前一年(1972),潘戈以"孟德斯鸠与自由民主政制的道德基础"为题的博士论文取得芝加哥大学政治学系博士学位。作为施特劳斯的最后一批弟子之一,潘戈先后师从布鲁姆(Allan Bloom)、克罗波西(Joseph Cropsey)及美国宪政思想史家斯托林(Herbert Storing)。

从教以来,潘戈先后任教于耶鲁大学(1971 — 1979)及多伦多大学(1979 — 2004)。自 2004 年起,潘戈执教美国德克萨斯大学奥斯汀分校,主持该校的本科博雅教育。在四十余年的教学研究生涯中,潘戈致力深入政治哲学史诸多核心问题的纵深,拓展研究视野,卓有成效地推进了施特劳斯所开启的古典政治哲学教育事业。尤其值得提到,凭借对美国宪政及建国思想家的权威研究,潘戈更新了当代学界对美国建国原则及政体问题的理解。此外,他还是学识精湛的古典学家,先后翻译过柏拉图、索福克勒斯和阿里斯托芬的作品。

潘戈曾以"古典政治理性主义的重生"来概括其老师施特劳斯的思想贡献,而他则致力于在美国的文教语境中坚持这一根本取向,与历史主义及其由此衍生的激进民主思潮展开搏斗。潘戈的著述不仅让我们可以大致了解古典政治哲学研究在美国的晚近进展,而且促使我们认识到,必须面对具体而复杂的现实思想困境,古典政治哲学研究才会激发富有德性的思想。

古典文明研究工作坊
西方典籍编译部申组
2018 年 5 月

谨以本书纪念
赫伯特·J·斯托林

目　　录

中文版序(潘戈) / 1

序言 / 1

导论 / 3

第一篇　关于建国问题主流政治学说的批判 / 9
　　第一章　古老的正统及其遗赠 / 11
　　第二章　马克思与韦伯 / 17
　　第三章　哈兹命题 / 38
　　第四章　"古典共和主义" / 43

第二篇　制宪者的公民美德概念及其引发的哲学竞赛 / 67
　　第五章　新"普布利乌斯" / 69
　　第六章　公民美德的古典分析 / 77
　　第七章　古典学的现代对手 / 100
　　第八章　智识美德的消逝 / 117
　　第九章　行动美德的新意 / 140
　　第十章　"合法政府"的新基础 / 177

第十一章　自由与人性 / 184
　　第十二章　未竟的难题 / 195

第三篇　洛克的人性观 / 201
　　第十三章　《政府论》的交际线 / 203
　　第十四章　财产权 / 222
　　第十五章　家庭的问题 / 268
　　第十六章　道德的理性基础 / 286
　　第十七章　神与人的正义 / 305
　　第十八章　理性家庭 / 348
　　第十九章　"自然状态" / 369
　　第二十章　理性共和国 / 379
　　第二十一章　理性自由与人类尊严 / 393

结语 / 413
参考文献 / 418

译后记 / 436

中文版序

这本书以及我在芝加哥大学所发表的系列讲座，都已是两代人之前的事情了，那时候正值庆祝美国宪法诞生 200 周年。而时至今日，我曾经做过的重新解释并带回的那些极具争议的主题、问题、作者和文本，仍然迫切需要我们予以批判性的研究和理解。

现代理性主义在美国建国问题及其随后的宪政发展过程中，寻找到了决定性的成功政治的表达和成就。如果我们要完全理解，或者最深刻地定义那个已经成为美国伟大实验的基础——即如果我们要理解美国最深层的力量与劣势、美德与邪恶、希望和对未来恐惧的根源——那么，我们就必须对书中所引用的文本进行如下视野的研究。

我的研究与美国建国问题的大多数其他研究的不同之处在于，我对美国政治建国者们的哲学基础抱有一种强烈的严肃态度。我开始在建国者们自己的哲学和反思性作品中搜寻这些基础——不仅仅是他们的出版物，还有他们未发表的辩论和演讲记录、私人信件，甚至是他们留下的备忘录。这类文本证据表明，约翰·洛克绝不是唯一的，但却可以说是最有分量的一种哲学影响。

我发现洛克的启蒙观点并不多，因为他的思想是美国的建国者们明确而自觉地加以应用的，因而在遵循洛克思想的严重复杂性的过程中,我们可以了解到美国人所信奉之思想的重要潜在维度和含义,对此就连那些政治建国者们自己也不甚清楚。

事实上,我的研究成果最丰硕的方面就是,在与洛克及其哲学思想的缠斗中,超越了他对美国及其建国问题的影响。在这本书的后半部分,我试图提取洛克哲学中关于人类境遇的本质,以便让我的读者了解到,对人类生活和人类命运之意义的严谨思考和争论,这些都可以在洛克的著作中寻找到踪迹。

然而,洛克在他的著作中所传达的核心教义却很难获取,尤其是对于那些在当代自由民主中成长并接受教育的读者而言。洛克是在一种高度不自由的、传统上是基督教的市民文化背景下进行写作,他的目的在于引领一场文化上的革新。因此,他作为一名"将军"或者先锋领袖,在一场涉及最高利益的隐秘精神战争中,开展了一场战略意义的写作。他的作品必须以隐微或显白的方式解读:它被设计用来传达一个部分隐藏的、完全打破常规的(隐微的)信息,而在不经意的读者看来,却是一种墨守成规的、传统基督教的,甚至是古典亚里士多德式的外表(显白的)掩饰。

为了穿透显白的面纱,开始真正学习洛克隐微的大义,读者必须敏锐地意识到他的这种颠覆性的修辞策略。读者们将会非常受益,因为他们一直将圣经和古典希腊—罗马的传统和文本牢记于心,而洛克正在进行着他的革新,但是洛克需要假装紧随其后。通过对圣经和亚里士多德的文本中实际发现的东西进行一种持续地、仔细地比较,这些洛克所引用,或者他提到的,或者他的核心教义所含蓄地(而且通常是叛逆地)指出的内容,将极大地帮助读者,理解洛克一直在进行的那一场精神战斗中所涉及到的所有问题。

这就意味着,人们如果要真正理解洛克想要传授的东西,或者他的教益所带来的深远哲学影响,就需要不断地将洛克的思想与伟大的古典理性主义者(柏拉图、色诺芬、亚里士多德、西塞罗——在某种程度上，还包括他们的基督教晚辈：托马斯·阿奎那和理查德·胡克)的文本进行比较和对照。

洛克的作品构成了"古今之争"的巅峰表现之一，这是现代自由文明及其不满的症结所在；要理解洛克的深奥哲学思想，对于真正充分理解自由共和主义的深层基础和最棘手的问题至关重要。在这本书的后半部分，我试图给出一种对需要完成的注释工作的模板，以便收获精神上的解放或独立，这是洛克留下的作品所带来的丰厚回报和利益。

潘戈
2018年9月27日
于得州大学奥斯汀分校
托马斯·杰斐逊古典文献研修中心

序　言

[ix]1987年秋天,我受芝加哥大学社会思想委员会之邀做了埃克森基金系列讲座,从人文角度解读社会与政治现象,本书即讲座的扩展。我尤为感谢该基金会与社会思想委员会为鼓励与支持我完成这本书写作所提供的帮助。同时,我还要将谢意转达给埃尔哈特基金会、国家人文捐赠基金、多伦多大学法学院康诺特基金,以及洛克菲勒基金会百乐宫学术会议中心,它所提供的场所使得我有足够的时间将本书主题的研究和反思进行精雕细琢。

尽管现在这本书可以理所当然地自成体系,自给自足;但在某种程度上,本书也是对我早期作品——《孟德斯鸠的自由主义哲学》(*Montesquieu's Philosophy of Liberalism*, Chicago：University of Chicago Press, 1973)一书的完善。虽然该书在某些细枝末节处仍需修订,但我依然坚信,其中有关孟德斯鸠政治哲学解读的基础性方向至今依然大有裨益。因此在这部作品中,我将不再对孟德斯鸠思想的细微之处进行累述。总体而言,这两本书都旨在通过以一种向现代自由共和政体的两位伟大的哲学倡导者,以及追随二者的那些最值得尊重的政治学徒们致敬的方式,以一种批判性对话的方式,澄清现代自由共和政体的道德与哲学基础。

我的这部作品还未成稿之时,就已经在不同阶段分别以手稿形式分章节地获得了以下同仁的批评指正,使我受益良多。他们是布鲁尔(Christopher Bruell)、博洛廷(David Bolotin)、尼科尔斯(James H. Nichols)、勒纳(Ralph Lerner)、曼斯菲尔德(Harvey Mansfield, Jr.)、塔科夫(Nathan Tarcov),以及我的妻子洛琳(Lorraine)。我还要向孚雷(François Furet)致以谢意,正是受他的邀请,让我在法国高等社会科学研究院雷蒙·阿隆研究所的系列讲座中展现了本书的雏形,并且让我的思想在一种充满朝气的挑战中获得了最好的锤炼与受益。

  本书部分章节内容的早期版本已经在如下论文中公开发表:《洛克式宪政主义中的行政权与世俗精神》①、《公民美德:建国者概念与传统概念》②。其中本书的一些观点还可追溯到以下论著中:《美国宪法中的人文视野》③、《联邦主义者》④、《〈联邦党人文集〉视野下并由其生成的公民美德与传统》⑤、《美国共和主义的谱系》⑥、《爱国主义的美国格调》⑦、《联邦主义者与"美德"观》⑧。

---

① "Executive Energy and Popular Spirit in Lockean Constitutionalism", *Presidential Studies Quarterly* 17, 1987, copyright 1987 by the Center for the Study of the Presidency.
② "Civic Virtue: The Founders' Conception and the Traditional Conception", in Cary Bryner and Noel Reynolds, eds., *Constitutionalism and Rights*, Brigham Young University Press, 1987.
③ "The Constitution's Human Vision", *The Public Interest*, no. 86, Winter 1987.
④ "The Federalists", *Humanities* 8:2, 1987.
⑤ "The Federalist Papers' Vision of [x] Civic Health and the Tradition Out of Which That Vision Emerges", *The Western Political Quarterly* 39:4, 1986.
⑥ "The Ancestry of American Republicanism", *Humanities* 7:1, 1986.
⑦ "Patriotism American Style", *National Review* 37:23, 1985.
⑧ "Federalists and the Idea of 'Virtue'", *This Constitution*, no. 5, Winter 1984.

导　　论

[1]在美国宪法诞生200周年之际,引发我们重新思考的是:不仅仅是法律与宪政理论塑造了这个国家的政制;同时,何种人以及他们的生活方式这一更为基础性和复杂性的问题也促使了这一全新政制的孕育。要回答这个问题,我们不可能单纯地去追问我们前辈的处世方式,或者追溯久远年代古人的思想。

我们作为现代民主社会的公民,不可避免地被一种具有鲜明特色的政治图景所塑造。这正是出现在17到18世纪这一伟大历史分水岭的事件,它被人们称为"启蒙运动"。"启蒙"一词所激发的是一种革命性的理性主义,一种史无前例的契约政治理论化的影响,一种令人惊叹并且叹为观止的哲学家们的政治雄心,以哲学规划开创并尝试引领这一世界—历史的变革。从宏观上讲,现代西方文明正是"启蒙"理论及其理论化的结果。

如果我们试图去理解塑造我们的那些理念所包含的政治与社会结构,如果我们想要以一种真正批判的态度或者自由的立场去面对这个问题,那么我们首先需要的,也是最为重要的是去尽可能清晰地了解那些设计这些基本或者原初理念的那些人的意图。这就意味着我们必须以同情和付出的态度,通过阅读那些政治哲学家和神学家的作品,回到问题的原点。因为这些人最为全面地阐述了那些相互竞争的道德观点,而通常在这些观点的共同影响下,又产生了自由民主政体,尤其是它的美国变体。

但是仅仅为了对最具影响力和最具远见的思想者形成自我理解,这样的研读是不全面的。我们还必须试着去观察他们强大的并且相互交织的智识光芒如何被折射和传播,这正是通过政治家的方式得以实现的,即公民的行动和实践智慧。

我们回到这些哲人思考的原点,是为了发现那些完整的、时隐时现的、有时暗含的并不和谐的道德范畴以及我们的国父们试图实现的那些承诺的真实含义;我们通过观察国父们的自我行动来发现这些道德内涵的影响(也许只是部分地被理解)如何被柔化、强化、组合和改变,在一定程度上,这也是由民众的力量和纯粹偶然事件的巨大压力所造就的。

诚然,事实上,一种政治体制的建立可能是塑造一个国家未来发展图景的最强大力量;而那些试图创设一个新政制的先行者们,可能并没有一个自我信服的甚至是非常清晰的道德"意图"。[2]此外,我们还必须承认,就美国建国而言,建国者们却是一个具有兼收并蓄和广博智识水平的群体。因而,美国开国元勋们所创制的那些伟大文本具有不同寻常的持久力,并对这个国家未来的道德和政治思考产生了一种结构性的巨大影响。在这些文本中,特别是美国宪法本身,就是真知灼见的反思和论辩的产物。最重要的是,美国的建立是由一小部分天才所主导的事业,他们不仅通过调和妥协来达成共识,而且还开创性地提出了一种全新奇妙的观点——实质上,他们是在更为清晰地揭示一种全新政治文化产生的哲学根基和遥远目标。

这样的评述是具有启发意义的。在这个问题上,我们可以将麦迪逊的制宪会议笔记的内容与托克维尔见证宪法委员会的秘密审议草案的过程相比较,二者也许是思想史上最为相似的两个事件,而后者拟定出了法兰西第二共和国的宪法(*Souvenirs*, Part II, chap. 11)。托克维尔在没有获得麦迪逊笔记的情况下,仅仅根据他对可获取的公开文本的研究,就得出了一个比较结论,他强调了美国制宪会议中建国者们的卓越性,他们不仅是在公民自治上累积经验,而且是在历史与理论的反思中不断进步。

这一小部分精英的道德理论成为了我关注的焦点。因此,在某种意义上,我的研究主要集中在《联邦党人文集》中,那些非典型的不具有所谓代表性的文本上,这些作品构成了建国之父们留给后人最深刻的记录。

参见杰斐逊对《联邦党人文集》和洛克的评价:"洛克有关政府论述的小册子是迄今为止最有见地的;但是在理论转化为实践方面,就再没有比《联邦党人文集》更好的书了"(1790年5月30日致托马斯·伦道夫的信,in 1944,496-497);而在此一年半前,杰斐逊曾盛赞麦迪逊是"所有关于政府原理评述的最优秀的合著者"(1788年11月18日致麦迪逊的信,同上,452)。参见马文·迈耶斯的评论(*The Mind of the Founder*,1973,442-446),以及乔治·华盛顿在1788年写给汉密尔顿的信中有关联邦党人的评论(引自 Rossiter,1961,vii)。关于联邦党人影响的学术讨论,特别是在法国、德国和拉丁美洲,参见 Dietze,1960,第1章。(所有引文的完整书目信息可查找本书的"参考文献"部分。)

我对于联邦党人观点的补充,不仅是对文集作者附加的启发性陈述,而且有时也是为其他主要的建国者的不同观点进行发声——特别是富兰克林、杰斐逊和威尔逊。

这些精选章节应当被看作是一些关于人的潜在观点的主要参考版本,而这些观点在前现代的政治思想史中也曾经被阐述过。[①]

[①] 在我看来,人们没有将《联邦党人文集》放在政治思想史应有的位置上(潘恩的思想除外),这是我们通过有时对莱特(1949)和斯坎伦(1959)有益讨论中才发现的有关这本文集传统评述中存在缺陷的主要根源。除此之外,他们并没有对美国和古典共和主义之间的关联给予足够的关注,也没有从学理上去追问这个问题——美国建国之父们到底打算培养什么样的人。

我以这种方式进行的解读,主要目的不是去推测那些有影响的谱系(尽管在这一方向上我有所暗示)。但是,我写作本书的主要目的无外乎以下两点:第一,是要更加精确地描述在某种程度上建国者们所能接受的全方位的、具有张力的道德选择。第二,就是开始重构那些最深刻的论点,并使其根植于人性的概念中,以支持他们的道德立场。

我将试着去展示问题的来龙去脉,当我们揭开制宪者关于健全或完整的人类生活的概念,以及人类本性的最深层的需要和潜力时,我们就会洞察并切身感受到《联邦党人文集》中所关注的核心道德理论困境。我认为,这一困境促使我们回到约翰·洛克的重要论文和作品中重新加以审视。因为在洛克的作品中,人们发现了一座真正完整的大厦,进而对这栋大厦中支撑起建国者道德观的三个最为重要的支柱的意义进行了全面的探索,它们就是:自然或者"自然神论",财产权或者"追求幸福"的权利,以及作为理性的人、父母和公民的个人尊严。

因此,我开始对洛克文本中有关道德、政治和宗教的教导,作为一种有机整体进行了新的诠释。我的评论主要是通过仔细审视洛克本人的指引,在他公开发表的、业已成熟的著作中,找寻关于他的作品应该如何被阅读或解读的方法。[3]我一直特别关注洛克所指示的,在其书中写到的那些最为休戚相关的历史情景——即试图在本质上从前自由主义或封闭社会中引入那些奠基性的哲学或理念创新的困难和危险。特别是在本书的导论中,我努力地想要尽可能清晰地表达出如此思路:从对洛克的字面表达进行细致研究,到对其文本修辞的充分欣赏,进而逐渐领会其超越时代的理论,或者说是真正的哲学意图。

尽管我对洛克的解读总是被我所能理解的其本身的意图所引导,但我与洛克的邂逅却是由于我试图解开这个国家先驱国父们的道德基础与目标所产生的那些问题或谜团所直接引发的。其结果就是对洛克这种与众不同的政治哲学有了一种全新的阐述,它最为充分地展现了美国立宪中的主导理念,尽管它绝不是毫无争议的。

通过重新塑造洛克的哲学,我认为要做的不仅仅是帮助我们更好地理解美国的起源,还包括塑造我们灵魂的那些原则,也就是我们的自然本性。对我而言,与洛克的相识相交,既可以对他人有所启迪,同时也是对哲学的一种推广。

如果我们认真对待洛克的话,我们越是在洛克身上进行哲学的发掘,我们就越会被哲学所吸引;与那些苍白无力、支离破碎的学科专业学者而言,可以说是"道不同不相为谋",就像他们自己说的,他们是在"搞哲学"。这种"哲学"与哲学史或者任何对先哲的研究相去甚远,因为先哲们的思想总是对他们所处的时代或文化的重要印证。

正如洛克所展示的,哲学是一个人灵魂的宪章,而人的灵魂是被对正确生活方式的渴求所支配的。哲学是一种探索,它源于我们对应该如何生活的无知的原初意识,是对永恒不变的、超越历史的、规范的自然与上帝原则的确信把握。从这个意义上讲,哲学需要与过去的神学和哲学经典进行一系列残酷的较量。这些较量是令人深受启迪的,这不是出于历史的好奇心,而是通过寻求与两类思想者开启一番苏格拉底式对话而展开的,而绝不是通过相互指责的方式:一类是其影响力足以决定性地塑造我们道德话语和信念的人,另一类是那些成功地追求自由和批判性反思的人。要尝试这样的对话,就是要试图打破一个人自己所珍视的那些假设前提和确定结论之间的内部循环。它是试图发现并给自己一个暂时的、令人不安甚至是令人难以容忍的外部视角,这些视角最初是令人困惑或令人恼火问题的出发点,标志着真正具有挑战性的事物确实存在,而且令人振奋。这种文本解读的方式,是为了将心灵从它的时代精神中解放出来。

[4]我们的目标是摆脱困扰我们的那些紧迫历史问题所引发

的令人眼花缭乱和身不由己的短暂力量，并使人们对真正的永恒问题和对这些永恒问题最重要的候选答案之间的论辩有着更为清晰的认识。这本书的核心论点就是，在理解美国建国问题前，我们应当首先认识一种哲学——它根植于伟大而古老的人性之中——像一颗种子埋进了现代自由主义共和国诞生的土壤里。

第一篇
关于建国问题主流政治学说的批判

第一章　古老的正统及其遗赠

[7]本书的研究挑战了今天在学者中流行的诸多方法和结论,并对美国历史的学派教义产生了影响。这场论辩的结果将会日趋明朗,而本书的视野也将变得更加清晰,这些都要归功于对塑造美国宪法精神的政治思想的各个学派解释历史的简要评注。我在本书中的目的,不仅仅是把我自己的解读展现出来,更为重要的是要突出那些倾向于预设和渲染我们阅读原始文件和文本时形成的相互矛盾的理论偏见。通过仔细审视和质疑这些影响,我希望能够打扫干净战场,开始与18世纪的思想进行一场新的较量。与此同时,在更深入和更广泛的层面上,我认为,这种检视有助于我们获得一种对那些形成(并扭曲)20世纪美国民众的一般性政治和道德意识思潮的批判距离。从历史变迁的角度来看,建国之初的历史是以一种特别具象的方式揭示了一些最具实力的趋势和思绪,这些思想在本世纪已经占据了主导地位。

通过对19世纪晚期起主导作用的,并一直保持活力到20世纪的"进步"理念的自我提示,我们能够找到一个合适的逻辑起点("进步"的理念表现出一种持续性的衰弱,即使在我们这个时代,也只能在某些方面得以幸存)。具体而言,我设想的是一种智识框架,它可以尝试着普遍解释建国者们的思想以及西方政治观念史,并且以一种被推测为不受干扰的、稳步发展的西方"宪政"传统为根据。这个传统的统一内核可以被理解为有限政府的理念:也就是说,政府是根据法治运行的权责明确且相互制衡的机构总和,这种法律本身的效力一部分来自于被统治者的同意,而另一部分则诉诸于一部不成文的"高级"法。从人的理性被视为人性的意义上看,这部不成文的法律也可以被看作是一种"自然"法,尽管这种"自然"法很可能被认为是扩展版和完成式的(尽管并不矛盾),或者说是一种神圣的实证法。

这一"伟大传统"被认为源于苏格拉底、柏拉图和亚里士多德。它应该是在廊下派手中经历了最为重要的改变或者说是提升,[8]正是他们将人人道德平等的信条融入其中(但这一证据并不牢靠)。更令人信服的是,基督的降临和新约的教诲,才最有效地引入了平等、人性和怜悯的理念。尽管自然法的观念被认为已经由中世纪基督教徒和晚期学院派的教士们进行了充实并且变得更加整洁,诸如托马斯(Thomas)、苏亚雷茨(Suarez)、胡克(Hooker)。但这个伟大传统一直被认为是经历了中世纪才被认可的,它不幸地被僧侣的偏见和教士对政治权力的欲求所作茧自缚。

据说,自然法复兴是由加尔文教、分裂主义神学家和启蒙哲学家的共同努力所促成的。后者,尤其是洛克(Locke),被认为是借鉴了英国普通法以及加尔文教的立约神学,其目的是为了给予个人权利,尤其是财产权,带来一种更加强烈但并非全新的张力。在洛克的结论中,伟大传统中的那些极其显著的变化并不比它的基本连续性更为重要。我们今日之时代,西方的统一、理性、基督教和自由精神的成熟或实现,在整个欧洲和北美大陆变得更加显而易见。

最经典的终结陈述在考文的《美国宪法的"高级法"背景》(*The "Higher Law" Background of American Constitutional Law*, 1965, 初版于 1928—1929)一书中,它在很大程度上借鉴了卡莱尔兄弟《西方中世纪政治理论史》(*History of Medieval Political Theory in the West*, 1903-1936),以及贝克尔的《独立宣言》(1942,初版于 1922)(参见伯恩斯对科温的简要批评[1985, 54-58])。有关美国建国问题的最好论述,参见麦克劳林《美国宪政的基础》(*Foundations of American Constitutionalism* [1961, 初版于 1932], 特别是页 23-24, 66-68, 100, 107-109, 112-113),还有麦克韦恩的《美国革命:一种宪法性解释》(*American Revolution: A Constitutional Interpretation*, 1924)。(另可参见卡西尔 1946, 166-172, 弗里德里希与麦克洛斯基 1954, 特别是页 ix-xiii, xviii-xxi, xxiii-xxvii, 以及新近的 Kauper 1976。)罗西特在《共和国的培育期》(*Seedtime of the Republic*)中延续了这一传统方法,很大程度上依赖于萨拜因的《政治学说史》(*History of Political Theory*:参见 Rossiter 1953, 142, 214-215, 268, 356-357, 492 n. 119)。至少直到最近,在政治科学家中,这种观点仍然很强势:亨廷顿在其被广泛研究的《变革社会中的政治秩序》(*Political Order in Changing Societies*)中,提出了一个极端的观点。亨廷顿说,革命和宪法背后的政治思想是如此的传统,以至于一个人不应该说,从任何严格意义上说,关于美国建国问题,"美国人从来不必担心如何创建一个政府"(1968, 7)。亨廷顿在很大程度上依赖于二手资源,特别是考文和麦克韦恩的。他坚持认为,美国的政治理论本质上是中世纪的,新国家的制度本质上是都铎王朝的,因此具有明显的中世纪特征,体现了中世纪宪法的基本原则。这些原则包括"社会与政府有机结合的理念,政府内部权力的和谐,(最重要的是)政府从属于基本法":"人只能宣布法律,而不能使法律在美国保持强大"(1968, 96-98, 104)。

这种适用于美国的一般方法,从某种程度上反映了它的生命力,如果以学术或哲学为镜,它反映出建国者们自我修辞中的一个主导命题。建国者们确实经常试图将自己和他们的"事业"描绘成一种西方文明的巅峰之作。然而,这种评价并没有为理解建国者们对其政治现代主义的强烈表达意识提供一个基础——他们对现代政治变革性的突飞猛进,既是理论性的,也是实践性的。正是如此,《联邦党人文集》就曾自豪地宣称(第 14 篇):

美国人民的荣耀在于,当美国人民对以前的和其他国家的意见加以适当考虑的同时……他们是在追求一种全新的和更为崇高的事业。他们完成了一次人类历史上无可比拟的革命。他们建立了地球上尚无范例的政府组织。

如果将视野从美国建国之父转向那些神学家们,尤其是启蒙运动时期的政治哲学家们,人们就会发现类似的坚持,即对创新的、非传统的,甚至是反叛的理念的追求,这就是现代共和社会奠基性和合法性的神学与哲学特征。因此,我们必须勉为其难地判断:这是一种传统的而令人安心的稳步演进的宪政概念,但充其量却被看作是一个令人欣慰的中庸理念。这样的判断是有充分理由的,即使在建国者们自己的声明中也可被发现,因为在其后的三四代人的评说中,无数强烈的怀疑和批评不断地侵蚀着这种调和观点的合理性。

[9]这并不是在学术上对作为传统信仰衰落根源的文本进行重新评价,而是把不断持续进步的这一"伟大传统"作为理解政治思想史的关键。在这里起决定性作用的是纷繁复杂的政治经验与力排众议的哲学论点的结合。因而,我首先指明的是,在我们所谓成熟世纪里,政治生活的空前堕落:公民的平庸化与"中产阶级"的民主文化,更为严重的是,在"崛起"的西方怀抱中却出现了令人不寒而栗的法西斯主义的幽灵。在世纪之交的时候,这些经历似乎认可或证实了对于现代民主的极度悲观和预言,并通过尼采(Nietzsche)的爆炸性影响开始崭露头角(参考 Pangle 1983、1987)。

如果有人尚未察觉到这些争论及其巨大影响,那么他可能会认为对古老共识的松绑本应该打开眼界,并承诺给予一个伟大历史机遇去探讨政治家和政治哲学家之间,充满专致的好奇心和强烈求知欲的那些历久弥新的争议和论辩。然而,事与愿违的是,各种类似的尼采式论点不仅摧毁了传统表面共识的天真,似乎也揭露了所有政治哲学化方案的天真,甚至荒谬。人们认定了如下事实:即所有的道德和政治理论都在于微妙的(且只有部分是有意识的)合理化(rationalization),这就意味着服务于尼采教导我们所有人的观点,即"价值判断"。最基本的道德判断被认为是具有历史意义的"承诺",其效力渊源包括经济利益、宗教信仰,或者是潜意识里的某种神秘的冲动,以及它在文化上或语言上有限本体论的"决定"。

当人们发现或重新发现历史本就缺乏理性一致性的时候,现代思想就面临着两种替代性的选择:其中一种选择就是回到古典立场,根据历史可以揭示的只是偶然事件而不是事物本质的观点,去寻找关于人性和人类本性的永恒原则;或者另一种选择——可以对人类的本质进行重新解释,试图将本质视为一种根本上难以捉摸的东西,让其在历史中得以揭示或自我展现,并被赋予了一种推理能力,这种推理能力至少不会是一种被轻易误导的、肤浅的和衍生的东西,而是表现出某种更为深刻、更为基础的力量。

最有影响力的思想家选择第二种方式。因此,历史学家们会把政治家的演讲和政治理论家的论述仅仅看作是一种表面现象。这些关涉人类心智的作品得以经久不衰的研读,但它们的作者往往是无心插柳柳成荫。[10]我们的目标就是利用这些文本来帮助揭露隐藏在自然层面上悄然塑造作者的那些经济、社会、阶级和文化力量。

这不仅是对政治家的伟大宣言的研究,也是对政治哲学伟大文本的研究,这种进路成为了行动、动机和推理关系这一全新概念的牺牲品。整个政治或公民领域被认为是"次要的或衍生的特征"(Beard 1935, 13)。传统观念认为,宪法、宪法性法律和论辩,代表着塑造一个国家的文化和政治生活的一种独立的、支配性力量,然而现在却被认为是误入歧途。自亚里士多德和西塞罗

(Cicero)以来,宪法论辩一直是严肃政治科学与历史研究的中心焦点或最高主题,但这一争论却越来越被忽视。至少而言,这些内容被归入到了法学院的课程范围,但是它们在专业培训方面的压力越来越小,同时它们又迅速将焦点转移到当代智识范式上来。

第二章 马克思与韦伯

[11]当然,前文所描述的这种态度受到了对17-18世纪政治思想的两次重新评价的激励,这两种范式已经并持续地产生了最广泛的影响:即马克思主义和韦伯主义。一方面,众所周知,受马克思主义,或者准马克思主义和新马克思主义学术观点的启发,建国者们及其主要哲学思想的渊源是由经济阶级利益决定的。

对建国者们自身进行马克思主义或准马克思主义分析的开创性应用,当然首推比尔德的《美国宪法的经济解释》(*Economic Interpretation of the Constitution*, 1935,初版于1913;见页xii-xiii,比尔德极其不愿承认他借鉴了马克思的观点,and 15 n. 1)。比尔德的方法和结论也是后继者提炼出来的。罗伯特·E·布朗(1956)对比尔德的方法论提出了强烈的批评;麦克唐纳在《我们人民:美国宪法的经济起源》(*We the People: the Economic Origins of the Constitution*, 1956)一书中对比尔德的结论提出了强烈的批评,但就经济因素的重要性而言,这并没有真正挑战比尔德的最根本论点:特别参见第10章,以及麦克唐纳和迈因之间的交流(McDonald 1960)。(麦克唐纳本人对政治思想的成熟解读在其著作《世界新秩序:美国宪法的智识起源》(*Novus Ordo Seclorum: The Intellectual Origins of the Constitution*, 1985)一书中可以找到。对启蒙运动的政治哲学家而言,最聪明的马克思主义进路是阿尔都塞的《孟德斯鸠:政治政策与历史》(*Montesquieu, la politique et l'histoire*, 1969),以及更令人印象深刻的是麦克弗森的《占有式个人主义的政治理论》(Political Theory of Possessive Individualism, 1962)。最后需要补充的是,"霍布斯和洛克的自然权利"(Natural Rights in Hobbes and Locke)一文,最初在1945年发表并作为《民主理论文集》(Democratic Theory: Essays in Retrieval, 1973)的第13章发表,因为只是在后一篇文章中,麦克弗森努力与早年施特劳斯相伴,但却截然相反地解释了霍布斯哲学的"资产阶级"特征。而科尔曼(1977)和马修(1984)将麦克弗森的框架理论应用到建国者们的思想研究中。

另一方面,在明确反对马克思(Karl Marx)的立场下,韦伯(Max Weber)(受尼采的启发)认为,塑造大多数文明的支配性力量(尽管不是唯一的)是宗教信仰,尤其是宗教禁欲主义。特别是,韦伯追溯了现代性的内核("资本主义的精神"),主要是由于受到式微的加尔文教虔诚派的变化形式("新教伦理")的影响。① 这两种针锋相对的重构都大有裨益,那就是将中世纪和古典思想区分开来的鸿沟充分显露出来,无论是韦伯和马克思所说的现代"资本主义",或者按照卢梭式的表达,即现代"中产阶级"的生活方式。这种对基础性断裂的准确认识引发了历史性解释的一系列重大进展。举一个典型的例子:正如阿代尔(Douglass Adair)指出的那样,马克思主义分析范式的伟大引荐人比尔德(Charles Beard)的出现并非偶然,是他重新发现并使得麦迪逊(Madison)崭露头角,这一曾经被忽视的"第十联邦党人"。② 比尔德对麦迪逊论点的实际解读过于简单和粗糙;但是,他对阶级冲突问题的警惕

---

① 韦伯原创的《新教伦理与资本主义精神》(Protestant Ethic and the Spirit of Capitalism, 1958,初版于1904-1905)由特洛尔奇的《基督教会的社会训导》(Social Teaching of the Christian Churches, 1976,初版于1911,特别是页624-625, 644ff., and 894 n. 344)所完善、补充和修正,还包括托尼的《宗教与资本主义的兴起》(Religion and the Rise of Capitalism, 1926)。
② 相比之下,亨廷顿在其关于美国建国问题50页的讨论中,几乎没有涉及"第十联邦党人"的问题,并暗含其论点,只能将其描述为"错误的"制宪者"期望",即美国社会中的社会分裂与冲突才会使复杂的制衡体系成为必要。(1968, 125)

第二章 马克思与韦伯

性,以及作为现代政治和经济理论的关键竞争的重要性,使他能够清楚地意识到麦迪逊的主题在作为"第十联邦党人"中的决定重要性。在马克思主义或韦伯式的方法(或者,在过去和现在更常见的是,两种理论的各种不合逻辑或无法自恰的综合)盛行的情况下,就形成了一种新的普遍共识,即美国建国精神具有空前的甚至是革命性的品格。

因而,需要反复强调的是,现代性背后的这种独特精神,必须进行解读的并不是建国者们及其先哲们明确的道德、政治和学理论据,而是更深层次的、近乎合理的经济或宗教动机与冲动。但每一次试图进行这样的解释,每一次试图从这些"表象背后"的渊源中获得政治和哲学上的论点,都被证明是不充分的。

[12]在经济和宗教问题上,具有启蒙意义的光照(illuminating light)才被认为是对政治思想研究的先决条件或资质的贡献,这有助于解释某种思想在各个方面的成功或受欢迎的程度。但除了少数极端情形,让一个主流的政治理论家或政治家,将美国建国问题令人满意地解释为阶级意识形态或宗教世俗化的结果,以此来表达令人信服的说理,这的确是一件不可能完成的任务。以马克思主义方法为例,以"意识形态合理化"来解释的这一智识或心理变化的过程(在韦伯的范式中就是"世俗化"过程),即使连他们自己也无法得到全面或准确的定义。

对伟大政治家和哲学家的著作或宣言的解读,往往是基于教条的、武断的甚至是囫囵吞枣的阅读。这种阅读方式从一开始就明显地陷入到一种毫无争议的偏执之中,而这样的文本解读必然缺乏真正的智识独立性。换句话说,如此展开的一次又一次的解读,一开始就在基本逻辑上犯了错误,即他们的解读是被预设为一个结论而进行的。这些研究展现出了对新共和主义信条那些最为复杂、又最为自觉的支持者进行的一番艰苦、耐心和坦诚的失败解读。

我认为,这种失败的根本原因不仅仅是一种方法论上的,更重要的是因为道德教条主义。马克思和韦伯(及他们的追随者)是如此毫不动摇地坚信资本主义或者说自由主义资本秩序的"腐朽"(loathsomeness)(正如韦伯所说的"铁笼"),他们只是不能认真地去看待而智者们却可以清晰明确的加以证明的观点:这一秩序本就充分和真实地回应了人性中永久的或自然的需求。因此,马克思、韦伯和他们的追随者缺乏必要的道德或智识上的动机,去投身于一场必不可少的、困难重重的文本解读。

当然,我们必须将马克思主义和韦伯式的方法,在合理地理解人类境遇的可能性问题上做出明显的区分;这一区分导致了两大阵营在历史研究方法和真实诉求上的重大差异。韦伯,紧随尼采之后,否定了对人类价值、人类动机,以及人类历史的真正充分的理性把握的可能性。因此,对于自认为是韦伯式的历史学家或社会科学家来说,每一个历史性的时刻和人性的展现都必须保留下来,这是一个不可避免的、高深莫测的维度。因而,教条式的韦伯或其追随者们有时可能会出现在实践中;但在理论上,韦伯主义坚持认为其关于宗教的作品或"新教伦理"不会,也不可能宣称它就是一个明确的或[13]详尽地对"资本主义精神"做出合理解释的理论,更不用说现代精神的各种形式了(特别参见 Weber 1958,182-183 和 283-284)。

另一方面,马克思的理论虽然在某种程度上存在矛盾性,但仍然强烈地主张终极理性、进步观念,以及对人类历史的完美理解。但是,与历史上几乎所有的理性主义哲学家观点相反的是,马克思却认为,历史上几乎没有任何理性的痕迹;在一个独一无二的、享有特权的,史无前例的阶级启示时刻到来之前,历史大剧的演员们几乎不可能有自主推导的可能性;正是无产阶级,在准备推翻成熟的资本主义之时,拥有了第一个"科学"头衔或者说真正客观、真正经验和理性的阶级意识。在这种特权(阶级)视角出现之前,历史仍然是充满非理性、压迫和妄想的一个无法解决的"谜团"。所有的思想,都是意识形态的或不科学的。但是正如无产阶级的阶级意识论调所宣示的,只有共产主义才能解开历史的谜题,它坚信自己的历史使命(Marx 1961,102)。的确,无产阶级或马克思主义的共产主义者,仍然是"具有政治性质的"(同上,101),而对未来丰富多彩的样式,只能依靠一种神圣性的把握。然而,正是因为这种共产主义者拥有一个独特的视角,他站在一个决定性的时刻,在必然王国和自由王国之间进行了分野,他对过去的贫瘠洞若观火。那些在20世纪20—30年代,崇仰于马克思主义魅力的美国历史学家们,就曾经骄傲地向世人宣称过他们的"进步主义",同时他们也自信地认为,已经揭穿了建国之父们的思想和动机,并达至了前人未曾触及的深度。

因此,那些被马克思所吸引的人会发现,他们对这个问题变得越来越开放:历史是否缺乏一个终极和启示时刻,或者已经被这一问题所腐蚀。"与时俱进"的马克思主义者,最初是探索地,后来就愈发正大光明地试图通过将马克思的思想与韦伯、弗洛伊德(Freud),甚至尼采和海德格尔(Heidegger)的思想结合起来(amalgamating),来拯救一些马克思理论的关键缺失。

因而,马克思主义对过去伟大思想家和政治家的研究是在两个同样不太令人满意的,并且互不相容的极端之间摇摆的。[14]其中一极,就是正统的马克思主义,或者说是令西方的马克思主义知识分子难堪的,他们常常试图回避的"粗糙"的马克思主义。根据《德意志意识形态》第1卷的内容,政治思想被认为是"唯心主义上层建筑"的一部分,它仅仅是对政治家和哲学家认为真正起决定性作用的物质和经济(阶级)状况的"反射":

> 道德、宗教、形而上学和其他意识形态,以及与它们相适

应的意识形态形式便不再保留独立性的外观了（der Schein der Selbstaendigkeit）。它们没有历史，没有发展（keine Geschichte, keine Entwicklung）。

只要一个人"仍在政治意识形态的迷网中"，他就会相信政治家和政治理论家的观点在历史上起着决定性的、独立的作用，他们仍然被"政治幻象"所禁锢。无产阶级的意识由此可见，他们认为所有早期的理论家或"思想家"（ideologists）只是生产了"政治和宗教的无稽之谈"（Marx and Engels 1970, 42, 47-50, 52, 54-55, 57-60, 64-68, 86 ［1932, 10-11, 15-19, 21, 23-29, 35-39, 60］）。现在，如果对过去的政治思想（无稽之谈）进行历史的（或者非历史）的研究基础建立在如此前提上的话，其结论往往是毫无疑问地被归结为简单的和几乎是幼稚的粗糙论辩，而这一问题从《德意志意识形态》对康德（Kant）、洛克和休谟（Hume）的评价中就已经肇始了（1970, 97-98, 111-112）。

所以，马克思主义者对过去哲学家和政治家细微之处的欣赏也大打折扣，这一点不足为奇。在早期的卢卡奇（Lukaics）的引领下，他们试图找到或构建一个更加"辩证"的概念，即思想与历史环境之间的关系。难道马克思和恩格斯在历史上不是始终在强调人类实践（praxis）的创造性作用吗？难道他们没有说过，曾经的意识形态，除了是"回声"和"反射"之外，也是"升华"吗？（Marx and Engels 1970, 47, 59, 61, 82, 121）但是，这位解读者在此基础上试图让一个真正的"创造性"因素发挥作用——也就是在对各种相对的经济条件的思考中，发挥一种独立、客观、原型且不可预测的作用，但他却逐渐远离了一个可定义的马克思主义。当然，在这一观点中，没有什么新的东西能让人产生最客观或独立的思考和斗争，在某种程度上，只是对其时代政治和经济母体（matrix）做出回应或反射而已（参考 Beard 1935, 页 xii-

xiii)。

只要我们回顾一下《理想国》中那个著名的洞穴比喻,或者有关年轻哲人堕落的世俗和经济源头的类似主题时,就足以检视其政治哲学在其原初逻辑起点就一直专注于伴随着精神诉求的,或者说试图真正从社会母体[译按:matrix 比拟"洞穴"]中摆脱出来的巨大困难。"人文主义者"的马克思主义进路往往需要这个根本的和永久的主题,这似乎主要是通过对经济维度的夸大其词,[15]以及一种不厌其烦的教条主义良知来推动实现的,这迫使马克思主义者的"人文主义"通过质疑其经济基础,对人性的力量加以武断专横和不明原因的限制。其结果就是,马克思主义的人文主义议题,在过去的理论家和政治家的关系中,是以模糊的、回避的,甚至是以不合逻辑的方式来表述他们的经济环境的。①

必须维持一种清晰的界限:"科学"马克思主义知识分子的历史地位与所有的前马克思主义者,在本质上是不同历史情境的区别。而在调和者的手中,"人文主义者"与马克思主义者,这两种历史情景开始被解读为在"人的本质"的条件下,为"创造力"和"深刻性"提供一种平等的,又各不相同的机会。马克思主义被认为是为其所在的历史时期量身定做的,与早期伟大的思想家们为他们的时代所做的努力具有同样的功能。但是马克思主义必然会在历史相对主义的方向上发生转变,而其方法论主张被认为是对客观的或科学的侵蚀。对历史的经济学解读一开始仅仅就是一种

---

① 诚然,马克思主义在其多个版本中确实提供了许多洞见,使解读者能够避免一些传统学问的陷阱。但一般而言,马克思主义者却更快地认识到,一些伟大启蒙思想家对宗教的修辞运用背后所隐藏的虚伪。正如我们稍后会看到的,麦克弗森对洛克和霍布斯之间的密切联系的欣赏,以及他对洛克基督教狂热批判的怀疑,标志着他在邓恩和许多受到邓恩影响学者面前的绝对优势。也可参见阿尔都塞对孟德斯鸠《论法的精神》中有关宗教统治的态度(1969,19-21)。

历史上有限的、主观的、狭隘的解释,但这种解释必须迫于如下事实:一种解释,就像其他解读方法一样,它的说服力只不过在于其表达"时代精神"的能力(参见,例如,Lukacs 1971, 186ff., 228-29; Beard 1935, 页 vi, xiii, 4-5)。

上述种种理论的倾向,在我们这个时代最谨慎、最博学的马克思主义政治哲学学者麦克弗森(C. B. Macpherson)的著作中得到了很好的阐述(他是"占有式个人主义"[possessive individualism]这个具有超凡影响力概念的原创者,这个概念是理解18世纪政治思想的关键线索)。当麦克弗森感到有必要阐明一些关于洛克思想在现代资本主义形成过程中的确切作用时,他却放出下面的烟幕来逃避这个基本问题:

> 我并没有涉足到究竟是精神理念还是物质条件主导这个一般性问题……简而言之,对无限欲望的合理性假设可以被认为产生了资本主义市场社会,同时其自身也是由那个社会产生的。(Macpherson 1973, 17-19; 亦见 157)

当麦克弗森探究马克思主义基本原理"关于人的本质的假设"时,他和我们分享了下面这段精彩的内心对白:

> 我们能不能只停留于讨论人类本质的假设,而拒绝一个因为它不符合我们的道德价值观,并需要建立在另一个假设上的真实存在呢? 我们真的不需要证明这些假设的真实性或虚假性吗? 而我们是否已经这样去做了呢? 我认为我们不需要这样做,当然我们也没有这样做。(同上, 37-38)

麦克弗森继续向自己传达了这样一种非凡的判断:这种假设的"真实或虚假"并不是问题。[16]他给出的理由是这样的:马克思主义的基本假设,就像资本主义的基本假设一样,是"一种本体论的假设";而且我们从马克思主义的"理性主义"信徒那里,听到了如此关于人到底是什么的"断言",因为这是一种"价值判断",所以理所当然并且毋需争论:"既然假定本质是价值假设,当人们认为它们与可能成为人类新目标的全新价值判断不一致时,旧的价值就很可能会被抛弃。"换句话说,对人类真实存在或本质问题的追问演变成了一种"嬉戏"(playing about)的态度,或者一种假定、独断,或者以一种伪宗教仪式为根据的准宗教信仰(另见同上,202,这是关涉历史上人性状况的基本问题)。然而,与这种对"本体论"令人震惊的描述相矛盾的是,我们在这本书的其他地方却发现麦克弗森重申了所谓的理性政治理论的"伟大传统"的主题:

> 政治理论之所以可以被称为科学,在于它试图从人的本质中推导出理想的或合适程度的政治义务,就其观点而言,人的本质是在人类知识和视野的普遍限定下进行的尽可能科学的探究。这是自霍布斯(Hobbes)以降,通过洛克、柏克(Burke)和边沁(Bentham),真正符合这些标准的伟大传统。(同上,198)

麦克弗森的理论困惑或叙事的非一致性,并不能完全使他对文本和对历史的解释丧失可信度。毫无疑问,例如麦克弗森对杰斐逊的处理(1973,135-36)就具有可取之处,他强调了杰斐逊对自由和财产的思想并不能用马克思主义的"资产阶级"或"资本主义"标准来加以适用,可以看出麦克弗森对杰斐逊的赞赏,和对经典文献以及更为正统和教条的马克思主义或者进步历史学家们的观点所保留的一份忠诚。但是我们所称的(Shalhope 1974,页 xxvi)战前时期的"主流史学","将这些思想简化成为一种论战(a guerre de plume)的武器,并且模糊了它们在社会中的创造性角色",把建国者们的行动"看作是一场涂抹上一层薄薄原则的(而且通常是经济上的)利益冲突",这不仅体现了一个更为真实的,而且在坚持马克思本身在方法上的更加前后一致的叙事。①

韦伯式的进路却会遭遇另一类的困难。首先,韦伯和他的继任者特洛尔奇(Troeltsch)和托尼(Tawney),无疑成功地通过复杂而迷人的方式将答案的提示方向押在了加尔文主义身上,这种思想一旦被强大的外部智识影响所侵蚀,就可能促成了现代个人主义和商业主义的独特发展。然而韦伯和他的继任者不得不承认他们的彻底失败,[17]这一至关重要的干预性转型——即加尔文主义的激进堕落(现在人人都坦承,包括加尔文自己和他忠实的追随者同那些作为资本主义精神的拥护者,或者世俗利己主义者和那些毫无节制地积累财富的人有着天壤之别)。这就意味着,韦伯几乎是在他最重要的选择事项,即对资本主义精神的起源、资源或根源的解释上,就已经出现了失误。

我们能够,也应该更深入地去探讨韦伯这一伟大失败的学术原因。只有这样做,我们才会开始意识到,有关道德思考的关键问题,也许就在最具哲学意义的建国者的思想中,例如富兰克林(Benjamin Franklin);同时,我们还要学会避免掉入韦伯和其他众人曾经跌落的陷阱:一种教条式的康德主义或新康德主义的陷阱,它错误地认为功利主义或享乐主义的见解与职责、义务和道德的

---

① 同样,很少有人会否认,年轻卢卡奇从《历史与阶级意识》(*History and Class Consciousness*, 1971,初版于1923)到其后很久的作品《理性的毁灭》(*Destruction of Reason*)中对理论和实践之间关系的探究有明显的式微(在后一部作品中,卢卡奇超越了恩格斯,他坚持将政治哲学解释为"简单的经济反射",1981,313);但对于后来卢卡奇本人来说,他年轻时期的作品代表了一种明显不成熟的黑格尔式的"误差"(参见1967年版《历史与阶级意识》的自传体序言)。

观念或言辞从来都是水火不容的。

对富兰克林作品的解读,包括自传,可能被认为是理解韦伯著名篇章的关键核心(参考 Tawney 1958,页 1[d]);在他对富兰克林的文本分析中,韦伯提出了他所说的"新教伦理"和"资本主义精神"概念的关键线索,同时也是其论文中最重要的经验性证据之一。在韦伯的叙述中,富兰克林不仅仅是一个例子,甚至是一个典型;富兰克林是"资本主义精神"的"经典文献"(classical document)的作者,在他所有的作品中都无一例外地发现了一种特殊的道德精神。韦伯很有可能确信,富兰克林著作中的教益和精神预示着,并帮助创造了后来的美国政制与生活方式的道德精神(Weber 1958,47-56,64,151)。

韦伯的解读从准确的观察开始,那就是人们在富兰克林的著作中无处不在地发现了一种对工作、节俭、投资和私人财产无限积累的告诫,所有这些金玉良言都被尊为职责或者道德义务。这就是后来被人们称作"职业道德"的东西,而这种道德标准首先是通过无限扩张的、投资回报的财富积累的道德义务加以概念区分的,这就是韦伯所说的"资本主义精神"。

那么现在的问题是,到底是什么力量驱使这种精神或道德成为一种"新教"伦理,或"加尔文主义"的伦理？当然,这也并不是任何关于加尔文主义或基督教神学单一教义的信仰。根据韦伯的说法,这种信仰并不是必要的,而且实际上它还可能是形成"资本主义精神"的道德障碍。因为这样的信仰限制了对世俗积累的热爱(devotion)。与此相反,富兰克林的著作以"近乎经典的纯粹性"呈现了资本主义道德,部分原因在于,其作品的关键部分具有"从所有与宗教的直接关系中解放出来的优势":富兰克林是一个"不偏不倚的自然神论者"(colorless deist)(1958,48,53,193 n.6)。[18]但这正是韦伯论文的关键(参见 Strauss 1953,60-61)——韦伯遵循了康德的观点,认为所有严格概念的职责、道德或道德义务都必须被理解为与功利、快乐和幸福的概念截然不同。职责,从严格意义上说,之所以为职责,必须以其本身为目的(an end in itself)。

因此,如果富兰克林在严格意义上把某些实践当作美德或职责的时候,那么他一定是把它们自身当作目的了。"这种贪婪哲学的最重要的特性似乎就是,将个人对于其资本积累的职责理念也看作是人们行动的目的(als Selbstzweck vorausgesetzten)。这里所宣扬的并不是简单地在世界上实现自我生活的方式(einfach Lebenstechnik),而是一种特殊的道德(eine eigentuemliche 'Ethik')。""这就是问题的本质(das Wesen der Sache)。""'资本主义精神'这个概念在这里被赋予了特定涵义。""这种道德的至善就是去赚得盆满钵满……这被看作是一种纯粹目的(so rein als Selbstzweckgedacht)……如此看来,人已经被发财致富所支配,包括其生命的最终目的也被待价而沽了(als Zweck seines Lebens)"(1958,51,53［1947,33,35］)。但是这样的生活,韦伯并不是感性地"从单一个体幸福的、或功利的视角"去观察,它看上去好像是"实质非理性"(schlechthin Irrationales)的(1958,53,78［1947,35,62］)。

所以,有人必定不经意地将富兰克林偶尔提到的,其虔诚的加尔文教的父母作为暗示,借以解释他的那种作为强迫神经症似的道德或承诺——这是一种来自于对真正的加尔文教义的早期心理或文化沉醉的心理后遗症,它将人们成功地和尽责地履行上帝的"召唤"(calling)解释为一种神圣恩典的象征;因此,人们认为这是一种预示,一个人在未来的生活中注定被赐予永恒的幸福。资本主义精神保留了对上帝召唤忠实的心理投入,但却丧失了这种奉献与更高目的之间的联系("在富兰克林的时代,宗教的基础已经消亡了"[1958,180]);这一基础的消亡导致了对劳作和积累的所有限制的丧失。此外,原旨或真正的加尔文主义鼓吹一种作为避免魔鬼诱惑之手段的禁欲主义,并劝诫人们在同样的原理下进行工作;这必须被看作是另一种难以理解的、非理性的和令人震惊的"世俗禁欲主义"(innerweltliche Askese)的历史—心理学根源,这促使韦伯发现了无孔不入的现代资本主义,并在富兰克林的自传中被描绘出来(1958,70-71,193-94 [1947,35,54-55])。

但事实是,在富兰克林的任何文本中,韦伯从未发现明确的证据指明,美德或职责的概念本身就包含着纯粹的目的。富兰克林并不是以这种简单的方式来设想义务和职责的。另一方面,韦伯的康德式盲从,使他过分低估了(尽管不是完全忽视)富兰克林自传中真正占主导地位的[19]道德主题:对同胞的怜悯、热情和人道关怀,对公民社会共同的善的博爱热忱,在这本书中随处可见,这也提供了此书写作的主要原因之一。正是这种对富兰克林作品的曲解,布伦塔诺(Lujo Brentano)把韦伯当作了他的批判对象。在后来的版本添加的脚注中,韦伯对布伦塔诺的批评做出了回应,他相当不情愿地承认,他对富兰克林生活和自传中弥漫的博爱之情显得轻描淡写了。

但韦伯还是坚持认为,人们无法分辨"这样一位博爱者"和他对节俭和积累财产、诚实作为最好的策略,以及勤奋工作的道德劝诫之间的关联(1958,192-193 n.5)。但是为什么又要去分辨呢?博爱意味着关心他人的福利;富兰克林向别人推荐的所有美德都与富兰克林自己有关,与每个关心自己利益的人有关:这本自传教导我们,美德"只有在如此意义上才能称得上美德,那就是它们实际上是对个人有用的"(1958,52)。

但是为什么人们会认为,一己的繁荣喜悦与众人的繁荣喜悦无关呢?由于痴迷于康德哲学,或者也许受到了尼采对功利主义道德结论的毁灭性写照("末人"[the "Last Man"])的影响,韦伯在某种程度上是不能接受这个有趣的可能性的,即他人的福利可能合理地建立在或成长于受过恰当教育的享乐主义或功利主义的自爱基础之上,这种自爱可能会被说成,或者是唯一合理地被解释为职责和义务的理由。然而,正是这样一种伦理,以及这样一种道德理论,就是富兰克林——及其伟大前辈们,培根(Francis Bacon)和洛克所教导的。

韦伯对富兰克林道德思想的精神与实质的巨大误解①似乎可以部分地归咎于韦伯对理性主义或道德与政治哲学革命的懵懂无知,或者说缺乏审慎的研究,而这一切已经在 16 和 17 世纪,通过马基雅维利(Machiavelli)、培根、斯宾诺莎(Spinoza)、霍布斯和洛克展开了。这些哲学家教导了关于美德或道德的新观念,在这一观念中,无限的逐利从罪恶清单中被移除,并转移到公共精神的优秀名单上。韦伯关于理性主义或哲学在资本主义精神在萌芽阶段可能发挥的作用所做的简短而轻蔑的评论(1958,75-77),表明他对早期现代英国道德理性主义历史尤为无知。他必定没有考虑到培根作品的巨大影响,这些大多数作品要早于韦伯多年,就已经被作为新"资本主义精神"的"开端"呈现出来了。同时,韦伯也没有意识或者留意到,富兰克林本人对洛克和培根的理论借鉴所做的明确和反复的暗示。②事实也的确如此,在洛克的书中,[20]人们发现了最直接和最清晰的关于享乐主义自爱的叙述,或者说是

---

① 富兰克林在其《自传》的第 2 页以一种最生动的方式向我们介绍了全新的、人道的道德精神,在那里他说到激励其写作的仁慈的虚荣,他拒绝了传统的古典主义和基督教将虚荣看作是一种恶习的看法,因为虚荣是一种美德:"大部分人不喜欢别人的虚荣,却喜欢分享他们自己的虚荣,但我给予公平的分配:无论我在哪里遇到它,我都相信它是经常发生的,对其占有者和他周边的其他人都是有好处的行为;因此在很多情况下,如果一个人如此行事也不会太过荒唐,他感谢上帝,他的虚荣让他在众人中享有舒适的生活。(1964,44)"关于我对富兰克林《自传》的理解,我很感激勒纳 1987 年的论著《作为旁观者的富兰克林》(*Franklin, Spectator*),受第 1 章的启发,我开始了解到这部作品的微妙与丰富之处。

② 参见 Franklin 1959, vol. 3, 259, 398-399, 403-406, 408-409, 413-414, 418-419; vol. 4, 107; vol. 17, 6; 和 1964, 64。18 世纪初,培根和洛克对美国的宗教思想、布道和教育所产生的更为广泛而革命性的影响,参见 Newlin 1962, 特别是 21-25。

第二章 马克思与韦伯

"对于幸福的追求",并将其作为所有责任的基础:

> 事物所以有善恶之分,只是由于我们有苦乐之感……我们有机会来考究、观察、判断我们所将要做的善或恶。在适当的考察之后,我们如果判断出,我们所做的是自己的职责,而且在追求幸福方面;……是智识本质的最高完美之点,在于谨慎地、恒常地来追求真正牢靠的幸福;……这一追求幸福的爱好和趋向……就形成了他们的强烈动机,使他们时常留心,不要把幸福失掉了;……这分明是我们所能做到的,而且我们如果已经做到了这一层,那我们就把自己的职责尽到了……(《人类理解论》, bk. II, chap. 20, sec. 2; chap. 21, secs. 47, 51-52)

更重要的是,我们将在本书的第3篇中对此详加解读,在洛克关于"对幸福的追求"这一全新概念中——明确地反对了某种"至善"抑或"幸福感"的古典理念(参考 Alfarabi, *The Attainment of Happiness*, 以及 Schlesinger 1964, 326 n.8)——因此人们将会发现,韦伯在他所研究的一些资料中,已经正确辨别了独特现代版"世俗禁欲主义"的哲学基础——尽管还没有达到他所期望的程度,至少在富兰克林的例子中是这样的。

必须强调的是,韦伯将富兰克林描绘成一个苦行僧的形象简直荒唐可笑。他认为,富兰克林教导他的美国同胞们"严格避免所有自发的生活享受",还声称富兰克林支持或示范了一种生活方式"完全消除任何幸福主义,更不用说享乐主义的混合形式"(Weber 1958, 53, 151),但是韦伯完全忘记了富兰克林是怎样一个人,他具有完美的机智和感性的气质,还带有几分风流倜傥的个性;韦伯也忽略了他对生活的热情,这样的情感在自传的每一页都呼之欲出,这样做显然是为了让读者从各式各样的基督教或后基督教的阴郁中走出来(charm out)。富兰克林对韦伯所称的"资本主义精神"的告诫,不是因为他把这种精神看作是某种康德式的目的论(end in itself),而是因为他洞察到了这种精神,还有它身上的美德(virtues):它为安全、繁荣、自尊以及获得精神上的愉悦,无论是在人文与科学的事业中,还是在家庭生活中,或是在教育和公民集体行动中,提供了蓬勃发展的最肥沃的土壤。特别是在他无法领会富兰克林有关人类幸福的真实合理的根据和原因的陈述方面,韦伯背离了真实,他从来没有真正寻找过或驻足聆听过这本自传的教益:韦伯对富兰克林在自传中明确倡导的新的生活方式,并为此所做的循循善诱和推理论证,显得漫不经心。

韦伯把富兰克林的自传视为自由资本主义精神的[21]"经典文献"是正确的;他猜想这本自传中包含了最生动的、最具体的对建国者们的道德精神的描述,也是正确的;这还包括了他对自传其后产生的巨大影响。但是,他对这一经典文献的来源、根基、主旨和目的都有着严重的误解。

这里有一个更加直白、更加直观而且似乎合理的见解,它被人们一次又一次地提出,即建国者们的思想必须被看作是基督教义,尤其是对加尔文教思想的一种延续。当然,没有人能否认在基督教普遍存在的时刻,尤其是在18世纪后期,加尔文主义对美国人民有着强大的吸引力。没有什么比法国人更能一针见血地辨认出美国人的革命精神了。①但问题是,像富兰克林、麦迪逊、杰斐逊

---

① 回想一下托克维尔在《旧制度与大革命》(Ancien regime et la Revolution)第3篇第2章(题为"非宗教倾向在18世纪的法国人身上如何成为普遍占上风的激情,对大革命的特点有何影响")中的如下评论:"在法国,人们怀着一股怒火攻击基督教,而未试图以另一种宗教取而代之。人们热情而不懈地力图把曾充斥灵魂的信仰扫除掉,却使灵魂空空荡荡……宗教问题上的绝对无信仰是违反人类天性的……但对群众似乎有吸引力……上世纪末,所有的宗教信仰普遍威信扫地,这对于整个法国无疑起了最大的影响;它构成了法国革命的特点。人们把法国革命看成面目可憎,主要是从这里得来的印象。""世界上没有哪一个国家比美国更多地运用18世纪哲学家在政治问题上的种种最大胆的学说;唯独那些反宗教的学说,尽管不受限制的出版自由的保障,却从未能在美国问世"(1967, 243-244, 248, 252-253)。

（Jefferson）、威尔逊（Wilson）和汉密尔顿（Hamilton）这样的人的道德和政治理解力是否能被恰当地解释为基督教传统的延续呢？这些先驱们在许多重要的方面都受到了基督教的影响，他们还不得不向基督教公民发表讲话和迁就他们的信仰，这一切都是毋庸置疑的。但是基督教在他们的思想中是否占有主导地位或决定性因素呢？或者说他们是不是在试图利用和改变基督教义朝着自由理性主义的方向发展？他们的"基督教义"对我们来说看上去并不合理，难道只是因为他们在改变基督教的心灵和灵魂事业中取得了如此优异的成绩？（参考 Manent 1987, 12-15）。在我看来，试图将建国者们的观点从根本上看作是基督教道德和政治继承衣钵者的缺陷，已经在迪金斯（John Diggins）的《美国政治的迷失灵魂》（*Lost Soul of American Politics*, 1984）一书中得到了印证，这也是有关上述问题解答的新近的典型范例。

迪金斯所提到的"迷失的灵魂"就是加尔文主义的灵魂。这样的灵魂，或者是这种灵魂的强大踪迹，迪金斯声称在洛克、富兰克林、亚当斯（Adams）和《联邦党人文集》中都有发现。但是，只有在亚当斯的作品中，迪金斯才能够提供文本证据，这提示了或者甚至暗示了一种对加尔文主义的情感诉求（1984, 85 and 94）。迪金斯能够把加尔文主义归因于洛克，只是不加批判地接受了邓恩（John Dunn）的错误联想，即把洛克式的范畴"不安"（uneasiness）与完全无关的加尔文主义或基督教的负罪和罪恶感联系在了一起（详见我在其后第 3 篇的讨论）。至于说，有人把"罪"作为《联邦党人文集》的一个重要主题，或者是思想关键的主张，迪金斯自己也承认，他从来都没有找到这种古怪描述的证据（Diggins 1984, 67-68, 76-81; 并参考 1987）。同样，将富兰克林视为加尔文主义者的态度是如此的狡黠和暧昧，这几乎是令人难以理解的：

富兰克林从加尔文主义和[22]古典主义的美德中双双

脱离出来……从加尔文主义的阴影中走出来,富兰克林保留了它的激进主义,同时拒绝了它的禁欲主义。(同上,21)

可以肯定的是,迪金斯在展示加尔文主义的强大存在,或者通过美国流行文化和文学与加尔文主义博弈的努力中,是更为成功和更具说服力的。但这种观察似乎表明,人们应该在一个更为理性和自由思想的少数派与更为虔诚的多数派之间的对话中,甚至是一场隐蔽的论辩中来审视这个新的共和国。因此,关于宗教在美国政治思想中的作用问题,麦克威廉斯(McWilliams)为其所称的"美国政治文化大对话中的第二种声音"提供了一系列有价值的文章(特别参见1984)。

但是,正如麦克威廉姆斯提示我们的(1984,22-24),我们不能忽视那个大胆、民粹的自由思想家潘恩(Tom Paine)的影响;也不应该忘却"穷汉理查德"(Poor Richard)的教导及其说教的广为流传;而最为重要的是,我们也不能忽视洛克的神学著作深刻而普遍的影响,尤其是通过对《保罗书信》(the Epistles of Paul)的伟大注释释义和评注的影响。

换言之,我所提到的这场对话或辩论,与其说是精英与大众之间的争论,不如说是社会各阶层的一场辩论。1775年,时任耶鲁大学校长、美国著名牧师和神学家的斯提尔斯(Ezra Stiles)就评论道:"洛克通过释义和注解的圣经评论的新方法",使他"在公众面前作为一名圣经评论家的声誉非常高"(cited in Foster 1926,475)。在第3篇中,我们将详细讨论"洛克新的圣经评论方法"的实质内容和全部的道德和神学意义。而现在,我们只能将我们的视野限定在传统主义者和现代自由理性主义者之间的争论范围内,更为确切地说,是18世纪新英格兰的新教牧师之间的争论。鲍德温(Baldwin,1928),特别是纽林(Newlin,1962),对这些争论的特征和整体演化进行了很好的总结。

鲍德温对新英格兰牧师的布道和著作的深入研究使她得出这样的结论,即洛克的影响力,尤其是有关传教士的政治启示方面是压倒性的:洛克和锡德尼(Sidney)的影响尤为重要。她写道,"纵贯新英格兰殖民地,牧师会正在帮助传播着这些哲学家的理论,并同时给予他们宗教制裁"。另一方面,传教士自己对基督教义的理解,通过一种"在新哲学的基础上不断地对圣经进行重新解释"的方式,正逐渐一步一步地转向洛克主义(Baldwin 1928, 168, 170)。①[23]纽林提供了更详细和更全面的参考,在18世纪的前25年中,这一"新哲学"是如何与培根、笛卡尔(Descartes)、博伊尔(Boyle)、洛克休戚相关的,以及牛顿(Newton)如何在与新英格兰牧师的较量中逐渐占据主导地位的,其中部分原因归结于1716年之后,英国圣公会神学家约翰逊(Samuel Johnson)和他的同事布朗(Daniel Browne)在耶鲁大学的伟大教益。特别是"洛克心理学方法"的广为流传,尽管马瑟(Cotton Mather)表达了保留意见。其结果不仅是"对人类理性的高度重视",而且是对"自然神论的一种戏剧性的全新开放",这一切都是建立在哲学的,而不是基于圣经注解的基础上的(Newlin 1962, 23-25, 33-35, 42;参考53)。

在17世纪30年代,即大觉醒运动的前十年,"理性主义精神进一步发展,加尔文主义的神学地位,虽然很少有人真正地放弃,但是却在厌恶和忽视之中痛苦煎熬"(Newlin 1962, 54;参考63和69)。大觉醒运动本身(1740-1745)似乎在在很大程度上,也是对圣经宗教信仰丧失之后的普遍意义的反应(同上,54-72)。即使是像约翰逊这样的主流自由派神学家,也对这种非基督教的自然神论的根深蒂固发出了警示:"的确如此,"他说,"在这个时代,不忠和叛教的进步被看作是一种缓慢而可悲的进步,而为此所

---

① 关于洛克的重要性,也可参见 Baldwin 1928, 7-8, 10, 11, 23-24, 42,44, 60, 65, 66(在《政府论》下篇第5章中说明了洛克对财产新教义的影响),67-68, 80, 90, 96-97, 102, 105-106,109, 129, 139, 176-177。另见 Dworetz 1986。

做的强词夺理都要感谢好心但过于自负的洛克先生"(同上，62）。但是，大觉醒运动是短命的，几乎从一开始就暴露在理性主义者或自由神学家的批评声中，同时也伴随着对"约翰·洛克"的生动辩护（同上，72-93，特别是 80 和 83）。1753 年，约翰逊向社会传播了这样的福音："由于晚近的狂热已经大大减弱了，更糟糕的是，所谓的自由思想正在取而代之"（同上，134）。

1745 年之后，在洛克式的神学家，诸如昌西（Charles Chauncy）的带领下，自由派一路高歌猛进；他对爱德华兹（Jonathan Edwards）神学理论的抨击使他成为了"一个完全否定加尔文主义的理性自由主义的杰出典范"（Newlin 1962, 94; for Chauncy's Lockeanism，参见 203）。加尔文主义，只有当它成功地将自己披上洛克哲学和心理学的新范畴和术语的外衣时，才得以恢复了一些生机；这确实是爱德华兹最著名的成就之一，他使用并修正了洛克的一些心理学教义，并创造了后来被称为"新神性"（the New Divinity）的概念——这是美国至今的一大戏剧性的变化，但仍然是真正的加尔文主义神学的最后一站（同上，156ff.）。爱德华兹试图将洛克融入到人类自然本性的教义中，由于自身的堕落腐化，因此才会从根本上依赖于神的恩典进行指引。但是，爱德华兹试图从他的对手手中夺取的武器也同样属于自然。在这个世纪中叶，"最引人注目的自由派牧师"梅休（Jonathan Mayhew）发表了他的《布道七书》（*Seven Sermons*），[24]"利用洛克来论证感官的可信赖性，以及'人类知识的确定性和充足性'"：

> 因为人天生就有能力恰当地区分真理和谬误，对与错……因此下列描述，人类是完全愚昧无知，以及对道德和宗教真理毫无判断力，而且这种能力是由于我们的原祖（First Parents）的叛教而获得的种种教条，是没有根据的。（Newlin 1962, 195）

第二章 马克思与韦伯

1755年之后,自然神论(Natural Religion)"在哈佛的杜德莱安讲座中赢得了普遍和良好的关注。根据讲座创办者的安排,首次讲座的目的以及此后的每隔三次讲座的目的在于'证明、解释或展示正确使用和改进自然神论的原则'"。到了1779年,主讲者(希区柯克[Gad Hitchcock])宣称,"天赋观念和原则的观点,在很长一段时间内都盛行,现在几乎被普遍放弃了"。显然,他坚持认为,即使是对亚当心理状态的描述,以及亚当对上帝的意识的理解,都必须以洛克式的术语来构思(同上,197-207)。希区柯克紧接着对基督教和基督教启示的目的进行了如下令人震惊的描述:"它的伟大目标和倾向是赋予(人类)更多的公正和更大的原则,更强烈地驱使他们履行自然宗教的职责"(同上,208)。

尽管"在18世纪的最后几年,由于受到法国philosophes[启蒙哲学家]以及法国大革命领袖们激情澎湃的宗教和政治思想的影响,理性主义精神在一段时间内受到了轻微抑制",但纽林依然断定,"向着上帝一位论(Unitarianism)的过渡"(否认基督的神性和赎罪)的倾向,"在19世纪早期的一些教会中是轻而易举的,但几乎又是难以察觉的"。"马萨诸塞东部的唯一神教派最重要的特征在于……是以18世纪自由主义作为其基本观点的"(1962,209-212)。纽林以一种引人注目的观点提出,美国在20世纪中期盛行的基督教神学比在18世纪晚期盛行的教义更为"保守"或者说正统。这样看来,即使是在新英格兰的牧师群体中,美国的18世纪却仍然是理性和理性主义的世纪。如果要理解《独立宣言》是诉诸于自然之神,而不是圣经之神的真正现实意义,我们就必须牢记这一点。

第三章　哈兹命题

[25]然而,如果我们必须坚持富兰克林和其他主要建国者是受到理性主义和洛克主义的影响的话,那么就不能认为洛克的理性主义是影响建国者道德、政治和宗教思想的唯一伟大的理性主义。在他的自传中,富兰克林提到了他对洛克《人类理解论》的解读,他几乎以相同的语气引用了沙夫茨伯里(Shaftesbury)——作为其宗教怀疑论的主要智识来源——说的最重要的一句话,"色诺芬的苏格拉底令人难以忘怀"(Franklin 1964, 64)。这种比拟明显地有所暗示。众所周知,沙夫茨伯里是洛克的私人学生;但在其成长过程中,放弃了洛克哲学,其中部分原因就是他受到了色诺芬(Xenophon)哲学的影响。事实上,沙夫茨伯里作为一名哲学家,也许是当代最伟大的色诺芬追随者。

> 庸俗化的人所理解的东西是如此少之又少……他是最聪明、最有益的人,(对于那些懂的返璞归真的人)他是最友善的;对所有缺乏灵感的平庸之辈,他又是最令人振奋、最令人喜悦的作者。(Shaftesbury 1964, 1:169 and 2:309)

富兰克林坦承,他借鉴了沙夫茨伯里对色诺芬的钟爱,尤其是色诺芬对苏格拉底的描述。更准确地说,富兰克林说他从色诺芬的苏格拉底的描述中,学会了修辞的艺术——包括了狡黠的艺术,或两面派(benevolently duplicitous)的言说和写作技艺:"人应当循规蹈矩,但又能够随心所欲不逾矩"(Franklin 1964, 64-65)。人们很可能会认为,自传本身就是一种"苏格拉底式"的写作,就像富兰克林设想的苏格拉底式写作一样:自传的本意就是要体现一种"富兰克林的本·富兰克林令人难以忘怀"的旨趣。但是沙夫茨伯里却教导我们,洛克关于上帝、人性、哲学生活和政治的学说——从根本上与色诺芬和苏格拉底的类似教义是格格不入的。

那么,我们如何理解,在富兰克林的思想中,洛克式和苏格拉底式的理性主义之间的关系,或者,正如沙夫茨伯里所言,如何理解"古人"和"今人"之争呢?富兰克林在多大程度上意识到了这种困境呢?如果他尝试了一种混合或综合的方法,那么这两种相互竞争的理性主义中,哪一种又是他所曲解或修改的呢?我在这里说的不是"影响"的问题,而是关于富兰克林对那些终极目标理解的实质和本质的问题。我们在这里遇到的问题将会被看作是对建国者们普遍适用的。为了理解建国者的理性主义,[26]我们必须试着将理性主义与建国者们所提到的理性主义的伟大竞争版本联系起来;最重要的是,作为理性主义者,我们必须通过这些建国者的关系,来定义古典的和现代的理性主义。

正是由于缺乏这样的尝试或考察,成为对哈兹(Louis Hartz)的解读和启示中最严重的缺陷。他是那些试图将建国者政治理论中的经济或宗教动机弱化的各色理论中,在美国最具影响力的批评家。沿着他非常熟悉的老师莱特(Benjamin Wright)的路径,也许正是出于这个原因,哈兹对将加尔文主义作为建国者政治理念建立基础的尝试并不感兴趣;另一方面,哈兹也声称或确信他自己业已从他所认识的、更加吸引眼球的马克思的影响中解脱出来。①在托克维尔(Tocqueville)的《论美国的民主》(Democracy in America)一书中,哈兹发现了一个视角。在他看来,这一视角对政治复杂性的把握与马克思不相上下,但是其深度却超越了马克思。

作为一名左翼人士,哈兹提出了这样一个问题:为什么在美国没有真正成功的社会主义运动,也没有成功的左翼政党?与欧洲相比,为什么美国左派的发展或者那些被捕的激进分子,好像只停留在18世纪的水平?哈兹发现各种各样的新马克思主义假说都旨在解释这一现象,他进而得出这样的结论:美国和美国历史的经验都构成了一种对各类假设的驳斥,即这些假设都试图将意识形态简化为经济因素。哈兹从托克维尔那里获得了一种与众不同的灵感,他采用了一种相当"辩证"的模式。哈兹认为,社会主义和激进左翼完全依赖于 ancien regime[旧制度]的存在,或者反动的右翼势力:"在西方世界各地,社会主义思想的隐秘起源必须在封建精神中去找寻。旧制度激发了卢梭(Rousseau),而这两者一同激发了马克思。"(Hartz 1955,6)如果不存在对贵族制(aristocracy)在思想、情感和精神财富上的耳濡目染,那么对资产阶级生活方式如此深刻的不满就不会蔓延开来。但是这些思想、情感和财富从来就没有在美国存在过,美国只知道洛克式自由主义的观点。跟随其导师托克维尔的足迹,哈兹在这个自由主义的共识中发现了"一种隐藏且形似的病菌":

> 我相信这是一个自由社会的基本道德问题:不是多数人暴政的问题,这个问题本就是其有意识的恐惧;而是全体一致

---

① 福布斯最近的一项研究(1987,特别是296),阐明了哈兹的著作在很大程度上仍停留在一种实质性的马克思人文主义的框架内:"特别是自1933年以来,马克思主义者明显地从坚持'发展规律'和'历史必然性'转向谈论'意识'和'上层建筑的相对自主性',哈兹的分析被认为是马克思主义根本转变的一部分。"

(unanimity)的危险,这个问题的背后却是无意识的麻木:这就是托克维尔所看到的,正崭露头角的"舆论专制"(tyranny of opinion)。(同上,11)

不幸的是,哈兹提供的是一个非常简化版的托克维尔的解读。[27]哈兹忽视了托克维尔对新英格兰清教徒作用的研究。他淡化了已存的马克思遗产的影响,但仍将曲解版的"意识形态"的概念作为其主要分析范畴;此外,通过将马克思的原旨概念替换成三合一的"意识形态"类型(封建保守主义-资本自由主义-激进社会主义),他把所有现代思想一股脑地都强加给了欧洲人或美国人。哈兹虽然一直在谈论美国人思想中的"洛克派"特征,但与托克维尔不同的是,他几乎没有表现出任何迹象,其对洛克或者其他相关思想家的文本和观点有着持续性的解读。

哈兹明显是以一种极其随意的方式,来引证洛克或者建国者们著作中那些有关他们的政治和理论观点。因而,他也陷入到极其严重的简单化的困境中。他对洛克思想的表述,使得正统洛克派对自然法的全神专注变得难以理解(Hartz 1955, 54-55)。哈兹完全忽略了洛克思想中大量存在的神学要素。因为哈兹从来没有真正地理解洛克自然状态学说的意义;哈兹的解读,甚至在严格政治意义的洛克主义层面,都是被严重曲解的:最重要的是,哈兹所引介的现代洛克主义,比其真实的面目要温和得多。

其结果是,他误解了美国政治自由主义的本质,并陷入了一些令人震惊的悖论之中。根据哈兹的说法,美国建国者们不是真正的自由主义者,因为他们太冷酷无情或者说"太现实"了。哈兹指责道,这些建国者们以"霍布斯式"的"处境堪忧"为由,背叛了美国的洛克式理想。在制宪会议和论辩时刻,制宪者们(除了年轻的平克尼[Pinckney])都将美国人视为"一种为渴求权力和统治而生的人"(同上,68, 70, 79-81, 84, 86)。

尽管如此,这些错误源于哈兹对复杂文本的历史解释所做的走马观花、轻描淡写的梳理,但还不足以完全否定他的命题。哈兹自吹自擂,他是少有的能够从对托克维尔的解读中获取一些真正的理解和教益的美国历史学家,这也并非完全错误;即使是对这样一位导师模糊或遥远的衍生作品的解读,也足以证明有所启发。跟随托克维尔,哈兹认为,与欧洲贵族制形成鲜明对比的是平等主义和个人主义的美国——这不仅在古代政制中有所体现,在古典共和主义中也可窥见一斑(Hartz 1955,167-72);在这一启发之下,哈兹也能够感受到现代主义的独到之处;尽管有着一些强烈的反传统潮流,但它从一开始就一直是美国共和主义的主要灵感来源。哈兹为此创作了一本著作,尽管有着严重的缺陷,但它的基本判断,却比那些在时下最流行学派影响下,写出的大部头更具有历史的眼光。

第四章 "古典共和主义"

[28]在我们"60年代之后"历史学家和政治理论家群体中，已经被一种浪漫的幻想所迷惑，这种幻想就是期待在过去的某个地方，挖掘出一个前资产阶级的和非洛克式的美国"灵魂"的根基。在找寻这一失落的、真正的"共同体主义的"美国传统的过程中，两条引人注目的新的考察路线已经被开启——一条通向"古典共和主义"（classical republicanism），另一条则通向"苏格兰启蒙运动"（Scottish Enlightenment）。

根据第一条路线的指引，18世纪的美国思想可以概括为一种"古典"或"公民"人文主义取代英格兰"国家"反对派的缩影，追根溯源，一条清晰的轨迹展现出来：从《卡图书信》（*Cato's Letters*）、博林布鲁克（Bolingbroke）、锡德尼和哈林顿（Harrington）到马基雅维利，并进而——小心不要跌破眼镜——还可以继续追溯到萨沃纳罗拉（Savonarola）、亚里士多德，以及斯巴达人和罗马与威尼斯的公民理想。

这一学术运动的核心是波考克的工作（在《马基雅维利时刻》[*The Machiavellian Moment*, 1975]中进行了最为详实的阐述），这也促成并大量借鉴了贝林的《美国革命的思想渊源》（*Ideological Origins of the American Revolution*）（1967，特别是页 viii 和 25–36）以及《美国政治的起源》（*Origins of*

American Politics)(1968,特别是页 ix-x 和 57),同时还包括伍德的《美利坚共和国的缔造:1776-1787》(*Creation of the American Republic, 1776-1787*)(1972,特别是 11-28,49-70,84,91-97,114-124,224-225,236-237,416-429,467,492,499-500,609-612)。这一方面被广泛引用的、准官方的而且通常热情洋溢的文献,参见夏尔霍普的《共和主义与早期美国史学》(*Republicanism and Early American Historiography*,1982);还可参见默林(Murrin 1980)和韦尔涅(Vernier 1987)所做的调查。波考克呈现出的国家或古典共和主义的意识形态,是在一种辩证斗争中反对宫廷或商业意识形态;但是因为他拒绝信任洛克,即使这对后者有着巨大的影响,但波考克也得出了这样的结论:"宫廷意识形态……既不会为政体,也不会为个体提供一种连贯的道德结构"(1975,467;参考 427ff.,435,440,488,525,550)。另外,他声称,在美国语境下,实际上几乎没有任何竞争:即所谓国家意识形态的"暴动"(1972,123 [参考 120],和 1975,467,546)。

在充斥着"本质上反资本主义"与"共和主义大糅合"的 18 世纪美国政治思想中,关键的关键还是美德的概念,它被理解为如下理念:

> 促进公共利益——共和主义政府唯一目的——就是需要不断地牺牲个人利益来满足整体的更大需求,民众被设想为一个同质的有机体。(Shalhope 1982,335;注意楷体)①

波考克(Pocock)在其《马基雅维利时刻》(*Machiavellian Moment*)一书中认为,联邦主义者的思想在关键方面还是"亚里士多德式"的,甚至是"中世纪的,而不是洛克式的"(1975,518,526-

---

① 同样可参见 Wood 1972,53-65,418,以及 Pocock 1975,vii,229-230,465-467;同时参见伍德更为通俗的构想,《伟大的共和国》(*The Great Republic*),这是与贝林等人共同编写的具有影响力的教科书,并且明确致谢于波考克(1985,vol.1,191-193,203-207,225,246-247,252-253)。在其后的工作中,伍德甚至宣称"经典共和主义的价值观"是在革命时期形成的,它是"西方世界有史以来最具连贯性的意识形态之一"(204)。

527，546）。其他历史学家对此也少有清醒见解。因此伍德（Gordon Wood）在他的权威著作《美利坚共和国的缔造》(Creation of the American Republic)中也同意"古典共和主义"是所有相关思想缠绕的引力中心，但他将《联邦党人文集》看作是不断摸索，并且只是部分成功地尝试，找到一个替代品来调换原先占主导地位的美国"范式"的一种主要表达方式。

正如伍德在最近的一份声明（1984，7）中所坚持的那样，"在1787年，古典共和主义是美国人思想的基本前提——是所有其他理念背后的中心预设"。

在令人诧异的层面上，当代的历史学家们已经就古典共和思想在18世纪美国的主导地位达成了共识。而最大的争议是美国人在什么时候，以及在何种程度上开始背离了传统共和的框架。尽管伍德认为1787年是决定性的转折时刻，并将反联邦主义者描述为"古典共和"观念最后的伟大倡导者，[29]随后的历史学家更是对波考克亦步亦趋，认为杰斐逊的共和主义在很大程度上代表了古典理想的复兴。"古典宪政主义的世界"据说是"一个在1789年被美国人注定发现的世界"（Banning，1974，187）。杰斐逊主义的伟大剧目被认为是一场不情愿的、逐渐背离其原初古典理想的运动，并借以回应现代资本主义和个人主义的无情压力。① 与这种解释相对的是，阿普尔比（Joyce Appleby）从一开始就为杰斐逊主义者对进步、自由和资本主义前景的真诚支持提供了有理有据的论证。但是她仍然坚持认为，杰斐逊运动只能在18世纪"古典共和主义"主导背景下才能被理解；杰斐逊主义必须被解释为民粹

---

① 参见班宁的《杰斐逊主义的劝导》(Jeffersonian Persuasion，1978)，它源自于默林和波考克的论文（以缩减形式出版，Banning 1974；特别参见 173，作为一种与伍德争锋相对的宣言）以及麦考伊《难以捉摸的共和国》(Elusive Republic，1980；这类书，其后面的章节通常会很精彩，其开篇是长达34页有关18世纪的社会思想的概述，但它却不涉及洛克或者自然权利的理念）。

化的自由资本主义对更为贵族化的古典共和主义的反应,阿普尔比就此声称,她已经对联邦主义者以及杰斐逊对手的想法了然于胸。①

在试图评价这种对"古典共和主义"的现实迷恋的优点时,人们就无法避免地被其支持者所表现出来的无知所击中,而这些无知正是他们经常提及的"古典共和主义"哲学家们的经典文本。当代研究美国早期历史的学者,似乎只是偶尔接触到这些文本,或者仅仅是基于二手的研究报告。即使是波考克,这位引领这场学术潮流的智识教父,似乎也把他对古代思想的严肃研究局限于一个单一的文本之上,即亚里士多德的《政治学》(Politics)——美国建国者们对于这一文本的引用要比他们对色诺芬、普鲁塔克(Plutarch)和其他古典文本的引用要少得多。换句话说,当代学者缺乏对古代文献和早期现代性问题的那种如数家珍的熟悉感,但这些文本却由美国建国者们和他们的英国先哲们所掌握。

此外,还有另一个类似的问题,甚至是更为严重的后果。当代学者们相较于18世纪读者的精神世界,是以一种不单是格格不入的气质差异,而且也是在严肃性上有失偏颇的态度,来解读这些经典和早期的政治哲学文本的。18世纪的美国政治家和宣讲者在普鲁塔克、洛克、特伦查德(Trenchard)和戈登(Gordon)的书中搜寻关于上帝、人性和政治的永恒真理的指引,他们并没有为了在语境或概念化的"范式"中寻找证据才去阅读这些早期的作者。这

---

① 参见本书"参考文献"中所列的阿普尔比的著作,尤其是1984, 7-9, 14-17, 59, 66-67。阿普尔比本人,当她以任何细微的方式对待联邦主义思想家们,就背叛了她对一种非自由的或古典共和主义叙述的质疑:同上, 57, 102-103 (discussing Fisher Ames),尤其是93-94:"共和主义者和联邦主义者都是受现代主义者所支配的。"在最近对阿普尔比的回应中,班宁已经撤回、限制,而且在某种程度上混淆了他和其他人之前对"共和主义大综合"支持的主要部分(或者正如现在更为温和的班宁所称的"共和主义的假设"):见Banning 1986。同样地,波考克近来也忙乱于做出一种草率而毫无章法的退缩(1987)。

就意味着他们是以一种激情、一种需要、一种严肃的态度来进行阅读和研究的，这正是我们当代学者所缺乏的。因此，人们就不应该惊讶，18世纪最具思想的人们，往往对于早期政治理论家的文本读得更为仔细，理解得也更为透彻。

[30]更重要的是，我们时代的学者们往往误解了马基雅维利的思想，因而也误解了他带来的影响的本质。这个错误是决定性的。正如这些学者的正确判断一样，后来的共和主义思想深受马基雅维利的影响。我并不是想说，18世纪的政治家或理论家们回溯马基雅维利之后，必然会对他极其微妙的教诲有着完美的理解；但是，大量的马基雅维利的聪明读者，显然已经被他们所发现的全新的共和主义所深深吸引，虽然在马基雅维利的文本中还不够完整。这种全新的共和主义，这种对古典城邦经验的崭新诠释，与洛克的教诲精神，或与"资本主义"精神，根本不像近来学者们所宣传那样是对立的。

相反，马基雅维利关于"美德"（virtue）的概念，以及洛克关于财富无限积累（unlimited acquisition）的道德合法性概念，都依靠着某种亲缘关系（kinship）而紧密联系在一起的。洛克自己也通过文本拣选见证了这些联系，他选择了《李维史论》（*Livy*）中同样主题的一段话作为《政府论两篇》（*Two Treatises on Government*）的引言，同时也是马基雅维利在《君主论》（*The Prince*）结尾时著名劝诫章节中所引用的一段话。因此，洛克传递出一个信号，《政府论两篇》的开启之处正是马基雅维利《君主论》的驻足之地。

这种全新的马基雅维利共和主义与洛克的自由经济和政治思想之间的琴瑟和谐，得到了充分理解，在英国国家反对派的著作中，或是在由罗宾斯（Caroline Robbins）提出和讨论的"共和主义者"（Commonwealthmen）中都明显地表达出来了。的确，这些"老辉格党"（Old Whigs）的思想在美国产生了巨大的影响；但是，正如罗宾斯所展示的，这种思想的主要倡导者都是直接继承了洛克理论,并引以为傲。老辉格党绝不反对个人主义或资本主义精神,不管波考克和伍德如何声称,但他们根本不信奉古典美德,也不支持亚里士多德式的人是城邦动物[zoon politikon]的观念。①

要验证这些论断,只要仔细阅读特伦查德和戈登"对于殖民者来说最重要的政论家"(Bailyn 1967, 35)的著作就足够了。通过对《卡图书信》(特伦查德和戈登期刊文章的选集,18世纪20年代由富兰克林出版社在美国重印)的研究,人们逐渐熟悉了这一作为马基雅维利思想传播到美国的最重要的途径或桥梁。

《卡图书信集》的重要性首次被罗西特所强调,他还对单独聚焦于洛克的倾向发出了敏锐的警告。但是伍德声称罗西特"迷你化版的洛克"是没有任何根据的(1972, 623):我认为即使是草率地阅读一下《共和国的培育期》一书就很清楚,罗西特从未否认洛克的高明及在美国18世纪思想中的意义。但罗西特没有看到在《卡图书信集》中的教义与洛克的教义之间存在着重要的张力。罗西特对于美国18世纪广泛的文献综述,使他得出如下结论:洛克在美国人的情感中占有非常特殊的地位,他虽然"不是美国共识的唯一神谕",但却是"傲视群雄",或者说是"最受欢迎的革命思想的源泉"(1953,特别是357-359, 还有141-147, 237, 299, 491-492);另见Robbins 1959, 115, 392-393; Morgan 1977, 74; Appleby 1984, 19 n.21, 95-96; McDonald 1985, 60ff.; 参考Pocock 1975, 467-468。我所见过的最近的详细的实证研究,倾向于质疑贝林和伍德关于在18世纪美国著作中,提到的《卡图书信集》的说法:德沃兹(1986, 5 and n.21)报道说,

> 尽管修正主义者相反地声称,"洛克有关政府的论述"是迄今为止在革命著作中经常被引用的非圣经资源,同时提及特伦查德与戈登及另一些持"国家"意识形态或"共和主义综合体"观点的人已经为数不多了。此外,"洛克政府论"的章节还被恰当地引用、解释和抄录(无论出

---

① 参考Robbins 1959, 5, 10, 13, 62-63, 80-81, 84, 87, 100, 106, 212, 234, 249, 254, 267, 276, 285; Ashcraft 1986, 212 n.13;班宁在某种程度上对罗宾斯研究的真实内容给予勉强承认(Banning 1986, 15n.38)。参照Pocock 1980。

于何种原因)。

德沃兹进一步指出,关于革命时期的卢兹数据(1984)证实了他的发现——尽管卢兹数据有着不同的特征。

《卡图书信》无疑是对古代,尤其是对罗马式美德的赞歌;但对这种美德的解读,往往以一种完全非古典的、非罗马式的方式来进行。辉格党所谓的"卡图"(Cato)推崇的并不是罗马人的信仰,或者甚至也不是罗马人的原旨精神,而是罗马民众的某些行为,以及这些行为所表现出来的激情释放。特伦查德和戈登最为欣赏的政治"美德"是以布鲁图斯(Brutus)作为缩影的例子,他起初杀害了自己的儿子们,后来他又密谋刺杀了凯撒。[31]在其所谓的"伟大权威"(great authority)马基雅维利的指引下,新"卡图"对于廊下派嗤之以鼻,实际上正是斯多葛哲学赋予了像历史上布鲁图斯和卡图这样的人物以活力。还可以更进一步,新卡图所特别推崇的,是罗马人或雅典人对政治中美德的多疑与不信任,以及对美德的主张:

> 慷慨、克己、私人及个体美德,都在政治中徒有虚名,或者说仅仅是伪善之语。尽管它们可能会骗过那些粗鄙之人,但对聪明人而言却毫无用处。雅典人对此心知肚明;因此,他们制定了一种惩治伟大人物的方法,尽管他们不能以其他罪名来对付这些大人物,而仅仅因为他们伟大人物的身份就足以加以规制……他们不会相信任何个体的美德和节制。(letter 11, in Trenchard and Gordon 1733, 1∶72;另见 nos. 31, 33, 39, 40, 60, 61, 63, 75, 87, in vol. 1, 72, 239, 260; vol. 2, 43-50, 52-55, 230-233, 236, 258; vol. 3, 78, 176)

人们还不应该急于下结论,认为特伦查德和戈登在某种程度上将普通民众看作道德德性的宝库。与少数精英相比，普通民众在政治上表现更好，或者少有邪恶，因为他们更少有机会发泄他们压抑的激情，因为这种民众的不信任、嫉妒和怨恨的发泄有助于普遍的安全和繁荣。人类天性就是不可避免地自私：

> 在所有属于人类天性的激情中，自爱（self-love）是最强大的，也是所有其他的激情的根源；或者更确切地说，所有不同的激情只不过是自爱的不同运作方式而被赋予的不同称谓而已。(letter 31, in vol. 1, 239)

这种自私不应被认为是罪恶或堕落的结果，《卡图书信》也远不是加尔文主义或任何正统的基督教义对于人类境况的理解：

> 这是一幅人类的写照，他们天真无辜，但却自然地堕入恶习；有大量的例证表明，美德和邪恶合二为一，在同一个人身上被发现，也许还出于相同的动机。

人类"在他们共同天性的脚下，永远不要把同类看成是人和理性的存在"（同上，239-240）。因此，古典的廊下派或正统基督教的努力和教义，都指向一种不自然的、不现实的对自我主义的压抑，这就不可避免地成为各种改头换面的暴政诱因（letter 39, in vol. 2, 45-46）。

特伦查德和戈登承认，人们只能找到极少数人类献身于公共事务的例子；但是他们却敢于坚持，这些人的动机应当被认定是严格意义的自私和个人享乐主义的：

> 当我们称一个人是公正无私的时候，我们就应该知道他与此无关了，只不过因为他将自我意识转向了公众，他把自己

第四章 "古典共和主义"

的荣耀和快乐建立在为公众服务之上。报效国家成为了他的私人乐趣,众人成为了他的情妇,他通过满足自己的方式来善待他们。所谓"公正无私"(Disinterestedness),在任何其他意义上,都不存在。人类展现出的最好行为,往往是由恐惧、虚荣、羞耻及[32]类似的原因所引起的。当人类的激情有益于他人的时候,就叫做美德。(letter 40, in vol. 2, 52-53)

在公共生活中唯一有效的视角建立在互不信任的基础上:

所有这些关于人性堕落和腐败的探索和抱怨,并没有要破坏社会关系纽带的恶意;但是却被要求表达如下含义,自私是人类最强烈的偏见,每个人都应该提防他人,使自己不再成为别人的猎物。(同上)

"因此,一个智者在任何时候都不会相信另一个人是纯粹正直的"(letter 61, in vol. 2, 236)。

这位新卡图很容易就从这种冷酷无情的马基雅维利心理学中,转换到对霍布斯和洛克政治原则的反复召唤中来。"自然的第一和基本法则"是"自我保存的伟大原则"(letters 12 and 33 in vol. 1, 75, 261)。他是"一位伟大的哲学家",将"自然状态看作是一种战争状态";因为这是由于"更多的是人类生存的必需,而不是他们的倾向,他们才把自己置于法律的约束之下",或者说创建了"互守的契约"(letter 33 in vol. 1, 256-257;另见 66-67, 74-75, 131, 和 vol. 2, 228-229)。"走入政治社会的人,他们唯一目的就是相互保护和防御","无论何种权力,如果对这些目标没有贡献的话,那么就称不上统治,而是篡夺"(letter 11, vol. 1, 66;参考 vol. 2, 245, 249)。而被保护的不仅仅是生命,还包括财产,它们存在于劳动力和成熟的商业和产业、强大的银行、稳定的利率和稳健的投资之中:"他们的人身和财产安全"就是人民的"最高目标"(letter 24, vol. 1, 178)。为了确保这些目标的实现,就需要某种警觉感或"公共精神"(publick spirit),同时还需要一种"社会美德"(social virtues)(letter 108, vol. 4, 24-37)。这种"道德"被定义为无论如何都要有利于"保持人民的自由、富足、舒适和安全"(参考 vol. 2, 231),并创造条件让他们"认为在贸易和工业中进行大量资本投资是安全且有利的,而不是把钱锁在自己的柜子里"(letter 4, vol. 1, 16);由此他们的财富可以拥有"芝麻开花节节高"的自由(letter 62, vol. 2, 252)。

> 竞争、野心、慷慨和对权力的热爱:所有这些因素,在恰当的规章制度下,都能为社会的幸福、财富和安全做出贡献……在自由国家,人们为了他们的开支、快乐和利润而拿出他们的钱来,并想出各种办法来获取利益和收益。新的项目日新月进,新的交易层出不穷,新的产业雨后春笋;当商人们勇往无前,只要还有人相信他们,信贷就会不断攀升,他们也会在贸易中多次冒险,直到获得他们应有的回报。(letter 67, vol. 2, 306 和 309)

卡图的指责不是针对自由企业,而是针对那些限制自由企业的障碍——国有的或国家控股的[33]所有权、垄断权和独家商业特权。①

---

① Letters 1, 11, 12, 20, 24, 35, 60, 62, 64, 67, 108, 109 in vol. 1, 15-19, 66-67, 74-75, 131-132, 178; vol. 2, 12-13, 228-233, 244-248, 252, 266-272, 303-309; vol. 4, 24-37。人们想知道,伍德如何能在读过这些或相当数量的其他类似章节之后,仍然坚持与反对资本主义的"卡图"联系在一起,而"完全不愿接受 18 世纪的发展"(1972, 15; 参考 Wood 1985, vol. 1, 191-192; Appleby 1984, 16-17; and McDonald 1985, 59)。比较波考克模糊和含蓄的陈述(1975,469-471,474)和贝林所勉强承认的,特伦查德的"框架论"和戈登的"政治思想是洛克式的——即关于不可剥夺权利和政府契约理论——但只是纲要式的"表达(1968,41)。麦考伊承认(1980,61),《卡图书信集》"颂扬了一个人口稠密的国家财富来自工业和制造业,而不是农业",但这并没有动摇麦考伊的信念,在同一页上他重申,伍德—波考克命题已经"无可争辩地确立起来了。"

所以,我们就不应该惊讶于戈登在其对特伦查德的悼词中所宣称的:后者的一生都证明了私人产业对公共生活的优越性(同上,vol. 1, xliii-iv;参考 iii-v"对我而言,最幸福的人似乎是一个私有的人"和 89 [letter 14])。

《卡图书信》确实是一个丰富的并且常常是前后矛盾的或者有点混乱的文本来源,你可能会在其中发现一些真正的古典政治思想的回声,以及一些真正超越了之前的所有先例的原创论辩。正如莱维(Leonard Levy)所揭示的(1963,特别是 115-121),也许这本书最伟大的原创贡献,是"卡图"普及的一种影响深远的出版自由(freedom of the press)的概念。但是,在这一点上,"卡图"这个激进的自由主义的角色以及其他一些重要方面,虽然与洛克的自由主义或个人主义的政治观没有严重的冲突,但与一个真正的古典或德性的共和主义所预设的封闭社会是完全不相容的。

正如马基雅维利所强调的那样——尤其在这个特定问题上,或多或少地忠实再现了古代思想——言论自由是温和专制或君主制的特征,而不是严格的共和主义的(《李维史论》,卷 1,第 10 章及上下文)。的确,特伦查德和戈登代表着反对派的声音,他们反对现代国家的关键要素,比如和平时期的常备军、国家债务货币化、各种各样的大型政府项目,以及五花八门的税收。同样,他们在对沃波尔(Walpole)和他的"腐败"王室制度提出反对的同时,也对希腊—罗马人传统,或是共和政体,以及英国君主政体表达了强烈的言辞诉求。但是他们与宫廷党(Court party)的争议最好被理解为一场自由主义传统内的斗争,一方是更加集权主义和贵族式的自由主义,另一方是更加个人主义和民粹主义的自由主义。因为当代学者误解了马基雅维利和古典共和主义之间的区别,他们就从根本上错判了《卡图书信》和沃波尔宫廷党之间的战线;正是由于这个根本误判,他们也误解了《卡图书信》在美国的反响地位。

在 1787 年,《卡图书信》很有可能成为许多反联邦主义者思想的主要来源。但是,正如斯托林(Storing)所详加描述的那样,伍德和其他"古典共和主义"理论的支持者,在试图从反联邦主义者的著作中榨出一种反自由主义或反洛克的共和主义观念时,只会加重他们的谬误。仔细研读《真实的反联邦主义者》(The Complete Anti-Federalist)之后会发现,这些立宪反对者们总的来说,比《联邦党人文集》的作者们更渴望重启哲学的第一原理,而在这种对终极目的的呼吁中,他们更多地而不是更少地倾向于强调洛克的观点(德拉图斯[Denatus]是一个著名的例外,[34]他依然认为自己是一个外国人,Storing 1981, 5. 18)。一次又一次,反联邦主义作家们重新回到他们的理论起点,如同下面这些典型表述:"所有人都同意……","我敢说,这是毫无争议的,至少在这个国家是这样……"。有时他们也会对洛克的正义、公民与政府理论的关键要素进行深入分析,包括他对自然状态的强调、社会契约、抵抗的自然权利,以及最重要的个人自由的优先性。他们认为,这种自由体现在个人的自然财产上,被认为是对商业、收益和经济增长的保护和鼓励。①

反联邦主义者确实担心,如同联邦主义者担心的一样,这些来自于商业和其他源头对农耕生活和与独立自由民(yeoman)生活

---

① 参见 Storing 1981, 2.4.29 (Luther Martin); 2.8. 19, 80, 196-200 (The Federal Farmer [Richard Henry Lee?]); 2.9.24 (Brutus [Robert Yates?]); 4.3.8(John De Witt); 4.4. 16 (Vox Populi); 4.6.26 (Agrippa [James Winthrop]); 4.26.2-3,11-13 (参照 Arms, Maliehi Maynard, and Samuel Field); 4.27.4 (Phileleu-theros);4.28.3 (A Columbian Patriot [Mercy Warren]); 5. 13.2-3, 9 (Republicus);5. 14. 2 (The Impartial Examiner); 6.13.16-17 (George Clinton); 也可参照 2.6.11(Cato); 2. 9.31 (Brutus); 3. 11.30 (the Minority of the Convention of Pennsylvania); 5. 16. 35 (Patrick Henry); 6. 14. 7, 10, 147 (Mercy Warren). 参照据此引用, Wood 1972, 18, 21, 24-25, 52-53, 118, 236-237, 283ff., 416ff., 492,541 (另见 Mc Williams 1980, 91-96 和1987) 包括 Storing 1981, vol. J, 5, 7, 15,19, 24, 29, 38-40, 43, 48, 52-53, 66, 83 n. 7, 91 n.41, 和 vol. 2, 5 n.2。

相关美德的威胁。但这并不一定意味着他们必须被划归成"经典的"共和党人。像麦考伊（McCoy）这样的当代美国历史学家，就将斯巴达或斯巴达式的理想描绘成一种"隐士自耕农的社会"（1980，75），表现出了对古代历史的一种近乎荒唐的无知（这种无知并不是反联邦主义者所认同，这当然也不是他们在其文献引用中对斯巴达的描述方式：（参见 Storing 1981, vol. 7，参见"斯巴达"词条下的索引）。斯巴达的重装步兵不是"独立的农民"——他们也不是雅典、罗马、忒拜、科林斯、科西拉、锡拉库扎或其他著名古典城市的公民。这些城市的主要基础是农业（奴隶）经济，他们的政制倾向于支持独立谋生的乡绅（gentlemen-farmers）；但它们都不是典型的城市共和国：城邦（poleis）。因此，美国人对田园乡间的自耕农生活的美德讨论建立在他们所知晓的基础上，一种对罗马和希腊公民所展示和称颂的各种美德关系的模棱两可的版本。

毫无疑问，在反联邦主义者的思想中包含了一些经典的，当然也有一些准古典主义的元素，而他们痛苦的矛盾所在，也是部分地由于这些元素的存在而造成的。在这个方面，斯托林已经以一种不可思议的微妙和清晰的方式，使得反联邦主义者思想中的力量和困境都重获活力。但是，他也因此展现出这些古老体系是如何服从于——通常是相互矛盾的，但几乎总是强烈依附的——个人和经济自由，并被它所渲染或改进。这是对《权利法案》的激情呼唤，不同于亚当斯对"基督教式斯巴达"（Christian Sparta）的渴求，它最能体现反联邦主义者的精神。

此外，1787年的美国人所坚守的真正意义的古典元素，在制宪辩论中的双方身上都是一致且根深蒂固的——而十年之后，[35]这些问题在杰斐逊主义者和联邦主义者之间却争论不休。不可遗忘的是，古典的共和主义传统在很大程度上是一种贵族制的传统：普鲁塔克所培育的精神是一种对罕见伟人的崇敬；正如麦迪逊和汉密尔顿所说的那样，这种精神在联邦党人那里似乎比他们的对手反联邦主义者那里显得更加强大。

　　这种对主要渊源的误读是一个严重的失败,但它并不是唯一的错误,它还违背了对"古典共和主义"的解释。其次,更为明显的事实是,所谓的存在前后一致性的"范式"或"意识形态",不过是对像博林布鲁克、马基雅维利、萨沃纳罗拉、亚里士多德这样针锋相对的观念的伪造,斯巴达表面上看是难以置信的,而且在任何公正的审视下也是难以维持的。在17世纪,像哈灵顿和锡德尼这样的思想家,确实开始了一种令人不安的、但不太成功的尝试,试图将这些不同的元素组合在一起。①但是所谓的"古典共和主义"的遗产,当它不仅仅将洛克的自然状态学说,还包括一头是亚当·斯密(Winch 1978),而另一头却是"传统清教主义的盟约神学"(Wood 1972, 118)也纳入囊中的时候,无论其固有的优点或是缺点,都很难说能够保持其叙事的连贯性。②事实上,我们发现的并不是一个完整的统一体,而是一场战斗,或者至少是一系列严峻的张力,许多不同的观点都认为,这其中大部分问题都是由洛克式的话语和范畴深深渗透和塑造的。

　　参见 McDonald 1985, 7-8, 57。贝林,尽管他的目标是提高老辉格党的"共和主义者"的重要性而牺牲了启蒙运动哲学家们的利益,但他却不断地揭示出洛克对这些"共和主义"小册子的巨大影响的证据(1967, 27, 28, 30, 36, 38 n.20, 40 n.22, 43, 45, 58-59, 150)。类似地,邓恩的尝试(1960a)证

---

① 关于其清晰的特征,可参见芬克《古典共和主义者》(*Classical Republicans*, 1945),以及施特劳斯稍许批判性的评述,重载于《什么是政治哲学?》(*What Is Political Philosophy?* 1959, 290-292)。麦克弗森(1962, 160-193)为实质意义的"资产阶级"提出了一个强有力的论据,从而在根本上讲,哈林顿共和主义思想的非古典特征已经包含了它的"马基雅维利主义"。
② 所谓"范式"的不连贯性,在波考克不连贯性的,或者甚至是自相矛盾特征的陈述中反映出来(1975):对比 vii, 213, 和 395 ff. 一方面体现在 335-337, 403, 512-513,另一方面体现在 517。

明了洛克对美国的影响,在他所收集的相反证据的重压之下崩溃,然后试图从反面去解释;正如汉默威所评论的(1980,505),"如果从邓恩的论文中可以得出任何结论,那就是——至少在18世纪的前半期——洛克派对政府和革命的看法是如此的普遍,以至于几乎没有任何关于它的智识辩论"。伍德对洛克的影响的质疑都太过典型,以至于摇摆不定,难以确定(1972,8,14,29,48,62,151,162,219,283-284,600-601,607)。参见拉特兰对洛克政治哲学在梅森的思想中,以及他在1776年《弗吉尼亚权利宣言》中所扮演角色的冷静描述(1981,99);"梅森十分了解洛克《政府论》下篇的章节"(Mason 1970, vol.1, 298)。参考 McDonald 1985, 60ff., 149, 152. 在试图评估洛克思想的传播时,我们不能忽视笛福的《鲁滨逊漂流记》的影响,它在1774年的第一个美国版本之后,在接下来的50年里,其美国版本不少于125个(McDonald 1985, 61)。

贝利提请我们注意德洛姆的《英国宪法》(John Louis DeLolme's The Constitution of England),最初出版于1771年,是建国时期被广泛引用的权威著作;因为德洛姆对古典共和主义的原则及实践的强烈攻击,参见 Bk. II, secs. 1, 5, and 21 (1853, 141-147, 169-177, 339-340)。

这是由霍布斯和洛克影响的政治话语发生巨大变化的一个标志,在这些作品出版和传播之前并没有提到自然状态的概念和公共话语中的社会契约。例如,请参见平等派记录的南北战争的相关主要文件,哈林顿和温斯坦利著名的普特尼伟大辩论(尽管艾尔顿的观点也是"霍布斯式"的):Haller and Davies 1944, 特别是 53-57, 61-80, 86, 108, 112, 130, 138, 148-153, 161, 201, 407, 454-459, 463; Blitzer 1963, 62-77; Winstanley 1941, 特别是 493. 参考 Ashcraft 1986, 561, 和 Macpherson 1962, 107-159, 特别是 154-159。然而,麦克弗森也没有像人们所希望的那样,精确和宏大地陈述这一理论转换。

在谈到新英格兰神职人员的政治术语和理论范畴的变化时,鲍德温说:"1740年以前,人们大多谈论自由是一种自然权利,但很少有人将它定义为存在于自然状态之中。1717年,约翰·怀斯是最早这样做的人之一……怀斯似乎是1740年以前,唯一能写出这样的话的牧师:自然状态的平等以及在公民政府中保存平等权利,并在最高程度上与'所有区别'相一致"(Baldwin

1928, 47-48)。

对早期美国政治思想和古典政治哲学进行细致入微的比较，并对其进行综合梳理，这是至关重要的；但这不是因为美国的政治思想家们与现代趋势格格不入：

> 坚持古典时代传统的共和主义精神……一种纯粹的古典美德概念——在部分严肃的斯巴达人身上表现出的持续强烈的、大公无私的自我牺牲。(McCoy 1980, 10 和 77；参考 48, 70, 75)

对古典文本的精通和深思熟虑也是至关重要的，因为美国和欧洲的 18 世纪政治思想，被一种有关人性和政治的深刻的反古典观念及各式各样、相互竞争的分支所支配(尽管还不是被垄断)。这个新观念不仅是反古典的，它也与传统的政治神学相对立，包括新教和天主教；这一新的思维方式意味着对圣经的重新解读，为政治神学寻找新的传统，并在教会和国家之间建立一种新的关系(参考 McWilliams 1984,特别是他关于潘恩的论述,22-24)。新共和主义的战斗口号是：人的自然平等和权利，包括抵抗或革命的权利，宗教宽容和良心自由，以及"无代表不纳税！"——[36]或者正如伟大的反联邦主义者沃伦(Mercy Warren)解释道，"让人民自己处理自己财务"的权利。"这些都是原则，"她继续说道，"它们由博学的、开明的、著名的洛克之笔所捍卫"(Storing 1981, 6.14.8 和 10；参见 Franklin 1959-, 17:6,类似的向洛克致敬的章节，它被认为是革命战斗口号的来源)。正如联邦主义者考克斯(Tench Coxe)宣称的那样，"不言而喻的事实是，在古希腊或罗马，我们未曾发现有自由之友宣称征税和代表权是不可分割的。"这是一个"崭新的真理"，"从今以后，地球上的人们将会认为"，这是"他们能够找到的自由圣殿上唯一的基石"(《宪法的审查》,*Examination of the Constitution*, in Ford 1888,148)。

参照伯克的《与美国和解》(*Speech on Conciliation with the Colonies*, Kurland and Lerner 1986, vol. 1, 3-4):

> 先生们,你们知道,在这个国家,争取自由的伟大斗争历来是围绕征税问题展开的。而在古代各城邦,绝大多数斗争主要是针对地方行政官的选举权问题,或者是指向国家各个等级之间力量对比的问题;在他们看来,钱的问题并不是那么迫切的。但英国的情况就不同了……为了让大家在这一点的重要性得以最充分的理解,对于那些在论辩中捍卫英国宪法的卓越的人们来说,这不仅是必要的,而且他们坚持把钱的问题作为一个牢固的事实而偏执己见,并证明:这是写在古老羊皮纸上,并在普遍惯例中承认的权利,存在于确定的政体内,我们叫做平民院。他们已经走得更远了,他们试图去证明,而且他们获得了成功。从理论上讲,从平民院的某种特殊性质来看,这应该是行得通的,因为它是作为人民的直接代表:无论这一古老的记载是否传达了这个预言。他们千辛万苦地灌输的是,作为一项基本原则,在所有君主制国家中,人民必须有效地发挥自己的作用,无论直接与否,都拥有获取自己钱财的权力,否则就无法维系自由。(注意楷体)

就像许多早期的革新政治运动一样,这一运动也常常试图让自己"新酒装在旧瓶中"。因此,如果我们要真正理解当时正在发生的事情,如果我们要真正理解这些伟大口号所暗示的东西,我们就必须全力以赴去研究古老共和主义的另一种观念,因为新共和主义的力量(或明或暗地)正聚集其中。

没有人能否认,在"大西洋共和主义"学派的分析中,强调了在18世纪的美国仍然闪耀着前现代思想重要余烬的光芒。

为了在更为淡化的智识启蒙中,获得一些好的注解,参见 Hyneman and Lutz 1983, vol. 1, nos. 15, 22, 37, 和39。但是,人们必须阅读这些材料,以欣赏它们独特的智识取向。甚至或者确切地说,这些例子充斥着传统和现代(个人主义)人类社会概念之间的紧张关系。第15篇(匿名,1772)开篇讨论了"自然的孤独状态",其中"社会原则很难找到客观对象",但其后两页就断言,社会就是人类的"自然状态"(175—177;编辑们相当典型地忽略了这一矛盾,并说他们没有注意到在这篇文章中没有强调"个人主义原则")。第37篇(佩森的布道,1778)首先断言,"没有任何的政府模式"可以"承担适当的安全与保障",而不需要公民对国家的挚爱或"公共美德";其后,以同样的语气说,这种美德"只能停留在优秀的头脑中",因此,"就像其他的德性一样,它更为频繁地被伪装,而不是真的拥有"。因此,"我们应该把人类看作他们实际的样子,而不是他们应该是什么样子"。但是,再一次,我们可以"预测美国未来的荣耀……充满智者,爱国者和英雄们"(528,532,535)。这类事物在第22篇中频繁出现(奈尔斯关于自由的演讲,1774)使它成为一个不连贯的巢穴(258ff.)。相比之下,布拉克斯顿的"演讲"(1776,同上,vol. 1,328—339),其对亚当斯《政府构想》观点的毁灭性攻击,令人信服,堪称范例。这一引人注目的短文证明了诸如亚当斯等一些建国者的普遍倾向,就是对孟德斯鸠所描述的古典美德民主制描述的一种误导;我应当补充的是,布拉克斯顿(《独立宣言》的签署者之一)的演讲是我在这一时期的美国人中发现的,对孟德斯鸠的最具探索性和智慧的解读,这确实是迄今为止已经发表的有关孟德斯鸠思想最精彩的一段文献。布拉克斯顿以令人钦佩的简洁和说服力揭示,将民主制而不是不列颠的混合制"共和国"作为孟德斯鸠的真正模型是荒谬的。

然而,这些零散的余烬远不可能形成熊熊烈火;因此,近来"古典共和主义"的主张受到越来越多的批判,这就不足为奇了。①

不幸的是,除了斯托林之外,大多数批评人士都威胁要抛弃新

---

① Storing 1981,特别是 vol. 1, 4, 40, 83 n. 7, 91 n.39 and n.41;参见以下文本中的参考文献:Murrin 1980, 373 和 431—432; Kramnick 1982; Diggins 1984; Dworetz 1986; Lerner 1987, 1—38。

第四章 "古典共和主义"

路径中,也许是最有价值的特征——就是它愿意把政治理念当作历史上几分独立力量来看待。①可以肯定的是,在反对将政治思想削弱成经济的或社会阶级的意识形态的抗议活动中,波考克和伍德至多是三心二意的。②此外,正如迪金斯在其机智和敏锐的批判中提到的(1984, 353-65),如果以维特根斯坦式的"语言游戏"理论来对待建国者们的政治思想(Pocock 1971, 12),事实证明,这是对建国者们所宣称真理的冷漠,就像不愿意以严肃的态度对待建国者们的观点一样,如同在马克思或比尔德的咒语下,简化主义的历史学家所采用的方法是一样的。然而,即使迪金斯自己试图阐明的"语词"和"行为"之间关系的替代性概念,也很难被认为是令人满意的(1984, 12-13, 19, 85-99, 106;参考 Zvesper 1987)。我相信,这种对清晰度的持续匮乏问题,是迪金斯与几乎其他所有当代评论家的双重失败。他的民主或平等主义偏好使他无法充分考虑到巨大的等级差异,例如,在独立思考和洞察力之下,这使得少数政治思想家远远超越了其他人,因此不可能发展出任何包罗万象的"诠释学理论"(theory of hermeneutics), [37] 或者说一种"语词"与"行为"之间的关系。因此,他还没有开始对修辞的技巧进行足够的反思——包括深思熟虑的谨慎,模棱两可的表达,善意的狡黠或优雅的圆滑——这些都可能是杰斐逊和麦迪逊等政治家公开演说的特征,同时无疑也是洛克、孟德斯鸠和休谟等哲学家著作的特征。

对于杰斐逊关于需要隐藏其观点的评论,尤其是关于宗教问题的观点,参见他1813年8月22日写给亚当斯的信、1803年4月21日写给拉什的信,

---

① 特别参见 Bailyn 1967, 页 vi, viii-xi; Appleby 1984, 4 和 6;另见 Pocock 1972, 12。
② 特别参见 Wood (1972, 625-27):"我们需要的是……一种广泛的社会解释,即对宪法的争论被认为是源于不同社会环境的对立意识形态的结果";参考 Pocock 1971, 36-37,包括 1972, 122,以及 1975,页 vii, 507;Banning 1974, 178-79;Appleby 1986, 26-31;参考默林的评论,1980, 432 n.10,和 Zvesper 1977, 11-12, 190 n.20。

以及 1822 年 12 月 8 日写给詹姆斯·史密斯的信（Jefferson 1944, 567, 704; Cappon 1959, vol. 2, 369——参考编者的评论, 345）。与伯恩斯形成鲜明对比（1976, 23-25），雅法夸大了杰斐逊对圣经传统的明确反对的程度：当雅法（1975, 101）称杰斐逊为"旧的理性主义和旧的启示的根深蒂固的否定"，这种对夸张修辞的嗜好使他忘记或忽略了杰斐逊在宗教事务上的公共精神储备。另一方面，杰斐逊在当选总统之前，不仅因其可疑的宗教观点而受到嘲笑，甚至被指责"是基督教的一个无宗教信仰的敌人，这一直困扰着杰斐逊政府"；这些批判的焦点问题都记录在了他的唯一出版物中，《弗吉尼亚州笔记》（Notes on the State of Virginia）（参见亚当斯对杰斐逊的介绍和笔记 1983, 4, 10-12, 17-19, 25, 33, 35, 42, 125）。因为麦迪逊担心他的宗教观点会受到迫害，参见 McDonald 1985, 44-45 中的参考文献。反联邦主义者"威廉·佩恩"提醒他的读者们，"那些被我们称为哲学家或智慧的人，在他们活着的时候通常会受到迫害"；以及这位狂人著作的作者（可能就是默瑟，制宪会议的一名代表），他警告说孟德斯鸠的《论法的精神》必须要理解其中的微言大义，因为孟德斯鸠"当他回忆起从法国政府手中感受到的痛苦压力，他手中的笔就会颤抖不已"。默瑟继续坚持认为，这是那些讨论政治原则之人的惯常情形（Storing 1981, 3.12. 7 和 5. 1.68-69）。勒纳（1987, 第 1 章）教导我们，要欣赏富兰克林"对战术和策略的掌握，即逢迎讨好的坦率和令人不备的隐匿"。富兰克林告诉我们，在他年轻的时候，他的名声就是"作为一名年轻的天才，却有着叛逆与风流的另一面"，甚至被"看作为一名异教徒或无神论者"（Franklin 1964, 69 和 71）。这是对富兰克林《自由及其必然性》这篇论文的反应，他后来认为这是一个严重的错误（富兰克林的目的并不是为了简单的言论自由或新闻自由：同上, 96）。然而，对色诺芬《回忆苏格拉底》的解读，标志着他智识生活的新纪元。通过模仿色诺芬对苏格拉底的辩论方式的描述，本杰明"接受了谦卑的询问和怀疑"，这是他一生中一直保持的一种姿势，就像色诺芬的苏格拉底，他认为这是"最安全的方法"——因为它阻止别人去发现他的真实观点，尤其是宗教问题（Franklin 1964, 64, 159-160）。在后来的生活中，富兰克林建立了一个秘密的"宗派"（但是，他向我们保证，他从来没有把这件事情带出去——或者至少他只有两名成员，就像他现在被记得的那样；他肯定不记得它们的名字）：一个年轻男子的秘密教派,把它的成员称为自由与舒适,并同意某些哲学和宗教教义作为它们秘密联盟的基础。根据富兰克林的说法,"真诚"被列为13个道德美德中的第7个;他所提出的真诚的要求是这样的:"不要使用伤人的谎言"(同上,150,161-163)。

总的来说,每个学派的历史学家都没有对那些最自由的和最具远见的建国者们的非典型作品给予太多的重视,也没有赋予足够的尊重和进行细致的文本分析(例如,亚当斯、杰斐逊、麦迪逊、汉密尔顿和威尔逊)。更糟糕的是,学者们已经表现出更乐意接受关于诸如洛克、孟德斯鸠、马基雅维利和亚里士多德等哲学家们的二手报告,而不是他们的更为深刻、更加复杂的思想原著。①

因此在一定程度上,一些关键的概念,比如"美德"(virtue),往往被视为是某些人的专属之物,或者在所谓的历史"范式"意义下,变成了在所有演说中都使用的言之无物的共识。那些提出有关"美德"含义和规范的激烈争论的哲学家们,他们设想自己的内心充满了对于一种剑拔弩张的传统的苦苦斗争或是危险反抗,即相互混淆的圣经和希腊—罗马式政治理论。在平庸的思想家和政治家眼中,对这些惊世骇俗的分歧进行的艰涩不明的反思,要么被忽视了、被模糊了,要么就是错上加错。②

另一种相关的责难适用于当下流行的第二条线路:即试图在所谓的"苏格兰启蒙运动"中挖掘出一条"共同体主义的"(com-

---

① 迪金斯,鉴于他的天赋,是一个特别不幸的例子。他对"古典共和主义"框架的尖锐批评,被反复借用的波考克式或斯金纳式的古典政治理论的特征所破坏。(1984,19,24,41,45,62,373 n.39),包括马基雅维利的(同上,10,16,148,303-32),和孟德斯鸠的(同上,10,59,72,182)。

② 克瑞尼克的批判(1982,633,662)指明了正确方向,但他试图阐述的在18世纪后期出现的"美德"概念的变化,在我看来仍然过于简单和公式化。请参见拙著第二篇对下面这个问题的研究。

munitarian)的建国起源。在《联邦党人文集》的例子中,帕灵顿(Parrington)、斯图尔(Stourzh)和阿代尔(Adair)都很有说服力地证明了休谟的强大影响力,后者指出了苏格兰思想家对建国者们产生的更广泛影响的可能性。①但是,从这些明智的建议到威尔斯(Garry Wills)的半通俗又随心所欲的著作(《发明美国》[*Inventing America*,1978]和《解释美国》[*Explaining America*,1981]),却有了一个巨大飞跃。那些采用威尔斯或更温和版本的"苏格兰启蒙"理论的人倾向于夸大苏格拉底或古典(强烈反对洛克)的沙夫茨伯里与更现代(强烈支持洛克)的哈奇森(Hutcheson)的持续性联系,以及哈奇森对于更为现代的休谟和亚当·斯密的联系。与此同时,他们还倾向于夸大二者之间的分歧,一边是休谟或斯密,甚至是哈奇森,而另一边是洛克。关于洛克的思想与启蒙运动的苏格兰哲学家之间的真实关系,没有比在斯图尔特(Dugald Stewart)的回顾性历史研究中还能发现更权威的说法了,他是这一传统的最后一个伟大人物:

> 在苏格兰,大学里的自由宪章一直以来[38]都特别有利于自由和折衷的怀疑精神的传播,而洛克的哲学似乎很早就已经深深地长期扎根于这一种亲切友好的土壤之中。②

---

① Parrington 1954, 303; Stourzh 1970, 70ff.; Adair 1974, 95-97, 128;另见 Bailyn 1967, 28 n.8 和 40。

② Stewart 1854, 216;关于洛克对苏格兰思想家巨大影响的进一步讨论,特别参见 246-251, 479, 484, 551("在苏格兰的大学里,洛克的哲学以及牛顿的哲学,都是第一次被采纳"),和 578。另见 Hamowy's "*Jefferson and the Scottish Enlightenment: A Critique of Carry Wills's Inventing America*"(1979),以及"*Communication*"(1980); Epstein 1984, 203 n.17; Diggins 1984, 9, 37, 49, 53-54, 60ff., 98, 165-167(关于威瑟本影响的真实特征),和 372 n.14。然而,当他宣称休谟的观点时,他就变得极端起来:"人类是被动的,没有创造力的……以任何方式的占有,甚至是武力和欺诈,都是自我合法化的方式",或者当他说,休谟"不关心人类与权威的正当关系……不尊重政府作为一个公正的机构"(同上, 53-54)。参见我以下的论述,页68ff。

第四章 "古典共和主义"

在文本解读中经常缺失的是对建国者们的一种态度,这种方式并不会迫使他们走上普鲁斯蒂安(Procrustean)的"范式",而这种"范式"是由对那个时代的"中庸"或"常规思维"的审视而建立起来的。

我们需要一种更持久的尝试,以他们自己的方式和精神来解读最伟大的少数建国者,这是一种对政治哲学史上前人的精神高地抱以同情心的、一手研究的尝试。①这样的努力要求我们真正地向我们自己敞开心扉,让我们相信政治论辩或争议并不是简单的或者完全可以简化为"意识形态"的。它要求我们严肃地看待这样一种假设,即一些过去的政治家、历史学家和理论家有时能够通过批判性思维,从阶级、宗教教化、语言传统或"语境"的微妙盲从或局限中将自己解放出来。

那种认为政治思想无论如何都不可能发展,或者依赖并反映它所在历史环境的观点,当然是荒谬的。问题是,所有的思考,即使是最机敏的实践者和最深刻的哲学家,仍然不可避免地受到环境的制约和限制。因此,过去的哲学家和政治家们一直在揭示和讨论的永恒真理(他们称之为人的"自然本性",以及来自于自然的"自然"权利)是可能有效的主张,这一相反的假说,则可能是被伪造的。但是要想去证伪,对每个思想家那里提出的假设和主张,都必须首先彻底地、没有偏见地得以检视。

当我们发现一位思想家所反映或回应的是一个明显错误的、狭隘的,甚至以他那个年代流行或权威的观点来看,都是逻辑混乱的思维,那么,我们就不能排除这种可能性,我们所发现的并不是他的鼠目寸光,而只是一个通过刻意的修辞来调和掩饰偏好的例

---

① 参考 Adair 1945, 195-196(摘自 Shalhope 1974,页 xxvii):"只有把麦迪逊的思想与西方伟大的政治哲学传统联系起来,才有可能将他的贡献定义为美国宪法的首席理论家。"另见 Diggins 1984, 160-161;以及卡西尔对其所称之为"历史学家的谬论"的批判(1946, 124-125)。

子,他不愿公之于众的理由,就是认为它最好不要被暴露出来。如果说这一有趣的假想给权威思想史中的所有主张都蒙上了一层阴影的话,那么这样的损失终将得以补偿,而且远胜于补偿的是,在他们追根溯源的或真正的哲学基调中,事实上我们的观念史,将会更加地诚实,更接近于真相。

最后,我所主张的这种历史研究方法,要求我们在探寻和检视过去思想家的同时,也提醒我们,作为20世纪的学者,以及这一独有的现代或最新版民主制度的产物,需要不断努力去面对我们的偏见和盲点。我想说的是,如果我们不是在某种意义上,被我们邂逅的伟大政治思想家所唤醒、所惊异,并有所改变,那么,要么是这个思想家还不算真的伟大,要么是我们还没有真正地见识他。[39]但有一点是肯定的:只有通过这样的方式和带着这样的目标,我们才会充分地暴露在过去思想里令人不安却又丰富多彩的挑战之中。

如果我们把这种令人振奋的遭遇作为我们对建国者们的研究目的,那么我们的主要关注点就必须是他们的论辩,而不是他们的动机;这些论辩需要被筛选,以证明它们的合理性或真实性,而不是为了证明语言学上的"前后一致"或是"阶级意识"。在深思熟虑之后,我们需要做出一个关键判断,它不是通过保持"距离"的观察来实现的,而是通过与我们反复考量的思想家们沉浸于一种原初而美好的对话中来获得升华的。在我看来,亚历山大·汉密尔顿在《联邦党人文集》首篇中就邀请我们进行这样一番对话:

> 我向你们坦率承认我的信仰,而且直率地向你们展示这些信仰据以提出的理由……我的动机必须保留在我自己的内心里。我的论点将对所有的人公开,并由所有的人来判断。至少这些论点是按照无损于真理本意的精神提出的。

第二篇
制宪者的公民美德概念及其引发的哲学竞赛

第五章　新"普布利乌斯"

对古典传统的歧义诉求

[43]《联邦党人文集》的作者们,以"普布利乌斯"(Publius)为其笔名,似乎从一开始就宣布了他们对希腊—罗马共和传统的认同。①由于普布利乌斯曾是罗马共和国的杰出缔造者,汉密尔顿、杰伊(Jay)和麦迪逊似乎把他们自己塑造成一个以罗马人为原型的共和国创建者或修复者。但我们很快就会发现,这种印象需要进行相当大的修正。这位新普布利乌斯被一个伟大传统所吸引——但他在这个传统中却是一个相当自傲和激进的革新者(特别参见 14:104)。②普布利乌斯将自己描绘成渴望自治和摆脱暴政的政治信徒,这些形象可能在普鲁塔克笔下是其最有力的表达;但他也明确表示,这些愿望绝不仅仅是"古典的"。我们也不应该假设,普鲁塔克的英雄们会以任何持久或坚韧的方法来实现他们

---

① 这个名字取自普鲁塔克笔下的罗马执政官 Publius Valerius Publicola 的生平(1818 年 7 月 23 日麦迪逊致鲍尔丁的信,见作品 1900-1910, vol. 8, 410-411)。这一生平值得细细品味;参考 Diamond 1972, 632-633。汉密尔顿之前使用过这个笔名,这表明他对这个名字加以了特别认真地对待(Adair 197 4, 15-16,272-285)。
② 参看《联邦党人文集》的论文将以罗西特版的论文编号,其后带有冒号和页码(1961)为准;阿代尔(1974, 251-258)指出了这个版本的优点。

的愿望。在其开篇段落中,新普布利乌斯就提出了他仍踌躇未定的"重要的问题,即人类社会是否真正能够通过深思熟虑和自由选择来建立一个良好的政府,还是他们永远注定要靠机遇和强力来决定他们的政治组织"。他以其惯常的口吻"这个问题似乎只有留待我国人民(用他们的行为和范例来求得解决)"来表达自己的观点。

因此,汉密尔顿预示了他后来将更加强调的这个观点(9:71-72):"在阅读希腊和意大利一些小共和国的历史时,没有恐怖和厌恶的感觉是不可能的……假如在幽暗中有时放射出瞬息的光芒,当这些转瞬即逝的光彩使我们眼花缭乱时,同时也使我们悲叹,政府的弊病会使这些光辉的才能和崇高的天赋走上邪路,黯然失色,而这些产生它们的幸福土壤已经得到应有的歌颂。"汉密尔顿确实承认,甚至是强调历史上确实存在"一些光荣的事例",那些不过是作为共和主义惯常记录的例外。但他接着承认"如果发现这对于设计一种更完善的结构是行不通的,那么开明的自由之友由于无法为其辩护,只得被迫放弃那种政府的奋斗目标"。换句话说,从"自由"的角度来看,正如普布利乌斯所理解的那样,[44]非共和政体(non-republican forms)的政府形式绝对优于古典时期任何形式的共和国。(参见,类似的论述,Farrand 1966, vol. 1, 86-87 [John Dickinson], 288-289 和 424 [Hamilton]; 对比 Epstein 1984, 5, 转引 39:240。)

然而,当你读到这些字里行间以及它们所带出的信息时,一开始都会倾向于认为,普布利乌斯的意思是他同意古典的观点——即他们的目的在于"自由政府"或"共和政府的形式"和"公民自由的基本原则"——但随后就会发现他的意图却大相径庭。当然,当汉密尔顿随即(9:72-73)谈及"政治科学"所取得的"伟大进步"的时候,他列出了各种新的"原则",他把这些定义为"手段,而且是有力的手段,通过这些手段,共和政体的优点得以保留,缺点可以减少或避免"。当我们观察到普布利乌斯经常以一种真正古典的,但又对古典抱有负罪感的方式,来表达他的共和主义情操的时候,就其愿望的目的或目标这一最为重要的方面来看,普布利乌斯仍是一位古典传统的延续者,这一印象得到了加强。

因此,普布利乌斯很早就以"自由"的名义把"对自由的热情"和"长期血腥的战争"称作是"高尚的"(1:35;2:38)。杰伊通过呼吁对革命期间所展示出的道德品格的重振,开启了《联邦党人文集》对新宪法的辩护:友爱的精神、对祖先的虔诚崇敬、自我牺牲的能力,以及将对自由的真正奉献作为终极目标:

> 上帝乐于把这个连成一片的国家赐予一个团结的人民——这个人民是同一祖先的后裔,语言相同,宗教信仰相同,隶属于政府的同样原则,风俗习惯非常相似;他们用自己共同的计划、军队和努力,在一次长期的流血战争中并肩作战,光荣地建立了全体的自由和独立。
>
> 这个国家和这种人民似乎是互相形成的,这似乎是上帝的计划,就是说,对于被最坚韧的纽带联合在一起的同胞来说,这份非常合适和方便的遗产,决不应当分裂为许多互不交往、互相嫉妒和互不相容的独立国。(2:38;另见杰伊《对纽约州民众的演讲》, in Ford 1888, 70-71, 86)

汉密尔顿在其后认可了这些情感,并诉诸于如下理由:"美国公民的血管里流淌着同源的血液,他们在保卫神圣权利时"血肉相连地"献身于他们的联合"(14:104)。《联邦党人文集》与汉密尔顿的结论是:"我们所有权利的唯一坚实基础"[45]是"公众舆论,以及人民和政府的普遍精神"(84:514-515)。1788年6月20日,麦迪逊在弗吉尼亚制宪审查并为新宪法辩护时,发表了一篇更为纯粹的古典主义路线的演讲:"我要遵循这一伟大的共和原则,即人民将有美德和智慧来选择那些拥有美德和智慧的人。难道在我们中间美德无存了吗?无论何种形式的政府,假如都能在没有任何美德的情况下而获得自由或幸福,这就是天方夜谭"(Eliott 1907, vol. 3, 536-537;参考 Federalist 55:346)。10天前,在同样的辩论中,马歇尔(John Marshall)谈到了他与亨利(Patrick Henry)在"一些基本原则,一个自由的民族永远都不应该离弃的原则上"所达成的共识。它们包括"民主最受欢迎的格言:严格遵循正义和公众信仰,并坚守美德"(Eliott 1907, vol. 3, 222-223)。虽然普布利乌斯也许不会如此强调美德,但他肯定会将其所设想的自由(liberty)看作是被美德滋养的,并反过来培养出一种"居安思危与男子气概的精神"(vigilant and manly spirit)(57:353;参考 14:104 和 52:329);他不仅将自由与"幸福"联系在一起,还与"尊严"(1:36)联系在一起。"这一崇高的决心使每一个追随者的自由都充满了活力",一种与"美国人民的天才"和"革命的基本原则"紧密联系在一起的决心,要求将共和自治(republican self-government)作为一种终极目标,而不仅仅是一种安全与繁荣的手段(39:240)。因此,共和自治可以与繁荣和自由并列,取而代之的似乎是宗教(参见 1:36 和 85:520 以及 5:50)。

然而,这意味着自治并不是唯一的终极目标,一般而言,甚至不是新宪法或者健全的共和主义生活的最高目标。为了"寄托与确信于人民心中的……安全",政治自由和参与必须是有资历的,甚至是严格的资历。这些都是"公民社会的主要福祉",并"成为了良好政府的定义"。更重要的是,普布利乌斯确信,这绝不是一种轻松的和谐,事实上,在共和自治与政府的稳定和能力之间存在着相当大的分歧,而这两者在承诺保证安全和精神安宁的政府中又是必不可少的:将这两个截然不同的目标"以它们合适的比例"将其"混合"在一起,他断言,这是制宪工作中"一个明显令人头疼

的部分":

> 共和自由的性质,似乎一方面是要求不仅一切权力应当来自人民,而且通过短期的任职,使被授予全权的人始终依赖于人民;而且即使在这短时期内,权力也不应该委托给少数人,而应该委托给许多人。[46]可是稳定却要求被授权的人的掌权时间要持久……而政府的坚强有力不仅需要权力的某种持续,而且需要由一个人执行权力。(37:226-227)

在普布利乌斯看来,古典共和主义的一个明显缺陷就是,它未能充分面对和解决这一根本性难题,这个难题史无前例,并且在很大程度上被制宪会议所掌握。

我要感谢爱泼斯坦(1984,特别是第 8 页和第 4 章),我对第 37 篇重要性的理解是作为这项工作的一种支撑点。我的解释与他的不同之处在于,我怀疑对普布利乌斯来说,归根结底,"自由的根本含义是……'政治自由',区别于'个体自由'或'公民自由'"(147-148;我发现第 68 篇中的定义更合适)。在我看来,爱泼斯坦将普布利乌斯关于人性的概念与亚里士多德(Epstein 1984, 79, 124)的概念同化得太厉害,而且没有足够清楚地揭示出第 37 篇中悬而未决的问题所表达的紧张关系的程度。另一方面,在我看来,戴蒙德(1971,特别是第 3 部分)似乎在相反的方向上走得太远,他很少强调普布利乌斯对他从洛克、休谟和孟德斯鸠(参见 Meyers 1980)那里借鉴的政治理论的保留或适格问题。埃尔勒的《联邦党人文集》(1981)将这种倾向推向了一个更极端的程度,尽管在这方面,他还是有力地强调了联邦主义者最具洛克风格的特征。

对古典传统的批判

随着《联邦党人文集》的展开,这个缺陷的整体面目变得清晰起来,普布利乌斯详细地阐述了对古典共和主义的精神与实践的日益激烈和精准的攻击。①普布利乌斯指责说，这是一种对直接政治自决的狂热迷恋，它导致希腊人和罗马人坚持一种小型紧凑的城市共和国，其中有很大一部分公民可以在政府中扮演重要角色。由于这些公民共和国的体格矮小，使他们总是陷入外敌入侵的持续危险之中，而他们强烈而又嫉妒的独立感使他们无法进行协调一致的防御，而容易发生自相残杀的冲突（4：48-49；18：passim）。因而真相就是，他们自然就倾向于把他们的公民变成士兵，把他们的城市变成军营；但是，他们没有通过这些对策来实现安全，而是成功地催生了帝国主义的能力和渴望（6：53-57）。这种类似于蜂群的（hornet-like）军国主义，是在古典共和国国内政治中，无情地自我发挥着顺从一致或同质化（conformity or homogeneity）压力的主要来源；然而，还有其他的来源，它们具有更大的意义。

其中最主要的渊源，就是有必要去试图遏制那些野心勃勃、躁动不安的公民所特有的党争。这座古典城市试图通过向所有公民灌输相似的品味、意见和财产占有的观念，来努力缓和国内冲突并逐渐灌输一种亲情感。这一努力不可避免地失败了，因为它违背了意见、利益的自然多样性，（最重要的是）"在人的诸多才能中，财产权利来自于"一种根植于人的自然多样性，这是不能长期被消除或克服的（10：78-79）。

此外，在这座古典城市里，人的自然多样性和竞争力因对自傲的过度压力、男子气概的一意孤行和对荣耀的爱慕而进一步加剧。那些强迫顺从或兄弟情深的企图注定是要失败的，这要么是少数人的专制统治，而从长远来看，要么是更频繁地由一些"英雄般的"煽动者领导的多数人的暴政（10：78-81；63：389）。"古代大多数平民政府属于民主政体的类型"，[47]也就是在这个政制中，

---

① 《联邦党人文集》对古典共和主义的批判恢复了休谟批判的一些主要特征：特别参见休谟关于"古代国家的普及"，"公民自由"和"商业"的论述（1985，88，93，259，262-263，408，414，416）。

"人们在那里集会并亲自行使政府的权力"(14:100)。但是,

> 在所有人数众多的议会里,不管是由什么人组成,感情(passion)必定会夺取理智的至高权威。如果每个雅典公民都是苏格拉底,每次雅典议会都是乌合之众。(55:342)

这些政府的政治是狂暴的、轻率的和琐碎的,它危及到每一少数群体的安全,甚至危及到每一个体的安全。

《联邦党人文集》的作者们主要关注的是通常情况下,政治对财产、个人安全以及全体公民的繁荣所构成的威胁;但在对于过往的历史中,他们指出了古典共和主义哲学的残酷命运。在雅典,"人民的自由"发布为"今日下令鸩死某些公民,明日又为他们立像表功"的法令(63:384)。人们没有歪曲普布利乌斯的留言,他将古典共和主义的罪行同时归结于普通人性和哲学,这是对物质和精神福祉的双重破坏。

与此同时,普布利乌斯观察到,对共和自由的不受约束的热情,往往会通过破坏健全的行政管理来实现自身的毁灭:因为议会经常感觉自己没有能力进行公共管理,所以很容易被煽动者所欺骗,或者被诱导向伯利克勒斯(Pericles)这样才华横溢的政治家们和将军们屈膝投降(6:54-55;10:79;58:360)。更为糟糕的是,由于行政危机,古代城市常常发现自己不得不诉诸于绝对独裁(70:423-430)。那些寻求这种统治的人能够利用普遍存在的"时代迷信,这是维持当时政府的主要手段之一"(18:123-124;38:233;参考 Noah Webster, in Ford 1888, 55-56)。

那么简而言之,普布利乌斯对古典共和主义的批判如下:普布利乌斯赞赏共和自由中的公民部分;他远没有忽视作为公民的人的尊严;但是,在休谟的帮助下,他比古人更清楚地看到了真正的"共和自由"的双重组成部分(一方面是自治,另一方面是个人安

全);更重要的是,他对这两个组成部分之间的适当平衡有了更为敏锐的洞察。

第六章　公民美德的古典分析

古典共和主义在阿伦特与海德格尔哲学根源中的当代憧憬及错误观念

[48]普布利乌斯对古典共和主义的犀利批评——一种在杰斐逊《弗吉尼亚州笔记》(*Notes on the State of Virginia*)问题 13 (1954,128-129)中对罗马共和国抨击时所暗示的方法——总是迫使有独立思想的读者转向古典历史学家和政治理论家,以判断普布利乌斯指控的真实性,并更为清晰地发现那些共和主义的替代性概念,以此反驳美国版本的孤芳自傲。此外,正如我们在本书第一篇中所看到的,这个时代的强大学术潮流也迫使人们对"古典共和主义"进行反复讨论。我相信,如果仅仅把这些学术潮流看作是肤浅而短命的流行时尚,将会是一个错误。的确,现在的人们对"古典共和主义"的迷恋并非源于对希腊政治哲学和历史文本的强烈或持久的专注。相反,新的关注点确实有一个令人信服的道德和哲学来源,它有着更为现代并稍显晦涩的特征。

今天,在我们西方民主国家中,许多有思想的男女都有一种深刻而合理的不安,这种不安是由看似更为普遍的衰落所引起的,正如马南(Pierre Manent)所称的"政治存在的本能"(l'instinct de l'existence politique)。公民精神的衰落相较"个人主义"的泛滥,公民自豪感的虚弱相较个人虚荣的强盛,政治家的审慎或 phronesis[实践智慧]相较"公共关系"的登堂入殿;所有这些症状似乎越来越证实了托克维尔关于现代民主的预言。

然而,不幸的是,这种过度的不安却经常出现在可疑的清醒状态之中:一方面,这是一种愤世嫉俗的被动或病态的绝望;另一方面,它是对一种"参与"式民主政治的持续希望或需求,但又不尊重自然的限制和现代自由主义的历史发展。对后一种政治激情的强化,是对一种悲壮的共同体主义血统的怀旧渴望——它与罗马和希腊共和国公民宏伟的历史或"经验主义"联系在一起。在我们自己的过往中,发现了一些这样的"失落宝藏",似乎有助于证明和鼓励对平淡无奇的,或者(如同它的贬义称呼)"资产阶级"自由主义的道德反抗,而这样的自由主义实际上定义了美国和[49]现代的西方共和主义。

在我们这个时代,阿伦特(Hannah Arendt)也许是这些憧憬中最重要的智识来源。波考克和他最好的学生清楚地表明,尽管他们的一些关键的方法论假设可能来自维特根斯坦(Wittgenstein)、库恩(Kuhn)和格尔茨(Geertz),但他们的作品中充满活力的道德灵感却来自于阿伦特(Pocock 1975, 550; Banning 1986, 17-19; 同见, Diggins 1984, 62-63)。①但是,那些被阿伦特迷住的人们,往往不会去深究她的智识源头,她的观念因此也被这些源头完全填充。

1972年,皮特金提供了一个生动的例子来说明阿伦特的影响,他通常与维特根斯坦的观点相结合,激发并形成了皮特金在其他地方所称的"重新发现"政治思想的"其他传统"(Pitkin 1969, 5; 另见 Strong 1975, 192-202, 208-217, 292-293)。在学院派之外,整个政治谱系中,阿伦特的古代观念和建国时期的影响都体现在克里斯托尔的被广泛阅读的文献中,"美国革命是

---

① 在这一背景下,阿伦特的关键作品是《论革命》(*On Revolution*, 1965, 特别是 3-6 章)和《人的境况》(*The Human Condition*, 1958, 特别是 1-2 和 5 章)。

一场成功的革命",他宣称这受惠于阿伦特的那本"非常深刻的关于革命问题的书"(1976, 3;参考 8 和 13)。因此,他几乎没有提及自然权利的概念,并将革命的"激情和创新"定位于"在现代条件下的重建理念——罗马帝国的荣耀"(同上,10)。(最近,克里斯托尔已经向另一个方向发展了;而在阿伦特忽略或轻视了宗教在塑造建国者思想方面的作用,克里斯托尔现在似乎认为,无论如何,"美国宪法有许多智识的父亲,但只有一位属灵的母亲。那个母亲就是新教信仰"[1987, 5-6]。)

在试图理解阿伦特的作品时,人们不得不认识到,她的思想核心站在一个远比她身后尾随而来的学者们更高的层次上。事实如此,阿伦特不能被称为学者的一部分原因是,她是一名记者,甚至是一名咖啡馆知识分子;但在她的作品中也有一些超越了学术的东西,揭示了对哲学的真实触动。在美国,阿伦特是海德格尔政治沉思的普及者。①在可理解的不一致和摇摆不定的混乱中,阿伦特从她导师的新思想中获得了最激进的暗示,但她很少向海德格尔表达她的款款情深,因为她的个性迫使她步步退缩。实际上,她传播了一种稀释版的"海德格尔式"政治思想,其吸引力在于它之前从来没有在英美世界中出现过。我们对她所带来的思想刺激抱有一定的感激之情。在托克维尔关于革命的思想,以及现代的共和主义历史的背景下,阿伦特重新捕捉并强调了美国革命的公民维度,而这种观念很大程度上在马克思主义和有些年老色衰的自由主义思想氛围中被遗忘了。

但是,人们还没有充分理解的是,即使是在被稀释了的、"人道化"的阿伦特分支中,海德格尔哲学也意味着要与整个西方传统决裂。正如阿伦特在其主要的政治理论作品(《人的境况》[*The Human Condition*])中一开始所宣称的那样,"'vita activa'[行动的

---

① 为获得一个清晰而有益的引介,参见辛奇曼的 *In Heidegger's Shadow: Hannah Arendt's Phenomenological Humanism* (1984)。

生活］这个词的使用，正如我在这里提出的，它与传统明显矛盾"。更具体地说，她向理性与行动之间的关系性概念宣战，这一概念起源于"苏格拉底学派，从那时起在我们的传统中，这个概念就统治了形而上学和政治思想"（Arendt 1958，16-17；将第1章作为一个整体参考）。

"人的境况"这个新概念，源于对在此之前所有形式中的理性或理性主义的深刻幻灭，无论是古代的、中世纪的，还是现代的。阿伦特的意思是试图释放人类的"行动"和让人类从她所认为的，迄今为止被神学、科学和哲学所削弱的或不光彩的从属地位中"创造"（creation）出来（Arendt 1958，78，85，195-96，222-224，236）。同时，她思想中的反理性主义也是一种激进的历史主义：像海德格尔和雅斯贝尔斯一样，阿伦特试图将所有人类的意识，理解为由历史上偶然的（contingent）文化和语言母版或范例来加以限制和定义的。[50]从更严格的政治角度来说，她的目标是彻底根除人类本性，必然就包括自然权利或者权利观念。①

但是"行动"或"行动的生活"或"判断"这些概念，如此理解起来，看起来如同天马行空。行动不能再在固定和确定的目标中找到衡量标准；政治，由对赞誉或荣耀的渴望所支配，由此成为它的终极目标，不受任何固定目的的制约和约束。与海德格尔和尼采不同的是，阿伦特试图通过运用一种鼓动性的、模糊的和浪漫的政治语言来掩饰其后果。她提出了一个荒谬的主张，即真正的"政治"，即使在革命过程中，这样的"政治"也可以与暴力、统治和等级制度保持距离（1958，26，31-32，175，186［关于勇气的意义］，189，222，224；1965，18-19）。她对伯利克勒斯和伯利克勒斯式雅典的反复颂扬，是从帝国主义中抽象出来的，这本是伯利

---

① Arendt 1958，9-10，135，137，139，193；参考 Arendt 1953 和 Hinchman 1984，183-184，201。

第六章 公民美德的古典分析

克勒斯政策的核心。但是,阿伦特思想在其对美国和法国革命的比较中展现得如此之美,模拟两可的地方也就无处可寻了。

阿伦特文章中有关革命的大量信息是,美国革命具有更加克制和冷静的优越性,与法国大革命相比,它摆脱了阶级斗争或"那个社会问题"的最坏结果,也就是罗伯斯皮尔式的激进主义所带来的无休止的动荡和恐怖。然而,当她对各自政治运动的领导人想法进行更加详细的分析时,越来越清楚的是,阿伦特最深切的同情,恰恰是罗伯斯皮尔的激进主义观点:她的心向往着罗伯斯皮尔的(或者甚至是列宁的![1965;65,257])愿望,只要这些愿望可以与阿伦特认为的怜悯或同情的腐蚀作用相分离就行。这也变得越来越清晰,事实上,阿伦特是在稀里糊涂地参与了一场试图将美国人的思想强加在一个罗伯斯皮尔框架中的实验:

> 无论在成功和失败的结果上,还是在事件和环境因素上,都将他们区分开来,但是美国人仍然会同意罗伯斯皮尔的最终目标是革命、自由的宪法,以及革命政府的正业是创建一个共和国。(1965,141)

在罗伯斯皮尔那里,阿伦特发现了马基雅维利版本的罗马共和主义(1965,37)的明确表达。在罗伯斯皮尔那里,她发现了"公民自由"(civil liberty)的明显从属地位,或者说相较于"公共自由"(public liberty)或公民参与而言,其次才是保护作为个人的个人安全与财产——以及随之而来的难以终止的革命动乱:

> 不是说罗伯斯皮尔不愿意结束革命,而是因为他坚信"宪法政府[51]主要关心的是公民自由,而革命政府关心的是公共自由"(国民大会上"关于革命政府的原则"的演讲)?他一定不会害怕……新的公共空间会随着它的突然爆发而消

失,并让它们都陶醉于行动的美酒之中,事实上,它和自由之酒是一样的(注意楷体)?无论这些问题的答案是什么,罗伯斯皮尔对公民自由和公共自由的清晰区分,与美国人对"幸福"一词模糊的、概念混淆的用法有着明显的相通之处,……如果罗伯斯皮尔能够亲眼见证美国的新型政府的发展,……他的怀疑可能已经得以证实。(1965,132-135;另见49和120-121)

阿伦特提到了美国自由概念的相对"模糊"性,这表明,她在试图从美国建国者们的头脑中挤压出一种"罗伯斯皮尔式"的想法时,遇到了巨大的困难,这将证实她对支持美国革命的热切渴望。

> 历史事实是,《独立宣言》提到了"追求幸福",而不是公众的幸福,很有可能杰斐逊自己也不太确定他所说的是何种幸福……"参与政府事务的参与者"不应该是快乐的,而是在一种负担下的工作(labour)……杰斐逊也会坚持,将幸福列在公共领域之外……在建国之父们的著作中,这种反思和劝诫是相当普遍的,但我认为它们并没有太重的分量。(1965,127-129)

阿伦特尤其在美国人对洛克的自然法则或自然权利的依赖上感到不安,事实上,她试图将洛克的影响力降到最低(1965,169)。她说,

> 《独立宣言》的"伟大"不应归功于它的自然法哲学——在这种情况下,它确实有失深度与精细……毫无疑问,《独立宣言》确实有它的伟大之处,但不在于它的哲学,甚至也不是

第六章 公民美德的古典分析

它本身就是支持一个行动的论证,即使它以一种完美的行动方式出现在文字中。(1965,129-130)

对阿伦特而言,政治行动总是倾向于设想比理性的政治思想或论述更胜一筹。

阿伦特对《独立宣言》思想的轻描淡写,预示着贝林、波考克和伍德的著作中,对《宣言》存在着惊人的忽视。在她对美国革命和建国精神的描述中,阿伦特甚至宣称,各州的法案或权利宣言(例如,梅森撰写的《弗吉尼亚权利宣言》)并不是"要阐明主要的积极权利,这是人类固有的本性,与其政治地位有所不同";它们仅仅是"为了对所有的政治权力建立永久的限制性控制"。她承认,美国的权利之峰是法国《人权与公民权利宣言》的"典范",但是她坚持认为,美国的宣言从根本上被法国人误解了(正是杰斐逊在他撰写《独立宣言》的时候)。根据阿伦特的说法,与法国不同的是,美国的宣言并没有具体说明"所有政治权力的来源";他们是"控制"的手段,而不是"政体的基石"(1965,108-109)。

事实上,我担心的是,阿伦特对"行动"这一模糊性和鼓动性概念的使用,就像海德格尔对"坚韧"(resoluteness)和"决断"(decision)的呼唤一样,是一种形式主义的东西,它们等待着被任何事物所填充,无论发生什么,都是最引人入胜的、最令人震惊的,即使是"义无反顾"(remorseless)的,那么政治运动的"时代精神"可能就会让人浮想联翩。(参考 McKenna 1984)

阿伦特式的"行动"概念当然也不会受到希腊真正的政治或公民道德观念的限制。[52]因为阿伦特对希腊人和罗马人的看法,并不是真正想要进行精确的重述;她所呈现的是一种创新,或者说是一种创造性的重述,这就模糊了浪漫或虚构与对原著忠诚之间的区别。然而,正如我们在对当代历史学家所发布的"古典共和主义"的研究中看到的那样,阿伦特的陈述方式很容易吸引那些粗心大意的人,进入一个对古典共和主义的原初、真实的精神非常不准确的概念之中。正如波考克正确分辨的那样,马基雅维利的思想是阿伦特政治观的主要来源,尤其是城邦政治(polis):但是波考克和阿伦特(后者更自觉地)都掩盖了其中的帝国主义、残酷无情、武士集团,以及真正体现马基雅维利性格的冷酷理性主义;在这些元素之上,他们抛出了带着一层温情脉脉面纱的、平等主义的"公民人道主义"(civic humanism)。

现在,《联邦党人文集》的作者们也从马基雅维利的部分角度来解读古典共和主义;但是,在孟德斯鸠和休谟的指导下,他们非常清楚地洞察到了包含在共和主义中的严酷的甚至是不人道的元素,从而被他们挖掘出来了。因此,他们以更人道、更自由的共和主义的名义拒绝马基雅维利的共和主义,一种更符合他们所理解的人性的永恒本性和需要的共和主义。换句话说,他们以"后马基雅维利式"的沉思拒绝了"马基雅维利式"的沉思——通过对马基雅维利概念的反抗和修正,从某种程度上衍生出的一种人性的概念。

但是普布利乌斯完全符合马基雅维利所确认的基本问题:人类的永恒本性,以及由人类本性所决定的永久的、最深层的需求。正是这个问题,以及关于这个问题的争论,新的阿伦特式的或海德格尔式的思想却加以了拒绝。毫无疑问,这样的拒绝是完全有可能的。对自然的追求,对永恒的追求,对政治行动和创造的治理与限制的永恒标准的追求,统统有可能被证明是错误的。

但是,拒绝必须建立在一个确定性的论证之上,在一个推理演示之中,这个过程必须包含对最强大的各种对立立场的结论性驳斥。这样的反驳,反过来就要求,对据称被驳倒立场的准确理解,包括建国之父们和马基雅维利的立场。但是这些现代的立场,是基于对古典共和主义的现代解读,是含蓄地或明确地、从对古典共和主义原旨解释的"传说"反驳中展现出来的——这是一种古典哲学家和历史学家自己给出的解释。由此可见,如果我们要理解和评价这些现代立场,[53]如果我们要脱离他人的监护,并对这些最严肃的问题做出独立判断,我们就必须对原初或古典的立场进行公正而彻底的检验。

在他们以僵化和有些教条的方式,拒绝对可被理性把握的人类和政治权利的普遍的、自然的标准的追求中,海德格尔和阿伦特从根本上反对所有以前的共和主义观念,无论是美国的还是古典的。海德格尔在思想史中的伟大重整(reorientation)计划或许有可能是无效的。但是,如果我们要直接正视它,如果我们不经意地进入到日益强大的——尽管在很大程度上是隐蔽的,并且因此是无法理解的——海德格尔思想的洪流中,我们就必须尽可能自觉地意识到这种新思想和被它"解构性"或"创造性"根除的过去。特别是,我们不能允许美国的或古典的遗产被悄然篡夺和伪造。

那么,我的观点就是,所有三个理性主义的立场都应纳入讨论中——马基雅维利的、后马基雅维利自由主义者的和古典共和主义者的——它们形成一个共同的战线,来反对新的海德格尔式的思想和对古典共和主义的阿伦特式的衍生性解读;然而,他们所分享的基础——自然和理性的根基,并不能防止他们在辩论中走入困局,但却要精准地加以理解;他们中间的不和是一种真正理性特质的争论,在这场争论中,原则上我们和所有的人,都有可能参与其中。在随后几页中,我们将通过反对颇有影响力的阿伦特式的错误观念,或者说重新树立(re-creations)古典传统美德学说的意义,使得这场论辩成为可能。

苏格拉底辩证法

如果我们从《联邦党人文集》的批判视角来看待古典共和主义,我们很可能会认为,这种批判至少在两个重要方面得到了证实。一般来说,与美国建国者们形成鲜明对比的是,古人对保护个人和他们的"权利"的重视程度要低得多——这些权利包括私人和家庭安全权、财产权、宗教自由权和"追求幸福"的权利。虽然共和主义的两个版本都赞扬政治权利或自治,但美国的制宪者并不倾向于把政治参与看作是一种终极目标,而更多地看作是一种对前政治(prepolitical)权利或个人权利的保护手段。

然而,这并不是说普鲁塔克的英雄们,或苏格拉底式的哲学传统追求的就是单纯的政治自由、权力和荣耀,它们如此不受约束或限制,[54]就像休谟和他的学生们所推测的那样。事实是,古典学倾向于以一种截然不同的方式来看待共和自治的高尚,而这与普布利乌斯所见是截然不同的。普布利乌斯认为这是为了防止一种邪恶(党争),而进行的一场愚蠢的、最终走向专制的公民同化(homogenize)的企图;而古典学却倾向于认为这是实现一种伟大的善的必要前提——一种博爱的精神。"立法者,"亚里士多德宣称,"对友谊给予更严肃的关注,而不是正义;因为 homonoia[心灵合一]似乎和友谊是相似的,这也是他们特别关注的,而他们试图刻意驱逐的是党争,也就是敌意"(《尼各马可伦理学》[*Ethics*] 1155a)。然而,古典学赋予博爱和自由的等级低于美德的等级;而美德,他们并不会简单理解为"公民"或政治,更不用说作为一种自治的手段了。正是出于这个原因,美德被理解为超越了、包含了但又赋予了自由真正的意义,因而古典学将平民政府(popular government)排在了低于最高等级的位置。正是出于同样的原因——并不一定是因为他们是煽动者的潜在受骗者——古典学有时会设想在有利情况下的可能性,一人之治(one-man rule)可能比最好的共和国更可取。

最初的共和主义理想中,最具穿透性的"美德"表达是何涵义,以及它是如何且为何被理解为政治目标的、最重要事项而被赋予美德的?在这里,我们需要记住古典政治实践(古代地中海世界各城邦的实际行为)和古典政治理论(政治哲学家和历史学家对这些行为的批判性反思)之间的区别。对于古典理论家来说,他们对古代城邦的批评(即使更加柔和一些)几乎和汉密尔顿、麦迪逊和休谟一样严厉。但是对城邦的古典批判来自于一个非常不同的视角。古典理论家以苏格拉底的方式,声称去批判那些来自内部的各种公民派系和观点,而批判的基础是这些观点自己的前提和抱负。他们声称延续和发展业已隐含在最受尊敬的或受人尊敬的公民社会成员的言行中,那些无法完全实现的标准和目标。

人们很容易低估这一显然仅仅是"原初的"(preliminary)政治哲学起点的重要性。但是,在这个方面,苏格拉底式的思想家们是从他们的前辈("前苏格拉底学派")和他们伟大的现代继任者马基雅维利那里出发的。它们不是从自然的理论,甚至不是从有关人类本性或激情的理论开始的。他们不会把自己的政治哲学放置在任何心理学、宇宙学或形而上学之中。他们也不会以拒绝最受尊敬的公民意见为出发点,或者声称发现一些被认为较少受到争议和较少模棱两可影响的阿基米德式的观点。[55]相反,他们进入到公民辩论之中,并利用了语言的修辞和在某种程度上最能言善辩的视角。但他们不会,至少不是简单地利用或共用,哪怕是最受尊敬的公民的利益。通过他们的对话或"辩证",苏格拉底式的哲学家们成功地证明了超越最受尊敬的却有明显缺陷的道德和宗教观点的必要性和内在必然性。他们成功地展示了在一个特定的道德方向上,超越受人尊敬观点的不可避免的必要性,这在一开始就被预言并由他们批判性和质疑性的对话结果所决定。①

---

① 这一思想运动最为生动地体现在柏拉图的《法律篇》中,特别是第 1-3 和 7 卷(更为全面的讨论,参见 Pangle 1979, 379ff.);参考《理想国》第 3-4 和 7 卷;同样的运动还可以在不那么戏剧化的作品形式,亚里士多德的《政治学》第 7 卷, 1-3 章,以及《尼各马可伦理学》中看到,我们将两部作品视为一个整体。对于理解哲学家和道德绅士之间关系的苏格拉底式的观点,至关重要的作品是色诺芬的《齐家》(参见 Strauss 1970);另见《回忆苏格拉底》第 3 卷和《居鲁士的教育》。

古典理论家首先对这样一种观点给予了充分的重视,即政治生活的目标首先被视为给人带来尊严,因此,卓越(being preeminent)是对自己人民的自由和对他人的统治。但他们认为,对自由和王权统治经验的反思表明,这些耀眼的雄心壮志会瓦解成消极的一意孤行、庸俗不堪、或对名望的死缠烂打,除非他们在美德方面得到更精确的定义。对于"美德"一词,在古典中意味着那些罕见的、少有实现的品质,通过这种品质,人类以一种和谐、优雅、真正自然的("人的")方式来表达他们的激情或充满激情的需求。

经过仔细的观察,这些美德被证明是自然合成中理性与激情的协调实例,它改变了那些原始元素。这种协调几乎总是需要长期的练习、严格的测试和对困难的适应;因此,对法律的制裁、习俗和公共舆论的大力支持是必不可少的。四种"主要"的美德是勇气、节制(尤其是指感官欲望的适当从属地位)、正义(尤其是对法律的尊重、无私分享和公共精神),以及实践智慧(特别是在帮助友人和同胞,以及对下级进行监督的情形中)。这些品性特征之所以被重视,部分是因为它们在促进社会的安全、繁荣和自由方面的实效。然而,根据苏格拉底的说法,一旦这些美德被认为是"好的"(有用的),美德就不再生机勃勃;只有当它们被珍视为终极目标时,它们才能真正成为"高尚"或 kalon[美的]例证。

苏格拉底的观点并不否认,在政治的混乱不堪甚至在人类的心灵中,这种高尚美德的地位是脆弱的。亚里士多德对斯巴达、克里特和迦太基的批判,这些是他能找到最好例证的城市,都证明了哲学家对这种脆弱性的敏锐意识。高尚的弱点是惊奇、困惑,甚至怀疑的源泉。但是,当怀疑当道时,它不会消解主要的道德体验。美德以及品德高尚之人,不能被完全看作是为自由的[56]或者是为了从危险和需要中解脱出来的工具;相反,自由作为一种内在价值,只有在最终目的中才有意义,因为它被视为一种手段,作为美德和品德高尚之人的表达机会。

第六章 公民美德的古典分析

当一个人的目光从优秀士兵或公民的强健美德,提升到伟大领袖和政治家所拥有的罕见心灵和思想时,这一点就变得尤为清晰了。这里发现了最强烈的诱惑和最严峻的挑战;在这里,最重要的是,像吕库古(Lycurgus)或普布利乌斯这样的立法者,他们接受了一项令人敬畏的责任,即开基立业,一种影响子孙后世的特有的生活方式。探索和颂扬这类人的品性,是像普鲁塔克或李维这样的政治历史学家的伟大功绩。这也是艺术家的工作:在古典意义中,美德是好的艺术的中心焦点,而艺术在政治中起着至关重要的作用,它是作为美德的公共探究、判断和教育的场所。通过艺术家的摹写,美德闪耀着完美的光环,因而成为人性的目标或归宿——作为全面发展的最值得选择、最令人钦佩或者卓越的人类品质。

但是如果美德是真正的目的,那么它们就必须包括对最重要或最全面能力的完善:它们必须是人类幸福或满足的主要元素。在诗人的推动下,这些思想渗入到"公民"的美德(arete politike[完美政治]),开始呈现出一种不完整的,甚至是一种有缺陷的美德。古典共和理论最令人不安但又最具特色的特点之一,是它将公民美德视为一种缺陷的美德(这是色诺芬的《居鲁士的教育》第1卷中最明显的一种倾向,包括亚里士多德《尼各马可伦理学》,特别是第3卷8章,以及柏拉图《法义》643b-647c 和《王制》430c)。仅仅具有公民美德的人是这样一种公民或政治家,他认为主要凭借自己的卓越才能而成为一个优秀的团队成员或团队领袖;因此,他拥有一种美德,这种美德完全依赖于他在一个正派的共和国中所拥有的好运气;他的灵魂是由一种羞耻感和荣誉感所决定的,这源于其同胞对他鼎力相助的看法;他试图以这样的方式生活,即他可以仅仅通过在更大的整体中,也就是善的城邦或政制中扮演他的角色来获得满足——但他却不能成功地贯彻这种想法。公民美德是值得称赞的,但是由于其难以逾越的非完美性,为了实现一种更全面的卓越,亚里士多德第一个将其称为"道德"

(moral)或"伦理"(ethical)美德。

在具有道德美德的人看来,即使是最具挑战性的政治任务,也较少考虑到对城邦中其他人有益的事情,而更多的是为城邦中像他拥有这样的品质的人提供发展和表现机会。此外,他也意识到,尽管他的政治生涯通常是他一生中最引人入胜的篇章,[57]但他不应该将其视为是追求卓越的最高的或最宝贵的途径。还有其他高尚的美德,比如个人的慷慨,对艺术作品的审美天赋,真诚而机智的谈话,以及亲密的友谊——这些美德即使是在最好的政治中,也只能在有限的范围内被享有,而在其他的政治中,它们往往就被阻碍尘封了。因此,真正 kaloskagathos [美善]的生活不同于好的公民或政治家的生活,这既是因为所追求的特定美德的范围更广,也是因为对这些美德的内在姿态的差异,这种姿态与公民生活还有一定的距离。

但即使是"完美士绅"的生活也不能摆脱各种张力或严重困惑。美德的哪个方面是有更高的等级——正义,或自傲(pride)?现在看来,正义似乎更为卓越,因为道德生活中最大的挑战,似乎在最广泛的政治行动中都能找到——绝佳的例子就是像梭伦或普布利乌斯这样的创始立法者(founder-lawgiver)的角色。但是,道德生活的真正皇冠,似乎是一种无比自豪的自我意识,或者说是"灵魂的伟大"(Greatness of Soul),他将自己的独立灵魂和其他灵魂的品质,凌驾于任何特定的成就之上。因为他如此行事,这样的人会为自己和其他同道中人促进并享受公众荣誉,同时又避免所谓名望的诱惑(毕竟大多都是从民众[lesser men]那里得来的),这一切本身就是终极目标,或者是最大满足的源泉。

但是,这一目标和满足到底是什么,或者应该是什么呢?难道政治生活,即使在其最伟大的状态,不也是一种繁重的事务吗(将其更高的价值投入到平凡的领域中)?即使在最好的可能政制下,是否也必须让一个高尚的人在各个方面受到约束,甚至损害其自身的能力？难道他不应该不断地寻求大众的支持或认可，并在他们面前解释或证明自己吗？在最好的可能政制和几乎大多现实的政制中，真正的士绅可能会发现自己不得不在城邦中委曲求全，这难道不是一个巨大的不平衡吗？因而，难怪我们发现，那些最能反躬自省的人，往往会选择一种独立悠闲的私人生活。但是，什么样的日常事务可以让你的闲暇时光充满乐趣呢？答案本身就是对艺术的眷顾和对政治史的研究或写作。但是艺术和历史上最适宜和最令人着迷的主题，却是让灵魂回到对积极生活的渴望中去——如果是在一种更深思熟虑的，也许有点忧郁或幻灭的精神中的话。在幸福的概念中，是否有任何积极的或道德美德的工作符合圆满完成的标准呢？

然而，也许在幸福的观念下，试着去理解美德或卓越就是错误的。毕竟，美德超然地关注着合法的、公正的、高尚的，而不是令人愉快的事物。在奉献（sacrifice）时刻，美德似乎完全陶醉其中。[58]然而，正是这样的时刻，或对这些时刻的见证与沉思，唤起了对美德生活的某种神圣支持最深切的渴望或预示。悲壮或崇高的经历促使我们寻求一些持久的自然反馈（cosmic reflection）或超然荣誉（transcendent recognition），从而为英勇牺牲的壮举提供补偿。

事实上，我们被高尚的人所感动，在我们被感动的过程中——恰恰是我们的责任、荣誉，以及高尚的经历激发了对神圣秩序存在的最强烈的希望——这向我们表明，高尚的人不能被理解为是好人，也就是说有益的人。高尚之人之所以高尚，对于高尚的占有者以及他所代表之人的利益，他都必须是善的源泉。美德不能脱离对幸福的关注。但是如果对美德的关注必然成为对幸福关注的一部分，如果美德被认为是幸福的一个或特定的关键，那么在最终目的中它如何成为一种奉献形式呢？是什么让它如此动人？最高尚的人与最清楚自己利益的人的区别是什么——那么为什么美德应该得到赞扬或崇敬，而不是简单的客套迎合呢？缺乏美德的人与不清楚自己最大利益的人有何不同——为什么这样的人应当受到责备或惩罚呢？如果美德即知识，在什么意义上，人类应当对此义不容辞？

这些令人不安的难题很可能会出现在一个深思熟虑的实干家的头脑中——在某种程度上，他们表面上就是这样去做的，如同林肯（Lincoln）和富兰克林所做的一样。①他们默默地，但更顽强地、坚持不懈地思考着由追随苏格拉底道路的哲学家们提出的问题。当亚里士多德给出他对真诚（truthfulness）的描述时（《尼各马可伦理学》1127 a 20 及以下），他清楚地表明了这一点，就像所有道德美德一样，真诚主要是对品性的挑战，而不是对理解的挑战。看起来，即使是孩子，如果经过适当的培养和鼓舞，也能在相当大的程度上开始享有这种卓越。

然而，当亚里士多德将美德与这两种相关的恶习——自吹自擂和反讽进行对比时，他提到了苏格拉底——这位激励我们去铭记的人，尽管有些讽刺的意味，但正是这个原因，苏格拉底与自吹自擂者截然不同。苏格拉底的例子可能会搅得我们心神不宁。我们都意识到，做一个自吹自擂者是多么的怪诞，我们都热切地希望避免成为这样一个人。

然而，苏格拉底的例子提醒我们，在一种微妙而深刻的意义上，每个声称知道"不知为不知"的人，在深刻的人性和个人意义上，都是在吹嘘自己。这样的吹嘘不仅是不光彩的；它掩盖了我们真正的需求，也因此阻碍了通向我们真正的义务，我们真正的善，和我们可能的幸福道路。当我们读到像《斐多》（Phaedo）这样的对话录，以及检视利害攸关的，包括有关自然的问题，[59]并寻求我们暗示或希望在此岸或彼岸的生活中获得神圣支持和惩罚的理

---

① 参见林肯在 1846 年 8 月 11 日写给《伊利诺伊斯州公报》编辑的信，信中宣称"致第七国会选区的选民"，in Lincoln 1946, 186-188（可参考编辑的介绍性讨论，13）；以及 Franklin 1964, 96 and 114。

第六章 公民美德的古典分析 93

由时,这一思想所隐含的全部力量就会被带回到我们的身边。因此,坦率或诚实的美德被证明是次要的,但却具有了更为丰富的意义。它指向一种美德或者需求意识,它要求非同寻常的调查探究和自我反省,最终迫使一个人的整个生活都被重新定位——苏格拉底和柏拉图洞穴喻的例子生动地说明了这一点。

在古典共和主义对美德的教义中,我们不可能充分地表达这最终的步骤,而不提及著名的关于爱若斯或者爱欲的苏格拉底式的教导。在共和主义的古典理解中,道德高尚的人绝不是一个爱若斯式的人物。他可能是一个拥有罕见友谊的人,这种友谊植根于相互仰慕和对同道中人的爱;但他过于相信公民和道德美德的充分性,过于专注于自己的自给自足,轻易地接受贫瘠或依赖的爱欲条件。爱若斯的爱欲,只要它进入了道德的绅士阶层的生活,就会成为一种非法侵入者(最生动的展示就是色诺芬著名的关于阿斯帕斯、潘提亚和居鲁士的故事:*Education of Cyrus*, Bk. 5, chap 1 and Bk. 6, chap. 1)。相比之下,哲学家苏格拉底却无法说出他"不再爱恋某人"的时间(Xenophon, *Symposium*, viii 2)。根据柏拉图和色诺芬的观点,苏格拉底的政治哲学根植一种情欲之爱。哲学家苏格拉底似乎发现,当他们唤起激情的爱欲时,美丽、高贵甚至是真理本身都展现了他们对人类心灵的力量。但是对于这个最富激情的爱欲的本质是什么? 我相信苏格拉底同意司汤达的观点:美是幸福的承诺。但这意味着,在觉醒的爱中,美丽或美丽的高尚唤醒了我们在日常生活中所知道的巨大的幸福意识。美丽所承诺的幸福是一种幸福,就像我们从未见过的那样:一种超越了我们所有可定义的平凡的快乐或满足。当苏格拉底教导人类灵魂的核心不是理性而是情欲,他的意思是说,我们人类是如此的构成,以至于我们不能满足于即使是对世俗需求和满足的持续循环最有效或最理性的管理,这似乎定义了我们的存在。意识到这种存在是一种有朽的存在,它困扰着我们;我们反抗着种种限制、生活的负担、平凡而必朽的生命,这仅仅因为我们是理性的动物。我们寻求,我们似乎发现,在美丽或高尚中,对我们可怜的自我奉献,至少是逃离或解放的承诺,正如第俄提玛在《会饮》上所教授的,对我们的死亡的补偿(最简单的方式就是繁衍后代)。但是只有《斐多》把我们所寻求的一切都清楚地展现在我们爱欲人性的神圣性中。我们不仅寻求死亡的方式,也寻求苏格拉底所称的"我们灵魂迷失的饮食"。在高尚的美唤起的爱的体验中，我们感受到一种完全的承诺，吸收精神上的满足会给我们的灵魂带来一种强烈的满足感，我们被赋予了一种预示性行为强烈的、盲目的身体快感。如果我们奉献自己，献身于超越我们自己的东西，如果我们克服了自私和动物的天性，尤其是我们肉体的性行为，那么在某种程度上，我们的灵魂将收获一场耀眼的丰收。然而，高尚或美丽的人有一种特殊的品性，那就是用崇敬的方式将自己包裹起来，带着一种可怕的敬畏，不受鼓励的尖锐质问：我们不要问得太仔细，我们不应该过于坚持这一承诺和达致许诺收获的路径。

现在，这似乎是苏格拉底式哲学家的特点，他比任何人都更认真地对待爱的承诺。但是，当他如此认真地对待这个承诺时，他学会了运用自己的灵魂，它的需要、它的本性和它的命运，比任何人都更严肃地对待他的灵魂。因此，他不能忍受敬畏和敬畏所带来的禁令：他坚持不懈地追问，正如苏格拉底有时说的那样，一种"狩猎"的方式，即爱和高尚的本质，以及对他灵魂的好处。他坚持要知道自己，在某种意义上，知道自己是什么样的人，其后，他又是什么样的人。通过在普遍和特殊之间反复思考，他自己的特殊性就发生了变化，或者经历了一个成熟过程：这位哲学家完全意识到自己的存在，使自己完全成为了自己。在这个过程中，像苏格拉底这样的人，会尝到灵魂的饮食，就像真实的一样，像人类灵魂一样的真实。

换句话说，我们遇到了一些困惑，直接来自于对道德生活实际体验的反思，这导致了哲学生活方式的独特性和优越性的发现。正是对这种独特性和优越性的坚持，最清晰和最明确的真正古典美德观念被标识出来。但是，就像我现在试图说明的那样，与阿伦特（1958, chap. 1）和其他同时代人所试图宣称相反的是，这种对 vita contemplativa［沉思的生活］与 vita activa［行动的生活］之间鸿沟的坚持并不是武断的，这不是基于任何特定的宇宙观或自然目的论，也不依赖于任何神秘或超感官的体验。原初的古典理论家所坚持的，他们辩证法的最后一个重大步骤，可以直接和清晰地追溯至每一个严肃的人类或公民最深层的关切，而少有世故：人们需

第六章 公民美德的古典分析

要站在正义的一方,尤其是当涉及什么是正义之时;人们需要知道是否以及以何种方式存在着一种高级法,包括违背这种法律的神圣惩罚。

哲学生活,或它所带来的幸福,不仅是从道德生活中 kechorismene［分离］(《尼各马可伦理学》1178a23；参考《政治学》1324a25-1325b30)开来的;它与道德生活还存在着某些张力。在伟大的现代苏格拉底——沙夫茨伯里的那些有益评论中,这种张力似乎没有被足够清醒地认识到。这并不是说"哲学化,在一个公正的意义上,不过是要把良好教养提升到一个更高的水平"(Shaftesbury 1964, vol.2, 255)。对作为政治哲学家的苏格拉底而言,他会追问如下问:一个具有献身精神的公民、父母或美德之人,如果他坚信一个问题的答案,不是牢记于心,就是"成竹于胸",那么他是否会保持沉默,还是只会遮遮掩掩或半开玩笑地提问呢。这也不是沙夫茨伯里命题中,在某种程度上被模糊的唯一重要的方面。对于苏格拉底式的政治哲学,以及这种哲学化的生活方式,它们并不是自然地从公民美德或士绅风度中浮现出来的。

正如苏格拉底的传记或自传所阐明的那样,作为哲学家的苏格拉底,对公民和道德问题毫无兴趣(特别参见色诺芬《齐家》vi 13-17 和 xi 1-6)。哲学的首要主题是人的本性,被认为是整个自然的一部分,从这个角度来看,对社会的信念和关注最初纯粹是一种惯常的错觉。[60]苏格拉底,正如西塞罗所说,必须"强迫"哲学把注意力转向对人类的高尚和正义的调查中,而神性则是通过人类对高尚和正义的奉献方式来实现的(参考 Strauss 1964, 13-14, 18)。

苏格拉底显然是通过向哲学证明其缺乏足够的理由来实现这一强制的,他对哲学本身的行为以及相应的人的本性,甚至或者准确地说,在哲学家的灵魂中体现出来的本性,都不甚满意。为了弥补这一关键缺陷,哲学被迫阐述了我所描绘的辩证法式的辩护。

但这意味着，哲学因此被迫改变自己的计划、方式和品性。在这个过程中，或者因为如此，苏格拉底坚持认为，哲学为了让城邦和非哲学家们明确其意义而做出了不可估量的牺牲，另外它还充分注意到美德和高尚的内在方向或辩证品格。

但与此同时，很明显，苏格拉底的政治哲学代表了一种对道德和宗教的无情的、严厉的批判性质询，并以最高美德的名义，即美德即知识。这位哲人远未对公民、道德和宗教美德嗤之以鼻；但他不能以毫无疑问的敬畏，或简单的尊重来坚持这些观点。因而，在作为一种生活方式的哲学和正派的共和主义公民社会之间，存在着一种深刻的张力——这必须要求政治家、公民、家长和教育者做出忠实尽职的承诺。

苏格拉底式政治哲学的事业是一项危险的事业，对于哲学家而言，他有被迫害的风险；但是更甚的是，对于他的公民社会而言，其道德基础很可能会因为哲学家的存在和他的怀疑论而被削弱。如果苏格拉底式的哲学家无休止地怀疑和探究，是为了达到其预期的建设性效果，那么它必须是静默地，甚至是还有几分伪装地进行。哲学家应该继续他的质疑，但以这样一种方式，既可以保护哲学，也可以保护哲学赖以生存的公民社会。

修辞的艺术，包括柏拉图所说的"高贵的谎言"，是苏格拉底所理解的真正的哲学使命的一个至关重要的方面。这种修辞艺术要求哲学家在他的写作或公共演讲中找到一些共同的立场，他可以与道德和宗教传统共享，即使他把这一传统作为审查的对象。政治哲学，也就是说，必须在一定程度上献身于"神学"（这个词显然是在柏拉图《理想国》[Republic]379a 中杜撰出来的）。

实际上，从古至今，苏格拉底式的哲学家们有更多的时候都是出现在宗教批评和改革中的；这些努力的模式，尤其是在柏拉图《法律篇》的第 10 卷和《理想国》的第 2 卷和第 3 卷中都可以找到踪迹。这些模式的后继者包括亚里士多德，出现在他的《形而上学》(*Metaphysics*)中,同时也出现在他的《尼各马可伦理学》末篇以及《政治学》第 7 卷中;[61] 还包括西塞罗的《论神性》(*De Natura Deorum*),阿尔法拉比(Alfarabi)的《德性宗教》(*Virtuous Religion*),迈蒙尼德(Maimonides)的《迷途指津》(*Guide of the Perplexed*),以及马西利乌斯(Marsilius of Padua)《和平的保卫者》(*Defensor Pacis*)。

鉴于上述这些考查,我们不应该惊讶,"哲学"的确切含义成为了一个源自苏格拉底传统的争议问题。也许还会保留一种清晰的回忆,那就是苏格拉底的形象,以及他所代表的不断质疑的生活方式,一种令人敬畏的让灵魂独立的要求。这样一种生命的内在力量和自由,可以被看作是美德之人对像神一样的自给自足生活预示的真正实现。另一方面,哲学几乎完全被虔诚所吸收,变得好像与神学没有两样。

古典美德概念的超政治(transpolitical)的发展高潮,最终使基督教和犹太教传统中的经典道德遗产得以最终同化;这种同化在建国者们,和整个英国国教中都有影响,尤其是通过胡克(Richard Hooker)的《教会政体法》(*Laws of Ecclesiastical Polity*)一书得以传播(特别参见詹姆斯·威尔逊关于法律的讲座 1790–1791, in Wilson 1930, 217ff.;参考 Adams and Jefferson, in Cappon 1959, 411, 433)。它不允许对古典美德概念的重要修改有充分解释的空间,这些都必须接受,才能与摩西(Moses)的戒律或山上的布道相一致(在这方面特别有启发的是《迈蒙尼德八章》[*Maimonides' Eight Chapters*])。

在目前的情况下,必须注意到的是,不仅是信仰的神学美德、希望和慈善被添加到了教规中,而且另一方面,对罪恶的新压力、谦逊的礼节、牧师的权威,以及对世俗荣誉和快乐的禁欲主义的蔑视,也强烈地浸染了"基督教士绅"的理念。在前述的这个理念中,它的两个组成部分之间存在着相当大的对立。这种对立经常被早期的现代政治哲学家加以利用,他们试图同时取代基督教和古典理想。但是,他们的夸张言辞和他们言之凿凿的批判性问题都不应该掩盖古典和圣经传统所享有的广泛共识,与此不同的是,我们发现美德的概念出现在了现代时期,尤其是在建国者中出现了。

无论何处,真正的古典共和传统依然常青,这就会有一种共识,那就是智识美德(the intellectual virtues),以及选择对正义、灵魂和神性本质的悠闲沉思中度过一生的最高价值。古典共和主义,无论起落浮沉,都会坚守这一立场,这种高贵气闲的概念,在某种程度上反映在了一个健全共和国的庄严公众的自我认同(self-affirmations)之中。

参见普鲁塔克对哲学的优越性的强调:这些伯利克勒斯时代的生平,他笔下的利柯斯、尼西亚斯、西塞罗、亚西比德。人们可能会合理地追问,古典共和主义的印象,是否在苏格拉底政治哲学家的著作中传达,并且他们所影响的诗人和历史学家(例如,色诺芬、普鲁塔克、多比斯、西塞罗、李维、塔西佗、瓦罗、贺拉斯、维吉尔,以及其他廊下派学者)并没有对古典共和主义有一种扭曲的印象:

这幅图景夸大了行动生活的意义,并在这一过程中,来面对沉思生活这一术语本身的含义。当然,阿伦特含蓄地追随海德格尔的例子,也诉诸前苏格拉底式的资源。更确切地说,她提出了她所认为的伯利克勒斯在阵亡将士葬礼上的演说,所表现出的是一种马基雅维利式的愉悦,以反驳在亚里士多德的《政治学》中弥漫的清醒的靖绥情绪,或者在柏拉图《法律篇》中充满的崇敬、虔诚和宁静(Arendt 1958,特别是 205-207 和 35, 41, 77-78, 85)。

但是,先撇开这个问题不谈,到底是不是苏格拉底和亚里士多德的传统在后来的时代中,主导了古典共和主义的概念,人们必须更加注意,在前苏格拉底式的资源中发现的东西,最重要的是那些资源所描述的"积极生活"的内容。毕竟,它是亚里士多德式的——它肯定不是戏剧家,或者史诗诗人,或者修昔底德的——他首先介绍并强调阿伦特最喜欢的关于人的概念是"政治动物"或者 zoon politikon。在修昔底德和其他前苏格拉底式的资源中,人很可能是 zoon hosion——虔诚的动物,这种动物因对神的恐惧而生存和生

第六章 公民美德的古典分析

活,它痴迷于燔祭、葬礼、性禁忌和净化仪式。至少可以说,这种城邦的基本维度是阿伦特和她所影响的那些人所忽略的。它足以将伯利克勒斯置于这一背景下,修昔底德提供了这样的视角来观察在伯利克勒斯最精彩的演讲中,对神和虔诚的忽视是一个令人吃惊的例外,对于城邦生活中一般要义和人物来说,就像修昔底德所描述的那样——或者像埃斯库罗斯和其他前苏格拉底诗人所描述的。正如海德格尔所知,在诗人和修昔底德的书中,我们看到,甚至比哲学家们更生动,那就是真正的古典共和国是多么遥远,异教的城市,众神之城,或是来自任何现代的,无论是世俗的还是基督教的。(在这方面,施特劳斯终止了他对修昔底德政治思想的研究[1964,239-241])因此,假设如果一个人对古典哲学家和历史学家和诗人的传统产生了兴趣,那么他就会认为这是错误的,人们将会发现或能够创造一个更直接的、令人鼓舞的联系,将西方共和主义的原初形态与政治思想,或美国可能的政治行动联系起来。海德格尔明白于此;因此,他对前苏格拉底式的希腊式的呼吁,是他激进的、非西方的、完全非美国式的,对新神的召唤和一种新的、多神论的宗教狂热。阿伦特保留了海德格尔对理性的怀疑和理性主义的传统,同时试图避免其明确的宗教信仰。显而易见地,她对美国建国问题的解读,她的"古典"政治行动的概念,要求她几乎完全从美国政治思想的宗教层面上抽象出来。(参见她在《论革命》开头的评论[1965,25-28])

第七章　古典学的现代对手

马基雅维利及其影响

[62]第一个以彻底而完全自觉的方式打破了苏格拉底和圣经传统的思想家似乎就是马基雅维利。不少读者对马基雅维利的"无法无天"(the irreverent boldness)印象深刻；但与此同时，几乎没有人意识到他与过去决裂的完整深意。因为马基雅维利以一种极其老奸巨猾的道德修辞，为他的教导披上了一件外衣。他对传统上受人尊敬的观点，一个接一个地抹上了毒药；在任何情况下，他都掩饰着自己的总体谋划，声称这一切都是为了一个传统上值得尊敬的观点而采取的行动，而他的理论到现在还没有灰飞烟灭。因此，他在《君主论》中对道德美德的攻击，是以爱国主义的名义进行的，马基雅维利在其最后一章中以如此惊人的成功来为它呐喊。他对基督教的攻击如此极端，而他虔诚信奉的一种神秘"原始"的基督教教义使得这一批判变得合理起来。最重要的是，他对古典政治哲学传统彻头彻尾的拒绝，却是以一种明显地赞同，即对罗马著名传统历史学家李维(Livy)的评论为幌子来进行表述的。

只有当人们认真对待马基雅维利在其文本中对欺骗、不可信任的权威和疑点重重的探究进行反复告诫时，人们才会开始欣赏

第七章 古典学的现代对手

其哲学杰作中的精妙算计(特别是他提示的有关阅读和交流方面的教训,参见《君主论》,第 14-19 章)。随着《李维史论》的展开,马基雅维利将细心的读者引入到一场对李维和对由李维传播的原初罗马共和精神详细而又深远的攻击中:正如施特劳斯(Leo Strauss)指出,这项工作的初始关键在于,读者需要对马基雅维利所描述的李维进行细致的比较,一方面是李维的真实文本,另一方面就是马基雅维利刻意展示给读者的内容(Strauss 1958, 122ff.)。随后,人们就会发现,马基雅维利实际上呈现的、在有关李维章节中所称颂的"罗马"政治体系,实际上是一种被彻底删减的或者被演绎的罗马版本。更为确切地说,马基雅维利提升了帝制罗马共和国(the imperialistic Roman republic)中最具狼性和冷酷的一面。

在马基雅维利的新体系中,最伟大的个体所表现出来的 virtu[美德]是那些在为了安全、[63]财富、统治以及——稀有但令人陶醉的——保有持久荣耀承诺的残酷竞争中,学会驾驭自己的情感和精神天赋之人的卓越之处。而芸芸众生是缺乏这样的美德的,正因如此,他们的性格只能被描述成"善良"(goodness)或"诚实"(honesty):一种根植于此的恐惧和对此自身局限性的行为规范(decency)。从本性上看,"人民"在其追求目标中表现出的是适度(modest)和渴求(anxious):他们寻求避免压迫,追求物质繁荣和最低限度的自尊。因此,他们可以被少数善良君子(virtuous)所操纵,并被人为地叫做"良善之民"(virtuous):他们可以被塑造成一个致力于无限增长社会的基础或"物质"(matter)。

但为此,他们需要精力充沛,全民皆兵,并励志努力工作。他们需要周期性的预警来激发他们的警惕感、求胜心和他们渴求的欲望,以及惊人的惩罚——通过残忍旨趣的方式来恢复暂时的安全感。在一个充斥着精英阶层激烈竞争的社会中,这样的预警和满足接连不断,这些精英中的一些人或所有人都领悟了马基雅维利的信息,因而各自都在争夺民众的支持。因此,在一个弥漫着

"美德"的社会中,就像罗马的"巅峰"时刻一样,所谓"美德"就是这种宣泄与自私竞争的制度结构、通道和平衡。在一个"健康"的社会中,富人和穷人之间,教士和武士之间,天差地别的家庭和个人之间的不可抑制的冲突,保持着真正的无穷增长的动力(参见《李维史论》第1卷,2–8章,16章,40章以及《君主论》9章,19–21章)。

马基雅维利同意从古典理论家对公民美德的第一个阶段的批判开始。但他发现,在公民美德中,他们试图去发掘的道德和沉思美德的内在提升既不可信,又充斥着悬而未决的新问题。最糟糕的是,他发现,在这种古典辩证中一个成功的重要源头,即基督教的彼岸理想和柔弱谦卑,使得政治生活屈服于那些蝇营暴君和他们无穷无尽的纷争之中。通过让人类的抱负变得高不可攀或者纯粹无暇,传统观点阻止了它所宣称的对人类才干的"滥用";因而,它所培养的是一种毫无血性的(unmanly)顺从精神。马基雅维利教导我们,通过降低人类毫无根据的自尊或崇高理想,人类可以为自己设定目标,通过不受阻碍的自我超越和自我适应来实现这些目标。"财富"是可以被掌控的,因为最强大的人类和最强大的人类社会都有能力获得一种非道德的(amoral)灵活性,这种灵活性可以让他们几乎在任何情况下都可以获利(参见《君主论》15章和25章;《李维史记》第1卷,52章和第3卷,1章)。

出于现实目的,粗略地说,我们可以描绘出三种类型的马基雅维利的读者,每一种读者的反应都是可预测的,[64]正如作者所预期的那样。第一类是传统宗教、普通正派和古典共和主义的忠实信徒。流于马基雅维利的表面,这些读者形成了一种愤怒谴责的同声共气。因此,他们无意间为马基雅维利的声名背书,并向不安分的年轻人传播了他的魅力。第二类读者是像斯宾诺莎这样的小众哲学家(参见《政治论》[*Political Treatise*]的开篇),他们深入研究了这一复杂的理论论证,至少在基本方向上,确信并开始扩展、修改或阐述马基雅维利的立场。第三类读者是那些具有爱国之心、聪明但不懂哲学的人,他们在马基雅维利那里,在他们反对教阶统治、慵懒贵族,以及绝对或世袭的君主政制的爱国主义斗争中,发现了一种强大的灵感源泉。这些人成为了马基雅维利精心策划的宣传攻势的马前卒(the unwitting tools)——或者,用马基雅维利自己的比喻,是他新式"军队"中的下级军士。(参考 Strauss 1958,171-173)

在最后一类读者中,有一些思想家被称为"古典共和主义者"(例如哈灵顿、内维尔[Neville]和锡德尼)。他们把理论上不健全,但政治和道德上都很吸引人的组合元素放在一起:以商业帝国主义为典范的威尼斯共和国(the Venetian republic);一种马基雅维利式的 virtu[美德]抽离了它的野性,并使其脱离了严格的理论基础;最后,演变成为一个亚里士多德的道德说教版本,它强烈地贬低了沉思的生活,忽略或消减了亚里士多德对商业的批评,并试图淡化他对君主制的赞扬。在一个基本方面,通过哈林顿相当绝望和失败的尝试去证明马基雅维利的错误的方式,所有这一切的理论困难都说明了,在其自身的前提下,最为重要的方面是——他更喜爱罗马共和国而不是威尼斯共和国,或者说他坚持认为,富人和穷人、参议院和平民之间的敌意,是一个强大的、"高尚的"(virtuous)共和国的一个重要方面。(Harrington 1977,272-278;参考 Fink 1945,37 n. 44 和 Pocock 1975,272ff.,328,392-393)

在另一个至关重要的方面,锡德尼对亚里士多德和合意政府(government by consent)的讨论中也证明了这一困难。考虑到锡德尼在 18 世纪美国人中的影响,以及他所导致的生动困境或僵局,我们有必要对《政府诸论》(*Discourses Concerning Government*)的关键段落进行简短讨论。在反驳菲尔麦(Filmer)关于世袭君主制的神圣权利的热诚中,锡德尼坚持认为,人们享有"自然的自由和平等"(natural Liberty and Equality),他们只有在自己的同意下才会屈服，因此所有合法的政治统治都源自于合意。（参见《政府诸论》第1章，2, 10, 12节，in 1979, 5, 7, 23, 27）

然而，锡德尼不能允许民众的合意作为合法政府的唯一基础。[65]他认为，人民是受自然法（theLaw of Nature）约束的，并服从于更高的美德和智慧。正义政府必须依赖于合意，但只有在某种特定的合意——即同意由更优秀的人来统治，政府才会是正义的（同上，第1章，10, 13, 16节，in 1979, 24, 29, 38, 39）。然而，锡德尼足够诚实并且对古典共和思想非常精通，他清楚即使这样，也是对古典共和主义的背离。因此，当他试图反驳菲尔麦对柏拉图的文本，尤其是亚里士多德"他自己观点"的诉求时，他显然是处于守势的，于是锡德尼开始坚守"我创造了比菲尔麦更大的价值"这一观点。锡德尼必须失望地承认，亚里士多德"似乎认为，那些认为一个人是所有公民主人的观念是不自然的，因为一个城邦是由平等之人构成的，但并没有注意到人们的禀赋、美德和能力的不平等，这使得他们中的一些人比其他人更适合于履行他们的职责以及完成他们的工作"。在这一点上，锡德尼被引导说：

> 我真诚地承认，当这样一个人，或者像亚里士多德所描述的那样的人，将出现在这个世界上，他们将主权的真正标记带到了他们身上……我们最好由他来引导，而不是听从我们自己的判断；不，我几乎可以说，为这样的主人服务，比自由更重要。

退一步来说，锡德尼承认柏拉图在这方面超越了亚里士多德，更重要的是，就这一点而言，柏拉图从神圣的圣经文本中获得了强有力的支持。作为一名迈蒙尼德《迷途指津》的学生（同上，第2章，30节，in 1979, 232），锡德尼确信，圣经中被正确理解的先知，证明了柏拉图式的政治理论。先知们证明了柏拉图所说的绝对君主政制"并非虚构"。锡德尼回应了他自讨苦吃和令人钦佩的诚实一面,他强调,伟大的古典和圣经权威都没有为世袭君主制辩护,也没有排除共和主义和合意政府作为一种健全的、尽管不是最好的政府形式的可能。尽管如此,他还是被一种勉为其难和半推半就的独立宣言将其从古典共和主义中解放出来:"我的工作不是验证柏拉图和他的弟子亚里士多德的观点:他们是人,是聪明博学之人,但他们也会犯错……我对他们的著作别无它用,而是去揭示那些厚颜无耻和支吾搪塞之人,他们从这些好书中断章取义,以证明他们自己的妄断"。(同上,第2章,1节;对比30节和第3章,23节, in 1979, 59-66, 230, 358-360)

锡德尼对古人的若即若离会产生深远的影响。为了使人民的合意提升到,甚至是他所期望的程度,这就自然有益于对所有政治生活目标的理解进行修正。如果只要在草根民众(the mass of men)的同意之下,也就是那些未受教育或不良教育之人,就被提升到最高裁决者的位置,[66]那么草根对善的概念就将成为决定性的。柏拉图教导,锡德尼也提醒我们,"没有人能够是正义的",甚至没有人能够"渴望如此,除非他知道正义是善的;也没有人知道它是善的,除非他知道原初的正义和善良,一切公正的事物都是正义的,一切美好的事物都是善良的"。更重要的是:

> 任何一个人都不可能履行好保民官(Magistrate)的职责,除非他拥有关于神的知识;或者把人民带到正义的审判面前,除非他把他们带到神的知识面前……柏拉图认为这是人类唯一值得追求的目标,在他的《法律篇》和《政治家篇》中,他并不打算教我们如何建立产业以增加贸易或财富。(同上,第2章,1节, in 1979, 63)

但对于锡德尼自己而言,却是跟随马基雅维利指引的:

这样的政府显然是最好的,它不依赖于最初所做的事情,而是寻求增加人民的数量、力量和财富;通过最好的纪律,把权力提升到这样的秩序中,这可能是对公众(Publick)最大的益处。这就可以理解,所有的事情都是有助于司法行政,保障国内安宁以及商业发展,因此人们对他们现状感到满意,可能会充满对他们祖国的爱,并被鼓励勇敢地战斗……在这样的城邦里,陌生人可能会被要求限定他们的住处……此外……当人丁不断兴旺(就像他们在一个好的光景和在一个好的政府下所做的那样),这样的领土扩张是他们生存所必需的,这只能通过战争才能获得……所有的政府,无论是君主式的还是民主式的,绝对的还是有限的,都会因为是好是坏的理由发动战争而应受到赞扬或指责。(同上,第2章,23节,in 1979, 165-168)

马基雅维利真正伟大而有洞察力的后继者(比如洛克、孟德斯鸠和休谟)理解并接受了他对古典和圣经传统的批判。然而,他们也从他极端现实的选择中退缩回来。他们同意马基雅维利的观点,认为美德是无法理解的,只要人们试图去发掘,它要么是来自神圣恩典的有罪堕落,要么是对激情和理性的自然综合,这些都可以作为人类的崇高目标——"理性动物"或者"政治动物"。他们进一步认为,美德最好被看作是一种人造之物,或者充其量只是半自然的东西(激情的引导是出于某种原因的,因为它设计出了一种令人信服的承诺来满足更强烈的激情)。他们反对之处是,需要明确什么是最强烈的激情,或者在适当的社会条件和理性的规划下,这些激情可以被塑造成什么样子。

后马基雅维利政治理论中最具影响力的观点是围绕着"自然状态"这一著名概念展开的——[67]在我对洛克的详细论述中,将探讨这一概念的全部意义。正是在洛克教益的修改版本的基础上,孟德斯鸠在不同种属的美德和"商业精神"之间的关系上衍生出了颇具影响力的反思。

孟德斯鸠

孟德斯鸠对美德和商业的反思始于对古典共和美德的全新释义。与马基雅维利相反,孟德斯鸠坚持认为,罗马的帝国主义植根于阶级冲突和对伟大个人荣耀的渴望,这是一种对古代共和类型的原初或根本目的堕落(可以说是一种轻而易举的,甚至是不可避免的堕落)的表现(参见《罗马盛衰原因论》)。孟德斯鸠认为,一个以美德驱动的、健康的公民共和国(例如斯巴达),确切地说,是一种充满激情的、草率莽撞的爱国主义,在一段时期内,所有的公民都被诱导服从或改弦易辙于他们自然自私的力量,这是为了获得一种朴素的、平等的博爱意识,而这种意识必须通过一种严格与挑剔的相互监督精神来加以执行。这样的美德(孟德斯鸠在《论法的精神》首页上就阐明,"这既不是一种道德美德,也不是一种基督美德")可以保护公民免受内部和外部的压迫;但是,在一段生动的文字之后,孟德斯鸠却将共和主义城邦在最好状态下的那些不可否认的优点与修道院的秩序进行了比拟——这样就可以让那些有思想的读者观察到潜在的、非自然的狂热盲信的一面(《论法的精神》,第5章,2节;参考 Pangle 1973,特别是第4章)。

关于伟大灵魂或自傲的美德,和正义一起,构成了亚里士多德所理解的"道德美德"的两大高峰之一,孟德斯鸠将其解释为一种对"荣誉感"的虚荣。这样的 amour-propre[自负]不仅与作为古代共和原则的"美德"截然不同,而且还与其相冲突。孟德斯鸠认为,这种"荣誉"是君主制的,而不是共和制的活力或原则。因为君主制(而不是专制)是由在皇室和贵族家庭之间、贵族内部以及社会的其他阶层之间充满活力的荣誉竞争所激发的。如果加以适当地驯服和安抚,这种虚荣的"恶习"可能会成为对工业和贸易的一个非常有用的刺激;事实上,以竞争性的个人魄力为特征的现代君主政制,正是滋生不受约束的商业社会的温床,而英国就是其缩影(一种新的半君主式的"共和国",《论法的精神》,第5章,19节)。在这种新的、优越的共和社会中,我们将发现人性真正渴望的是安全、自由和繁荣。但是这样的一个社会必须模糊美德和邪恶之间的传统边界;它必须取代所有形式的[68]传统美德——公民道德和宗教信仰——取而代之的是一种全新的、柔软的或自我放纵的"美德"概念。

孟德斯鸠在以下段落中描述了这种新"美德"的特征和独特性:

> 商业精神在人们的思想中产生了一种十分精确的、十分公道的观念。这种观念一方面同掠夺式的观念水火不相容,另一方面也完全同某些道德观念格格不入,这些道德观念认为人们大可不必为了个人的得失斤斤计较,人们尽可以为了他人的利益而忽略自己的利益。(《论法的精神》,第20章,2节)

> 商业精神自身蕴涵着俭朴、节约、节制、勤奋、谨慎、安分、秩序和纪律的精神。(同上,第5章,6节)

孟德斯鸠接着补充道,

> 为了维护这种商业精神,就应该……使这种精神立于主宰地位,而丝毫不受其他精神的干扰;并且应该受到全部法律的维护。(同上)

虽然孟德斯鸠确实发现了存在于一些古代共和国的商业精神,但他发现在那里的商业精神是有"分叉的"(crossed),因为它被公民或爱国的"美德"严重削弱了,这一"灵魂的斧正"激发着古代公民的活力。

休　谟

休谟可以说是新普布利乌斯的政治经济学,或者严格意义上的政治科学的主要智识来源,他甚至比孟德斯鸠更为敏捷地、欣然接受并推动了新兴商业社会的发展。但是他拒绝了其所阐释的洛克和孟德斯鸠的道德源流,仅仅是出于对服务于自私激情的理性建构或发现。休谟承认,理性必须在转变或教化自然道德冲动方面发挥巨大作用(尤其是这种冲动是从虔诚的幻觉和专制中解放出来的)。但在休谟的观点中,没有任何理由可以从纯粹的自私自利的激情中推断出一种令人信服的社会伦理。既然休谟同意(马基雅维利,并反对沙夫茨伯里的观点),认为理性只能是激情的"奴隶",他被迫尝试在人类心中发现一种截然不同的激情或快乐——某种"道德感"、"本能"或者"情感"——这就解释了人类明显的道德倾向(对比沙夫茨伯里描述的特点,Treatise 4, Bk. 1, Part 2, sec. 3, in 1964, vol. 1, 251-255)。他认为"感官"是一种"人性"或"同情",它使我们每个人都能在所有其他人类的旦夕祸福中获得同情,而人类的命运是我们所见证或者能够想象的。[69]这种独特的享乐主义冲动的各种运作方式,当为理性服务和启蒙时,就构成了休谟所称的"道德美德"。休谟有时把这些美德或特定的快乐称之为目的,有时甚至把它们说成是"构筑"了我们的幸福。

此外,在休谟的伦理著作中,作为最高级的人类生活方式——关于哲学家生活的主题讨论又再度出现。休谟有时甚至把自己塑造成一个现代的信徒,换言之,一个在理论上更老道或更健全的,受其前辈拥护的古典道德哲学家们的信徒,而这个前辈被他称赞为"优雅的沙夫茨伯里勋爵"。然而,更多的人反映了"同情"是美德之根源的含义,同时更加密切关注休谟在《道德原则研究》(*Enquiry Concerning the Principles of Morals*)中所讨论的美德的等级和特征——这本书是其所称的"我所有的作品中,历史的、哲学的、文学的无与伦比的最好作品"——这样就显得对现代柏拉图主义的沙夫茨伯里和古人的认同更加可疑或不严肃了。

在休谟的阐释中,美德主要被归结为社会美德,并以享乐主义和功利主义为基础。当然,休谟的标准包含的不仅仅是社会美德。与亚里士多德和沙夫茨伯里形成鲜明对比的是,休谟通过贬低高尚的"个人品质",如勤勉和审慎——这是对几乎所有人的私人利益都有用的品质,并以"道德美德"为名头来降低了美德的意义。但他也讨论了自尊表现为"伟大的心灵"、"高尚的自傲和精神"与"宽宏大量";在这里,这个概念通过与古典传统最鲜明的对比显现出来。休谟强调,这些"崇高的激情",是他所知道的"诗性魅力"的很大一部分,在古典文学中,尤其在哲学诗歌作品中,被描绘成"未受干扰的哲学般的安宁",即……苏格拉底所展示的"永恒的平静和满足"。但即使是对这些崇高的品质施以敬意,休谟也对他们引入歧途的魅力发出了一个警告:"毫无疑问,这些自命不凡的人在竭尽全力之时,对人性来说,实在是太过壮丽了。"在一个清晰明了的视野中看,他们被证明是"具有勇气的同一类美德"——尽管它有着"独特的光彩",尤其是"被画家和诗人所描述"的时候,与"人性"相比,人们必须以清醒的理性加以评判,这是一种更加有用、更有吸引力的美德。

> 在古人中,哲学的英雄,和那些在战争中的爱国主义英雄一样,都具有一种伟大和强烈的情感,这让我们狭隘的灵魂相

形见绌,使得我们轻率地拒绝这一奢侈和超自然的东西。我承认,他们在其行事中,将会有平等的理由认为,在现代政府管理下,我们已经获得的作为浪漫和令人难以置信的人类品性,诸如仁慈、秩序、宁静[70]和其他社会美德,任何一个人能够对它们做出公正的陈述。①

休谟对"现代"熟知的美德进行了更高的排名,在他的道德表述中,这些美德的"崇高"特征虽然没有被完全忽视,但却在某种程度上萎缩了。在不贬低这些"高尚"馈赠的前提下,休谟表现出一种倾向,即我们对它们的欣赏态度,除了他们的实用性外,在很大程度上却是一种美学的"品味":当人们面对一系列微妙而复杂事物的时候,只有我们特定的人群才会乐在其中。最重要的是,休谟(就像孟德斯鸠一样)模糊了自傲与虚荣之间至关重要的古典区别;他说得好像在最纯洁和最强大的高尚之人的心中,也存在着一种激进的、强烈依赖于他人赞许或掌声的虚荣:

> 我们制度的另一个活力……就是对名誉的热爱;支配所有慷慨头脑的,是如此不受控制的权威规则……这就是我们所熟知的最完美的道德……我们对别人品行的尊重似乎只能

---

① *Enquiry Concerning the Principles of Morals* 1955, 256-257; 251-252, 255, 259;对比 Shaftesbury's Characteristics, Treatise 3, part 2, sec. 2; Treatise 6, Miscellany 3, chap. 2, and Miscellany 5, chap. 2 (in 1964, vol. 1, 166-70, and vol. 2, 255-56 and 309). 对比弗格森关于公民社会史论文,Part 6, sec. 4 (in 1980, 256-57):

> 当人类从巨大压力中解脱出来时,把注意力放在琐事上;他们深信,从前人们所称道的热情、慷慨和坚韧,近乎于疯狂,或者仅仅是必然的结果。对那些没有享乐和快乐的人,他们庆幸自己躲过了暴风雨,这场暴风雨需要行使如此艰巨的美德……的确,伟大的毅力和高尚的精神并不总是用来达到有价值的目的,但它们总是受人尊敬的,而且在我们为人类的利益而行动时,在任何更艰苦的生活立场上,它们总是必不可少的。

出现在保护我们自己的品行中;为了达到这一目的,我们发现有必要在人类的相互认同上支撑起我们摇摇欲坠的判断。(同上,276;参考266)

休谟,这个也许是卢梭同时代最聪明的人,似乎完全没有因为放弃自治(autonomy)而感到不安。

这一排名的最终源头和对美德的理解,似乎是休谟对哲学生活的亲身体验。休谟很满足于像非哲学家一样"带着同样的激情"去理解哲学家(《道德与政治论文集》1985,176,和《道德原则研究》1955,7-9)。他非常重视柏拉图主义,只因为它代表了一种关于最好的生活方式的教育;在适当考虑之后,他拒绝接受这种教育,因为他认为这种对真理的热爱依赖于对某些神学或目的论形而上学的一种不合理的信仰("柏拉图主义者",《道德与政治论文集》1985,155ff.)。对信念的支撑一旦移除,那么"对真理的爱"本身就不能再被视为可以继续维持下去了(《人性论》第2卷,第3部分,第10章:"论好奇心"或者"论爱真理")。就此而言,休谟学术生涯的自始至终,坦率地说,就是他自己的"主导激情"转变成为"对学术声誉的热爱"("我的一生",in 1985, xxxiii和xi,及论文集和演讲稿)。休谟最伟大的种种哲学努力,无论其初见时,有多么深奥和值得怀疑,但最好都被理解为在致力于一种规范哲学(disciplining philosophy),[71] 以使其寻求从人类日常生活的改善中获得合理的荣耀和坚实满足的同情。因为对休谟而言,哲学生活并不像苏格拉底所做的那样,是一种"灵魂转向"去远离常识生活的"洞穴"与生活的希望和恐惧。由此可见,最具自我意识的存在并不要求或证明对彻底的内在独立和超然的渴望,这可以被认为是有所暗示的,因而这最终证明了灵魂伟大的道德美德是卓越的。

至于真正重要的美德,也就是社会美德,其中最主要的一种就是正义,这些美德被重视的主要原因是它们在获取社会幸福方面的实际作用——这被理解为和平与法定个人自由,以及由此带来的安全与繁荣。① 然而,人们不能错误地将自然基础误认为是美德。人类天生就被"同情"的慷慨冲动所驱使,但仔细分析就会发现,在他们自发的表现中,这些冲动大多是短暂的,仅在家庭和直接受益者的范围内才会可靠或持久。伟大的公民美德,包括正义、服从、忠诚,以及对承诺或契约的忠实,都是人造的。"不受任何原始自然本能的支持",它们是由习惯所构成的,通过理性思考人类社会混乱的自然条件,将原始的、虚弱的、分散的道德感和更强大的自私驱动力同时进行了美化。因此,道德主义并不是解决政治问题的答案。

考虑到"每个人都很自然地想要尽可能地扩大其获取范围",又考虑到"对统治的热爱在人的心中是如此强烈",一个理性的或真正公正的政制,是"由宪法提供的特别制衡",并使它成为"为了公众福利而采取行动的利益,甚至包括坏人的利益"。因此,在一个重要的意义上,这样一个体制的法律"几乎不依赖于人的性情和脾气"。这并不意味着法律和宪法审查本身就足够了;还包括习惯、尊敬与同胞的同情,这些"美德"是不可或缺的。

更重要的是,一些领导者(改革者和保护者)都需要具有不同秩序下的公众精神。这些领导者必须被一种"热情"所激励,这种"热情"不是基于传统和情感的,而是一种对人性的冷静和颠覆传统的洞察力。这些人必须敏锐地意识到人性对法律、正义甚至对理性的依附,都是人造之物,因而也是脆弱的。鉴于他们卓越的意识,他们必须努力去培养大众服从的传统和习俗,这种传统和习俗是覆盖、遮掩和驯服自然天性的结果。少数真正开明的社会成员

---

① *Essays* 1985, 26, 41, 54-55, 468, 489; and *Enquiry Concerning the Principles of Morals* 1955, 183, 186-188, 192, 205, 210.

必须认识到,这是非常令人不安的,[72]因此实际上,如果通俗而言,这是在不合理地强调个人自然的和不可剥夺的权利(除了自我保存外)。他们必须明白,教导政府唯一合法的基础是被统治者的契约合意,是一件多么轻率的行为——尽管这是公认的"任何政府基础中最好的和最神圣的东西"。①

人们可能很想知道,休谟关于人性和道德原则的阐释,是否充分地解释了这种独具慧眼又近似天神的政治才能的缘由。而这种对名誉的热爱,即使是出于理性的考虑;——这种原始的道德感,即使是通过良好教育的想象力和习惯来扩大——是否能为这种微妙的、更高的公共精神(这似乎使休谟本人充满活力并成为其政治哲学的基石)提供一个充足的基础呢?

我们必然会发现,对名誉的热爱和对大众赞誉的热爱之间有着明显的相似之处,或者至少是对持续的公众异议的厌恶。这种亲缘关系在一位共和主义政治家的灵魂中尤为贴近。此外,"人性"之间也有明显的相似之处,即非传统的美德,休谟将其作为他新的道德苍穹的明星,以及对大众情感和尊严的敏感度的整体提升。

现在休谟着重强调的是,与古典美德相比,这一美德没有更高的道德基础,再没有比人性和对名声的热爱更牢固的道德节操基础了。当人民主权的洪流和多数人的意志开始大行其道的时候,那么在他们所能达致的范围之外,就不会有任何以休谟原则滋养的人,会为了力量和慰藉而去修复这一基础。我们不得不推出这样的结论:休谟的贡献和其他任何人一样,他们都不可能把他所认为的自然权利和人民主权的危险精灵再次放回到瓶子里去。

---

① *Enquiry Concerning the Principles of Morals* 1955 secs. iii-iv and v, part 2; Essays 1985, 14-41, 362, 465-492, 494-495, 503-504, 646.

第七章 古典学的现代对手

建国者们对基本优先事项的新排序

毫无疑问,在一个漫长而复杂的理论争议的历史中,前面的内容只是强调了其中的一些关键词。但是,只有当我们把这样一些概要正好放在一起的时候,我们才能欣赏到这些要素所构成的整体图景,它们共同构成了主要立宪者们尽管不是完全的,但却是占主导地位的现代政治理论的艰难综合。正如我们一开始所看到的,建国者们当然会真诚地、认真地谈论对美德的需求。①但是一旦我们进入到如下视野,甚至是一个单调乏味的古典传统轮廓中,来发掘其初形式或经过圣经政治神学修改后的"美德"含义时,我们开始意识到,美国版本的共和主义核心是对美德的本质和地位的全新认识。

[73]这种差异的根源在于:《联邦党人文集》的作者们,与杰斐逊和反联邦主义者一样,都倾向于把美德(或虔诚)视为一种获得安全或舒适、自由、自治和名誉的重要工具。如果我们对美德以及自治在意义或内容上的转变加以审视,我们就可以发现这种优先顺序的重新排列证据,也就能更具体地掌握它背后所承载的东西。

参见杰斐逊给亚当斯的信(1813 年 10 月 28 日和 1816 年 10 月 14 日) in Cappon 1959, vol. 2, 387-392, 490-493, 以及写给托马斯·劳(1814 年 6 月

---

① 参考 Zvesper 1977, 27-28;Storing's *The 'Other' Federalist Papers* 1976, 238-240, 包括 Storing 1981, vol. 1, 42-43。在我看来,在茨韦斯帕最近一篇关于麦迪逊的文章中,他过分地声称"联邦主义者麦迪逊试图将共和主义对人民的依赖与缺乏公众美德联系起来",并谈到麦迪逊作为联邦主义者"拒绝""共和主义美德的必要性"(1984, 251-52 [注意楷体])。同样以如此夸大的方式描述了迪金斯,1984, 52-53, 68, 164,319。1786年,麦迪逊是弗吉尼亚立法机构的领袖,该运动成功地阻止了纸币的发行,理由是这样一种行为将是"不公正、非政治性的、破坏公共和私人信誉以及作为共和政府基础的美德"(引自弗吉尼亚州议会宣言,in McLaughlin 1962, 104)。参考 McDonald 1985, 189ff。

13日)和威廉·肖特(1819年10月31日)的信,in 1944, 636-640, 693-697。参考 Mansfield 1971, 39-40, 50。与杰斐逊在他的信中的表述相比,亚当斯在他的《政府构想》(in 1954, 85)中模棱两可的话:"最好的政府就是为最大多数人带来最大程度的安逸、舒适、安全,或一言以蔽之,幸福。所有追求真理的清醒追问者,无论是古代的还是现代的,异教的和基督徒的,都宣称人类的幸福,就像宣称他的尊严一样,也包含在美德之中。"(注意楷体;参见亚当斯的第三篇关于克拉伦登的论文[1766]中类似的模棱两可或犹豫不决的表述,参见库沦和莱纳,1986, vol. 1, 631。)比较1780年《马萨诸塞州宪法》中"权利宣言"第18条的美德定义(亚当斯在此文件起草中扮演了重要角色):"虔诚、正义、节制、勤奋和节俭,对维护自由之优势是绝对必要的",与此类似的,还有1776年《弗吉尼亚权利宣言》第15条。最后,还要考虑到拉什关于共和主义教育的评论(Hofstadter and Smith 1961, vol. 1, 170):"在公众中进行有益教育的唯一基础是宗教教育。没有宗教教育,就没有美德,就没有自由,自由是所有共和主义政府的目标和生活(注意楷体)。"至于威尔逊,他似乎在这个最重要的问题上与其他建国者有些不同。参见下面即将讨论的内容,第11章。

第八章 智识美德的消逝

哲　　学

[74]在哲学生活方面,富兰克林在相当早的时候就定下基调,1743年在他针对美国哲学协会的提议中,就提出了名为"在美国的英国种植园中推广实用知识的建议"(Franklin 1959-, vol. 2, 380-383)。在那里,他呼吁建立一个通信社会,以促进"让启蒙之光照进事物自然本性的所有哲学实验,并倾向于提高人类征服物质世界的力量并增加生活的便利或快乐"(这一措辞当然是源自培根,引自 Miller 1984, 78, 有对早期美国人哲学观的补充说明)。对其作者们而言,《联邦党人文集》使用"哲学精神"这个词是用来表示"温和"的礼仪,"相互友好与和谐"之意(6:56)。机缘巧合的是,麦迪逊重新找回了真正的哲学家对其所定义的古典概念,他们是非常少有的、真正理性的一群人;而我们在其后几页就会发现,同样是麦迪逊,却认为苏格拉底和其他组成"暴民"的雅典公民一样,他在政治上的可信度与这些人也不相上下(49:315; 55:342;参考 McWilliams 1980, 89-90)。

在制宪会议上,我们听到了威尔逊的声音,只有他,对这个古老观点进行了一种如履薄冰和语意模糊的重述。初看起来,威尔逊是附带着地,或者确实是事出突然地宣称"他不能同意,财产是政府与社会唯一或主要追求的目标。对人类心灵的培育和提升才是最崇高的目标"。如果详加考察一下,这句话当时出现的语境,现在看来还是很有启发意义的。

那是一个非常令人不快的时刻,对未来充满了不祥的预感。当时讨论的主题是关于黑人奴隶是否以及如何在分配代表名额中进行计算。7月11日,巴特勒(Pierce Butler)和老平克尼(the elder Pinckney)"坚持认为黑人应该和白人一样平等地纳入代表规则",理由是"一名在南卡罗来纳州劳作的奴隶与一名在马萨诸塞州的自由民一样是善于生产和宝贵的,因为财富是实现国防和公共管理的重要手段,而在这个方面,他们和自由人一样有价值;因此,在一个主要为保护财产权而建立的政府中,应该允许他们拥有平等的代表权,而且政府本身也得到了财产的支持"。莫里斯(Morris)州长并没有对政府的主要目标的描述提出异议;[75]"他最大的反对意见是,居民的数量并不是一个合适的财富标准。"他补充说,他的选民将会"反对与奴隶建立关系的想法";在那一天结束的时候,他

被迫宣布自己沦落到,要么对南方各州不公,要么对人类不公的两难境地之中,因而他必须为前者付诸行动。因为他永远不会同意,如同鼓励奴隶贸易一样,来鼓励允许他们的黑人拥有代表权,他也不会相信这些州会在那些剥夺他们奴隶贸易的条款上结成同盟。

随着论辩的进行,分歧日渐扩大,交易愈发丑陋。7月13日,莫里斯州长终于说出了他"深思熟虑"的方案:如果这个问题是真实的且永久存在的,那么制宪大会就应该被解散。"与其试图混合互不相容的东西,不如让我们立刻友好地分道扬镳。"他进一步建议并预测,一旦木已成舟,大西洋中部各州应该而且也将站在北

方一边。巴特勒回应了南方的请求,他说出了这样的要求和担忧,那就是南方人之前的羞愧感还不足以表达自己的观点:"南方各州想要的安全是,他们的黑人不应该从他们那里被夺走,其中一些绅士是局内或局外人,但都有一个很好的理由去这样做。"就在此时,威尔逊挺身而出,代表北方发表了一场和解性的演讲,其中就包含了我所关注的那种独特言论(Farrand 1966, vol. 1, 578-688, 603-606)。

有人可能想说,威尔逊是在陷入绝望之时,才被驱使去追求更高的、真正普遍的、良善的思想,因为他意识到,在制宪会议的自然或平庸层面上是没有共同基础的:对人类思想中高尚事物的回忆有助于确立一种水准,在这一水平上,财产和自由之间不可调和的分歧可能显得微不足道或者不那么重要了,因而也就可以被调和了。在这个例子中,有很多值得思考的东西,在一场由不可调和的分歧引发的危机中,务实之人可能会被驱使着去追求心灵的改善。但是,无论威尔逊的言辞有多好的缓和修辞的效果,其内容却空无一物。

毕竟,这段声明值得注意的,不仅是因为它的独特性,而且还有它的模糊性;它肯定没有意识到其中任何可能的张力,或者在哲学和政治生活之间的鸿沟,也没有提到前者对后者的优越性的古典概念。①人们会猜测,当威尔逊补充说"关于这件事情",即人类心灵的培育和提升时,"除了其他个人权利,人口数量无疑是代表权自然和准确的衡量标准",他想表达的观点到底是什么?他说人类心灵的培育是一种"权利",而且可以通过人口数量分配的代

---

① 只有反联邦主义者沃伦,支持斯托林所称的这种"非常罕见的声音",这暗示着"崇高的品性、自由的哲学爱好者……都隐匿在平静的沉思中,他们可能会怜悯地俯视人性的不一致、各国的革命、王国的崛起和帝国的灭亡"——这种声音,更多的是修辞而非实质性的(《一位哥伦比亚爱国者对新宪法的评论》,in Storing 1981, 4.28.13;参考 Storing's note,页271)。

表权来加以保障,这是什么意思呢?也许威尔逊并不只是在进行一场修辞上的"纸上谈兵"。

[76]在麦迪逊和平克尼的引领之下,制宪会议后来差点就将"设立一所大学"和"为促进文学与艺术及科学的发展设立学校"作为一项国会权力写入宪法(8月18日和9月14日,in Farrand 1966, vol. 2, 321-322, 325, 616, 620;参考 Silverman 1976, 574)。然而,在制宪会议中并没有讨论这些机构应该提供的教育性质或目标,也没有任何关于这些"学校"和其他国家生活之间关系的反思。

正是拉什(Benjamin Rush),在审议论辩中,提出了建立一个联邦大学的建议(1788, in Hofstadter and Smith 1961, vol. 1, 152-57)并很好地表达了他对这所大学的愿景:"在这所大学里,只教授那些人文学科及分支,这是让我们的年轻人为公民和公共生活做好准备。"在他随后列出的具体教学科目中,拉什首选科目是政治科学,其次是历史,第三门是"具有众多和广泛分支的农业",第四门是"工业原理与实践",第五门是"商业的历史、原则、目标和渠道",第六门是"针对财产分配、金融以及战争原则和实践所必需的部分数学内容",……第七门是"自然哲学和化学的部分内容,它们应用于农业、制造业、商业和战争",第八门是自然历史,并以林奈(Linnaeus)的方法教学,他通过"将知识应用于农业、制造业和商业"向公众提供了如此伟大的服务,第九门是英语,但以教授"简洁的写作"风格为目的("约翰逊浮夸的写作风格——以及吉本华而不实的炫耀……就不应该被允许进入我们的国家"),最后是德语和法语,因为许多优秀的书籍都是由这两种语言写成的,尤其是"那些与国家发展进步有关的各类书籍"(可以比较一下弗吉尼亚大学校训中更为简明但类似的表述,正如杰斐逊在"洛克菲什山谷委员会"[Rockfish Gap Commission]的报告中所表述的,Hofstadter and Smith 1961, vol. 1, 194-195)。

第八章 智识美德的消逝

在建国后的几年里,华盛顿(George Washington)积极倡议设立一所国立大学的想法,受到了麦迪逊、拉什的支持,在某种程度上,也获得了杰斐逊的支持(虽然他更加关注弗吉尼亚大学的建立和设计)。除了拉什和杰斐逊两人之外,对此事的讨论似乎从来没有超出"郑重声明"或"寻求支持"的范围(参见,例如,雄辩的詹姆斯·威尔逊,in 1930, 208)。教育的本质——[77]这一古典共和政治理论的中心议题——是一个被大多数其他建国者所接受的话题。就论辩所记录的微弱反思表明,设立大学的原初意图,首先是训练一个在商业和农业社会中,头脑清醒且非常务实的公务员,他是公民社会的等价物(a civil equivalent),就像其对应的西点与安纳波利斯两所军校所培养的军人一样(参见1796年12月7日,华盛顿向国会传达的信息,in Hofstadter and Smith 1961, vol. 1, 158)。

公共服务是国家大学教育的目标,但这种服务整体上,被认为大多是在为国家的次政治生活(subpolitical)而服务的。借用杰斐逊的话来说,当时他是洛克菲什山谷委员会的负责人(麦迪逊也是其中之一),年轻的未来领袖们,首先将在"一种健全的立法精神中接受教育,这将消除所有对个人行动的任意和不必要的限制,使我们可以自由地去做任何不违背他人平等权利的事情"(同上,194)。或者正如杰斐逊在他的"关于更广泛知识传播议案的序言"中所说的那样,

> 这是促进公众幸福的权宜之计,这些人,自然赋予了他们天才和美德,应该由值得接受的自由教育来展现其才能,并且能够保护他们同胞的神圣权利和自由。(1778, in Kurland and Lerner 1986, vol. 1, 672)

这里所强调的"自由地去做任何不违背他人平等权利的事

情"并不意味着,也不能被理解为,对无限多样性的承诺。相反的是,杰斐逊所期望的多样性是一个相对狭窄的、分享共同的道德视野的——即现代民主视野下的多样性。用华盛顿的话来说,这些年轻人应该接受教育,以促进"对我们国民的原则、观念和行为方式的同化";"我们的公民越是能够同心同德",这个国家就会越加兴旺发达(Hofstadter and Smith 1961, vol. 1, 158)。这种教育的目标,当然不是让被选中的人开始把自己想象成一个有特殊或者更高使命的精英。拉什和杰斐逊所设计的课程中也没有任何东西表明,他们所关注的是培养他们的品味去欣赏一种高尚悠闲的情趣,或者是一种被书籍所包围的、陷入沉思的学习生活。而是一种勤劳多产的生活,一种忙碌的生存状态,以及无论何时人们发现自己闲散无事,就会感到一种无法平静的焦虑——这就是建国者的教育似乎力图培养的人的习惯。

的确,杰斐逊的洛克菲什山谷委员会报告在结尾时,以一种模糊的方式,形成了"反思的习惯"(同上,195;并参见 Lerner 1987, 85)。但是埃弗里特(Edward Everett)彬彬有礼的批评却也值得回味。他称赞了这份报告"对科学的热情呼唤和教诲";但他紧接着就描绘出以下两种理念之间的尖锐对比:一种是报告中证实的"一所大学应该是怎样"的理念,而另一种是在欧洲大陆上仍然存在的古老理念。他说,那里的大学是:

> [78]在他们的体育学校或高中里,在他们法律、物理或神学的职业学习中,年轻人将古典研究带到一个完美高度的地方。在这里,他们也在为另一种职业做准备,我们却少有问津,也就是成为古典大师(the Classical All)……建议他们以教授或校长的身份,和神学专业的学生一起生活,而这门课实际上是另一门课的内容,这些都使语言学(philology)在其最广泛的意义上成为一项伟大而持续的研究。也就是说其他的

学生在法律、物理、和神学方面做职业准备的时候,他们也不会把自己限制在专业课程的常规学习中……在我们国家,难道这一切都不需要吗?在没有提示学生学习的终极目标之前,就要求他陷入到整个科学的围城内,难道这不是我们大学体制的缺陷,同样也是语言的缺陷吗?……我们有所谓的大学……教授一点儿属于自由教育的东西,而现在我们所设立的大学却要辜负我们。教育中最重要和最先进的部分是不可能依靠他人援手的,年轻人必须在无章可循的情况下摸索前进的道路,这是他们一生规划中最困难和最重大的部分。(1820,124-128)

宗　教

比哲学的黯然失色更引人注目的,是在讨论教育和健全的公共生活时,神学的消退。在对杰斐逊的教育理念的批判中,埃弗里特冷眼旁观到:

> 在弗吉尼亚大学神学专业的设置中,没有任何具体的规定……这可能是世界上第一个没有这样规定的"大学"范例。(然后,他引用了杰斐逊的建议,将宗教问题的教学降级为"伦理学教学"。)这一危险实验的结果不是我们能预料的。(杰斐逊在如下这封信中概述了他对整个教育系统的看法,他也确实为神职人员的培训提供了一个单独的"专业"学校,1820,130 引自杰斐逊于 1814 年 9 月 7 日致卡尔的信,[Jefferson 1944, 642-649]。)

《联邦党人文集》对神的敬畏几乎完全保持沉默,并暗示不再考虑宗教冥想生活,就像在与神的交流或反思中所设想的那样。

也就是在任何方面都与古典共和的实践和思想进行更为清晰的决裂：即使是严格意义下的圣奥古斯丁（St. Augustine），当谈到古代异教徒时，也对他们的信仰给予了一定的尊重，他将其称之为"公民神学"（《上帝之城》第6卷）；但是，正如我们已经时而注意到的，新普布利乌斯只是对他所选称之为"迷信"的东西不屑一顾，而这些"迷信"在古代的公民生活中扮演了如此重要的角色。

[79]确实如此，《联邦党人文集》在宪法制定中，对神的帮助只提出了微弱的（而且有些模拟两可）的请求："思想虔诚的人不可能看不出这又是上帝在革命的关键阶段时常明显地向我们伸出了援救之手"（37:230–31）。但是，考虑到宗教战争和迫害的恐怖，并不是所有的建国者们都是"思想虔诚的人"——他们谨慎地避免声称任何神圣的启示，或者暗示宪法与任何特定的虔诚或神圣观念之间有任何重要关联。他们一致认同，亚当斯先前对美国人在制定所有州宪法中所扮演的神性角色的评价：

> 这是古代国家的普遍观点，认为神性本身就足以为人类立法提供重要的场所……也许，美利坚合众国已经展示出，她的政府是建立在自然的简单原则之上的首个范例；如果现在的人类足够开明，就可以消除他们的诡计、欺骗、虚伪和迷信，他们会把这个事件看作是他们历史上的一个新纪元……她永远不会假装任何（在美国政府的架构下）工作的人都接受过上帝的眷顾或者在某种程度上受到了天堂的启示，并且比那些在船上或室内工作的人，或者在商业和农业中劳动的人更为重要；人们永远都清楚，这些政府纯粹是通过理性和感知的运用而设计出来的……无论是人民，还是他们的议会、委员会或小组委员会，都没有考虑过依照其他根据来立法，而是根据普通的艺术和科学来立法，只是因为它们更为重要……人们普遍都很开明，不可能忍受尔虞我诈强加于人……因此，政府

第八章 智识美德的消逝

仅仅是建立在人民的自然权威之上,而不是依靠神迹或神秘的伪装,而这些观念注定要在占全球四分之一的北美地区传播,它们都是有利于人类权利的伟大目标。

A Defense of the Constitutions of Government of the United States of America against the attack of M. Turgot, in his letter to Dr. Price, dated the twenty-second of March, 1778, in Adams 1954, 116-118。关于与亚当斯非常相似的另一个声明,参见匿名的联邦主义者"以利户":"但后来出现了哲学的启蒙;奇迹终止了,先知沉默了,僧侣的黑暗驱散了,甚至女巫们也把她们的头藏起来了。人类已不再被神鬼寓言所迷惑……制宪者们最闪耀、最辉煌的地方,就是他们避免了一切伎俩的出现,即使是迷信的人,也不会因某种关于鬼魅或幽灵知识的暗示而眼花缭乱。他们以常识的朴素语言展示在我们面前,并向我们如此要求:我们对政府制度的理解是人类智慧的发明;没有一位神可以说了算,即使是在梦中,上帝也不会提议它的任何部分。"这段话引用在斯托林的注释 1 的"戴维书信"(1981,4.24)中,这是反联邦主义者对埃利胡的这些言论的攻击,也是暗示宪法对其未建立任何形式的宗教的失败。也可参见由韦伯斯特表述的斯托林在同一编辑注释中的其他引注(Ford 1888, 55-56)以及 Ellsworth(Eliott 1907, vol. 2, 44, 90, 118-120)。参考 Federalist 38:231-233。

尽管如此,但在制宪会议本身这个紧要关头,对神的帮助的召唤却具有了戏剧性的吸引力。斯托林的论述(1981a, 23-27)向我们透露它的重要性(这也帮助我意识到威尔逊对精神生活的高尚看似平常的诉求意义):

> 似乎不可调和的原则分歧就要威胁破坏会议了。就在这个时候,6 月 28 日,富兰克林提出了每日祷告的建议……他试图提升代表们的思想:……(以及)把代表们的注意力转移到独立战争上,他回忆说,在战争期间,就在这个房间里,我们每天都在为获得神的保护而祈祷。

斯托林认为,富兰克林的提议,[80]本身就是一个相当大争议的话题,汉密尔顿和其他人都在反对他。富兰克林自己也在后来的回忆录中写道,当时只有三四个代表站在他一边(Farrand 1966, vol. 1, 452 n.15)。在这一事件中,正如斯托林所说,"制宪大会无为而休,人类智慧孤立无援"。然而,在下一次会议上,潮流在某种程度上开始转向了和解——一个偶然的原因(?),在一次关键的投票中,一名马里兰州的代表因为没有及时回到座位上而未计票。"结论似乎是,"斯托林评论道,"认为富兰克林对神圣眷顾的祈祷并不是完全毫无意义的,尽管人类理性也在其中起到了作用"。

当然,眼光独到的老派理性主义者所宣扬的精神,似乎在很大程度上促成了这场大妥协。对于斯托林的解释,我只能补充的是,富兰克林的演讲本身(它不仅存在于麦迪逊的笔记中,而且也出现在显然是由富兰克林重读和修正的手稿中,这也许还是针对后世读者的一种观点)在考查中证明,并非毫无引人入胜的特征。在演讲中,富兰克林首先告诉比他年轻的同胞代表们,随着自己年岁的增长,他就越来越多地看到,上帝支配着人类事务这一真理的令人信服的证据(早期的证据可能并不能完全令人信服)。

富兰克林利用一个反问句为上帝的眷顾留下了证据:"即使一只麻雀在没有他的提示下都不可能落在地上,那么一个帝国难道就可能在没有他的帮助下就能崛起吗?"然后他从经验的证明转向了经典权威的揭示,引用了《诗篇》第 127 章的内容(Psalm 127):"若不是耶和华建造房屋,建造的人就枉然劳力。"。在这里,富兰克林宣称,"我对此深信不疑"。他继续解释这个信念:除非代表们寻求并找到上帝的援助,否则他们将永远无法超越他们的"局部利益"(partial local interests)。伴随如此失败而来的邪恶结果,他接着按其严重程度进行了升序排列:首先是他们的目标——其中首要的是建立合众国的事业——将会被挫败;更为严

第八章 智识美德的消逝

重的是,"我们自己将成为未来时代耻辱和被疏远的代名词"。但是,比失去这个弱小的、羽翼未丰的国家和"我们的"名誉更严重的后果也将随之而来,一些将触及哲学家富兰克林心灵最深处的东西:

> 更糟糕的是,人类可能会对通过人类智识来建立政府这件事感到绝望,而把它抛给机运(chance)、战争和征服(注意楷体)。(Lerner 1987, 46)

在其自传关于上帝的教导中也产生了类似的含蓄表达:

> 早期自传中,在谈到为人类的虚荣心而感激上帝之后,富兰克林以他自己的名义感谢"上帝的仁慈,这使我获得了我所拥有的一切,并给予它们成功"。我们不知道这句话的重点是落在了"仁慈的上帝"还是"我所拥有的一切"之上。我们也不完全清楚富兰克林对上帝是如何理解的:[81]说到他在伦敦的艰难打拼,"没有半点任意的、粗鄙的不道德或不公正,会是我想要的宗教信仰(我说到任意的,是因为我碰到过这样的例子,在它们身上也有一定的必然性),"富兰克林认为他持有的这样的观点,"需要有上帝的仁慈,或天使的守护,或偶然有利的环境和情势,或者三者皆有之"(富兰克林在留下的手稿中,划掉了"机运"一词,并用"天意"取而代之,参见 Franklin 1964, 44-45, 115 和 193)。

然而,富兰克林通过圣经中对上帝的尊重,而获得诉诸至少是人类智慧强大记忆的力量,这在建国背景下,可能是不寻常的。在众多著名的例子中只需抽取一例,即 1780 年的《马萨诸塞州宪法》(由亚当斯,加上塞缪尔·亚当斯、汉考克和其他杰出人物共同打造）在其"权利宣言"的第2条和第3条中就指出："无论在社会中，或是在公开场合，或在法定节日里，所有的人都有权利和义务去礼拜那一至高无上的存在（the SUPREME BEING）"——因而，建立起"对神（GOD）的公众崇拜"和"关于虔诚、宗教和道德的公开指示"，并以"公共新教教师的虔诚、宗教和道德"为主导，"在所有科目上"，都加入"上述公共教师的指导"。换句话说，我们不能忘记，在建国时期，特别是在较低层级的政府中，确实存在着从基督教传统中所获得的强大支持。

然而，我们也必须注意到，这些段落中并没有明确提到三位一体（the Trinity），甚至没有提到耶稣基督（Jesus Christ）。此外，《马萨诸塞州宪法》中的这些段落引发了州制宪会议上最激烈的辩论，以及在适用过程中最激烈的争论——在某种程度上是因为它们与其他一些保证宽容和宗教自由的段落混杂在了一起，而它们与宽容和宗教自由似乎格格不入。正如奥斯卡（Oscar）和汉德林（Mary Handlin）所总结的那样（1966，29-33）：

> 因此，第3条款与其说是对一种理论的阐述，不如说是对这种妥协的描述，这种妥协是由经验塑造的，它也可能会影响到公众的口味。

像杰斐逊和麦迪逊这样的人，虽然并不容易满足，但在关于宗教在其国家未来公共生活中的作用，并寻求某种妥协的过程中，却没有多少让步。他们的确尊重宗教：这不是因为它的神学瑰宝或是理论洞察力，而是因为它的道德价值。人们必定会赶紧补充说，他们不会赞成基督教禁欲主义超凡脱俗的倾向。然而，与休谟不同的是，他们不认为有必要或谨慎地进行论证（polemics）以对抗基督教道德精神的这一巨大维度；在这方面，他们含蓄地遵循了孟德斯鸠的建议和范例。

第八章 智识美德的消逝 129

比较一下休谟，*Enquiry* 1955, 270："独身、禁食、忏悔、羞愧、自我克制、谦卑沉默、孤独，以及一整套僧侣式的美德；理智的人之所以拒绝这些美德，是出于什么原因？因为它们没有达到任何目的……？一个阴郁、轻浮的狂热者，在其死后，可能在历史上留有一席之地；但是，当他活着时，几乎不会被允许进入私密和社会之中，除非是被那些像他一样神志不清和悲伤的人所承认"（另见 341-343）；对比《论法的精神》，章 25，节 12："最有效的攻击宗教的方法是，通过恩惠，通过生活上的便利，通过获得好运的梦想。不要用老是提醒人们自己曾犯过错的方法，而是用力图让人们忘掉自己过错的方法；不要用激发人们激情的方法，而是要用使人们对一切都漠不关心的方法。当别的情欲在我们的心灵深处蠢蠢欲动时，宗教激发的情感反而会陷于一片沉静。总的原则是，对于变更宗教信仰，诱导要比刑罚更有力。"杰斐逊当然对基督教《圣经》进行了"编辑"或改写。然而，他从未试图出版这一著作，然而（细读就可以发现，它揭示了所有必须从福音中"剪除"的东西，以使它为杰斐逊的世俗伦理所接受：参见 1983）。

他们与后一位哲学家的不同之处在于，他们似乎认为，或希望，或期待，[82]他们可以继续依赖于"宗教"的道德支持（他们经常含糊不清地表达宗教信仰），而无视或者引发宗教信仰的萎缩——也就是说，这一宗教信仰包含着对神性和彼岸生活的信仰内容的持续思考，以及扣人心弦和富有争议的论点。

参考 Mansfield 1971, 28-29；Agresto 1977, 503；以及 Berns 1976, 第 1 章。关于反联邦主义者基于宗教理由对宪法复杂和相当模棱两可的保留意见的出色介绍，参见 Storing 1981, vol. 1, 22-23。特别参见 the "*Letter by David*" in Storing 1981, 4.24，以及反联邦主义者的讽刺作品，"政府的自然描绘或一种贵族制定的新联邦宪法的确切图景", in Storing 1981, 3. 16.14-15。关于"宗教精神"与"士绅精神"之间关系的老套观点，参见 Edmund Burke, *Reflections on the Revolution in France*, in 1855, vol. 2, 351-352 和 *Letters on a Regicide Peace*, 同上，vol. 5, 214。麦迪逊（和杰斐逊）对宗教争论的真正地位和重要性评价，在麦迪逊于 1787 年 10 月 24 日写给杰斐逊的私人信中有杰出的陈述："无论这些（宗教上的）分歧和派系的理由多么错误或可笑，开明的政治家或仁慈的哲学家,或既不是政治家也不是哲学家的大多数人,他们在不同的角度,都将继续认为这类观点是错误的或荒谬的"(1962-, vol. 10, 213)。我关于杰斐逊对宗教、教育和经济学观点的理解,应当归功于史密斯1980年的那部作品。

杰斐逊的例子最能说明建国者们的困境和矛盾,他可能比其他同仁更关注宗教问题。对杰斐逊来说,宗教至少是对美德的"巨大的额外刺激"(1787年8月10日致卡尔的信,in 1944, 432-433);在他唯一出版的书中,他甚至说,"一个国家的自由"的"唯一坚实的基础"是"人民心中的信念,即这些自由是上帝赐予的礼物……除非上帝愤懑,它们是不会被侵犯的"(《弗吉尼亚州笔记》;第18问,in 1954, 163)。然而,在同样这本书中,杰斐逊却坚持认为,宗教信仰是一种纯粹的私人事务,而政府对任何此类信仰的促进或劝阻都不是它的正当利益。他似乎只能通过公然反驳自己观点的方式,才能维持这一论点;在这本书的附录3,在包含了连同《独立宣言》一块儿起草的《建立宗教自由法案》中,杰斐逊宣布了他最希望被人们记住的(参见他的墓志铭)一句话,"我们的公民权利不依赖于我们的宗教观念"(同上, 223;参考第17问)。

初看之下,杰斐逊似乎有一个更连贯的立场,这也出现在《弗吉尼亚州笔记》中:政府可以通过促进完全的言论自由来最好地促进最清醒的和道德上最有益的一种宗教信仰。因为符合道德需求的宗教才是真正的宗教;"理性和自由探究是唯一有效防止错误的方式。赋予他们以自由,他们才会支持真正的宗教,通过把每一个谬误带入他们的法庭,去验证他们的调查"(因此,杰斐逊在前述引用的信中,敦促年轻的卡尔[Peter Carr],"大胆地去质疑,甚至包括上帝的存在",同上,第17问, 159页)。

然而,杰斐逊继续表示怀疑,是否有任何宗教真理的核心可以被发现。他说得就好像在宗教问题上别无它物,而只有不可克服的多样性观念一样,这种多样性源于这样一个事实,即宗教不是理性的问题,而是就像我们的外表或对他人外表的欣赏一样,仅仅是一种天然性情、品味和偏见的表达:"一致性的意见是否可求呢?不过是萝卜白菜,各有所爱而已。"(《弗吉尼亚州笔记》,第17问,160)

> 如果我们的脸都长成一个模样,世界会变得更美丽吗?我们的性情,我们的才能,我们的品味,我们的外形,我们的愿望,厌恶与喜好,难道都可以完全套用一个模子吗?……[83]这些都是那些篡夺了上帝宝座之人的荒谬之处,并向上帝颐指气使地告诉他应该去做什么。愿他们所有的形而上学的谜题,呈现在像你我一样用干净的双手和心灵构筑的法庭面前。(1817年1月29日致查尔斯·汤姆森的信, in 1944, 679)

在这最后一句话中,我们看到了所揭示的潜在假设——在神学争论中,几乎或者根本没有什么东西可以真正被认识,在这方面,宽容和言论自由的真正目的,并不是鼓励神学或形而上学的进步,而是将神学和形而上学平凡化(trivialization)。而政府不能对宗教持中立态度。通过表达对神学争议的冷漠,政府必然会导致公民之间的冷漠:

> 我们的姐妹州宾夕法尼亚和纽约……已经有了一个令人高兴的发现,那就是平息宗教争端的方法,就是不去理会它们。让我们也给这个实验公平竞争的机会吧。(《弗吉尼亚州笔记》,第17问,161)

随后就会出现的真正目标,并不是通过激烈的论辩向着协商一致的真理前行,而是基于冷漠的一致性;这也不是多样性,而是一种不温不火的、轻率的一神论(Unitarianism)的一致性,在这样一个社会里,一神论者不再需要为自己辩护和证明自己。老年杰斐逊在他的一封信中强调了这种自信(1822年12月8日致詹姆斯·史密斯的一封信,in 1944, 703-704),并表达了其"自信的期望",即"现在这一代人将会看到一神论成为美国的一般性宗教"。同年6月26日,他在给沃特豪斯(Benjamin Waterhouse)的信中就更进一步说明:"我相信现在没有一个住在美国的年轻人不会以一神论者的身份死去"(1943, 956;参考1803年4月21日致本杰明·拉什的信,in 1944, 566-570,还有1813年8月22日致约翰·亚当斯的信,in 1959, vol. 2, 368-369)。唯一真正的真理,或客观的有效性,宗教可以加以证实的就是它的宽容,它拒绝将神学主张表达得过于严肃或费力;唯一真正衡量一个宗教价值的标准是它在促进和平、法治和有利于支持人类权利的道德习惯方面的有效性。在宾夕法尼亚州和纽约州,"宗教确实得到了各种各样的、很好的支持,但这一切都出于其足够好,足以维持和平与秩序"(1954, 161)。杰斐逊最终决定不把神学研究留在弗吉尼亚大学,而是让所有的教堂都在校园里设立神学院:

> 通过将各个教派团结在一起……我们将软化他们的棱角,解放和消除他们的偏见,使一般宗教成为和平、理性和道德的宗教。(1822年11月2日致托马斯·库珀的信,in 1961, 79)

但是,如果最真实的宗教只是一种重申、回应,并且是反映理性的道德说教的宗教,那么为什么宗教还如此重要呢?它的独特贡献是什么?牧师的布道和主日学校的教导,如何对年轻人的影响,据说比一个好母亲或童子军的每周劝诫还更多呢?[84]这个问题的答案在我所引用的杰斐逊式的话语中已经很明显了:一个是宗教信仰;而另一个是仅仅通过上帝"愤怒"的制裁道德和公民义务实现的宗教信仰,因为我们都必须在未来的审判日出现在"法庭"面前。宗教信仰要与明显不合理的自我牺牲进行对抗并取得平衡(例如,解放我们的奴隶将在经济上是非常不划算的),但是我们存在的另一个维度的承诺,彻底改变了我们对效用的"合理"计算。因为"自然已经构成了对人的效用、美德的标准和考验"(1814年6月13日致托马斯·劳的一封信, in 1944, 639)。

但是,理性宗教是否建立起来,或者甚至显示出上帝的合理性,他可以在国家历史和个人生活中按照天意来进行干涉?理性本身是否为上帝提供了证据,以证明上帝在死后复活的生命中,给予了天堂的奖赏或地狱之火的惩罚?或者,它仅仅是对圣经的忠实信任,尤其是对耶稣基督的神迹般生活和行事的圣经叙事,甚至可以表明这种干预的合理性吗?圣经的地位,尤其是圣经中关于神的惩罚的超理性的、神迹般的元素,因而对杰斐逊的公民神学来说是至关重要的。

至于圣经,杰斐逊在他对卡尔的建议中,包括他对其他教师(例如,普利斯特利[Joseph Priestly])的演讲中,以及在他自己的"重写"的福音书中都坚持,都坚持人们必须以怀疑的眼光看待圣经中那些经文的部分断言。例如,"神的恩宠在他身上(也就是,耶稣)","上帝的话临到撒迦利亚的儿子约翰","以及他(耶稣)将他们全部治愈"(有些段落在杰斐逊重写的福音书中明显地被省略了,比如耶稣的生命在复活之前终止那部分的重写,参见1983, 131页及以下)。

> 读圣经,就像你读李维或塔西佗的书一样。学习自然常识课程中的那些事实,你会相信作者的权威,就像你在读李维

和塔西佗的书所做的那样……但是,圣经中那些与自然法则相抵触的事实,必须在不同的面孔下进行更为仔细的审视。在这里,你必须重现那些作者的自命不凡,并从上帝那里得到灵感。看看他们自命不凡的证据是什么,以及证据是否如此有力,因为它的谎言比起自然法则的改变更不可靠……《新约》讲述的是一个叫耶稣的人的历史。请在你的眼中保持住反对的自负:1.那些说他是由上帝生的,又说由处女所生的,并且肉身升上了天堂的人,是在任意地中止和颠倒自然法则;2.那些说他是一个私生子的人,一个具有仁慈的心,热情头脑的人,他从不自命为神的方式出发,以信仰他们的方式结束,并因煽动叛乱,因而按照罗马法而受到了惩罚[85]……你不要因为恐惧它的后果而害怕这次调查。如果它以一种上帝并不存在的信念而告终,你就会发现在美德的运行中,对美德的刺激会让你感到舒适和愉悦,同时你还会获得别人对你的爱戴。(1787年8月10日致卡尔的信,in 1944, 431-432)

在1819年10月31日(1944, 693-694)写给肖特(William Short)的信中,杰斐逊坚持要"从欺世盗名"中"拯救"耶稣的品性,就有必要从其他的内容中剔除"耶稣的完美概念,他的神化,他的创世,他的神迹力量,他的复活和可见的飞升……赎罪,再生……凡此种种"。

一个杰斐逊式的美国公民会相信耶稣的神性或神迹吗?如果缺乏这种信仰,他们会因为此岸生活或彼岸惩罚被上帝干预的恐惧而又所触动吗?更宽泛地讲,一旦有人成功地让民众不再相信或不再信任神迹,那么一个人能否保持对天堂和地狱的信仰,作为对"来生"的一种生动制裁呢?另一方面,宗教能否只专注于来世,而不把形而上学的问题和争论带到今生呢?相信灵魂的不朽或上帝在此生中的冥冥干预,是否就能摆脱神迹的信仰,并且一旦人们鼓励了对神迹的信仰,是否就可以轻易地约束神学争议呢?我们在杰斐逊的作品中,无论是其公共的或私人的,徒劳无功地寻找着这些问题的答案(至于杰斐逊自己是如何理解,是何种结论性原因导致了我们死后命运的安排,那么他 1824 年 6 月 5 日写给卡特莱特少校的信就不应该被忽视,in 1944, 714)。

艺　术

立法者对哪怕是稀释版的智识和神学美德的支持都是在极大地减少,这也因此殃及了与二者密切相关的艺术(the fine arts),尤其是对诗歌的忽视。这些建国者们自己是在这样一个世界里长大的,在那里,人们仍然可能从那些自认为应对道德和公民美德的形成负有责任的艺术家所提供的模板中,获得大部分的道德指导。华盛顿对艾迪生的卡图(Addison's Cato)的持久依赖,就是艺术家的道德力量和责任,在政治领域中最值得注意的例子(参考 Wills 1984; Baumann 1984; 以及 McDonald 1985, 10, 68 - 69, 195 - 199)。教堂音乐、建筑和绘画——最重要是圣经本身——使众多男女对艺术家的道德教育能力或艺术作品非常熟悉,包括从属的但依旧关键的翻译艺术。

然而,美国的立法者们几乎没有做出什么努力,[86]甚至是劝告,以确保它们在某种程度上已经塑造的公民和宗教艺术传统得以延续。他们下定决心使宗教和道德都尽可能的平淡、合理和简单。他们心中所思,是我们马上就会看到的,一个人的美德在很大程度上是功利的,既没有英勇气概,也没有如痴如醉可言。这种对道德和宗教的态度,迫使他们对想象力感到不安,并害怕那些艺术所具有的唤醒或激发想象的力量。对军队英勇的尊荣,对超凡脱俗的崇高暗示,对贵族品味和精致生活的循循善诱,对自我牺牲情爱的激情呼唤;另一方面,却是对精明算计、单调工作、不可避免的粗鄙、庸俗以及对不恭敬的平等主义的蔑视:毕竟,过去的诗人们和现代小说家们的伟大主题,能否在美国公民的生活中扮演建设性的角色呢?不足为奇的是,我们发现一些建国者们,只有在他们告诫人们不要去阅读诗歌时,才会怀着热情和关切去谈论诗歌。杰斐逊在回复关于妇女教育的咨询请求时,就不失时机地警告说:

> 良好教育中的一大障碍就是现在流行的对小说的过度热情,以及在阅读过程中浪费的大量时间……当这剂毒药感染心灵时,它就会破坏掉心灵的基调……理性和真相,简单与朴实,就会被人们拒绝……其带来的后果就是膨胀的想象力,病态的判断,以及对所有现实生活的厌恶。无论怎样,这些大众垃圾并没有什么新颖之处……出于同样的理由,很多诗歌都不应该被纵容。只有一些诗歌对塑造人格和品味是有用的……在这个国家,绘画技能比在欧洲更少有人问津。它不过是一种天真而有趣的娱乐,但通常是有用的……(1818 年 3 月 14 日致纳撒尼尔·伯韦尔的信,in 1944,688-689)

同样,富兰克林在他的自传中也提到了他"首先是用诗歌来进行自娱自乐,其次就是提高一个人的语言能力,但仅此而已"(1964,90;参考 Benjamin Rush and Noah Websterin Rudolph 1965,31 和 70-71)。

在对模范立法者(《吕库古的生活》)的讲述中,普鲁塔克告诉我们,在吕库古的政制中,"没有比诗歌和音乐是更有教养的一种简洁表达尊严的方式了";他说,这就解释了一个值得注意的事实,那就是斯巴达的国王们在每一场伟大的战役之前,都会为音乐女神(缪斯)献上公祭——"让他们的军队牢记她们的教导"。在 1780 年的《马萨诸塞州宪法》中,我们再一次发现了一种非典型的、与这种精神的遥相呼应的表述。在第 5 章,1 节,关于为哈佛

第八章 智识美德的消逝

大学提供官方拨款的理由如下:

> [87]我们智慧和虔诚的祖先……奠定了哈佛大学的根基,在这所大学里,许多杰出的人士在上帝的庇佑下,发起了对艺术和科学领域的探究,并因此在教会和政府中都获得了公职资格:正是因为对艺术和科学,以及所有优秀文学作品的鼓励,并始终倾向于彰显上帝的荣耀、基督教的优势,以及它的巨大利益和美国其他州的利益……

第 2 节为我们提供了一个清晰的详述:

> 智慧、知识和美德,在人民的身体中广泛传播,这对维护他们的权利和自由是必要的……这将是立法者和地方官员的职责……珍视文学和科学的利益……鼓励为促进农业、艺术、科学、商业、贸易、制造业和国家的自然历史发展的奖励与豁免;支持和教导人文主义和普遍善良的原则,公共和私人慈善事业,勤劳和节俭,在相互交易中诚信和守时;真诚、幽默和所有的社会情感,以及人民之间的慷慨情怀。

然而,这些文字却很难让我们做好接受以下事实的准备,即在美国宪法中找到的,对科学研究的关注几乎是最稀疏平常的:"为了促进科学和实用艺术的进步",国会有权"在有限的时间内,确保作者和发明人享有他们各自的著作和发现的排他性权利"(Art. I, sec. 8, clause 8;参考 Federalist 43:271-272)。麦迪逊和平克尼,和那些同样急切地想推动设立一所国立大学的代表们,希望能更进一步。他们试图在宪法中加入一项条款,授权国会"通过捐赠和拨款的方式,以便鼓励提供有用知识和发明进步……以建立促进农业、商业、贸易和制造业的公共机构,并为此进行奖励与豁免"(August 18, in Farrand 1966, vol. 2, 325)。埃弗里特以这个问题结束了他对杰斐逊式教育的批评:"谁又能毫不羞愧地发现,美国联邦政府竟然是文明世界中唯一的、从未建立过任何描述或划分学术机构的政府?"(1820,137)

建国者们对智识美德的理解是由他们最初的愿景所决定的,即建立一个包括农业的、技术和重商的社会;从这一愿景中产生的道德内涵与智识美德同等重要(参见 Lerner 1979)。普布利乌斯很清楚,一些古代的共和国也具有"商业"的特征(6:57);但是他强调,在"现代"人群中,[88]尤其是在美国人当中,"商业精神"已经取得了"无与伦比",甚至是"无所约束"的活力,它使美国人的"商业共和国"(commercial republic)概念焕然一新,与过去的版本有着天壤之别:

> 目前,所有的开明政治家都看出并承认,商业的繁荣是国家财富的最有效和最丰富的来源,因而成为他们政治上关注的主要对象。由于报酬手段的增多和促进人们贪婪和冒险的心爱物品——贵重金属的采用和流通,商业繁荣有助于活跃和刺激工业系统,使之更加活跃和兴旺地运行。孜孜谋利的商人,劳苦的农民,勤勉的技工和积极活动的工厂主——各阶层的人都日益高兴地热切期待着对他们辛苦工作的这种令人愉快的酬报。(12:91)

> 人的才能是多种多样的,因而就有财产权的产生,这种多样性对于达到利益一致来说,不亚于一种无法排除的障碍。保护这些才能,是政府的首要目的。由于保护了获取财产的各种不同才能,立刻就会产生不同程度的和各种各样的财产占有情况;而由于这一切对各个财产所有人的感情和见解的影响,从而使社会划分成不同利益集团和党派。

第八章 智识美德的消逝

党争的潜在原因,就这样深植于人性之中;……有产者和无产者在社会上总会形成不同的利益集团。债权人和债务人也有同样的区别。土地占有者集团、制造业集团、商人集团、金融业集团和许多较小的集团,在文明国家里必然会形成,从而使他们划分为不同的阶级,受到不同情感和见解的支配。监管这些五花八门又互不相容的利益集团,成为了现代立法的主要任务。(10:78—79)

第九章　行动美德的新意

[89]一般而言，人们可能会说《联邦党人文集》，就像杰斐逊和其他重要人物的作品一样，都强调了贵族式的自傲或高远志向、对人的高尚或美好的热爱、崇敬(包括对自己灵魂的崇敬)、尚武精神，以及严苛的或廊下派式的自我克制，在有德之士的古典形象中，这些特征显得如此明显。①正如休谟在《人类理解研究》中所说，古老的基本美德仍受尊重；但它们被注入了一种新的精神，并以新的实践来表达，从而改变了它们的本性。

节制和它的新随从与子嗣：节俭、勤勉与守法

让我们首先来考察一下节制(moderation)的美德，因为还没有任何一种道德美德受到《联邦党人文集》如此规律地和反复地褒

---

① 在他们对华盛顿形象的钦佩中，建国初期具有反思能力的美国人最接近于重振古典美德的姿态；然而准确地说，按照刚才我们所建议的路线，人们可以看到这是与古典论调显著背离的。参见 Thomas Jefferson, *The Character of George Washington*, in 1944, 173—176；以及福克纳对马歇尔的华盛顿传记(1968, 124—133)具有启发性的讨论。可参见鲍曼对威尔斯(1984)关于华盛顿在建国那代人中的看法是如何陈述的问题进行了微妙而尖锐的批评。

第九章　行动美德的新意

奖;也没有任何一种美德在《论法的精神》中被赋予了同等重要的地位,这就是新普布利乌斯所提及的,往往比其他任何一项工作都要付出更多的事业。

孟德斯鸠首先提出节制,或者"一定程度的节制",是作为一个贵族共和国的"原则"和"灵魂"。在《论法的精神》的开篇,所有的政治现象都是根据或者违背"美德"的视角来加以审视的——激情似火的、自我牺牲的、兄弟般的爱国情怀——这就是民主共和国的原则。当节制被加以审视的时候,它似乎被看作是"一种次之的美德"(第3章,4节)。更确切地说,"节制的精神"是所谓的"贵族制的美德",而事实上,"它自身却很少存在什么美德"(第5章,8节)。

节制是存在于像罗马元老院这样阶层中的共和主义的高尚性,这与君主政体中存在的痴迷荣耀的高尚性是截然不同的。也许,我们开始理解孟德斯鸠思想的最好方法,就是把自己的注意力集中在威尼斯的统治阶层身上——或者,如果你愿意的话,可以去看看维托里亚(Vittoria)所雕刻的那些著名的威尼斯贵族的半身像。节制是开明的自我克制或"自我抑制",这些精明的、严格克己的贵族们掩盖了他们全部的优越性,使民众"忘记了自己的微弱",从而在一个狭小拥挤的平民共和国中维持着贵族统治的地位。这种节制导致了两种实践,这两种做法在某种程度上都是由威尼斯贵族所发现的(第5章,8节)。

第一种做法,有关长子继承制(primogeniture)的法律必须被废除掉,[90]因为这样不仅会出现通婚,还会出现一些在富裕贵族和贫穷民众之间真正意义上的财富转移。第二种做法,贵族统治阶层必须约束自己(最佳方式就是通过法律加以惩处)从事商业活动(engaging in commerce):因此,贵族们就限制了他们自己的财富和占有欲(否则,代价就会必然如此:因为他们的介入,就会限制整个社会对商业和商业精神的热情或尊重,从而减少整个社会的繁荣)。

在《论法的精神》的道德苍穹上,节制的构想是一颗相当暗淡的星辰:事实上,它是如此的模糊,读者一开始就倾向于对它掉以轻心。但是,这部智识剧目的部分情节却是如此展开的,孟德斯鸠逐渐地增添了这颗星辰的光辉,直到它在天空中发出最璀璨的光芒。

孟德斯鸠以一种三维或四维政治制度类型学(typology)开启了《论法的精神》,把它们区分为君主政制(monarchies)、专制政制(despotisms)和共和政制(包括民主的和贵族的共和制)。但几乎是不明智的,他又允许这个方案被一个不同的、更简单的方案所取代:将所有政治制度划分为"节制的"和"专制的"。专制政制建立在恐怖之上;而所有的"节制"政制,无论它们的分歧如何,都会联合在反对恐怖和促进安全的立场上。只不过有些政制在促进安全方面,更加自觉,更加有效。这些后者是"最节制"的政府形式;最终,我们开始理解(如果我们遵循孟德斯鸠的教导),最节制的政府实际上就是最好的政府形式。那么,孟德斯鸠的对于节制的第一次与第二次使用和暗含之间的联系是什么?这两种看似不同的节制是如何相互影响的?政府是一种为在战争状态下实现安全的人造物,这种情况是自然状态下不可避免的产物(第1章)。

但是一旦政府成立,政府本身就会对其臣民构成威胁——除非它以某种方式限制自身。一个健全的贵族政制是最为自觉地寻求约束自身的一种传统政府形式。然而,由于现代政治哲学在孟德斯鸠那里达到高潮,这就有了"节制"的全新的、更高级的形式,或者说是对政府的约束。就政府本身层面而言;这就是制度上的分权制衡——即三权分立。在公民的品性或生活方式层面,这就是"商业精神",它会带来了一种生活和思考的方式,这往往向人们灌输一种对财产权的细微关注,并因此保障个人和公民的安全。而那些冷酷无情、纪律严明的老威尼斯贵族们并没有充分意识到孕育其中的商业精神的"美德"。

然而,即使是狡猾的威尼斯元老们也未能充分理解"节制"的含义,我们必须得出一个令人惶恐的结论,[91]即人类要掌握政治中最节制的东西绝非易事。这个想法让我们准备好去认识另外的第三种形式的"节制"。这就是超越前面所提到的两类节制的,明智的立法者或建国者的极其罕见的节制。孟德斯鸠甚至宣称,他的这一伟大作品并不是为了其他缘由而写,而是将其作为"立法者的精神"来教导和树立节制的美德(第29章,1节)。这是一种最高等级的节制,正如孟德斯鸠通过其生动的说明所展示的那样,这些充分的事例让我们回想起了古典的"审慎"(prudence)或"实践智慧"(practical wisdom[phronesis])的概念。然而,两者之间却有一个关键性的区别。我们可以很容易地分辨这种差异,如果我们认同这样一个事实,即"审慎"是一种深思熟虑(deliberation)的美德,而权衡审议关心的是手段,而不是目的:权衡是关涉行动的,其"目的"就是为了达到目的。

也就是说,审慎是政治家在每一种特定情况下,都能找到最完美的方法来达到最终目标的能力——即道德美德——这是为他准备的另一种神秘的知识,或艺术、预言(亚里士多德《尼各马可伦理学》第3卷3-4章和第6卷后半部分)。然而,审慎就依赖于这些最终目标,而这些目标本身不会或不能仅仅依靠自身就得以成立。但是,亚里士多德此时也告诉我们,"当我们谈及恶与善的时候,政治哲学家是我们所期盼的最终目标的建筑师"(《尼各马可伦理学》1152b2-4)。亚里士多德因此为我们提供了一种观察的路径,即那些寻求孟德斯鸠作为最终指导的立法者的终极目标,与那些寻求亚里士多德作为最终指导的立法者的终极目标是大不相同的。

当孟德斯鸠进而解释并阐明他在最严肃意义上的节制含义时,他马上提出了有关司法、自由、安全和财产的主题:他解释说,作为真正的立法者的精神,他所说的"节制"是需要严格限制的司法,甚至限制合法的自由,这并不是为了道德美德,而是为了安全与财产(第29章,1节)。从严格意义的亚里士多德视角来看,在孟德斯鸠的指导下,政治家的审慎节制体现在"绝妙的精明"(marvellous shrewdness[deinoteta])之处,而不是"审慎"或"实践智慧"(《尼各马可伦理学》第6卷,12章)。在这一点上,我们认识到孟德斯鸠第一次使用"节制"这个词和他随后的用法之间的另一个更深层次的联系。精明贵族的"节制"与民主的美德相反,它不仅是一种"次要的美德",还是一种缺乏道德的象征,一种自以为是或盲目自傲和愤慨的品质,一种无关道德的灵活性。这种狡猾的道德主义缺乏是这些老贵族的特征,预示着真正的立法者的人性中是缺乏道德的。

孟德斯鸠在贵族共和国中发现了许多困境和不稳定的来源;但他也让我们看到,像威尼斯这样的贵族们却拥有一种关键的政治资源,而这种政治资源在民主和君主政制中都是缺乏的。[92] 善良的民主派、骄傲的君主们或君主制贵族们都倾向于以献身(dedication)的形式来进行统治,这使得他们比共和制贵族更加缺乏灵活性。其中一个后果就是,民主政制和君主政制都倾向于更加好战,在这个和其他方面,比治理有方的贵族制更不人道。

所有这些都帮助我们开始理解美国立法者"节制"的新含义。人们所赞美的与其说是一种神圣的或者高贵优雅的、为了自身利益进行的理性协调,不如说是一种开明的、冷静的,审慎的追求安全、自身舒适和安身立命的社会所做的努力。这种节制并不排斥——事实上,它还促进了孟德斯鸠称之为"风俗和道德的软化"。

> 商业导致了纯粹道德的败坏:这正是柏拉图所抱怨的主题;但它也给野蛮道德带来了光环和柔情,就像我们每天所看

第九章 行动美德的新意

到的那样。(《论法的精神》,第 20 章,1 节)

这种新的或现代版本的节制所反对的恶习,并不是物质或感官上的、如此狂热的自我放纵,包括过去时代的宗教的和廊下派式或禁欲主义的迷狂。

关于"节制"首先被理解为道德主义或道德愤慨和热情的缓和,参见《联邦党人文集》中对"适度"的关键提法,见 3:45,11:91,37:224,43:280,78:470 和 85:522,尤其是在《联邦党人文集》的开头和结尾都着重提及了适度——1:34 和 85:527(后者明确提到了休谟);参见 Hume 1985, 15, 27, 53, 63, 414("古代政治的格言一般很少提及人性和节制,这对在任何特定时期犯下的暴力行为,提供任何特定理由都似乎是多余的"), 500, 510, 612;也可参考同上,25;还有孟德斯鸠《论法的精神》,尤其第 3 章 4 节,第 5 章 8 节,第 6 章 1、2、9、16、19 节,第 22 章 22 节结尾(1949-1951, vol. 2, 682)。关于新的节制、商业和软化之间的密切联系,参见《联邦党人文集》6:56 和 Hume 1955, 181, 249, 337;1985, 271-272 和 279("任何满足,无论多么感官,都不能被认为是邪恶的。只有一种满足是邪恶的,当它吞噬了一个人所有的金钱,而没有能力去做他的处境和财富所要求的责任和慷慨行为之时")。

换句话说,愤怒或道德义愤,至少是新型节制的目标,就像过度关注身体的快乐和痛苦一样。当富兰克林在他的自传中,介绍了其道德美德的新准则时,他停顿了一下,特别批评了对待"节欲"(temperance)的态度或者说传统权威中的"节制":它是指"通过某种方式来限制吃喝,而另一些人把它的意思延伸开来,这意味着它可以调节其他的快乐(Pleasure)、欲望(Appetite)、爱好(Inclination)或激情(Passion)、身体或精神,甚至是我们的贪婪(Avarice)和野心(Ambition)。

在富兰克林的新规划中,节欲被严格限制在饮食和饮酒上。"贞洁"(Chastity)(除了谦卑以外——包括"模仿耶稣和苏格拉底",这是富兰克林最难排名的美德)在于限制自己,除非健康和繁衍的原因,"绝少"从事性事("性欲"),而且永远不要纵欲过度以致损害身体,或让它伤害"你自己或他人的安宁或名誉"。在任何方面,富兰克林的清单都比在节欲和"节制"之间划出泾渭分明的界线更富创新性了。

富兰克林的"节制"包括"避免极端",以及并非"像你所想他们罪有应得"。至于贪婪,正因为它是反面的,这种恶习似乎是受到节俭(frugality)美德反对的——这也为慷慨和慈善提供了保障,另外在富兰克林的清单中没有提到的是:"不要做任何无意义的事,只做对别人或自己有益的事:即不要浪费任何东西。"(1964,149-150)

与亚里士多德在《尼各马可伦理学》中对慷慨与壮举的态度进行比较(第3卷,1-2章)。富兰克林没有把慷慨或大方列为一种单独的美德,而是把它作为节俭美德的一个次要方面;相反,亚里士多德却没有把节俭列为一种单独的美德,而是把它作为一般美德的一个次要方面。换句话说,亚里士多德所强调的与富兰克林相反。在亚里士多德看来,他强调的是对他人的给予。而对诚实的获取、谨慎的管理,以及保持足够的储备来照顾自己的关注,是从属性的:"慷慨的人更关心的是他应该给予的东西,而不是他应该得到的东西,或者他不该得到的东西……他会从他应该得到的东西那里获取,比如从他自己的财产中获利,而不是把它作为高尚而必需加以关注。他不会对自己的财产掉以轻心,是希望它对别人来说是充足的。但一个慷慨的人要成为富有的人并不容易,因为他不擅长获取或维持,而是慷慨地给予,不是为了自己而尊重金钱,而是为了给予才这么做"(《尼各马可伦理学》1120a10-12, b1-2, 15-17)。在这最后几句话中,亚里士多德似乎温和地惩罚或抑制了这位高尚慷慨的人的轻率。因此,他也温和地介绍了苏格拉底偶尔提出的一些非常严重的怀疑,即道德之人对财产的高尚关注的政治经济学(特别参见色诺芬《齐家》ii, iv, xi, 和 xxi, 见 22-29)。当亚里士多德从慷慨走向更伟大的美德时,最初的问题就更加严重了——伟大的壮举,慷慨的巨额开支,尤其是在美丽的艺术作品或公民的戏剧作品上的开销。当谈到这些伟大的壮举时,亚里士多德强调了这一美德对知识、思想和品味构成的新挑战,但对

第九章 行动美德的新意

诚实获取和审慎管理不良行为带来的新挑战却完全置若罔闻。宏大伟业——这一更为宏伟、更有智慧,但不那么细致或谨慎,或许也不那么公正地触及了与金钱有关的道德美德——这与富兰克林清醒的道德准则没有任何相似之处。人们可能会说,富兰克林对亚里士多德的温和态度和苏格拉底对高尚、慷慨和宏图伟业的政治经济学的保留态度达到了极致。

事实上,节俭,连同它的兄弟勤勉(industry),不仅在富兰克林的教义中,而且在其大部分的道德写作和建国时期的布道中,都显得如此重要(其中生动的例子,参见 Hyneman and Lutz 1983,第5篇,特别是第44篇)。[93]孟德斯鸠和休谟所教导的"软化"以及建国者们所信奉的"软化",并不能被理解成奢侈的懒惰或挥霍的安逸;在新的安排中,人类的行为往往表现得就像市井小民和老僧侣的行为一样苦行多难。但是二者的精神和动机是完全不同的。

昂贵的外国进口货被削减,奢侈的支出被抑制,更简单的生活被鼓励;然而,这一切主要的原因并不是放纵和虚荣本质上是邪恶的,或者是更高的欲求遇到了障碍;其主要的原因是通过这样的政策,个人和整个国家在世界贸易中可能会变得更加繁荣,更安全,更强大——因此,从长远来看,这可能会获得更大的满足,或者无论如何,都有了获得满足的实力。

在揭示这一关联中,梅森(George Mason)提出的观点是,他曾试图说服制宪会议将"禁止奢侈"(Sumptuary)作为一项国会权力写入宪法条款中,但没有成功。"反奢侈"法旨在压制我们今天所说的"炫耀性消费",以及被立法者们认为是贬损的或不正当的各种娱乐活动的放纵。孟德斯鸠指出,这类立法一直是各个时代美德共和国的一个基本特征(《论法的精神》,第7章,2-5节)。在英格兰的共和派清教徒中,反奢侈的法律也起到了巨大作用,正如麦克唐纳所展示的那样(1985,15-17,72-73,89-90),继续在美国发挥着重要作用(即使在马萨诸塞州,这也是最多的立法,1786

年后该类案件迅速减少［McDonald 1985,73 n. 31］）。亚当斯在其《政府构想》(*Thoughts on Government*)（1954，91）一书中，为这类立法进行了辩护——但是他的叙事方式和他的混合式理由是如此表述的：

> 只要提到"反奢侈"的法律，就会令人发笑。我们的同胞是否有足够的智慧和美德来遵守它们，我并不确定；但是人们的幸福可能会因它们而获得极大地提升，以及获得一笔足以让这场战争永远持续下去的收入。节俭就是一种巨大的收入，除了治愈我们的虚荣、轻浮和纨绔习气外，它还是对所有雄心壮志、血气方刚的好战德性的真正解毒剂。（注意楷体）

梅森在制宪会议上两次谈到了"禁止奢侈"立法的重要性。第一次是8月20日(in Farrand 1966, vol. 2,344)，他提出这样的立法是具有道德目的的(尽管他在某种程度上承认虚荣是"自然的"，并坚持认为，禁止奢侈的法律并不是要去消除"各有所爱"的审美，而是要去引导它)。在听到三名代表反对他的动议，并在将反对州的数量从8个减为3个之后，9月13日梅森又一次在大会接近尾声时提出了这个问题(同上，606)。[94]这一次，麦迪逊记录了这次演讲："与共和派所说的节约观点保持一致，"梅森继续讲道，

> 由一个指定的委员会来起草协会章程，根据建议来鼓励那些具有影响和示范作用的行会成员，经济节俭的和美国制造业的典型。

这一动议"未经辩论便获得同意"。梅森的经历验证了孟德斯鸠在两种不同精神的驱动下，对两种不同的反奢侈立法之间所

第九章 行动美德的新意

进行的微妙区分:

> 一个政府可以推行限制奢侈的法律,从而达到"绝对节俭"的目的。这就是共和国限制奢侈的法律的精神实质所在……限制奢侈的法律同样能够具有达到"相对节俭"的目的。当某个国家感到外国的商品价格过高而要求出口本国商品时,就会造成由于本国商品输出导致的商品匮乏而不能由外国商品的输入加以补偿的现象,于是便彻底禁止进口……通常而言,一个国家越贫穷,它就越容易被"相对奢侈"所摧毁,因此这个国家就越发需要"相对限制奢侈的法律"。一个国家越富裕,"相对奢侈"倒会使它更富裕,因此这个国家应该格外谨慎,要避免制定"相对限制奢侈的法律"。(《论法的精神》,第7章,5节)

这就是赋予了新意的节制、节俭和勤勉,也就是开明而冷静的个人利益,新普布利乌斯把它看作是公民对法律尊重和对正义忠诚的根源。当普布利乌斯说道(他经常这样表达)"公共利益"(public good)或"共同利益"(common good),以及正义的时候,他似乎总是想到的,除了国防之外,就是美国作为一个整体的商业繁荣和对个人权利的保护,特别是使用"不同和不等的能力获取财产"的权利(10:78)。①《联邦党人文集》当然不会鄙视,但它也不太依赖于一种对公民的团结感,一种对上级(在年龄、美德或知识方面)的尊重感,或者一种传统的对法律的崇敬。当然,在这最后的这个关键方面,《联邦党人文集》的作者们与杰斐逊相比,并没有那么激进地离开古典传统:普布利乌斯就明确地对杰斐逊在

---

① 参考 Epstein 1984, 60, 62, 64-65, 66, 83, 85-88, 92-95, 144-145, 162-163.然而,我不敢保证,麦迪逊对"公共[或共同]利益"和"正义"这两个术语和概念保持着如爱泼斯坦所声称的那样严格的区分。

《弗吉尼亚州笔记》中关于"对法律的尊崇"的评价提出了异议（49:313-317）。

在阅读《联邦党人文集》第49篇关于用召开会议向人民呼吁的方法来防止政府任何部门侵犯权力时，对民众意见的关注和支持，需要最合乎法律尊崇的评论，告诫人们不能因小失大（正如 Wills 1981, 24ff.）：麦迪逊强调，政治效忠的核心是理性，而不是意见或崇敬；后者是次要的支持。"只有理性，而不是公众，才应该控制和规范政府"（49:317）。关于非常严格的遵从，参见 63:384；关于对法律的崇敬，参见 25:167、17:120，以及麦迪逊 1790 年 2 月 4 日致杰斐逊的信，以回应 1789 年 9 月 6 日杰斐逊的一封信（in Meyers 1973, 229-34）。

自由作为一种新精神的源泉

但是，正如我们在一开始就看到的，自由（liberty）是那些联邦主义情结的作者们所提出的主题，它最有力地追溯到了古典。如果美国的建国者们不把美德看作是自由政府的最终目标，他们就会把对自由的爱作为一种最终目标，甚至是一种美德。[95]威尔逊在 1790 年介绍了他著名的法律讲座，华盛顿和亚当斯也是其中的听众，他预测到：

> 当一些未来的色诺芬或修昔底德出现的时候，他们要对（美国的）美德和自己的行为进行公正的评判；美国的荣耀将与之匹敌，甚至将超越希腊的荣耀。
>
> 如果鉴于我的理性思考，为什么我会对美国人的性格如此看重，那么我会用以下的只言片语来说明——美国人的性格，因为对自由的热爱和对法律的热爱，而被明显地区别开来……
>
> 杰出事例也展现了我们的观点，以便模仿和欣赏。在我们能够以同样的荣誉来加以区分之前，我们必须以同样的美

德来加以甄别。

这些美德是什么呢?它们主要是一些相同的美德,我们已经看到了它们对美国性格的描述——对自由的热爱和对法律的热爱……没有自由,法律就会失去了它的本性和它的名号,而变成了压迫。没有法律,自由也会失去了它的本性和它的名号,而变成了放肆。(1930, 186, 189-190)

像威尔逊这样的建国者,在商业上寻求的是一种超越财富和舒适的方式;他们寻求通过和伴随着对财富和舒适的关切,以促进对参与公共生活的热情和赞赏。他们的目的在于培养公民,他们要警惕并参与保护他们的财产,并把他们的尊严,他们的自治行动,作为他们财产权的一部分,而不仅仅是一种手段。正如麦迪逊在他1792年关于财产权的文章中所写的那样(Kurland and Lerner 1986, vol. 1, 598):

> 在更宏大和更正当的意义上……一个拥有自己观点和自由交流的有产者……是在自由使用他的能力和自由选择使用它们的对象。总而言之,当一个人被认为有权拥有自己的财产时,他可能同样也就被认为拥有了自己的权利。

也许没有人能比韦伯斯特(Noah Webster)更好地捕捉到这一道德转型;在这篇引人注目的文章中,他为审议论辩做出了贡献(in Ford 1888, 57-58):

> 美德、爱国主义,或对国家的热爱,永远不曾是,也永远不会是一个固定的、永恒的原则和对政府的支持,除非人类的本性被改变。但是在一个农业国家,对于土地的一般性占有……可能是永久的,而商业所带来的不均等,因为其波动甚

微而不会危及政府。平等的财产权以及相互转让的必然性,不断地破坏着强大家族的组合,[96]这才是共和国的核心灵魂(soul of a republic)……但是,尽管财产权(property)被认为是美国自耕农自由的基础,当然还有其他辅助的支撑,其中包括人民的知情权(information of the people)。没有任何国家,教育是如此的普遍——没有任何国家,全体人民对人的权利和政府原则有这样的认识。这种知识,加上敏锐的自由感和警惕的嫉妒感,将保护着我们的宪法……但是,自由的首要堡垒是选举权(right of election)。平等分配财产是一个共和国的基础,但是也给普选造成了巨大障碍……(注意韦伯斯特强调之处)

通过商业渠道向所有人开放的财产权,再加上对教育的强烈重视——在政治理论教育中,在人的权利和法治教育中,法律不被认为是由高居上位者赐予的,而是通过选举产生的代表制定的:这是自由的新道德,取代了传统美德的结果。

献出对自由之爱的一种表达方式,就是继续赋予勇气(courage)以崇高的地位,它在革命的战场上表现得淋漓尽致,但它也可以表现为一种自傲的精神,时刻准备在和平时期维护自己的权利。"到底是什么约束了众议院进行歧视性立法,以迎合他们自己和社会的特定阶层?"麦迪逊问道——继而回答:"最重要的原因是,美国人民总是保持着警惕性(vigilant)和英雄气概(manly spirit)"(57:353;参考 Hamilton in 28:180-181)。然而,普布利乌斯也表明,他希望并期待的广大民众对政治的强烈参与将是罕见的现象,进而他只能期待一些相当短暂和有限的目标。

麦迪逊所说的真正意义的"光荣的决心,促使每一个自由的追随者都能让我们所有的政治实验依赖于人类的自治能力"(39:240);但是他也定位了美国在所有以前的共和国中所具有的独特优势,那就是在美国体制中,对一个大国使用了代议制政府形式——从而使"在政府治理的任何层面,都完全排除了人民集体决断的能力"(63:387;注意麦迪逊的楷体)。绝大多数公民只会通过选举和担任陪审团职务的方式,偶尔地且大多间接地参与政治活动。在行使他们的选举权能时,人们会展示并使用爱泼斯坦(Epstein)的深刻构想(1984,193-197),这是政治上的"党派之争"(partisanship),而不是政治上的"野心"(ambition)。他们将一如既往地支持各种政党和"派系",它们在经济利益的竞争中占有很大的比重。简而言之,公民对财产和财产权利的关注,是他们对公民权利和政治权利清醒关注的关键。

《联邦党人文集》第37篇所坚持的"安全"(security)或"心灵的平静和信心"(repose and confidence of mind),[97]必须在反对参与共和自治的情况下才能保持平衡,这既不是芸芸众生一种消极的被动,也不是在富足情况下,一种闲暇的休息。他们所设想的是一种对投资机会的警觉和勤奋的追求,这将给这个国家的每个角落带来前所未有的经济增长、繁荣、健康和安全。

安全的目的不仅是人的安全,而且是"获得财产的能力";需要保护的财产并不是在普鲁塔克、柏拉图和亚里士多德的作品中值得庆贺的相对不变的家庭财产,而是根据我们所谓的"资本"和不断增长的"国民生产总值"来设想的财产。但是,这种资本和产量并不仅仅是在少数人手中积累起来的。

继承和税收的法律是为了确保财产的积累与它的流动性联系在一起的,或者说是为了更为广泛地扩散,同时尽可能多地在尊重个人努力和权利的范围内进行的。

关于平等获取财产的目标,尤其要参见下列出处:联邦主义者韦伯斯特在其《对联邦宪法主要原则的审查》(*Examination into the Leading Principles of the Federal Constitution*, Ford 1888, 58-59)中所言:

人民的权力与取得财产的权利会成一定比例的增加。无论什么地方确立了长子继承权,财产必定积累并留在这个家庭中。因此,英国的土地财产永远不会得到充分地分配,使政府的权力完全掌握在人民的手中。但是为了协助争取自由的斗争,商业介入了,并与制造业结合在一起,把大量的财产投入民主模式中来……的那些勤劳致富的人们,通常是最好的公民,将各自拥有他的财产和权力,因此财富和权力的平衡将在人民团体中继续存在……在一个农业国,对土地的普遍占有可能变得永久,而不平等的商业带来的波动太大,因而不会危及政府。财产平等,就必须让渡出去,不断地破坏财富和家庭的结合,这是共和国的灵魂——只要这种情况还在继续,人民就必定地同时拥有权力和自由。

亚当斯在1776年5月26日写给詹姆斯·沙利文的书信(in 1854, vol. 9, 376-377):

因此,在平等自由和公德方面保持权力平衡的唯一可行的办法是,使社会上的每一位成员都易于获得土地;将土地分割成少量多份,这样民众就有可能拥有土地。如果大众拥有不动产的平衡,那么大众就拥有有了权力的平衡。在这种情况下,大众将在所有的政府行为中照顾自己的自由、美德和利益。

麦迪逊在1792年关于党派的评论(in Kurland and Lerner 1986, vol. 1, 556):

这个伟大目标应该是与邪恶的派系作斗争:……通过剥夺少数人不必要的机会,增加财产的不均等,通过快速的特别是不具德性的财富积累。通过法律的无声运作,在不侵犯财产权利的情况下,将巨额财富减少到中等水平,并将极端贫困提高到小康水平(另见麦迪逊在1821年的信中记录的他在会议上关于选举权的演讲, in Farrand 1966, vol. 3, 450-455)。

通过公民对财产权的关注以及获得或扩大财产的希望——不

仅是在土地上,而且在各种劳动和劳动成果中获取——作为整体的人民,将会对政府充满关注;但对个人发展和勤勉同样的关注,可以防止这种政治关注力被转化为盲目的、不受制衡的直接统治的狂热。

当然,如果美国人的"英雄气概"(manliness)通过警惕的私人利益与警惕的公共利益联系在一起,那么这种血气就不能指望维持一个其公民经常被要求为公共利益而牺牲自己的国家。因此,普布利乌斯明确表示,他希望有一个强大的联盟能使战争变得越来越少;汉密尔顿在《联邦党人文集》第24－29篇和第46篇中详细讨论了兵役问题(military service),认为这种服役是一种不幸的必需品,而不是作为勇气、团结和纪律的至关重要的道德训练战场——在亚里士多德的传统中,公民军队被看作的角色,在当代美国人的眼中继续得以延续(参见 29:184－85 和 Shalhope 以及 Cress 1984)。

在一个为每个人的能力提供真正机会的政制中,建国者们所希望的活力和热情将塑造新公民的品性,这是一种符合韦伯斯特叙述的其新教育理念的事业(1790),同时在富兰克林的自传中,有意识地提供了一个生动的模板。这样一种公民的内核是雄心壮志,永不停歇的奋斗,但又能限制在节俭和节制的范围内,他们是"白手起家"之人——一个人审慎地认识到他的成长与对有用"事业"的促进之间的联系,这些"事业"使他的邻里受益,并获得他们的尊敬、爱戴和帮助(参见 Lerner 1987, chap. 2,以及 1979, 15-16, 19-20)。美国人的"英雄气概",[98]不是在战场上,而是在"冒险"的创业过程中表现得最为酣畅淋漓,这是"美国商业特征与众不同之处",并且"这在欧洲……已经激起了不安的感觉":

> 当今人民习惯于勤勉节约,专注于利益的追求和对农业和商业的改善,这与一个全民皆兵的国家状况是完全不相容

的,但这却是那些古代共和国人民的真实写照。(7:63;11:85 和 88;8:69)

在这里,《联邦党人文集》呼应了休谟(1985,263)更为直率的判断:"但正因为这些(古老美德的)原则太过大公无私、曲高和寡了,这就有必要用其他的激情来驾驭人类,用贪婪、勤奋、技艺和享受的精神来激励他们。"正如勒纳所言(1979,13),"美国商业共和主义者并没有像休谟那样轻松自在地推行这一新政"。但是,"美国主要的先驱们也没有拒绝休谟的设想"。即使是在某种程度上,以一种更高尚的社会道德观为名,反对制宪的反联邦主义者们,他们也几乎一致承诺要建立一个商业社会和一个经济增长体。在"阿古利巴"(Agrippa)(也可能是温斯洛普[James Winthrop])的第一封信中就代表了这种特别明晰的共识:

> 商业精神是公民之间的伟大纽带。这为他们的活动提供了就业机会,提供了他们之间共同的需求,维护了财产权利,产生了相互依赖,使得整个体制和谐而充满活力。因此,我们伟大的目标就应该是鼓励这种精神。(Storing 1981, 4.6.6;参考 4.6.30-33,及其引介性著作, vol. 1, 45-46 和相关引文)

商业精神中可感知的道德风险

杰斐逊是最著名的,但肯定不是唯一的联邦主义者发出过这一危险的警示,这就是后来托克维尔证实并更加精准的其对"个人主义"和"多数人的暴政"的定义:美国人身上所可能发生的是,随着他们的精力被商业所吸引,越来越多的人退缩到一个极小的私人领域并表现出一种冷漠综合症,他们只专注于物质上的舒适

第九章 行动美德的新意

和对狭隘关联的经济利益的促进,他们的平等主义精神因对毫无章法、层出不穷的"公众舆论"的内在依赖而变得畸形和渺小。① 为了阻止或减缓这种发展趋势,杰斐逊关注的似乎是培育真正的美德与一种独特经济和个人独立农业之间的紧密关联:

> [99]那些在土地上劳作的人是上帝所拣选的人,如果他一旦成为被拣选的人,就为他获得实质和真正的美德提供了滋养的特殊积淀……大量劳作者的道德败坏是一种不分年龄和民族的现象,为此提供了例证。就是这样一群人,他们不再仰望天堂,而是指望自己的土地和产业,就像百姓一样,他们为了生存,所依赖的是收入的好坏和顾客的脸色。依赖便会产生谄媚和贪腐,将美德扼杀于摇篮,为野心谋划准备合适的工具。这是生产技艺的自然进步和结果,有时也可能是由于偶然的情况而变得迟缓:但是,一般来说,其他类别的公民在任何状态下的总数与其农民数量的比例,都是其不健全部分与健全部分的比例,这也是一个足够好的晴雨表来衡量它的腐败程度……对于制造业的一般性操作,就让我们的厂房留在欧洲吧。最好是把供给和材料送到工人那里,而不是把他们带到供给和材料面前,并且按照他们的方式和原则来进行生产……这就使得一个民族的风俗和精神让共和国保持住活力。(《弗吉尼亚州笔记》第19问)

然而,在这篇文章中,人们可以察觉到一些疑问,美国到底能在多大程度上抵制被卷入世界贸易的漩涡及其影响之中。在此文的前几页,第17个问题的末尾,杰斐逊就警告说:

---

① 参见麦迪逊关于"舆论"的短文(Kurland and Lerner 1986, vol. 1, 73-74);以及 Fisher Ames 1983, vol. 1, 34-37。

从这场战争结束之时，我们就不可能再独善其身。因而，就不需要将每一个时刻都留给人民来支持。因此，他们将被遗忘，他们的权利也会被忽视。他们还会忘记自己，但在赚钱这个独有能力上，永远不会想到联合起来对他们的权利给予应有的尊重。因此，在这场战争结束时，这些镣铐将不会被解除，它将继续留在我们的身上，变得越来越重，直到我们的权利在动荡中复苏或终结。

但在第 22 个问题中，杰斐逊似乎屈服于，不，他是去拥抱自己所警告的那些力量。他宣称：

我们的兴趣将是打开商业的大门，消除所有的枷锁，给所有人提供完全自由，让他们可以自由地进入我们的港口，并在他们的港口提出同样的要求。

事实上，杰斐逊从未真正反对一个更加繁荣、增长导向型的经济，他实际上是在培育、有时候还满怀热情地支持它的发展。

"全世界都变得商业化了。如果从那时起把我们的新帝国分开是可行的，我们可能会沉溺于猜测商业是否会对人类的幸福做出贡献。但我们不能把自己和它们分开。我们的公民已经尝到了艺术和制造业提供的舒适滋味，不能禁止它们的使用。那么，在我们的国防事业中，我们必须尽可能多地分享这一现代财富和权力的来源"(参见 1784 年 3 月 15 日致乔治·华盛顿的信，in 1984, 787-788；参考 1785 年 8 月 23 日致约翰·杰伊的信和 1785 年 10 月 13 日致 G. K. 霍根多普的信，in 1944, 377-378, 384-385；还有杰斐逊的首次就职典礼，以及乔治·华盛顿 1785 年 10 月 7 日致詹姆斯·沃伦的信，in Kurland and Lerner, 1986, vol. 1, 140-142 和 161-162)。参见 Lerner 1979, 19 n.46；Agresto 1977, 492-496；Banning 1978, 204-205, 300-301, 还有那些在此讨论过的信件。阿普尔比(Joyce Appleby)对班宁和麦考伊将"古典共和主义"归咎于杰斐逊提出了相当恰当的质疑。然而，在她试图找到杰

第九章 行动美德的新意

斐逊在新兴的"资本主义"中并不适格的问题上,阿普尔比的错误在于搞错了的方向。她声称"杰斐逊已经摆脱了对同胞道德品质的担忧",这一说法有悖于上文引用的文本证据:参见 1982a, 287-309(引自页293);也可参考 1982b, 833-849, 和 1984, 93-94;参见班宇对阿普尔比的回复: 1986, 14。同样地,过度对热情的纠正标志着迪金斯(1984, 5)的断言,即杰斐逊"把幸福与财产和物质快乐联系在一起",而不是"诉诸人类更高性质的政治理想"。

此外,在第 18 个问题有关"风俗"的讨论中,杰斐逊对奴隶制的道德影响进行了最严厉的抨击,这是南方农业的一个关键部分,也是古代伟大的农业共和国的一个更为实质性的基础。杰斐逊憎恶那些粗俗的土地投机者;[100]但在其一生中,他一直在不懈地反对所有的长子继承制法律的糟粕,并且在过去的岁月里,严格限制了部分土地贵族和士绅阶层的投机、倒卖、占有欲和增长的可能性(参考 Lerner 1987,71-75;以下参见,第 17 章,11 篇)。毫无疑问,旧的封建和古典秩序的不平等制度限制了对土地的使用权;但是,在没有那些强大商业力量——它们会侵蚀和腐蚀杰斐逊如此倚重的自耕农精神——介入的情况下,能否保障获得土地,并从土地上获取繁荣的大门被打开呢?

将杰斐逊的言论与之前的所有方面进行对比,初看之下,平克尼在南卡罗来那州的审议会议中也有类似的评论,这是很有指示意义的。平克尼也称颂一个自耕农的社会,财产权通过废除长子继承制而得以均衡。但是,当他承认"某些商业"不仅是"公平和有价值的",而且"政府应该鼓励这种行为"的时候,平克尼乐意提出这样一个老套的问题,即何种程度的商业"通常是欺骗的"。他反对美国商业化,或者必须商业化的观点:

> 就我所能判断的,并假设适当情绪最终会在这个问题上

占据上风,那么在我看来,商业路线对联邦政治的影响不会很大。

因此,平克尼坚持认为,

> 对外贸易是我们必须高度警惕的敌人之一……由于我们刚从旧世界分离出来,我们应该……尽可能少的与他们有商业往来。(in Eliott 1907, vol. 4, 页 321-322;参考平克尼在制宪会议上的多少比较温和的讲话, June 25, in Farrand 1966, vol. 1, 397-404)

杰斐逊的立场更加现实,但正因如此,其立场也更加模糊。杰斐逊绝不是对外贸易的敌人,或者政府支持的国内改革的敌人(参考 Appleby 1984, 103)。他当然和麦迪逊一起(参见麦迪逊 1792 年的《共和党的公民分布问题》in Kurland and Lerner 1986, vol. I, 680-681)反对 1791 年汉密尔顿在《制造业报告》中所阐述的经济愿景。杰斐逊和麦迪逊找出了有问题的汉密尔顿论点,即随着工业化的增加和劳动分工的加强,通过建立一个多元化的经济,将创造一个多元化的社会,在那里"每个人都能找到适合自己的元素,并能将其天性的活力召唤到行动中去"(《制造业报告》,第 5 节, in Hamilton 1961-1979, vol. 10, 255)。经济可能是多样化的,但个人不会成为一部伟大机器的小小齿轮吗?

杰斐逊和麦迪逊担心腐败丛生,失去兄弟般的同心同德,以及对美国传统的稀释,因为他们看到,汉密尔顿急切地期待着大量外国移民的涌入(同上, 第 4 节, 253-254)。[101]他们对汉密尔顿支持大规模银行、浮动信贷和货币化债务的做法感到恐惧——所有这些都将使中央政府能够积聚资本,同时也塑造和引领经济增长。他们想让政府保持较小规模,并更加分权,他们认为金融家和投机者会成为坏公民。但他们也不同意汉密尔顿的经济理论。尤其是麦迪逊,对美国经济的快速增长有着非常成熟和非常不同的蓝图。

正如麦考伊(Drew McCoy)有益而清晰地揭示,麦迪逊认为一个强大的中央政府可以利用经济制裁来让英格兰和欧洲屈服,因此,开放了迄今为止封闭的西印度群岛市场,并在美国的农业和棉花产业产品与欧洲大规模制造业产品之间实现了利润丰厚的贸易平衡(一些类似的观点也出现在杰斐逊《弗吉尼亚州笔记》冗长的引用中,第 19 问;另见 Jay 1788, 73)。

一旦美国迫使世界接受一个真正自由的国际市场,它就可以从国家间的劳动分工中收割利益。美国可以变得富有和强大,但在很长一段时间里,美国仍将主要(尽管不是唯一的)依靠农业和贸易。汉密尔顿在意识到这种经济思维的同时,也理所当然地认为这是一种疯狂的想法。但必须指出的是,抛开有关美国经济制裁这种醉汉式的想法,麦迪逊的政策比汉密尔顿的政策更接近正统的是亚当·斯密(参考 Appleby 1984,88)的观点。

《国富论》(*Wealth of Nations*)认为,鉴于道德和公民,但也出于严格的经济原因——一个处于早期发展阶段的国家应该把重点放在农业和农业贸易上,而不是制造业,直到它充分发展其农业潜力,并从农业利润中积累了足够的资本,才能将自己投入到高效的大规模制造业中。此外,斯密将英国经济描述为不平衡的,这也为麦迪逊认为英国经济上的胁迫是潜在的这个信念提供了一些依据(《国富论》,第 3 章,1 节;第 4 章,7 节,部分见 3 页及 14 页以后)。汉密尔顿的回应是,实际上,他认为斯密的教导在理论上不值得受人尊敬,这个理论没有考虑到国际市场的发展程度,它没有并且也不可能将其纳入一个足够自由的市场中(《制造业报告》,in 1961-1979, vol. 10, 262-263)。此外,汉密尔顿比斯密的想法更超前,那就是如何在一个风俗和道德已经像美国人一样商业化和经济成熟的社会中筹集资金。①

杰斐逊对他所感知到的共和国"农村中坚"(the rural backbone)最终命运的担忧,虽然还不甚明了,却反映了古典共和主义的一个伟大主题,一个与美德密切相关的主题。从柏拉图的《法律篇》全篇和亚里士多德的《政治学》(特别是在4—6卷)中可以明显发现,[102]古典共和主义所赞同的,并不是如杰斐逊所偏爱的独立农民这么简单,而是在独立农民中的少数人,他们住在离城市中心很近的地方,以便定期参加城邦的政治、宗教和艺术集会。

更具体地说,经典作品中所喜爱的,是由中产阶级农民主导的公民团体,他们的政治热情受到一定的限制,因为他们不能花太多的时间离开他们的农场,但是他们又有足够的财富,而且离城市很近,可以参加民兵、集会、委员会或其他定期会议。

古人会从我们可能定义为土地乡绅(the landed gentry)的这一阶层中推荐招募共和国的领导层:那些农民乡绅,生活在城市的附近,他们一方面有足够的财富去享受和欣赏闲暇,同时也可以带来教育福利和各种乐趣的经验;但是,另一方面,他们也富有这样一种品性,他们不会轻易地导致奢侈的懒惰、投机倒把、一夜暴富和轻率的流动性。与那些来自富商或大型种植园主相比,这样生活的人们,他们的欲求更少、更稳定,也更爱国或者更具有公共精神。在最佳情形下,他们可以被引导过一种志向稳定和公共服务的生活,并受到适度的获利型经济利益的调和,通过在私人谈话、历史研究和艺术赞助中找寻乐趣的才能来加以平衡(这一经典场景的描写,也悄然指出了其中的困境,这就是色诺芬在《齐家》中对伊斯霍玛霍斯(Ischomachus)的描述)。

杰斐逊的弗吉尼亚当然不是一个城邦(poleis)之地,并且杰斐

---

① 关于汉密尔顿和麦迪逊政治经济学理论的清晰和有益的描述,参见 McDonald 1985, 134ff. 和 McCoy 1980, 81ff., 121ff., 149ff。

逊关于合法政府和健全的公共管理的概念,比古典共和主义思想中的同类要素要更具平等主义和个人主义的意味(类似的,平克尼对自耕农美国和古代城邦的类比也进行了抨击:Farrand 1966, vol. 1, 401-402)。但杰斐逊确实重视自耕农生活的价值,而不是仅仅局限于它的原始独立性;他相信或希望弗吉尼亚的农民能够在地方层面上,变得更有公民精神和政治参与活力。杰斐逊从未停止过梦想并为建立一个"分区"(ward)政府制度而奋斗,这些政府最初是为组织和管理当地学校而设立的,但最终目的是将居民吸引到更有活力的地方自治政府中去:

> 每个人都是依照他所在的分区——共和国(ward-republic)的方向,或者是一些更高方向的分享者,他觉得自己是政府事务的参与者,不仅仅是在一年中的某一天,而是在每一天;如果一个州内无人愿意成为某个委员会成员时,无论职位大小,他都会让自己的心灵从他身体中撕裂出来,这比被一个凯撒式或一个波拿巴式的人物从他手中夺去权力更快……[103] 就像卡图一样,每一次演讲都会以如下文字来结束——"消逝的迦太基"(Carthago delenda est),所以我的每一个劝告就是,"把镇县划分为小的分区"。仅仅为了一个目的而开启它们;它们很快就会对人们显示出,它们是最好的工具。(1816年2月2日致约瑟夫·卡贝尔的信,in 1944, 661-662)

但是如果迦太基已经被摧毁了,那么分区制度就从来没有建立过。同样在这封信中,杰斐逊提到的地方政府实验的悲惨结局(召集一次郡县会议,而在郡县政府中所招来的却是一群游手好闲的醉鬼们,对好人和勤劳的人们来说,通常参加集会的距离实在太远了)就表明,也许,这就是美国农村地区参与地方政治的梦想难以实现的主要原因。更重要的是,杰斐逊也在这封信中提到了地方政府是真正充满活力的地方——在更具商业气息的新英格兰城镇会议上——自私的地方主义对整个国家和国家经济政策的影响是灾难性的：作为总统，杰斐逊以一种令人遗憾的口吻说，他"在新英格兰城镇中，感受到了在其脚下颤抖的政府根基……这个弱小自私的少数人组织却足以推翻整个联邦"！

因此，杰斐逊本人就勉为其难地见证了汉密尔顿对公众精神和地方主义的自然倾向不甚热情的评价，尤其是对自耕农的地方主义。汉密尔顿在《联邦党人文集》第35篇提到，尽管他肯定希望在国家立法机构中发现农村人自己代表着农村利益，但在很大程度上，这些农村代表"是否碰巧是拥有巨额财富的人，或是中产者，或者一无所有"，情况就会完全不同；而更重要的是，联邦主义者并没有试图给农村或土地利益一个特别优待的地位。相反，普布利乌斯寻求的是在一个非常不同的民众资源中来招募新共和国的主要领导层，这个群体的品质与我们所看到的普布利乌斯在公民中寻求培养的品质大体上更为一致。新成立的国家代议制政府的主要成员将是"有学问的职业者"（主要是律师）以及商人（后者被普布利乌斯称其为"制造商"的"天然赞助人和朋友"，也就是各类工匠和非农劳动者，35:214-216）。

无论如何，在建国时期，麦迪逊似乎总是在汉密尔顿和杰斐逊中间的某个位置上徘徊。在制宪会议上，他是如何同意，"仅凭这个议题的优点，这个国家的自由持有者就将是共和自由最安全的寄托"；因此，他对这个国家不可避免地变得更加商业化和制造业化的趋势表示担忧（Farrand 1966, vol. 2, 203-204 [8月7日]）。[104]但他也反对将公职资格限制在土地所有者手中。废除长子继承制和其他对土地所有权和收购土地的限制，意味着土地可以很容易地以信贷和投机的方式进行购买。这就意味着对于"许多心满意足的"土地占有者，"他们的债务比他们拥有的资产还要多"。更糟糕的是："美国不公正的法律比其他任何国家都更有可能从这类人身上搜刮走更多的东西"。此外,"这也是政治上的利益,每一个阶级的利益和权利都应该得到适当的代表";商业和制造业的利益不可能由土地所有者公平地或充分地代表(同上,123-124 [7月26日])。同样地,梅森,这位后来的宪法反对者,他可能期望以超越杰斐逊的方式树立杰斐逊对自耕农领导的热情,他谴责道,对不动产自由保有者(freeholders)的公职限制是"古代歧视的残余":

> 难道没有其他类型的财产,而只有土地才能证明所有者的共同利益吗……难道商人,有钱的人,孩子们的父母,他们的命运也与这个国家休戚相关,就应该被视为可疑人物,而不值得获取他们同胞共同权利的信任吗?(同上,203 [8月7日])

另一方面,如果认为汉密尔顿的精神至少就像汉密尔顿本人所表现的那样,那么这就是不公平的,因为这意味着对商业共和主义的进步性或者是宪法规定的政治和经济制度的一种高枕无忧的信任(参见,例如,汉密尔顿于1188年6月21日在纽约州宪法审查会议上的演讲, in Kurland and Lerner 1986, vol. 1, 413;参考《联邦党人文集》,第6篇和第7篇)。

总的来说,主要建国者们对他们襁褓中的国家所表达的远期预言是清醒的,在某些情况下还是悲观的。最具智慧的建国者们仍然过于沉浸于古典精神之中,害怕成为各种希望或信仰的受骗者——在"历史进程"中,在"进步"中,在"人类解放"中,在"共同体"中——这些宏大的语词在随后的几代人当中,成为了迷惑和盲目的政治思维的标识。然而,人们必须同时思考,是否允许自己以彻底和不妥协的方式,来面对人们对所有政治事项的局限性预测,以及对他们自己和子孙后代——即全体人类的影响。

领导力与道德修养

当然,汉密尔顿比麦迪逊更为确信,新共和国不可能在没有爱国主义政治家的情况下相安无事,至少需要有一些具有罕见优良品质的政治家领袖们——他们拥有非凡的"坚韧"精神、远大的抱负,以及远见的实践"智慧"(55:346;57:353;64:391;65:398;68:414;参考 Lerner 1987,115-134)。[105]但是《联邦党人文集》对这些人如何被培养和塑造或者鼓励的程度都几乎只字未提(关于杰斐逊对这个古老而又令人困惑问题的反思是少见的,而且是很有问题的,参见 Mansfield 1971,38-40 和 50)。总体而言,人们的期望似乎是,这样的人会自发地出现,没有特别的教育付出、品格塑造,以及来自充满公共使命感的家族鼓励。正如我们所注意到的,在建国后的几十年里,人们对教育年轻人作为政治领袖和公民,来占据一些主要的建国者们所留下的空位的需要倍感关注,甚至是有些担心的;但正如我们所看到的,在一个如此强烈地倾向于将私人安全和自由作为所有政府目标的国家,他们是否能够成功地解决在公共服务上奉献精神的张力问题,还是值得怀疑的。

一项关于由古典共和主义传统所倡导的一些主要的道德教育措施的调查,揭示了在美国政制中有多少传统被遗弃。宪法规定了最高的立法或行政公职的最低要求——以及无任何资格要求的最高法官的职位。联邦主义者无疑会强调选举产生的代议制政府的筛选效果(参见 10:82-84,36:217,以及 57:350-352);在经过多次辩论和讨论之后,制宪会议决定,不将任何财产资格强加于候选人或获选人身上,这是基于针对市民群氓气息的危险影响的激烈争论而做出的(参见 Farrand 1966, vol. 2, 202-204, 208, 236-237, 249)。

但问题依然存在:全民普选,尽管由宪法制度所引导和限制,但是否是卓越政治的恰当选择呢?贵族的头衔、传统的奖赏和对殊勋尊重的公众表现,并不是像一些人所认为的那样仅仅是不可世袭的——而是完全禁止的。这在一定程度上,导致在一个真正的混合政制中,缺少一个与英国上议院对应的克制民主制的角色。尽管麦迪逊将美国参议院称为"政府的伟大支柱"(1784 年 10 月 24 日致杰斐逊的信),他也很清楚,"历史经验告诉我们,任何一个历史悠久的共和国都有一个元老院"(63:385),但事实上,在国家政府层面却没有真正意义的"元老院"部门或成分:这里不存在元老会,如同古典思想中的精髓,是为了确保在政府中存在具有经济和政治独立的人,他们拥有经验的智慧和老者处事不惊的精神。

参考詹姆斯·威尔逊的评估, in 1967, 314-315;以及 Wood 1972, 206-226, 237-255;Bailyn 1967, 278-301;和 Diamond 1971, 59。1811 年 2 月 5 日,莫里斯州长在致罗伯特·沃尔什的信中(Kurland 和 Lerner 1986, vol. 1, 353-354)谈到:

> 当宪法制定时,并非没有意识到的这种两难处境。如果国家继续施加影响,联邦就不能持久;如果不这样做,参议院的功效就会终止。但是,明白这种困境是一回事,而摆脱这种困境却是另一回事。在两种邪恶之间的选择中,他认为这是最不可取的……从我国的一端到另一端都普遍存在着一种派系精神,而根据这种精神,参议员和众议员都是如此被选出来的。在我看来,无论是对总统还是对众议院来说,几乎没有任何制约。它没有立场。参众两院的成员都是人,虽然出身不同,但出生的方式和血统是一样的。当然,他们的脾气也是一样的。

资料收集及编辑介绍,参见第 12 章("两院制") of Kurland and Lerner, 1986, vol. 1, 在此语境下具有启发意义。

在制宪会议上,建国者们也做出了一些引人注目的努力,尝试引入了一种对美德清晰的古典关怀元素,但却没有成功。[106]我们前面已经讨论过梅森引入立法权来制定"反奢侈法"的失败尝试。6月2日,富兰克林曾试图提议,行政部门的公务员不应该得到薪水,只能以荣誉作为回报:"在所有的公共事业中,利润越少,荣誉越大。"作为官僚机构的典范,富兰克林列举了贵格派教徒委员会(Quaker committeemen),以及英国的高级治安官的例子,一个机构"要运行得很好,通常需要由县里的一些重要的士绅来执行"。关于行政长官的职位,富兰克林优雅地指向大会主席乔治·华盛顿,他已经"在没有任何工资的情况下,连续8年"承担着三军总司令的职务:

> 我们是否应该怀疑在美国所有州内能找到三到四个这样的人,他们的公众精神足以让他们根据平等的标准,在和平时期的委员会里任职,仅仅是为了主持我们的公共事务,并监督我们的法律得到适当的执行。先生,我对我们的国家充满期待。

麦迪逊汇报说,这个演讲和提议"只是被视为对委员会创始人的极大敬重,而显然不是出于权宜之计或实用性方面的任何考虑"。①

值得注意的是,《联邦党人文集》可以说表现得十分迟缓,直到后来才去利用那些甚至提供给他们自己的公民教育的机会。因此,当普布利乌斯在第83篇讨论陪审团审判时,他才这样去做,但还没有提到国家制度的教育或启发作用(参考 Storing 1981, vol. 1, 18-19)。联邦党人倾向于消除反联邦主义者对陪审团权力和

---

① Farrand 1966, vol. 1, 81ff. 关于行政部门工资辩论的后期历史,一场对公民美德充满重要和复杂影响的辩论,参见 White 1948, chap. 23,以及 1951, chap. 27。

普遍程度削弱的恐惧;但正如麦克唐纳指出的那样(1985,290-291),宪法的影响,连同其第 7 修正条款,都将大大降低陪审团的作用。我们已经注意到汉密尔顿对民兵武装(the citizen militia)的态度,但下文是让我们更生动地展现其本色的地方:

> 迫使大批自由民和其他阶级的大批公民为了军事训练和机动演习而武装起来,并且必需尽可能进行多次演习,以便达到取得训练良好的民兵资格这种完善程度,这对人民会是一种真正的痛苦,并且是一种严重的共同麻烦和损失。这将导致每年从国家的生产劳动中扣除一笔款项,以目前的人口计算,这笔款项将不会比一百万英镑少多少。试图去做一件会使劳动和工业大量缩减到如此可观程度的事情,是不明智的……对广大民众来说,没有什么比让他们拥有适当的武装和装备更合理的了。(29:184-185)

[107]人们常说,建国者们,或者至少是其中一些人,正在寻求为道德教化提供缺少直接鼓励的国家政治和宗教生活。正如我之前提到的,尤其是杰斐逊和 1780 年的《马萨诸塞州宪法》,这一推测具有相当大的合理性:有人可能会补充说,州民兵组织预计将继续向公民灌输革命战士的激进精神(对比 46:299 和 25:166)。然而,在制宪大会上对论辩的解读让人惊讶的是,对于国家和地方政府的任何积极作用,几乎没有什么参考意义。

事实上,在主要的联邦主义者的例子中,尤其是在麦迪逊的事例中,强有力的证据表明,在美国独立而充满活力的宗教和政治生活中会产生一些可能的后果(参考 McWilliams 1980,89,91,97——尽管我认为威廉姆斯在麦迪逊的例子上走得太远了,他似乎认为麦迪逊是在故意培养个人的"孤立"和"软弱")。

在制宪会议上,麦迪逊反复并且几乎绝望地试图坚持,国家立法机构应该对任何州的立法都拥有绝对的否决权(《麦迪逊文集》10：3-6，16，41-42，64，102-103，135，154，205-206，特别是209-214——1787年10月24日致杰斐逊的信，在这封信中，麦迪逊充分表达了他的理由；参考 Barber 1984，69-70；Hume 1985，520［一个非常类似的"发源"］以及扎克特启发性的讨论［1986a，190-196］)。随后，当麦迪逊领导众议院的一场运动，即起草一份《权利法案》作为宪法修正条款的时候，他努力尝试——但是当然没有成功，就是对各州加入禁令，这些禁令类似于对第14修正条款的最终解读(Myers 1973，225-226；参考 Storing 1985，19-20)。

新政治制度中确实有一个方面，即建国一代的政治家们，至少在他们的实践中，表现出一种强烈的关注，即鼓励和奖励一种老年贵族式的绅士风度。正如怀特(Leonard White)在他的《美国行政部门的历史》(History of the American Civil Service)中所展示的那样，美国从一开始就建立了国家科层官僚这一强大传统，即使在杰斐逊式的民主党取代了最初的联邦主义者之后，仍然保持着这种传统：

> 联邦主义者的行政方式的延续是自然的，如果这是必然的，这一点几乎随处可寻……一个特别重要的情况是，在1801年之后，政府和行政系统就受到士绅们的不间断控制……在政治起伏的背后，杰斐逊十分强调的是一个坚实而不变的官僚科层结构……士绅的概念是从伊丽莎白时代的英格兰勾勒出来的。[108]它的中心主题是美德，也被理解为正义、审慎、节制、坚毅、礼貌和慷慨的含义……弗吉尼亚就是由地主士绅阶层所管理的。而其他州也是由来自富裕的、受过教育阶层的人们管理的。联邦主义者对士绅的看法强调其财富和社会地位；然而，杰斐逊却在谈论和描述这样一位天然

的(natural)绅士。大多数联邦主义者会接受亚当斯在其《美国宪法的辩护》(*Defense of the Constitutions*)中对一位士绅的描述:"士绅并不是指富人或穷人,出身高贵或出身低微的人……而是所有接受过自由教育(a liberal education)的人……然而,我们也必须记住,通常而言(generally),那些富有的并且来自公共生活家庭的后代,将会得到最好的教育……"(White 1951,547-549;参考第 24 章,尤其是 356-368,以及第 21、22、25 章)

毫不奇怪,这一古典"混合政制"的关键遗迹,几乎找不到任何宪法根据,也就随着建国一代的逝去而几乎少有留存:

> 1789 年关于任免权(the removal power)的大辩论涉及到宪法问题,也涉及到行政权力。1829 年开启的关于任免权的新辩论,主要关注的是它用来奖励政党工作者的政治和行政后果。对任职轮替的理论辩护是建立在对民主的依附之上的……在第一个任职年度的致辞中,杰克逊(Andrew Jackson)总统提出了有关任职轮替的正式和官方的辩护:"所有公职人员的职责,或者至少是承认自己的行为是如此简单明了,那就是聪明的人都可以很容易地为自己的表现而获得任职……在这样一个国家,公职仅仅是为了人民的利益而创设的,没有一个人比另一个人拥有更多的固有权利去获得官方任职。"老麦迪逊私下里谴责了这种轮职的做法(1834 年 8 月 29 日):"这个原则……让所有的行政机构黯然失色。"
>
> 1828 年选举的结果之一,就是终结了自共和国成立以来,被要求担任公职的士绅阶层所享有的准垄断权。公职人员们现在倾向于从活跃的政治家的行列中抽选出来,这是一个在一些重要方面有其自身优点的阶级,但他们却不可能提

升公共道德。(White 1954, 316-317, 320-321, 418-419; 参考第16-18章, 特别是316-324和347, 第21-22章, 特别是411-422、430-552-553。)

如果制宪者只是间接地谈论过潜在政治家的培养, 他们会更直接地谈论下一个密切相关的问题: 一个在道德和智力上的都占优势的人, 一旦其道德和智力成熟了, 如何就会被政府所吸引呢。在他们反驳反联邦主义者的观点中, [109]联邦主义者认为, 有活力的、有魄力的和大规模的政府将会吸引最有才华的人, 并帮助揭露那些无能或贪腐的人(参见 Storing 1981. vol. 1, 41-47)。这些论点是根据威尔逊和麦迪逊在制宪会议上所使用的论点推测的, 当时辩论的问题是, 立法机构的成员是否应该被禁止在指定的行政办公室任职。梅森、拉特利奇、格里和其他人, 附和了《卡图书信》中所表达的老辉格党观点, 并预示了反联邦主义的立场, 谴责这个想法是通过行政贿赂来腐蚀立法机构——就像在英国的沃波尔议会制度的方式(Farrand 1966, vol. 1, 386-387 [6月23日])。从这个视角来看, 政治野心和通过这种野心来表达自己的美德, 都是不可信的。"我也不希望,"梅森说, "把一个美德之人置于诱惑的道路上"。政治上的贵族精神必须被抑制; 代表应该与人民保持密切的联系, 并依赖于人民; 政府不仅应该进行分权制衡, 还应该尽可能地保留住那些主要涉及个人追求和兴趣生活人们的嗜好, 如同他们的同胞一样。就像梅森在反对总统再次当选的讨论中所说的那样,

> 他认为这是一个重要的观点, 作为公民自由的守护神, 国家公职人员特别是行政领导, 应该在固定任期后回到他们在民众中最初所占有的位置, 以便让他们能够感觉到和尊重这些权益, 这对他们个人来说也是很有价值的。(同

第九章　行动美德的新意

上，vol. 2, 119-120 [7月26日]；参考《费尔法克独立公司年度选举评论》，1775, in Kurland and Lerner 1986, vol. 1, 667-668)

与此相反，威尔逊"对以贪腐之名义进行污名化的不当行为进行了批判，能够留在政府的光荣职位上，这是值得称赞的雄心壮志；一种最有可能在人生早期和最不腐败的时期所感受到的抱负，这恰恰是所有明智和自由政府认可的合理政策，这本应该去珍惜，而不是去刁难"（同上，vol. 1, 387 [6月23日]；另见威尔逊在8月14日和9月3日的评论 [同上，vol. 2, 288 和 491]；以及平克尼9月3日的评论 [同上，vol. 2, 489-490]）。然而，麦迪逊却明确表示，他心目中的雄心壮志是一种急流勇退（a kind of substitute for）的决心，而不是一种美德或爱国主义的表达：

> 难道你能永远都能依靠公职人员的爱国心吗？如果这是唯一的诱因，你会发现在你的立法机构中会充斥着极大的冷漠……如果我们期望能发出人性的光辉，那我们就必须抵制住诱惑……立法机构必须是通向公众荣耀的道路。（同上，vol. 1, 392 [6月23日；这是耶茨而非麦迪逊的观点]）

因此，麦迪逊假借普布利乌斯的名义，警告不要指望"开明的政治家"的存在，就一点也不奇怪了（10:80）：新政制的天才之处在于，它设计了一种制度机制，[110]来疏导、平衡和利用巨大又狭隘的自私野心，以避免对高尚冲动的持续依赖。事实上，普布利乌斯对政治家在没有外部的监督和约束之下，是否可以被信赖去致力于美德或共同利益，是有相当大的疑问的。尽管如此，在这方面，普布利乌斯并没有那么极端，也没有像许多或大多数反联邦主义者那样，以古典传统的方式的彻底打破传统。在针对反联邦主

义者的警告时,麦迪逊说:

> 由于人类有一定程度的堕落,就需要一定程度的审慎和怀疑,所以人类本性中还有其他的品质,这就证明了一定程度的自尊和信心。共和主义政府预先假定这些品质的存在比任何其他形式都要高。如果这些图景是由我们当中的一些忠实可信之人的政治嫉妒所吸引的,那么他们的推断就会是,在人类中就没有足够的美德来实现自治。(55:346 [参考 Storing 1981, vol. 1, chap. 6; 以及 on Jefferson, Stourzh 1970, 96-97])①

毫无疑问,这并不是一个狂热者对美德的赞美。普布利乌斯承认,"有些人既不能承受痛苦,也不能为职责而自我牺牲";但是他马上补充说"这种严苛的美德只能在稀有的土壤中生长"(73:441)。斯托尔兹(Gerald Stourzh)在其《亚历山大·汉密尔顿与共和主义政府理念》(*Alexander Hamilton and the Idea of Republican Government*)一书中,曾令人信服地论证道,汉密尔顿比他的其他杰出的同事们,看上去更喜欢和希望在具有政治野心的人身上寻求"伟大抱负";而汉密尔顿在第72篇中提供的是,在人类心中道德美德的位置上,普布利乌斯心灵深处的想法才最能体现出来。在此处,汉密尔顿以马基雅维利的口吻说道,将用"对名誉的热爱"作为"那些最高尚心灵的统治激情"。

---

① 麦迪逊在这里回应了典型的反联邦主义者对拟议宪法的"贵族"倾向的批评,因为反联邦主义者对政治家风范的不信任,这似乎是在跟随《卡图书信集》的脚步,参见 Storing 1981, vol. 1, II, 51-52, 57,以及这些章节中提供给的其他的参考资料。对比伍德在1972年的演讲,第12、13章。在这种背景下,伯恩斯(1980)探讨了代表的性质,这是联邦主义者与反联邦主义论辩中关键问题的分歧(尽管在我看来,伯恩斯在接受反联邦主义观点方面有点过头)。

第九章 行动美德的新意

就像在他之前的休谟和马基雅维利一样,汉密尔顿敢于公开地宣称古典理论家和诗人只会谨小慎微地去怀疑。最高尚的人,那些可能最了解道德美德之美的人,不是被这些美德的爱所统治,而是被它们可能带来的奖赏的爱所统治。

对比第俄提玛在柏拉图《会饮》对苏格拉底的演讲:"我相信他们都是为了不朽的美德,也是为了这样的声誉,也就是为了好的名声——而且它们越好,情况就越好;因为它们拥有对不朽的爱" (208d7-e1)。参见 Adair (1974, 4-22, 特别是 n. 7),这是关于培根在影响杰斐逊关于自然和名声地位的"现代"概念方面有说服力的论证。但阿代尔未能认识到,马基雅维利的影响是多么深刻地改变了汉密尔顿的"古典"(或者更恰当的是"新古典")的概念。Stourzh 1970, 101 and 174ff.,这对阿代尔进行了有益的补充,它针对汉密尔顿的"人性的尊严或卑微"一文的影响进行了辩论。

毫无疑问,正如联邦主义者所设想的那样,一个健全的政制将会对其领导人的崇高道德品质更少的信任,而更多的是建立一个制度体系,让领导人相互之间自私的激情彼此对立起来:

> 每部政治宪法的目的就是,或者说应该是,首先为统治者获得具有最高智慧来辨别和最高道德来追求社会公益的人;其次,当他们继续受到公众委托时,[111]采取最有效的预防办法来使他们廉洁奉公。(57:350)
>
> 野心必须用野心来对抗。人的利益必然是与当地的法定权利相联系。用这种种方法来控制政府的弊病,可能是对人性的一种耻辱。但是政府本身若不是对人性的最大耻辱,又是什么呢?……
>
> 用相反和敌对的关心来补足较好动机的缺陷,这个政策可以从人类公私事务的整个制度中探究。我们看到这一政策特别表现在一切下属权力的分配中,那里的一成不变的目的

是按这样的方式来划分和安排某些公职的,以便彼此有所牵制——使各人的私人利益可以成为公众权利的保护者。(51:322;参考 Hume 1985, 14-16, 25, 31, 42-43, 45)

第十章 "合法政府"的新基础

[112]这些前述的反思引导我们对建国者们关于自治(self-government)的新概念进行一个简短的主题思考,它与古典的传统观念形成了鲜明对比。在古典传统中,自治渴望成为一种实践的载体,是一种促进道德美德的手段。由此可见,最明晰的统治者头衔是属于那些展现出最有德性或最有潜力的美德或者最关注美德的人;共和国的最理想状态往往是远离民主制,而趋向贵族制。真正的贵族们不应该在顺从民众的意义上来为民众服务的,而是应该引导他们走向一种更具美德的生活方式。

在大多数实际情况下,人们很有可能审慎地建议"贤德之人"来设计一种可以与他人分享权力的政制,并通过不断获得被统治者的同意来认可他们的权威(即"混合政体")。允许多数人发出举足轻重的意见,也可能是民众道德教育的重要工具。要求统治者获得被统治者的同意,是对抗暴政的强大堡垒,在某些情况下,可以为那些最适于统治或接受统治训练的人做出更明智的选择。

此外,古典传统也很清楚,在辨别真正的德性方面存在着巨大的实际困难,因而也就同意,那些声称或被认为是"士绅"的人只能被信任获得像士绅一样行事的资格。但是,他们却更不情愿相信应当把那些忙碌操劳的、又没有受过教育的人,当作是民族志向的最终守护者。因此,他们拒绝承认,民众的合意是合法政治权威的唯一的,甚至是最重要的来源。

在美国殖民地早期政府的基础上,人们发现了这种前现代宪政主义的强大回音。与人们通常的假定或断言的相反(参见,例如:哈兹 1955, 48-49, 61;Arendt 1965, 167, 173,308 [部分引人入胜的权威论著出自于梅里尔·詹森和本杰明·F.莱特]),鉴于基本的宪法理论,17 世纪的宪章或公约与革命和建国时期的基础性文件之间,存在着一种明显的中断(参考 Appleby 1984, 7-8)。

伟大的 17 世纪的文本,操着一口真正的前现代的道德语言。例如,《五月花号公约》并没有提出这样的建议:这是一个独立和平等的人们之间的社会契约,该契约通过他们自己合意建立主权和代议制政府来保护他们自己的自由和财产。[113]相反的,该契约都是由男性签署的,他们将自己的身份描述为"您忠实的臣民",即"我们敬畏的至高无上的主人,詹姆斯国王"。他们宣称,其指导理念是双重的:一是"上帝的荣耀",即"基督教信仰的进步";二是"我们国王和国家的荣耀"(MacDonald 1929, 19)。圣坛,宝座,国家与荣耀:这些都是早期的、非常虔敬的美国人的口号——然而,他们还代表着当时最独立的一批灵魂。

这些文件一次又一次地揭示,公民和社会生活中最重要的,有时还是唯一之目的,那就是:君主和贵族的荣耀——他们未经选举,无须代表,也不对任何"人民"负责——以及基督教宗派与不宽容分支的发展,在今天看来,这被认为是狂热的原教旨主义的冰山一角。1621 年的《弗吉尼亚法令》命令殖民地的统治者:

> 使他们的关心和努力……首先,也主要是为了提升上帝的荣耀和服务,以及让神的国度在异教徒中传播开来;接下来,在这个殖民地的建立中,人们要服从陛下的命令,以及从陛下的指令中获得的一切合法的权力;最后,保持可以称为正

义的人们和基督徒他们之间的交流联系,并获得能够抵抗敌人的力量和能力。(MacDonald 1929, 21)

当纽黑文的基本条款被创设的时候(1639 年 6 月),所有人都被要求同意的第一个问题是:

> 圣经是否为全人类的方向和政府,在所有的职责中,包括他们要对上帝和人类负责的家庭和教区的行政管理以及教会事务中,提供了一个完美规则呢?

随后,所有人都被要求同意"教会成员只能是自由市民(free burgesses),只应当在他们中间选择地方治安官和其他官员,来行使所有的公共事务的权力……除去争议,解决分歧……以及依照自然本意去做任何的事情或生意"的规定(同上,40ff.)。1643 年的新英格兰联邦是以这样的宣言开启的:"我们都与上帝同在,并带着同样的目的和使命(ayme)来到美洲(America)此地,也就是,为了推进我主耶稣基督的王国,在纯洁与和平中,享有福音的自由。"(同上, 46)

1649 年的《马里兰宗教宽容法案》对亵渎神明和违反安息日的行为进行惩罚,同时任何人只要被他人冠以是一名"清教徒、独立宗、长老派、教皇派、耶稣会、耶稣会化的天主教徒、路德宗、加尔文教徒、重浸派、布朗派、巴罗派、分裂宗",那么,(在那个年代,就能以前所未有的优雅)授予对其他所有人的宽容[114]("除了之前宣布的")并"承认他们都是相信耶稣基督的"(同上,54-55)。

即使在 1643 年的普罗维登斯种植园的专属权规定中,也有如下表述:"完全的权力和权威"赋予了居民以"进行自我统治……通过这种形式的平民政府,如所有人的自愿同意,或大部分人的同意,他们将找到最合适的方式……通过自由的合意",一项限制性规定还是被加入"永久保留"条款中,并给予沃里克伯爵(the earl of Warwick)拥有"权力和权威来处理一般的行政事务……因为它与美国其他种植园还有着关联"(同上,44-45)。

这些都是第一批美国公民社会的宪法基础,构建这些社会的人们相信,并且恰当地确信,他们正在从旧世界的压迫和狂热中将自己解放出来。这曾是道德的世界(This was the moral world),或者说在霍布斯、斯宾诺莎和洛克的理念将其根基粉碎之前,它是道德世界中可以想象的最自由的那一个。在这个世界中,对于大多数人而言,更多的是关于义务的讨论,对于少数人来说,却是王室或贵族与教士的特权;少有人在讨论自然权利,几乎没有任何关于人的权利或作为人类权利的任何参考。

在大多数情况下,合意只是对自然或神的至上存在的预定规则的同意。自由是指"在宗教事务上的完全自由",也就是说,"真正的虔诚是正确地基于福音的原则"或者"自由,是在真正的基督教的信仰和对上帝的崇拜中……对我们的先祖和我们自己都是忠诚的……并对抗基督教信仰的所有敌人"(《罗德岛宪章》,1663,in MacDonald 1929,68-69)。

与此相反,《联邦党人文集》的作者们却断言"人民是唯一合法的权力源泉"(49:313;参考 22:146)。更重要的是,"共和主义自由的精髓"要求的是"严格意义的"共和主义政府——"这个政府直接或间接地从人民的伟大团体中获得所有权力,并由在有限任期内或在良好行为期间担任其公职的人来进行管理"(37:227;39:240-241)。在宾夕法尼亚州制宪批准辩论的主旨演讲中(1787 年 11 月 24 日,in 1930,181),威尔逊强调:

> 这个已被提议作为美利坚合众国的政府,就其性质和种类而言,直到最后一次会议,它的原则也是完全民主的……在这部宪法中,所有的权力都来自于人民(THE PEOPLE)。

因为,对于威尔逊和《联邦党人文集》来说,政治家或公民的美德不再是政治秩序的存在理由,这种美德不再赋予其拥有者和渴求者一个首要的或无可争辩的统治名分(在这个基本问题上,威尔逊与普鲁塔克和亚里士多德,以及格老秀斯和塔西佗进行了明确的讨论,1930,228-235)。

[115]具有杰出的道德和政治品质的人,只有通过赢得大众的青睐才能获得权威——通过展示其在促进公众自由和繁荣方面的功效,他们才能完成这一项壮举(特别参见 Wilson 1930, 262-264)。如果在古典意义上的美德,必须被修改或加以妥协才能完成这项任务,那就大胆地这么做吧。而一旦掌权,即使是那些品德高尚的执政者,也应该作为"公仆"或"代表"来治理这个国家——而不是作为普通民众的"上级"或"统治者"。《联邦党人文集》中的这种基本的和彻底的平等主义,是从"革命的基本原则"中清晰地衍生出来的(39:240;参考 Wilson 1930, 179-181, 199)——例如,杰斐逊的《独立宣言》和《弗吉尼亚权利宣言》。

诚然,这种平等原则在政治进程的任何阶段都不可能转化为严格意义的平等。《联邦党人文集》本身在这个问题上还尚不清楚,但看起来似乎是(参考麦迪逊1790年2月4日致杰斐逊的信,in Meyers 1973,233),在一个"人民"的概念被假设的一致合意创建之后,或者在每个居民都表示同意之后,通过赞同或拒绝移民的权利,对政府形式和政府代表的选择不再属于所有人,而是属于"人民的伟大团体"。似乎所有人都明白,他们已经同意了对选举权的限制,这似乎是为了帮助确保每个"居民"的合理代表权。

在建国时期,许多人——包括智力障碍者,罪犯,外来居民,未缴纳税款的、未登记的或未满足其他居住、财产和教育要求的公民,儿童及其家属(包括妇女)——一般来说,都可以被恰当地剥夺此项权利(至于女性选举权的情况,可参,1930年詹姆斯·威尔逊试图直面这个问题,这让他感到很不适,208-214;参考 Lerner

1987,64)。没有一个建国者曾经面对过,也因此揭露过,他们在代议制概念上所面临的困难和矛盾——他们尝试在同一时刻中,既否认但又要保留古典共和主义中自然正当的原则,即有些人统治着其他人,而有些人则被其他人统治着——1776 年 5 月 26 日,在亚当斯写给沙利文(James Sullivan)的信中,就完整或清晰地表达了这一观点(1854,vol.9,375-378):

> 从理论上讲,政府的唯一道德基础是人民的合意,这是肯定的。但是在多大程度上我们应该遵循这个原则呢?我们是否应该说,社区的每一个人,无论老少,无论男女,无论贫富,都必须明确地同意每一项立法呢?不,你会说,这是不可能的。那么这又如何……产生多数人统治的权利,以及少数服从多数的义务呢?[116]你会说,这是迫于无奈,因为没有其他规则了。但是为什么要偏偏排除女性呢?你会说,因为她们的多愁善感(delicacy)使她们不适合伟大事业生活中的实践和经验,同样不适合战争事业的艰苦卓绝,以及国家事务的劳心付出。除此之外,她们的精力如此多地集中在孩子们的必要培养上,自然使她们更适合于照顾家庭。同样的,儿童是没有自己的判断和意志的。的确如此。但是这些理由就不会适用于其他人的身上吗?对于一般人而言,在每个社会中,那些完全没有财产的人,他们对公共事务知之甚少,进而无法形成正确的判断,同时也太依赖于他人来实现自己的意志,这难道不是一个道理吗?……你认为那些影响所有人的生活和个人自由的,或者说能造成身体惩罚的法律,既会影响那些无投票资格的人,也会影响那些有投票资格的人,这才是公平。在这一点上,她们女人也和男人一样,孩童也和成人一样。那么还有什么理由去排除一个 20 岁 11 个月零 27 天的人的投票权呢?……同样的道理也会让你承认,所有的没有财产之人

第十章 "合法政府"的新基础

与那些有产者一样拥有投票权,根据那些影响所有人的法律的视角来看,也将证明你应该承认妇女和儿童的权利;因为,一般来说,女人和孩子与那些完全贫困的人一样,都具有良好的判断和独立的心灵……依赖于此,我的先生,开启一个如此富有争论的源泉是相当危险的……这将引来新的诉求:妇女们将要求投票;从12岁到21岁的小伙子们会认为,他们还没有足够的权利……

因此,制宪会议还是不要自找麻烦为好。建国者们对这个问题的态度是把它当作一个需要谨慎处理的事务,而不是严格意义的权利,并把这个问题的决定权留给了其他几个州。至于黑人在大多数南方州的地位(就像柯蒂斯法官[Justice Curtis]在斯科特[Dred Scott]案的判决中指出的那样[MacDonald 1929, 416],在新罕布什尔州、马萨诸塞州、纽约州、新泽西州和北卡罗来那州,黑人们都在投票),《联邦党人文集》的作者们忍不住对他们的被迫妥协表示了一些反感,而这些妥协是为了确保获得白人占多数的南方州的同意。"应当承认的是,"普布利乌斯严正声明,"如果法律要恢复被剥夺的权利,就不能再拒绝给予黑人一份与其他居民相同的选举权。"(54:337)①

---

① 关于建国者们与奴隶制之间饱受折磨的对抗,以及黑人在未来共和国的地位,参见库尔兰和勒纳1986年的文本,第1卷,第15章,勒纳关于"杰斐逊黑人政策的核心"的演讲(1987,66-69),以及斯托林的最终讨论,1986。

第十一章　自由与人性

《联邦党人文集》对自然标准的诉求

[117]从这一章开始,我们就可以对《联邦党人文集》中贯穿始终的自由(liberty)概念的范围和模糊性进行全面观察了。对于普布利乌斯所使用的"自由"一词,它经常被用来作为终极政治之善的一个包罗万象的术语。的确,正如我们所看到的,自由是激发普布利乌斯情感的主题,它最清晰地体现在古典之中。然而,即使是在我一开始所引用的最高尚的段落中,自由也包含了比贵族参与政府更多的含义。

自由是双重的:它既包括了政治权利,也包括了"私人"权利,也就是"公共"自由和"个人"自由。自由的私人或个人方面不仅包括人身、财产、言论和宗教信仰的保障,还包括保留在私人领域的自由,以及拒绝共和主义的大部分义务和责任的权利。因此,"自由"这个振聋发聩的词语,是要在良善政府两个截然不同的组成部分之间弥合鸿沟,或者消减张力。正如我们所看到的(上文45-46页),《联邦党人文集》的作者们在一个重要的场合(37:226-227)将这种紧张关系直截了当地摆在读者面前:但大多数情况下,他们仍然停留在对权利和自由的诉求上,而没有具体说明他们是否主要考虑的是自由的政治方面,还是私人方面。

第十一章 自由与人性

因而,他们避免反复地激发这个问题,即在宪法中,在保护私人财产与促进积极的、公益的公民资格和领导能力之间的平衡是在什么地方被打破的。这并不是说他们隐藏了问题或答案:他们明确表示,这个新国家的大多数居民只会非常间接地或者偶尔地参与管理美国的事务。绝大多数的人只会在私人领域追求幸福;但他们也不会因为被降格为私人身份而感到失去尊严(参见莫里斯州长更为直白的声明,尽管出自他未正式出版的作品:Kurland and Lerner 1986, vol. 1, 587-589)。

诚然,普布利乌斯不愿让共和政府仅仅成为获取安全或物质福利的一种工具,但是同样,他讲起话来就终究好像期待共和党政府不像保护生命、私人财产和个人独立那样迫切和根深蒂固。这些证据中最有说服力的是,普布利乌斯罕见地提到了[118]终极第一原则:自然和自然之神。[①]"究竟为什么要组织政府呢?"汉密尔顿提出这个问题,然后回答道:"因为如果没有约束,人的情感就不会听从理智和正义的指挥"(15:110)。自治不是为了自己的利益而创建的,而是为了"约束"(constrain)激情的自然倾向。"联邦要达到的主要目的,"《联邦党人文集》申明说,"是这些——共同防务……维持公共安全……管理贸易……监管我们的同外国的政治交往和商业往来"(23:153)。麦迪逊在著名的《联邦党人文集》第10篇中就提出了这个机制的普遍原则,他将其定义为"政府的首要目的"就是为了保护"人们获取财产的各种不同才能"(10:78)。

普布利乌斯随后扩大了我们对政府基础的视野,他认为政府

---

① 莱特(1949)和斯坎伦(1959)都没有充分地评论或讨论对自然之神、自然权利和自然状态的明确引用。至于麦迪逊和汉密尔顿对自然之神、自然状态以及其他方面的社会契约、著作和言论的信仰,参见 Landi 1976, 74-75, Flaumenhauft 1976, 149-151, and Dietze 1960, 112-113,141-142,以及麦迪逊关于大陆会议上肯塔基人的请愿书的评论,August 27, 1782, discussed in Berns 1976, 16-18。

建立的依据是"社会契约",其"首要原则"是"个人安全和私人权利"(44:282)。虽然"政府对财产的保护不少于对个人的保护"可能是真的(54:339;参考亚当斯对《宪法》的辩护,in Kurland and Lerner 1986, vol.1,591;以及古弗尼尔·莫里斯,in Farrand 1966, vol.1, 533),更准确的说法是,财产本身并不是目的:"自然与自然之神的超然法则",普布利乌斯将它与(但却不能认定为)"自我保存的伟大原则"相关联,并宣称"社会的安全和幸福是所有政治机构的目标,以及所有这些机构都必须为这些目标做出牺牲"(43:279;参考40:253 关于普布利乌斯的终极理由的"超然"特征,以及 14:104 关于"神圣"特征)。

在最后这段重要的评论中,可能出现的模棱两可的情况(Diamond 1971, 62):普布利乌斯所说的"幸福"是什么含义,他说这是政治的终极目标(不仅仅是每个人的),一个与安全不同的目标?(参照《论法的精神》,第26章,23节)幸福是否意味着或需要共和主义的自由,"在共和主义层面上的安全?"(70:424, 77:464;参考 70:430)从某种程度上说的确如此,似乎只有共和形式的政府才能严格遵循"自然和自然之神的超然法则"。但是这位普布利乌斯从来没这样说过。他似乎更确信,共和政府是由"天才的美国人民"所决定的,甚至是由"革命的基本原则"所决定的,而不是由自然或自然法所决定的。

我们的作者们在谈到自然之神、自然法和社会契约时所想到的,当他们确认"正义是政府的目的"之时,变得有些清晰起来。普布利乌斯指出:正义必须根据"自然状态的概念来理解,在这种状态下,较弱的个体无法抵御较强者的暴力"(51:324-25);[119]这种"无政府状态"(anarchy)是人的自然倾向,先于"公民社会"而存在,尽管它可能不会先于所有的社会,但却揭示了文明建立的指导和治理,或法律和秩序的基本规范——这些"原初的自卫权利对所有积极的政府形式都是至关重要的"(28:180)。

更通俗地说,对"自然状态"的反思似乎揭示了联邦主义者所称的从自然法的推导而来的"自然权利";当人们进入社会契约时,"人民就必须要摒弃""一些"这样的权利,但是"另外一些"这样的权利,似乎仍然是不可剥夺的,这就构成了《联邦党人文集》中道德思想的支柱。

现在,如果社会契约和自然法被理解为从自然权利中衍生出来,并服务于自然权利,那么这些自然权利在前公民社会的自然状态中是最显而易见的,这似乎会遵循这样的原则,对自由的保护是政府最初的和最深层的目的,而这种自由在本质上是个人或私人的,更不用说是自私自利的。

那么,什么才能给个人自由带来尊严呢?什么地方才能保有政治自由的状态,或者"在共和意义上的安全"呢?自然和自然之神的命令的根据何在呢——也就是说,在非人为的且不仅仅是想象或虚构的人类需求中——将共和主义作为某种远胜于一种手段的方式加以崇敬:更准确地讲,共和主义政府的崇高(noble)在何种意义上可以根据自然和自然之神而获得,而不是单单凭借对惯例的信仰或盎格鲁式的美洲传统?

杰斐逊对"道德感"的召唤

如果我们从《联邦党人文集》转入阅读那些建国者们最为强调的一种天然的、内在的"道德感"的相关著作的话,同样的问题也会浮出水面。杰斐逊在其关于道德的终极基础问题最广为流传的声明中(1814 年 6 月 13 日致劳的信, in 1944, 636-640;参考 1787 年 8 月 10 日致卡尔的信, 同上, 430-31, 以及 1816 年 10 月 14 日致约翰·亚当斯的信, in Cappon 1959, vol. 2, 492),通过拒绝尝试以圣经中对上帝的爱或古典政治哲学家的"崇高之美"(the to kalon)的方式来探求道德根基为开篇。前一种路径无法解释

"无神论者的道德从何而来"。至于后者,人类确实有"一种天生的、我们称之为美妙的感觉",但是这种感觉远不是道德的,而是源于"一种不同的能力,一种品味,甚至还不是道德的一个分支"。

在杰斐逊看来,"私利(self-interest),或者说自爱(self-love),或利己主义(egoism)更有可能成为道德基础的替代品"。尽管事实如此,道德正确地表达了我们与他人的关系("对我们自己而言,用严谨语言表达就是,我们不应该承担任何责任"),同时自爱还是"美德的唯一对手"。[120]因为,正如爱尔维修(Helvetius)所展示的"最具独创性的",也是令杰斐逊满意的"利己主义",从更广泛的意义上说可以说包括我们在伸出援手时所经历的特定的"快乐"(pleasure),甚至似乎(seem to)也包括当我们为他人牺牲的时候。

正如沃格林所强调的(1975, 36ff),爱尔维修的道德理论,可以理解为只是洛克思想的延伸。"爱尔维修始终看重自己的自傲"(Voegelin 1975, 36,特别参考 De L'Homme 的开篇,题目是, *L'analogie de mes opinions avec celles de Locke*, and the *Conclusion Generale*)。因此,认为杰斐逊从他对爱尔维修的解读中得以构思他的道德观念学说的推论就是错误的,这必然与洛克的理论对立,甚至处于紧张状态。显而易见,我不同意罗宾斯对《法律书信》(1976, 134-36)的著名讨论。罗宾斯认为,杰斐逊在这里只是遵循了凯姆斯勋爵的自然宗教原则,这在沙夫茨伯里的道德理论和爱尔维修的道德理论之间占了一席之地。我并不否认"杰斐逊年轻时,学习过爱尔维修斯和沙夫茨伯里的东西,也读过《自然宗教的原则》"(Robbins 1976, 135)。但问题是杰斐逊会从这项研究中得出什么样的结论,并在著名的《法律书信》中公正地表达出来。虽然杰斐逊在信中没有提到沙夫茨伯里,但他却明确顺从于爱尔维修,并且脱离爱尔维修,只是为了补充或完善他所采用的爱尔维修斯根本上正确的方法。更重要的是,杰斐逊强调和明确拒绝将"崇高之美"(the to kalon)作为道德基础。由此,他果断地打破了沙夫茨伯里及其以道德和艺术理念为基础的古典传统。

第十一章 自由与人性

对爱尔维修的教益,杰斐逊感同身受地给予支持,但也提出了一个重要的修正方案:

> 这的确是有道理。但这比达致终极问题的答案少了一步。这些善良举动给我们带来快乐,但它们是如何发生的并给予我们快乐的呢?这是因为大自然在我们的心中植入了对他人的爱,所以我们对他人有了一种责任感。(杰斐逊继续宣称他将这种"道德本能"视为"镶嵌在人类性格中最耀眼的宝石,如果失去它,那么就比最丑陋的身体畸形更有辱人格了"。人们就会猜测,在杰斐逊的心目中和在他的理论假设中,美貌和道德是否有如此明显的区别呢。)

不幸的是,正如杰斐逊曾经承认的那样,并不是所有的人都天生具有道德感,而那些具有道德感的人往往拥有不同程度的"不完美"(imperfection)的能力。因此,除非"受到教育、受到通过对理性和算计的诉求,……对一个人的热爱或仇恨或拒绝,法律所规定的奖励和惩罚,以及对未来最终报应的预期"的强烈支持,否则就不能依赖道德感。道德可能不是根植于对上帝的爱之中,但是,正如我们已经观察到的,杰斐逊确信,道德却不能放弃对上帝的恐惧。杰斐逊在这一语境下并没有解释,即使是在那些拥有一种完美无缺的道德感的人身上,这种恐惧感本身是否足够强大来推翻更纯粹的自私或爆发性的激情;他强调,这些激情让我们"不断地倾向于在违背我们对他人的道德责任之下获得自我满足"。把这个问题抛诸脑后吧,杰斐逊继续着手解决一个更棘手或更令人困惑的问题。

杰斐逊必须承认,道德感并没有具体说明哪些行为是善的,或者从道德感的角度来说,哪些是恶的,或者是痛苦的;通过完美健康的道德感,"同样的行为在一个国家被认为是善良的,而在另一个国家却是邪恶的"。事实证明,道德感在很大程度上,如果不是完全依赖于它在外部事物本身的特定标准和特定内容,那么只有通过理性或算计才能发现:"自然对人类来说是有效用(utility)的,它是美德的标准和考验。"

但是这个效用是什么,又用于什么呢?人类的理性,是否反映了人类本性的最深层的需要或快乐,它在自然中发现了一种支配性的需求或快乐,使人走向为公共服务和公共精神的生活?还是说,道德感最终被理解成了为确保每个人的安全、私人或家庭的安宁而服务的呢?如果是那样的话,理性是否会发现通过对道德和所有其他"情感"的驾驭而成为真正的目标呢?

杰斐逊更倾向于主张将人类从他坚持认为是由教士、贵族和其他道德骗子所强加的错误(false)目标中解放出来,[121]而不是由他来阐明生活的真正目标——从生命的罪恶中解放出来。他肯定很享受领导人们去展开更全面解放的经历,并试图在那些"天然贵族"中教育和鼓励像他这样的人去追随公共事业。但在写给他最亲密的朋友和年轻追随者的私人信件中,他也坚决否认致力为公是构成合理生活的基石。在给青年门罗(James Monroe)的信中,他写道:

> 如果说我们在某种程度上是由他人塑造的,那么在更大的程度上,我们也是由我们自己塑造的。如果一个人的权利比他的邻居更少,或者真的把他们放在一起进行比较,那就违背了他的自身感受,甚至是荒谬的。这将是奴隶制,而不是(弗吉尼亚)《权利法案》中不可侵犯的自由,以及我们的政府承担的保护公民的责任……我认为……公共服务和私人痛苦是不可分离地联系在一起的。(1782年5月20日, in 1944, 364-365)

第十一章 自由与人性

在一封写给麦迪逊的著名书信中,杰斐逊宣布了他退出政治的诚意(1793年6月9日,in 1944, 522-525),他提到了早年间更看重的积极生活——这不是出于道德上的考虑,而是因为"也许对世界的尊重比我眼中的一切都更有价值"。

> 但是年龄,经验和反思只能保留在它应有的价值中,而更高的价值只能设定在宁静的生活中。(亦参1794年4月25日致亚当斯的信,以及1795年2月6日致D'Ivernois F的信,同上,527-528,530;以及Lerner 1987, 69)

在他生命的最后时刻,在另一封私密的通信中,更为充分地揭示了杰斐逊的思想。1819年10月31日,在写给肖特(William Short)的信中(同上. 693-97),杰斐逊宣称:

> 我是一个非常伊壁鸠鲁式的人。我认为真正的伊壁鸠鲁(不是一种被认为)的教义,它包含了希腊和罗马留给我们的道德哲学的所有理性。

杰斐逊以"伊壁鸠鲁的教义大纲"(Syllabus of the doctrines of Epicurus)结束了这封信,如下所述:

> 所谓道德(Moral)—幸福(Happiness)才是人生的目标。美德是幸福的基础。效用是美德的试金石。积极快乐与气定神闲(In-do-lent[译注:相当于ataraxia])。气定神闲就是指一种没有痛苦的、真正的幸福。积极的,包括令人愉快的行动;这不是幸福,而是产生幸福的手段……summum bonum[至善]就是既不要在身体里痛苦,也不要在心里烦恼。也就是说,身体平和,精神宁静。

威尔逊：道德感作为自然法的核心

对威尔逊来说,与杰斐逊形成鲜明对比的是,道德感与实用性和宜人性的观点截然不同,[122]尽管如此,"它也旨在于规范和控制我们所有的其他权力"。这种"良知"让我们"感受美德的美好和卓越";它向我们揭示,"美德和邪恶才是目的,是他们自己的憎恨或渴望"。道德感或良知是两种"我们自身的神圣看护机制"之一——另一个就是理性。良知和理性一同为我们提供了基本的道德规则,它们可以被恰当地称为"自然法"(1930,224,255-256,270-275,278,285-291)。然而,尽管他一再呼吁"明智的胡克"(the judicious Hooker)(同上,222,239,254,290),包括托马斯或廊下派传统的其他的代言人,威尔逊自然法的概念与古代和中世纪的理性主义者的概念有本质上的不同。

因为威尔逊坚持要把道德感和理性区分开来;当如此区分的时候,道德感就会比理性更"优越"。威尔逊承认道德感需要理性的帮助——"为了说明,证明,扩展,应用我们向自己提议的道德感"。理性甚至"有助于发现和纠正道德感的错误"。然而,这些错误将会被发现主要是由于理性本身,或者是错误的推理而扭曲了道德感:

> 那些不正直的,挥霍无度的,言行不一的……人们总是赞成这样一种观点:是对或是错,不过只是一种观点而已……这就是我们的理由,它给我们的道德感提供了虚假的表象。
>
> 在很多情况下,如果我们把自己的逻辑推理放在一边,并且更专注于观察真正的自然冲动,这对我们来说也是很好的。

理性"只能对事物关系或事实问题做出判断",但是人类行为

第十一章 自由与人性

的终极目的或对象,都不包含在两者之中。这些终极目标或第一原则是"不证自明的"(self-evident)——它们是"情感"(sentiment),"感觉",而不是理性。如果,假使可能(per impossibile),"美德规则就会留给推理来加以发现……不快乐(unhappy)将是人类绝大部分的境遇,他们没有能力在任何程度上培养推理能力"。另外,"理性,即使在经验中,也常常被激情所压倒"。只有当道德能够被证明是根植于激情的,或者"自然的直接证据"先于理性或比理性更深刻,道德才能被认为是真正的人类本性(同上 270-271, 276-279, 281-285)。

当威尔逊指定了美德的精确范围和本质的时候,其思想的政治含义(也许这里还有对他称之为"雄辩的卢梭"式哲学家的一些致敬[同上,186])变得更加明显。威尔逊向妇女们发表演讲时,他教导说:

> 公共政府和公共法律……不是为他们自己制定的:他们是为了追求更好的东西而制定的;还有更好的事情是,你们塑造了那一更好的部分——我所指的就是这个社会——这一特定的内部社会(domestick society)。

"在事物的公正秩序中,"威尔逊继续说道,

> [123]政府就是社会的脚手架:如果社会能够在没有政府的情况下,就能构建和保持自身完整性,那么,在不会造成太大不便或令人遗憾的情况下,这个脚手架才可能会被推倒。
> 政府确实是非常必要的;但对于一个堕落之邦而言,它更是非常必要的。如果人类继续无辜遭遇不幸,生活在一个没有政府帮助的社会中,即使在天堂的荫蔽下,也会丧失其亲和的感召力。(同上,209-210;参考 234)

"我们的需求,我们的才能,我们的情感,我们的激情,都告诉我们,我们是为社会状态而生的。"但是,这种"社会状态"还远不是一种必要的公民社会或"自我约束"的状态。"人类的自然状态"是一种没有"公民政府"和没有"公民自由"的社会状态;这是一种"自然自由"的状态,在这种状态下,"任何一个人都可能不受他人控制",以及"其他的人也不可能受他的控制"。

人类当然不是由于上帝或自然的刻意而成为一种政治动物,所以"人的本性是追求自己的利益,而不是为了公共利益",这就不足为奇了。我们开始理解,为什么威尔逊强调,关于正义的美德,道德感特别需要澄清或得到理性的帮助:威尔逊心照不宣地否认公民正义是人类的天性。在堕落之后,良心或道德感的自然限制主要是针对一个人所处的"内部社会"形成的,使得"干涉社会成员之间的纠纷和敌意"超出了家庭的"容量"和"管控"范围。"因此,在社会中普遍引入了某种或其他类型的政府"(同上,159,277-278,313,325-326,328,尤其是172)。

威尔逊相信他关于政府基础的理论(尽管不一定是他的"道德感"理论)是美国人普遍信奉的政治理论:"上述原则和结论通常被认为,对单一政府的性质和基础,以及服从于它们的义务而言,是公正和合理的"(同上,172)。新的美国宪法也许将建立历史上第一个政府,它将建立在这些明确的自然权利的真正原则的基础上,而在此之前"拥有伟大心灵和极具洞察力的洛克似乎是唯一指明了这个伟大真理理论的人"。"在这个政府里,自由将会得胜";更确切地说,得胜的是"公民自由",它被定义为"自然自由本身,其中仅被剥夺的那部分自由,将放置于政府之中,这与如果将其保留着个体身上相比,它会给共同体带来更多的好处和幸福"(1930,174-175,272-285;另见 1967,238-239,241-242,284,587,598,特别是608;还有 Eliott 1907,卷2,456)。

第十二章　未竟的难题

[124]让我尽量简明扼要地阐述这个基本困境或难题,其轮廓已经变得越来越明晰了。这场革命,以及在宪法争论中所涉及的道德和智识挑战,包括汉密尔顿、麦迪逊、杰斐逊和威尔逊在内的,这些都有着令人尊敬或崇敬经历的人——对于一个已经觉醒的、充满活力的公民阶层,对于像他们这样的领导人,尤其是像华盛顿这样的领导人,都是为了在共和政治生活中的获得高尚的满足。

这段经历让他们与普鲁塔克所描绘的英雄理想之间有了一种亲切感,这种理想仍然可以在陷入传统困境的现实生活中得以实现。但尽管如此,主要的建国者们仍然处在现代政治哲学的指导之下。这种哲学,在其多种多样的竞争形式中以如下方式联合在一起,即通过对一种混合政制、贵族志向、宗教虔诚,以及一种高尚的或虔诚的哲学生活形象的教育,展现出前现代在试图解释和调和公民美德上的可疑性,甚至是危险性。

有人认为,以这样或那样方式展开的这类尝试,在某种程度上是对人类安全、物质繁荣、多样的个人品味和享受的自然追求的压制。然而,《联邦党人文集》的作者们却不能放弃他们对共和自治的崇高信念。他们的理论构建或主要来源的理论构建是否可以为这种信念提供一个一致性的基础呢？或者美国政制只能在被一个关键的、尚无答案的问题所撕裂的视角中成长起来呢？美国传统的丰富性是否部分地缘于它的存在,这个关涉其重要根基的悬而未决的问题？

在我们将建国者们的研究引入到对公民服务或美德的高尚性这一根本问题讨论时,它使我们返回到了苏格拉底政治哲学中最深刻的问题和主题之一。正如我们所看到的,苏格拉底也发现自己不得不质疑,所谓公民道德和道德美德的终极性、自足性或稳固性。但是对于古典而言,这个问题是在一个更高的,更坚实的人类卓越形式下进行的,这些积极的美德可以被理解为人类卓越的预示,或者甚至可以被认为是对其大有裨益的。而在建国者们那里,自然所赋予的这层保护罩,或者是古典理性主义所理解的理性本质,已经被抛弃了,并冠以一种新的理性主义的名称。为了更好地理解对理性的崭新解释的全部意义,[125]从而掌握人类作为理性动物的新观念,我们就必须超越制宪者:我们必须设法与他们最伟大的哲学导师们达成一致。

休谟有关政治经济学清醒合理的判断,显然影响了《联邦党人文集》中的许多篇章,同时"著名的先知"孟德斯鸠也比其他任何哲学家更常被提及;然而,当普布利乌斯提出终极问题时,他所使用的概念、范畴和术语却都是约翰·洛克的。

的确,麦迪逊和汉密尔顿都不愿意提及终极问题,不像他们在反联邦主义者中的诸多反对者所做的那样;在这种勉强之下,他们和其他联邦主义者所展现的这一精神与休谟的观点更为接近,而不是洛克的。这一点在关于接受一项权利法案的辩论中尤为明显(Storing 1985)。

但当普布利乌斯觉得时机已经成熟时,他确实登上了那个理论的讲坛。他在那个讲坛上宣称,这不是"道德感"或"同情",也不是对美德规则的尊重,而是对自然权利的尊重。汉密尔顿和麦迪逊认为,这些自然权利属于个人,根植于自然状态之中,并作为一种表达人民主权的社会契约的基础。这种多数主义(majoritarianism),这种契约,这些权利,被理解成了为暴力革命的可能性提供合法性基础;正是这种激进的推动力,或者说政治理论趋势,像休谟和布莱克斯通(Blackstone)这样的思想家们,就被抨击为是不明智和令人不安的。

在所有这些方面,普布利乌斯与杰斐逊和威尔逊都步调一致,他们甚至在不太重要的方面缓和或削弱了洛克主义,他们坚持认为,政治正义的基本原理,只有在对自然状态概念,以及在这一概念中所发现的个人权利和人民主权的概念不断重复的过程中,才能正确地构想出来。

在其生命的尽头所撰写的一封充满反思的信中(1944,722-726),杰斐逊强烈抨击了休谟的影响力巨著《英国史》(*History of England*),因为其背后充斥着政治理论的错误原则,杰斐逊所提出的原则可以追溯到"作为一名苏格兰人"的休谟的智识环境,或者将其作为一名今天称之为"苏格兰启蒙运动"的成员。休谟的这个"原则",可以说是"托利党"(Tories)的"主唱"(Coryphaeus),直接而明确地反驳了"构成国家的人民的真正形式和政治原则,并建立在人的权利之上的……道德权利……即国家的自然权利"。

在威尔逊著名的、开启首个美国大学法律课程的演讲中,这是一场极其自发的演讲,它的听众包括华盛顿、亚当斯、杰斐逊和其他耀眼的建国者们,其间威尔逊庄严地宣称,布莱克斯通的《英国法释义》(*Commentaries*)不能再作为美国法律培训的基础了。

布莱克斯通"值得我们钦佩,但他不应该再被人们暗自追随了",尤其是在公法方面;[126]因为他"不能被认为是共和主义的热心朋友"(参考杰斐逊于1826年2月17日写给麦迪逊的信,in 1944,726)。就此而言,他的任何一位伟大前任都无法做到这一点:

这一最后的警世之言不应局限于布莱克斯通爵士一人：它应该延伸到所有的政治作家——我必须坦诚吗？这几乎没有例外。然后这又似乎是一句语气甚重的话：但是，如果这是恰当的，就必须讲出来……政治真相的基础在不久之前已经奠定了。

威尔逊提出的这一严厉的，如果说还算礼貌指控的文本证据，是布莱克斯通的一段话，他向权威人士的呼吁，明确反对"洛克先生"。其中争论的原则是"人民保有的固有权利，这是一个改变立法的最高权力"。如果这个原则在完全理解它所包含的所有含义后而被采纳，它"必将"（威尔逊在这里引用了惊恐的布莱克斯通的原话）迫使人类在一个全新基础上重新建构"。但这正是洛克式的原则，以及它所包含的内容——正如威尔逊自豪地宣称的那样，"洛克先生"的"这一革命原则"，对他和他的听众来说，是美国全新的和彻底的共和人性理论的支柱（1930，196–197，199–200）。

然而再次声明，我们不能也不必假设所有的建国者们都很好地理解了洛克，或者与他们所理解的内容是完全一致的，他们的思想可以完全解释为洛克观念的衍生品。有人认为洛克对18世纪的影响，尤其在美国的影响是巨大的，这样的主张并不合理；但是对于那些卷入这场精神革命的人们，他的激励作用是如此之多——哪怕是那些革命的先锋们——可能并不总是能把握他帮助拟定的这一全新理论潮流的全部意义或动力。

有人可能会恰当地认为，在洛克之后的几代人中，所有杂陈观点和教派众生都越来越倾向于使用洛克的思想来解释他们的观点；这意味着，他们被诱导通常只是半自觉地，在彻底修改的洛克版本中传播他们最为传统的观点。到18世纪晚期，关于政治第一原则和政治与宗教之间关系的大部分洛克式共识是如此强势，以

第十二章 未竟的难题

至于只有少数能言善辩的美国人,仍然感觉有必要在圣经和古典思想的残留遗产中找寻深层疑虑的解决之道(参考 Berns 1976, chap. 1)。其中一部分的信心是因为他们相信所谓的"现代"原则,另一部分则是因为他们遵循了一个由洛克本人设定的修辞线索,聪明的美国人找到了协调一致,达成妥协的方案,使他们能够将古典的和圣经的遗产,作为现代自然权利理论的明显前兆或称心盟友。

杰斐逊自身精神品性所塑造的其笔下的《独立宣言》就展现了这一杰出的[127]但并不是非典型的例证(1825 年 5 月 8 日致辛利·李的信, in 1944, 719;参考麦克威廉斯的讨论 1977, 203-204)。这一深刻差距分离了公民之间的和谐,甚至是像杰斐逊一样,精明的政治家之间的和谐,以及像洛克这样的哲学家所采用的表面类似的、协调性修辞表达是这样的:前者不愿意,也可能没有办法,去探究他们正在搭桥连通的鸿沟深度。如果我们想要充分地把握那些对塑造现代社会卓有贡献的道德和政治观念的入口,并让它们继续塑造我们的生活,我们就必须努力去探索那些鸿沟。

现在似乎看来,最具理论意识的制宪者,至少在以下这一决定性方面是追随洛克的。他们试图在一个自然的、竞争的自我确信(self-assertion)中找到人类安全和尊严的最可靠的基础:在一种受到适当规范的个人主义中,不是出于对传统和习俗的尊重,也不是通过"情感"和良知,而是通过法律(law)使用理性(reason)来支配激情和情感,并间接地表达——但却是彻底的——人民主权的原则。"只有公众的理性应该控制和管理政府,而激情却应该由政府控制和调节"(49:317;将《联邦党人文集》第 49 篇作为整体以及休谟的"原始契约"和"被动服从"进行对比)。

在政治理论和宪法制定中,这一重大转折的全部(full)含义和假设是什么(制宪者可能完全理解,或也可能没有完全理解其中的含义)?一个充满活力和自信的人理性地"追求幸福"(洛克的名言),是否可以为这样的人和政治的崇高理念提供一个令人信服的基础?或者,建国者们所采用的论证逻辑并使其成为新共和国的理论基石,是否迫使他们在最后不情愿地或无意地将人类从他们想象中的崇高地位降至卑微水准?这些都是紧迫的问题,促使我们重新去研究洛克对《联邦党人文集》中最基本假设的完整阐述和辩护。

第三篇
洛克的人性观

第十三章 《政府论》的交际线

《政府论》下篇的问题开端

[131]约翰·洛克的思想当然不是起源于"自然状态"这个术语或概念。这个词似乎来自于晚期经院哲学,是对人类堕落(the Fall)之前状态的描述(这是一种无罪状态,而不是有罪状态和恩典或救赎的状态)。按照这种方式理解,"自然状态"就不能为政治社会提供多少实际相关的指导;事实上,在传统意义上,这个概念在政治理论中从未有过任何意义。①这个概念在霍布斯的影响下,突然"一飞冲天"变得非常重要,他从根本上改变了这一术语的含义,使之成为一套前所未有的自然权利、社会契约和主权原则的学说核心。但是洛克的改良,是为了创造出可以被所有具有得体观念的伟大人物可接受的东西——这些不仅仅是可以接受的,而且还具有压倒性的吸引力。

《政府论》下篇是洛克最著名、最具影响力的政治著作,为了

---

① Troeltsch 1976, 153 n.74; F. Suarez, *On Laws and God the Lawgiver* II viii 8-9; James Tyrrell, *Patriarcha Non Monarcha*, 同引自 Cox 1960, 206. 参考 Winstanley 1941, 493。在反联邦主义者阿格里帕(詹姆斯·温斯洛普)那里,有对一种原始的神学功用的呼应,参见 Storing 1981, 4.6. 68。

理解他的自然状态学说的原理和含义，我们自然会首先求助于这部作品。然而，当我们这样做的时候，我们很可能会经历最初的失望和困惑。洛克似乎并没有被要求去证明"自然状态"的假设是正确的——而是从不证自明的命题和常识的经验中得出了它的合理性。相反，洛克所展现的好像他可以在下篇一开始就认为，人类的自然条件就是一个人的"无可争议的自由"和"完全平等，在那里没有任何一个人自然地比另一个人更具优越性，或凌驾于他人之上"（TT II 4, 6, 7）。

下文中引用的洛克著作将会是参考文献中引用的版本，其作品标题缩写如下：

CU = *Of the Conduct of the Understanding* (1971; cited by section number, with page references for longer sections).

ECHU = *An Essay Concerning Human Understanding* (1979; cited by book, chapter, and section number).

LCT = *A Letter Concerning Toleration* (1963).

NL = 未出版的洛克关于自然法的无题争论，引用了有争议的问题和开本页码（我补充了冯莱登1958年的拉丁文文本的不恰当版本，以及他经常不准确的翻译，发表在误导性的标题为"自然法的论文"上，[这些作品不是"论文"，而是有争议的问题——培根和蒙田在发明了一种非常现代的文学形式时，他们称之为"论文"，这是一种学术文学形式]，主要通过施特劳斯对"洛克自然法学说"（in 1959, 197-220）的批判性文献评论，还有霍维茨编辑的尚未出版的译本，而后者已经很好地向我展示了这一版本）。

RC = *The Reasonableness of Christianity, as Delivered in the Scriptures*（所参考的将是在1958年版中编号的段落，除非该版本省略了引用的段落，在这种情况下，1824版本的页码将被引用）。

SCCLI = *Some Considerations of the Consequences of the Lowering of Interest, and Raising of the Value of Money* (1696).

St. Paul =《保罗书信注疏》（in *The Works of John Locke*, 1823, vol. 8; cited by page number, in the case of the Essay, and by Epistle name, section, and page number in the case of the Paraphrases and Notes).

STCE = *Some Thoughts Concerning Education* (in The EducationalWritings, 1968; cited by section number).

SVRC = *A Second Vindication of the Reasonableness of Christianity*, etc. (1824).

TT = *Two Treatises of Government* (1965; cited by book (i.e., treatise) andsection number; see Tarcov 1984, 229-230 and 253-254, for the correction of a majorerror in Laslett's editing of the crucial chapter 5 of the *Second Treatise* as well asmajor errors in his editing of the *First Treatise*).

YRC = *A Vindication of the Reasonableness of Christianity, as Delivered inthe Scriptures, from Mr. Edwards's Reflections* (1824).

Works = *The Works of John Locke* (1823).

在所有的引语中,斜体字是洛克自己的,除非另有说明(有关洛克使用他的斜体字的重要性,参见 Laslett 对《政府论两篇》的导言,页 21-22)。

当我们深入阅读时,我们就会对这种奇怪的自然状态的跳跃感到牵强,当洛克解释这一状态所涉及的问题时,我们开始意识到这种困惑。一方面,他似乎呈现的一个人的自然状态形象是一个和平的,善良意志,和理性的人,因此与战争状态或者霍布斯的自然状态有着明显的区别(II 19);另一方面,他似乎从一开始就承认自然状态是"不能忍受的",因为其"巨大的不便"(Great Inconveniencies),不,它其实包含的是"邪恶"(Evils)(II 13)。

这些邪恶,洛克进行了详细精准的解释,"必要的服从"(necessarily follow)这一特征,一开始可能会认为,先发制人在自然状态下是邪恶的:[132]这是自然法的强制条款,它"支配"着这一状态(II 6-13)。从本性上说,每一个人都有至高无上的执法权来审判任何和所有的人,并对任何"在他看来"认为是有罪的人进行惩罚,包括死刑——不管他们是否亲自伤害了他(II 7-9, 87, 128)。

从下篇开启的洛克观点,带有明显的任意性,令人困惑的模糊性或表面上的矛盾性,这都很难被解释清楚,就像许多学者傲慢地宣称的那样,①由此看来,洛克纯粹是那个时代的幼童,他不假思索地将一种自然状态的自负,从他周围矛盾的意见氛围中抽离出来。洛克确实允许,甚至鼓励随和的读者将他的教导融入到普芬道夫这样的以及后霍布斯时代其他折衷主义自然法学家的思想中;但他也表达了自己的敏锐意识,他的教导"对某些人来说,似乎是一种非常奇怪的教条"。

此后不久,他郑重地宣布了他与"某些人"的协议:这就是洛克自己眼中的那一种"奇怪的教条"(II 9, 13)。但在洛克自己看来,他对自然状态之特殊版本的教导并不是一件顺理成章的事情。当然,在承认对任何"这样的自然状态"的激烈反对意见之前,他都不会走得太远:

> 这通常被认为是一种强烈的反对,是否存在这种状态(Where are),或者如果存在,是否有人经历过这样的一种自然状态(Men insuch a State of Nature)?(II 14)

作为回应,他提供了一个公认的临时答案,然后在接下来的章节中,就对权威加以了求助。通过引用"明智的胡克"——这位最伟大的国教政治理论家与亚里士多德和圣经集大成者阿奎那在英国国教的直接继承人的说教,洛克声称,他的自然状态学说来源于基督教和古典政治哲学中,最具权威的和最具爱国心的阐释者。换句话说,在引发人们对他具有新奇特征的教义有所关注之后,洛克立即高声地强调了其熟悉而传统的起源。

这种对胡克的召唤,一直被证明是非常成功的,在大多数读者眼中,他是一位虔诚而相对保守的英国绅士。然而,细心的或善于

---

① 其中最近的例子,参见 Dunn 1969, 103 n.3 和 149;Tully 1980,第 3-5 章。

提问的读者们,一旦他们从权威的弹幕中恢复过来,并从战壕中探出头来,就必定要问在胡克文本的什么地方,以至于人们发现了对类似于洛克所描述的自然状态的认可。

当然,洛克在这里没有引证任何这样的段落,也没有在冗长的篇幅中引用他先前的一些章节(II 5)。当人们提到整个《教会政体法》时,人们会发现胡克从来没有提到过,更不用说拥抱自然状态的这个概念了——恰恰相反,在洛克特定段落的引言中,我们看到的是———一旦你读到它们的实际内容(并将它们恢复到原来的语境中)——那么,[133]胡克依然是跟随着他的老师托马斯和亚里士多德的,并坚持认为人的自然条件是一种居住在或"自然驱使下去寻求"的"政治社会"(Politick Societies)之中。胡克教导说,人类生存(自亚当堕落以来)在政治社会之外,或者在此之前,生存在一个非自然的状态(anunnatural state)。

特别参见 *Laws of Ecclesiastical Polity* I x 12。尽管胡克允许私人的自卫权利,但他明确否认任何私人个体拥有自然法的执行力:"人们总是知道……没有人有理由相信他会决定自己的权利,然后根据他自己的决定,继续进行辩护"(阿什洛夫对这一段的处理相当粗糙,in 1969, 266)。在《政府论》下篇第 12 章,洛克声称圣经教导该隐受自然法或理性的支配,因此,在谋杀了亚伯之后,他知道自己会被他遇到的任何人处死;事实上,圣经的教导恰恰相反。在上帝的直接干预和启示之前,该隐没有任何恐惧;即使在那时,该隐的第一反应还是那个不确定的、冷酷的问题:"我是我兄弟的守护者吗?"更普遍的是,圣经教导了胡克所说的:任何个人都没有权利处死他的同胞,除非上帝给予了这个权利。"主说,伸冤在我,我必报应"(Romans 12:19;亦参 Genesis 4:14-15 和 9:5-6)。胡克确实抛开了亚里士多德,因为他追溯了对政府的需求,事实上,自然法则的整个特性,就像人类现在所知道的那样,已经堕落了。如果人类没有堕落,他存在的"自然"就会大不相同:*Laws of Ecclesiastical Polity* I x 4 (洛克在下篇第 72 章以一种断章取义的方式引用了这段话)。我现在将研究洛克的自然状态与他的堕落学说之间的关系。参见 Strauss 1953, 165-166, 207, 215, 218, 221-222, 223; Cox 1960, 45-63; Polin 1960, 105-106；和 Zuckert 1978, 59-62。

洛克对胡克诉求的惊人不一致，通常不会在第一次阅读时产生。在我们继续阅读的过程中，我们将会发现，对此最好的解释是尼地奇（Nidditch）在关于《人类理解论》（编者按，xviii）开篇前几页中指出的一种"讽刺性的掩盖"（ironic masking）：洛克将自己描述为一个不具原创性的追随者，而仅仅是一个"底层劳工"，以便提供一件谦逊又体面的外袍，这实际上是一种对接受道德教义的不妥协地、破除偶像的立场。通过将自己装扮成一名胡克的信徒，他让基督徒和绅士读者们更容易接受他的新原则和新范畴，而不会感到他们的道德基础地动山摇；与此同时，他又激发起一些不那么容易满足的读者好奇心，并引导他们去质疑。

《政府论》上篇的重要性

但这让我们仍然对洛克关于人性的基本假设一无所知。当我们继续阅读以寻找答案时，我们很快（II 22）就会回想起来，我们现在正试图找到方向的工作其实是一个连续的作品；因此，它已经预先假定，在忠实的那部分读者中，对《政府论》上篇是有一定的了解。在整个作品的前言中，洛克将其命名为《政府二论》，我们就被告知这两本论著构成了这个单一论述的"开端和结尾"。这个简单但重要的事实，在下篇的第 1 章中得到了强调（或者是洛克在他的目录中所称的"第二卷"，I 100），在第 2 章和第 3 章中被允许撤回了；它在第 4 章又重新出现，之后在读者中以越来越大的力量给他们留下深刻的印象（参见 II 25, 38-39, 52-53, 61, 以及拉斯莱特对这些部分的注释）。

可以肯定的是，上篇被认为仅仅是一种初步的原因清理，洛克驳斥了君权神授中最著名的代表学说。然而，我们不得不注意的是,对菲尔麦的反驳在下篇中仍在继续,并且以一种迫使我们的眼光不断返回上篇的方式进行。如果我们最终遵循洛克的观点,并真正开始研究上篇,我们很快就会发现一些关于其论证的长度和细节中令人非常困惑的东西。洛克立即明确表示,他并不认为菲尔麦是一个严肃的甚至是特别有趣的理论对手;当我们进一步阅读时,[134]对菲尔麦的驳斥表面上是如此呈现的——一开始有点好玩,但后来越来越乏味——就像一只狼伪装成了一只泰迪熊。

毫无疑问,洛克真诚地希望为他所称的"推翻"君权神授的事业做出贡献(参考 Ashcraft 1986, 243-245 和 598)。但是他是否认为菲尔麦当时的影响仍然十分巨大,以便证明对他所认为的菲尔麦的"胡言乱语"进行如此非同寻常的剖析是合理的——尤其是当洛克在序言中宣称,"国王,和国家制度,从那以后就彻底地混淆了他的假设"?难道洛克的朋友泰瑞尔(Tyrrell)(他的作品被提及,at I 124),还有很多其他的人,不是也出版了所有需要的东西吗,等等?①

由于预料到这种反对,洛克在序言中说,他在这里所提供的只是他完整的"论证"的一小部分;这一部分就是直接针对菲尔麦的圣经解读的反驳。当他继续解释的时候,如果不是菲尔麦所宣扬的教义继续被神职人员所维护,他也不会费心去写反驳菲尔麦的论证;菲尔麦的作品中最重要的部分是维持菲尔麦体系和"布道坛"(the Pulpit)之间无懈可击的联盟,这部分是由"圣经证据"组成的(此外,洛克还附带了一段话,这是一种圣经证据,而菲尔麦

---

① 参考 Fox-Bourne 1876, vol. 2, 167-69。锡德尼《政府诸论》当然是致力于对菲尔麦的详尽驳斥;泰瑞尔的作品,《先祖的非君主国》于 1680 年出版;关于洛克和泰瑞尔之间的密切沟通,参见拉斯莱特的《〈政府论〉导读》,页 73ff. Ashcraft(1986, 186ff., 特别是 187 n.16),其中避免了舍切特(1975)和戴利(1979)的极端,在1680 年代,对菲尔麦的重要性有了一个合理的认识。

"假装它完全成立")。

洛克在至少两个重要的方面,利用了或者说对菲尔麦是不公平的行为:他认为菲尔麦的观点比菲尔麦的文本更极端或更不合格;他忽略了菲尔麦的大量讨论,这些讨论都是关于亚里士多德和亚里士多德传统的论证。洛克强调,菲尔麦写过"亚里士多德的观察",同样也包括对霍布斯观察的观点,他的作品包含了对亚里士多德和亚里士多德政治哲学传统的广泛讨论(TT I 154);但是,与塔利所假设的相反(1980, 64-68),洛克说,几乎没有一个词是针对亚里士多德传统的辩护以及像苏亚雷茨和胡克这样的现代回应者(参考 Tarcov 1984, 11-12, 61-62)。尽管如此,在最重要的方面,洛克对菲尔麦还是公平的;因为他把注意力集中在对圣经的解读上,洛克关注的是:什么是菲尔麦的决定性的问题。参考 Zuckert 1979, 65-69,这就更详细地展示了洛克如何重塑,以及利用或歪曲菲尔麦的真实论点的。

因此,(洛克选择)从抨击"命运"(Fate)的角度阐明,这是一种迫使他几乎完全专注于圣经解读的视角,并详细地讨论了圣经中关于人类原始状态的描述。

不言而喻,我们这位虔诚或审慎的哲学家,对圣经所说的任何事都没有提出任何怀疑:洛克并不是在质疑圣经,而是在捍卫圣经——反对菲尔麦"和他的追随者们"强加的错误解释。但是这些"追随者"包括许多英国国教的神职人员,他们浸淫在圣经中,被许多人所拥戴,这并不是毫无道理的,他们成为最受尊敬的注释者;很自然地,人们可能会期待洛克的辩护在公认的神学权威中保持谨慎。

但事实并非如此。洛克不能满足于对圣经的严格意义的字面解读,他并没有指望于此,他实际上打破了公认的正统诠释学(参见拉斯莱特导读,第 82、107 页,以及他对上篇 64 节所做评述;还需另见 Dunn 1969, 72-76;参考 Gough 1950, 193ff.)。特别是,在上篇中并没有提到胡克将其作为理解圣经的指南——尽管菲尔麦已经提出了他的解释明确地反对胡克(Filmer 1949, 55)。①洛克坚持认为,圣经必须以一种使其符合理性的方式来阅读,但他所设想的理性并不是胡克和托马斯所认可的理性,而这正是仍然保持着"侍女"地位而等待人类加以揭示的理性。对洛克来说,理性是人类在"神圣习俗"和"宗教"的推动下脱离"骄奢淫逸"和"愚蠢之事"困扰的"唯一的明星和指针"(I 58)。

[135]这意味着任何一个人都能清楚地看到洛克的详细评论和圣经中的具体引文——包括他所引用经文的上下文,以及他对它们的编辑和安排。然后,人们发现洛克并没有把重点放在对文本的保护上,以对抗菲尔麦的曲解。菲尔麦越来越像洛克的挡箭牌:洛克是在追求国王的神圣权利,但他也在追逐一场更大的游戏。在对菲尔麦或多或少受人尊敬的抨击幕后,洛克剖析了圣经——揭示他所认为的正统教义的荒谬和不人道,同时也展示了一种全新的、"合乎理性"的阅读方式(例如,修辞性试探[rhetorical exploitation]),为一种新的、合理的自然神(nature's God)的理念服务。一句话,《政府论》上篇是洛克的"神学—政治学专著"。

但与胆大包天的斯宾诺莎形成鲜明对比的是,在洛克的观点中,斯宾诺莎是要被逐出教会的,"接受公正的谴责"②就是他的代名词,洛克对圣经的权威进行了更为间接的攻击,包括他所使用的

---

① 关于菲尔麦与他的对手和他的前任们的最好的讨论,参见 Tarcov 1984, chap. 1, 同时可参见(页58-61;参考 Zuckert 1979, 59-62)这是整个《政府论》上篇的一个清晰的轮廓。

② 摘自洛克《对伍斯特主教的第二次答复》(*Second Reply to the Bishop of Worcester*, in Works, vol. 4, 477),洛克声称,在回应主教的指控时,洛克的学说在关键方面,与霍布斯和斯宾诺莎几乎完全相同,他在"霍布斯或斯宾诺莎"的作品中并没有得到很好的解读。现在大家都知道,洛克在他的个人图书馆里拥有两位作者的主要作品的副本(参见拉斯莱特为《政府论两篇》所写导言的附录二)。正如拉斯莱特(Intro.to TT,页86)和辛顿(1968,62)所说,这很难不被认为,洛克是在犹豫不决。

解释学原理以及他的陈述修辞技巧。当然,斯宾诺莎在其 1670 年伟大的《神学政治论》(*Theologico-political Treatise*)一书中开启了所谓的"更高级批判"(他实际上是开启了对所有现代历史文本的批评;参见 Lloyd-Jones 1982,62 页注释 255)。

他把圣经,或者《旧约》,看作是由不同的前哲学的或者是前科学的作者们所撰写的非常零散的合集,他们被赋予了不同程度的智力,而且他们生活在不同的环境中。他驳斥了迈蒙尼德的观点,认为圣经正确解读方式,是把它视为包含了一套统一的、理性严谨的深奥教义。他坚持认为圣经的解读应当是字面意义上的、或非寓言式的解读;当照此方法阅读,他曾宣称,这就揭露了圣经本身在最重要的方面不过是想象力的产物,根本不受理性的约束;同时,他拒绝了迈蒙尼德的尝试,试图去协调想象,或者至少是预言性的想象,使其前后一致,并形成一种高级的或可靠的认知状态。

这种对圣经激进的和史无前例的解读方法,显然不是被虔诚的对经文的崇敬所激发的。然而,在早期的作品中(洛克显然拥有这一版本——参见拉斯莱特《政府论》修订版附录 B,"《政府论》中洛克的参阅资源"),斯宾诺莎暂时地、(正如编辑柯利指出的)"具有讽刺意味地"同意了如下观点,这是一种非同寻常的圣经研究方法:

> 我们只是在那些我们能以自然理性掌握的东西之后才去探究。只要我们清楚地证明这些东西,我们就能知道,神圣经文也必须教导同样的道理。[136]因为真理与真理并不矛盾,圣经也不能教导人们常识中的无稽之谈。因为如果我们在其中发现任何与自然之光相反的东西,我们就可以用我们在反驳《可兰经》和《犹太法典》时所使用的相同自由来反驳它。但是,让我们暂时不要去想,有人可以在圣典中发现任何

东西都与自然之光相抵触。(笛卡尔的《哲学原理》,附录 2,8 章末, in 1985, vol. 1, 331)

无论这篇文章是否激发了洛克的思想,它都概括了其在《政府论两篇》和《人类理解论》中解释圣经的主旨精神。通过这种方式的推进,他所能讲述的圣经总是在受到最高尊重的前提下,悄然且明白地演示着,为了使其符合理性的自然之光,圣经就必须被变形拉伸到多么荒谬可笑的程度,或者说,圣经中的文本对任何这样的解读都显得多么的顽固不化。

然而,洛克并不是像斯宾诺莎那样教条的理性主义者,就此而言,也不是霍布斯的理论。正如我们所看到的,洛克并没有从教条的前提出发,假设理性是我们"唯一的明星和指针"。他提出了一种演示,赋予了这一命题"仅仅"是一种辩证式的演示。通过选择菲尔麦作为他的对手,并选择在菲尔麦自己的最高领地上与其交手,洛克开始暂时接受《旧约》圣经的权威作为他的最高权威。

最好这样来说,洛克开始尝试让圣经,或者说是"积极的启示",成为生活的指南(the guide forlife)。他甚至允许圣经秩序来接管,就像它过去一样,并决定他的章节秩序;起初他按照菲尔麦的论点开始自己的论述,在第 5 章开始的时候,他明确地说,他不再按照菲尔麦的顺序,而是按照圣经中菲尔麦所诉诸的章节顺序进行论述。他的论文也就成为一种圣经评述。的确如此,在第 5 章之后,情势发生了戏剧性的变化。这是因为,正如我们将看到的,在第 5 章中,洛克静静地展示了,如果我们试图将圣经的正面启示作为我们的权威或者最高指导的话,我们所导致的道德混乱。只有在他这样客气低调地参与圣经的辩证讨论之后,只有在他以自己的立场与圣经的立场相遇之后,洛克才会转向这一革命性的假设,圣经必须唯一地、根据人类理性来加以解读,并在理性的法庭上进行解释或净化。

但在对这个决定性的神学—政治学论点的陈述中,洛克不仅仅是沉默的或微妙的。他设计了他的辩证式论点,或者说对《旧约》的批判,使它成为最不惹人注目的,因此也成为他所有的主要著作中最不易受大众审查的内容。

洛克甚至可能对他的作品被翻译成法语却忽略了上篇而在欧洲大陆上发表的这一事件承担部分责任。但是在现在的文本中,应该注意到"18世纪的时候……那些在北美殖民地的人,他们进口洛克的书,尤其是文集的版本,数量如此之多",当然进口包括了上篇的版本(注意楷体:Laslett, Intro. to TT,页25-26)。这经常被随意地断言或假设,上篇在殖民者发展的政治自我理解中,没有扮演重要角色;但这足以说明詹姆斯·奥提斯著名的和有影响力的《英国殖民地权利主张及证明》一文(1764, in Kurland and Lerner, vol. 1, 52-53),它们的关键段落是基于上篇的引语,而不是下篇的。在很大程度上,这是对阿克顿勋爵(1985, 200)在殖民地中,指定奥提斯为"革命主义的创始人"的观点。

[137]他有充分的理由去表达对其可能进行的试探读者耐心的恐惧(I 20):这个作品,实际上是一部拒绝空洞的杰作,至少在它最暴露本意的(例如,开篇和结尾)部分。然而,只有在我们经历了一段错综复杂的迂腐争论之后,我们才来到了洛克在它们中间预留的林间空地上(I 39–48, 52–67, 85–100),在此处,我们是否能够分辨出以著名续集为根据的神学原理,《政府论》下篇就是关于人类与上帝关系这一自然状态的关键(II 6, 11, 21, 25, 26, 31, 34, 35, 38, 39, 52, 56, 67, 77, 109)。

与此同时,这也是《政府论》上篇的真正根基,洛克揭示了他确信应该支配写作并对政治理论形成必然解读的原则——这些就是他自己的政治理论著作,如果要被解读和理解所必须遵循的原则。在他对菲尔麦作品的详细分析中,洛克所做的不仅仅是提供一个模型来说明,他理解的政治理论中的文本应该如何被接近;他还明确提到了他所采用的一些解释的一般规则。尽管他认为菲尔麦的确比不上真正称职的作者(比如他本人)采用的最适合的解释规则,不过他仍然评价菲尔麦并不是"在写作此类文章的过程中,技巧如此贫乏,也不是那么粗心大意"而使这些规则无法适用的。这些规则可以用洛克自己的语言来概括如下:

首先,当一个作者"精于这一技巧撰写这类论文的时候……在他针对别人论点的作品中,他就会首先坦承自己的错误",精明的读者应该"不会认为……是他的疏忽大意造成的错误"。相反,读者必须仔细地考虑到这样一种可能性,"就像一个谨慎的医生,当他要让病人吞下一些烈性或腐蚀性药水(Corrosive Liquor)时,他会把它和大量的其他东西混在一起,这就可能会稀释它;这样药物中的散乱成分可能会减少随之而来的痛苦感,同时引发更少的厌恶感"。

其次,"这类论文",是由"一位风格晦涩的大师"写成的(包括"默默地传递"那些无法回避之事,这本身就是一种坦率而完整的阐述),而不能被指责为是语言的需要。相反,完全有可能的是,这位作者"宁愿选择用可疑的和一般的术语来慰藉自己,这可能不会让那些愿意'从善如流'的人听到任何恶意之声,而不是提出"可能冒犯现任统治者的东西。

在阅读那些作者可能采用了这些规则的作品时,读者们的职责就变成了在我们所面对的这种"非常谨慎"的修辞构建中,"通过捕风捉影的方式"来追踪作者所隐藏的信息(前言;上篇 7,23 节末,109-111,119,141 节末,151)。这些非常坦率的暗示,[138]与洛克在其他地方所说的神秘沟通方式完全一致,这种沟通方式必须被理解为神学和哲学的创新者们所采用的,他们试图以建设性的方式表达他们与统治道德教条之间的分歧。

ECHU I iv 8, II xxi 20, II I ix 3ff.; RC 页 34-83,特别是 59,70,82-83(这一切都是关于耶稣"隐藏自己",他的"保存"对他最初或粗心的听众的"意义"实在是"令人困惑"和"使人无法理解"的),par. 238(在这条"道路"

上,人类的理性和部分思考"把真理锁在了一起"……并将其作为一个秘密",关于柏拉图和亚里士多德的写作方式,"在他们的外表和崇拜中,与羊群一起同行,并遵守他们的宗教信仰")。另见关于如何阅读的讨论,或者"书籍的奥秘"in CU xx,还有 xxiv(页 56). xxxv 和 xiii;页 92,洛克坚持认为,"大多数争论的书籍"都充满了"诡辩",即如下两种诡辩。一种是"无意的",另一种是"故意的"。"故意",依次是三种,或由三种"精神状态"产生的。次要的或需要注意的是,那些为自己的观点写作的作家,他们被真诚地说服了"他们的衣着和他们的语气神情,使其具有最大的说服力"。

但是洛克希望他的读者最关心的是"那些反对他们的信念的人";他们类似于,但又不像党派成员,或作家"决心维护一个政党的信条";就像党派成员一样,他们会不择手段地保护和隐藏自己;他们"不能拒绝任何可能有助于捍卫他们事业的武器"。因此,他们"应该以最大的谨慎来阅读"。

洛克没有解释这些作者的"理由",也没有提供任何确定的方法来检测这些非党派的秘密著作。他确实提出了一些可能会让一些人认为是过度的、道德上可疑的告诫,作为任何对真理的自我意识的热爱的基本成分,在部分真正细心的读者当中:"这种谨慎成为对真理的真诚追求……应该让他们时刻警惕任何可能隐藏或歪曲事实的东西"。(同上,页 93)参见收录文集 in Dunn 1968, 70 n. 1., 参考 Strauss 1953, 206ff.; Cox 1960, 1-44; Macpherson 1962, 7。

阿什克拉夫特(1969, 266),在他草率而又缺乏思考的尝试中,试图反驳洛克的秘密教导的证据,即在上篇中,几乎超出了对洛克写作的评论。扎克特(1975 和 1978)表达了为数不多的、持续学术尝试的一种巧妙而有力的反驳,这些尝试都是为了解释洛克使用隐秘写作风格的压倒性证据。到目前为止,我已经能够确定,扎克特对这一问题和文献的详细讨论,迄今为止都没有得到回应,甚至没有受到挑战。

尤其值得关注的是,阿什克拉夫特在他最近和其冗长的六百页研究著作中回避这个问题(1986)。阿什拉特在他的时代的重大政治争议中,对洛克的角色和地位提出了一些非常有益的见解,但这一观点是以前所未有的、对洛克作为哲学家的地位的模糊代价换来的。从普遍否认哲学和意识形态的区别开始("哲学论证仅仅是意识形态反应的一种形式"[1986, 7]),阿什克拉夫特继续着教条的假设,认为洛克的道德、神学和政治哲学将被简化为他作为一个党派的辉格党和沙夫茨伯里的助手所发展的"意识形态"。

换句话说,尽管阿什克拉夫特在他的书中致力于研究洛克与他的时代和环境的关系,在他六百页作品中,阿什克拉夫特从来没有提到过这段关系中最重要的方面:洛克作为哲学家和非哲学家的关系问题(对于洛克自己关于哲学家与非哲学家关系的讨论,特别参见 RC pars. 238, 241–243)。

阿什克拉夫特是关于历史背景狭隘化问题的一个生动例子,施特劳斯恰恰认为(与阿什克拉夫特所展示的施特劳斯漫画相反,施特劳斯总是坚持把哲学家的文本和他们紧急的政治处境联系起来——这就是施特劳斯著名的"隐微写作"的意义):正如施特劳斯自己所言,他"不反对这样的观点,即在研究政治学说时,我们必须考虑其原创者的偏见,甚至是阶级偏见"。然而,他却"要求正确识别出问题的思想家所在的阶级。在一般的观点中,这个事实被忽视了,即哲学家作为哲学家的阶级利益,而这种疏忽最终是由于否认了哲学的可能性而造成的"(1953, 143)。

综观而言,这些洛克关于语言和写作的声明,给予我们一个唯一的、非任意性的逻辑起点,那就是根据他自己的解释原理,对洛克进行充分的解读。因为这是我们的目标,由洛克为我们设定:理解他的思想,就像他自己理解它们一样。

> 这是我们在阅读他或其他作者的时候应该瞄准的方向;直到我们从他的话语中,在我们的脑海中,描绘出他准确的想法和思想,否则我们就不算理解了他。(St. Paul, Essay, 页 21)

洛克的开场白:用菲尔麦来定义这场辩论

洛克以一种崇高的道德说教和好战的方式开启全篇,抨击他的对手是奴隶制的鼓吹者和暴君的奉承者。他继续在罪名清单上增加新的条目:菲尔麦冒失地宣称他的教义是传统的,并给另一种选择贴上了革新的标签("人类的自然自由与平等"),但事实恰恰相反。真正革新的东西是国王神圣权利的教义。

但是,洛克声称,这种新教义在原则上和"人类不是天生自由"(Men are not naturally free)的教导是一样的。因此,如果菲尔麦的新基础失败了,"政府必须重新回到过去的方式,通过设计谋划,以及 anthropine ktisis[人们的同意],利用他们的理性在社会中团结在一起"(I 6)。换句话说,洛克首先坚持认为,在政治理论中只有两种基本的选择:要么我们赞同菲尔麦令人震惊的新教义,要么我们坚持圣经的理念,即认为人类本性是"自由和平等的",并把政府视为人类的技艺。

上述附带的希腊短语是洛克从圣经中摘录的第一个明确的引语,因此值得注意。这两个词的准确性已经由它在《新约》中的原初语言所证实;然而,奇怪的是,洛克并没有指出这句话的出处。如果我们不嫌麻烦,去整理我们记忆中的著名篇章(1 Peter 2:13),我们就会重新发现,这一语境并不是暗示合意是政府的基础,或者说有任何迹象表明,人类曾经用他们的理性"在社会中团结在一起"。根据彼得的说法,"因为主的缘故",基督徒才应该"顺服"于"一切""人的制度"(anthrovine ktisis)——"面对国王,他就是上位者,或者说是他的臣民……因为神的旨意就是这样的……敬畏神。尊敬君王"。

表面上看,很难想象还有比这个说法对国王的神圣权利进行更为清楚的背书了。[139]难怪我们会发现,菲尔麦(1949, 189-191)用这一诗节作为他最有力的"圣经证据"之一!洛克对这句诗粗暴的"重新解读",不仅使我们开始进入到洛克对圣经的使用之中;它也激励我们去思考这一著名的圣经段落,以及菲尔麦的不合理解释。因此,我们不禁想知道,《新约》是否给予了国王神圣权利最有力的支持(另见 Romans 13)——因此,菲尔麦是否犯了

第十三章 《政府论》的交际线

一个关键错误,因为他决定尝试以《旧约》和它对父权制的描述作为基础。毕竟,父权制:父亲作为父亲的权威;以及绝对君主制:一个人的最高权威,他可能是,也可能不是父亲,当然他也不是所有臣民的父亲;难道这两者之间就没有一个基本的和非常明显的矛盾吗(I 68-70, 147ff.)?如果有的话,那么在驳斥菲尔麦的观点时,洛克并没有反驳一个强有力的或一致性的主张,即绝对君主制或国王的神圣权利。

但这一思想为我们的发掘,即对绝对君主制的驳斥,更准确地说,对基于国王神圣权利的绝对君主制的驳斥做好了准备(而不是像霍布斯那样的绝对君主政体),但这只是一个次要目的,而不是(not)洛克在目前工作中的首要目的。他的首要目的被证明还是对传统父权制的驳斥(这一信念认为满足人性中最基本需求的关键,是在家庭生活中被发现的;因此毫无疑问的,自然的、神圣的受膏者必定在其父亲们的统治之下)。

为了达到这个主要目的,《旧约》,而不是《新约》,是必须处理的权威文本;为了达到这个主要目的,菲尔麦将会是一个非常合适的对手。父权制是一个比绝对君主制或国王神圣权利更为基础的主题,因为在洛克看来,对父权制美德的信任是人类不假思索的"近乎自然"的源泉,原始的或历史的,对无限的政治权威,对牧师权威,以及——如果我们把洛克的思想推延至最后一步——对上帝权威的依附,就此而言,上帝首先是被视为了一种父亲的形象(特别参见 II 76 末尾,包括 II 105ff)。洛克应该做出审慎地声明,更为重要的原因是,在表面上看,这并不是对由来已久的"为父之道"(fatherhood)的攻击,而是对英国绝对君主制新近崛起的鼓吹者的攻击。

但是,让我们不要忽视的是,洛克是在驳斥菲尔麦和父权制,以便确立另一种选择:人的"自然自由与平等"。这一措辞是什么含义呢?一旦我们开始更好地看清,洛克反对的东西,以及他愿意在多大程度上去使用圣经,我们就会更加渴望去理解他所做的一切。

"自然自由与平等"是否有办法可以被用来表达一个真正的圣经中人的概念？如果有,那么如何达成？如果没有,[140]那么洛克所说的其政治理论最基本的术语或概念是什么意思呢？洛克没有明确地回答这些问题。相反,他继续攻击菲尔麦,说他滑头而没有清楚定义,或者没有说出他最基本的术语或概念的真正含义（父亲的权威）。但是,我们不应该向洛克提出他要求我们向菲尔麦和其他政治理论家提出的疑问吗？

但也许洛克以他自己的方式回答了这个问题,他显然是在激励我们去提出问题。洛克当然回答了他自己向菲尔麦提出的问题（菲尔麦的"父亲的权威"真正的[really]含义是什么？）:他无情地揭露了隐藏在菲尔麦公认的聪明而外行的修辞表面之下的极端主义,以及贫瘠的论证(I 7ff.)。菲尔麦的目标不过是在专制国王统治下的奴隶制。但"鲜有可信"的事实是:菲尔麦"在其所有的全部父权制"(Patriarcha)的论调中埋藏至深的是——也就是说,在菲尔麦的主要作品中——人们会发现,"没有一个理由来证实他的论证是政府的伟大基础"(I 11)。

菲尔麦蒙蔽了自己追随者或仰慕者的眼睛,他狡猾地把所有的争论都隐藏在了另一本书里,而这本书却很少有人问津,因为它被认为仅仅是与另一位作者的一场论战,而不是作为菲尔麦自己立场的清晰陈述。但事实上,洛克向我们保证,这部晦涩的论辩作品是真正的论证之作。

因此,在没有更多可做之事的情况下,洛克以傲慢的方式横扫了过往的父权制,转而攻击菲尔麦其他次要作品,其中最重要的是一篇是"他对霍布斯先生'利维坦'的观察"。在那里,菲尔麦,"简而言之,把我发现在他的作品中任何可加利用的,所有这些论点都放在了一起"。洛克所引用的这一段,最初决定了《政府论》上篇

第十三章 《政府论》的交际线

下列章节的明确构思或组织,这是菲尔麦总结他反对霍布斯的"自然状态"的一段话(I 14; Filmer 1949, 241)。

所以现在的问题已经变成了(整个上篇,如果还包括下篇,都要解决的问题),菲尔麦以圣经论点来反对霍布斯的人造概念("自然状态"),到底是有效还是无效呢？洛克所给出的答案当然是：无效。霍布斯(= "自然自由"或"自然状态"学说)与他站在了一起。

参考 Zuckert 1979, 69; Manent 1987, 108 n.4; 和 Hinton 1968, 61（及 62）："当然,洛克不可能反对霍布斯,他崇拜和追随霍布斯,就像他对菲尔麦所写的那样自由和公开。"In SVRC, 页 420-421, 洛克实际上向他的批评者承认,《基督教的合理性》提出的教义,和霍布斯《利维坦》中所发现的是一样的(参考 Laslett's Intro. to TT, 特别是页 86-87)。沙夫茨伯里伯爵三世,洛克多年来的学生和对话者,在他发表的作品中,在他的私人信件中,很明显地提到了洛克式的霍布斯主义；参见 1900, 页 viii-ix, 344-347, 403-405, 413-417; 参考 Aronson 1959, 和 Stewart 1854：沙夫茨伯里勋爵是第一个发出警告的人,他认为洛克的哲学思想是漂浮不定的……他观察到,"所有那些被称为自由作家的人,现在都支持了霍布斯所提出的原则……是给洛克先生打了一拳：对霍布斯的性格来说,政府的奴性原则消除了他的哲学思想。这是洛克先生对所有基本原则的攻击"；斯特瓦尔继续注意到沙夫茨伯里的判断得到了比蒂,帕利的认可,以及"相当数量的洛克的英国门徒",他们"不仅选择(洛克)论文解释的上篇,在这个意义上,比蒂博士看来,这是一种非常有害的倾向,但当被解释为他们的伦理信条时,他承认了洛克的学说……幸运的是,洛克的名声,在他的论著的其他部分,他以最明确的术语,否认了那些危险的结论,这必定是值得的,他在上篇中的一般性张力具有太多的倾向"(1854, 240-242)。另见 Cranston 1957, 61-63, 373-374。克兰斯顿把我们的注意力集中在洛克写给一个人的信中,他写了一篇关于宗教问题的匿名论文,(很明显)在某种程度上与洛克的观点相类似,这也赢得了洛克的尊重。(克兰斯顿评论道："这封信表明,洛克本人也很沉默,也愿意尊重他人的沉默。")

第十四章　财产权

对圣经概念的攻击

　　[141]洛克开始驳斥菲尔麦对霍布斯的反驳,他将其中一章(第3章)的内容致力于驳斥其对手最弱的,或者说最不连贯的论点——这个论点试图反驳人类的自然自由与平等是基于上帝创造亚当的这个赤裸裸的事实(TT I 15-20)。洛克将此作为提醒读者注意的情景,并警告他们不要去仿效,这个令人恼火的非精确性是在对菲尔麦的整个陈述和稀泥。如果我们要不被迷惑和误导,我们就必须清楚地区分,并分别解释三种不同类型的人类权威:所有权(ownership)、家长制(parenthood)和政治主权(political sovereignty)。

　　此外,我们不应该混淆上帝统治的三种模式或"约定"(真实的启示、天意和自然法),也不应该忽视伟大的前基督教历史时期的两大鸿沟(一个是在人类堕落之前的时期;然后另一个是"在人类堕落之后,当亚当(Adam)已经……距离上帝造物非常遥远的时期"[I 16])。

　　在我们对这些区别的重要性留下深刻印象之后,洛克已经准备好了第4章来解决菲尔麦关于所有权的圣经论证,这是基于在《创世记》1:28和9:1-3中上帝启示的论证。现在的问题就是:通过上帝启示,确切地说,所有权到底是何种权利,以及圣经中的上帝到底赋予了人类什么东西？或者更通俗地表达,圣经有关人类启示中,是什么样的观念让法定权力凌驾于自然之上？

洛克首先通过对原始希伯来语的一种广博的语言学研究来证明,上帝在这些章节中所使用的语词,并不能像菲尔麦所说的那样,可以被理解为,暗示给予了亚当或者诺亚以任何支配他人的权利(Ⅰ23-28)。然后其次,洛克仔细地分析了确切措辞,以表明"无论上帝给予"亚当和诺亚什么,都可以归结为这两种祝福,"它不是一种私人的统治;而是一个与其他人类共同的统治"(Ⅰ29ff.)。

在这一点上,洛克对上帝的统治进行了一种令人印象深刻的冷静和保守的坚持,即"圣经本身就是最好的解释者"(Ⅰ25);在第32节中,他反复提醒我们,他完全依赖于"圣经中简单的表达……简单的构词……所表达的显而易见的意义"(另见Ⅰ36, 38, 39, 40, 46, 49)。因此,当他在紧接着的下一节中,突然抛出[142](在一个明显的题外话中)他(his)对诫命的解释:"要生养众多,遍满地面",这就让我们感到很惊讶。

根据洛克的观点,这一诫命必须以某种方式"包含艺术和科学的进步,以及生活的便利",因此它必须被理解为恰恰是禁止"绝对君主制"的,而在菲尔麦的眼中,这些话就是命令(Ⅰ33)。为什么呢？因为结合我们当今的经验,包括我们研究的"历史",都告诉我们:绝对君主制的国家往往在艺术和科学上是没有进步可言的,同时在那些没有这样进步的国家里"并不是像现在所发现的1/3占比,不仅如此,在许多地方,只是大多数地区的1/30,也许我可能会说不到1/100以前的人们生活在这样的国度里"。

我们现代人都知道,在缺乏艺术和科学进步的情况下,人类的状况会回归到趋于灭绝的缺乏状态;因此,上帝必须支持艺术和科学的进步,以及支持他们的政治制度;因此,上帝必须禁止任何政治制度不赞成这样的进步。

但是，正如洛克目前所承认的（Ⅰ40），关于福音或戒律的"简单的表达"却很难让这种解释传达出它们"显而易见的意义"；如果我们仔细审视上下文，我们就不得不怀疑，圣经中的上帝是否暗示了对艺术和科学进步的认可。毕竟，上帝喜爱的是游牧牧民亚伯的供品，而不是定居农民该隐的那些供品。正是这位被诅咒的农民的后代，而不是赛斯的后代（亚伯的接替者，作为上帝宠爱的牧民儿子），创建了第一批城市并发明了大部分的艺术和科学（Genesis 4:2-5, 17, 21-22; 5:3；参考 TT Ⅰ76 和 Ⅱ38）。

圣经似乎暗示，这些新的技能和工具是导致上帝如此厌恶的邪恶（wickedness）的主要因素，以至于他带来了洪水，并只拯救了赛斯的继承人：诺亚一家人。后来，艺术和科学赋予了人类以力量去建造命运多舛的巴别塔，从而引发了另一种可怕的神的惩罚，直到今天，这种惩罚仍然让科学传播的道路布满荆棘（参考Ⅰ146及其上下文）。然而，如果圣经中的上帝不喜欢艺术和科学，他又如何保护人类免于我们现在所知的、源于对科技的无知和停滞所带来的可怕后果呢？还是说，圣经中的上帝并不是人类明确的保护者，或者朋友呢？依据现代经验进行阅读，圣经本身是否就对上帝仁慈的假设提出了质疑呢？

在他的读者中激起了这一连串的问题之后，洛克从他的题外话中返回来，在适当间歇之后，他开始引导人们对"这些文字直接简单的意义"所暗示的答案进行关注。对菲尔麦来说，他声称上帝赐予诺亚的东西要比他赐予无辜亚当的更少，洛克指出，[143] 在一个非常重要的意义上，情况正好相反：正如菲尔麦不得不承认的那样，诺亚和他的儿子们是第一个被赋予"自由将活物用作食物的人"（Ⅰ38）。

然而，这意味着，在洪水之前的几个世纪里，人们"不能用云雀或兔子来充饥,也不可以使用草药,只能与野兽共同相处,就像从《创世记》第 1 章到 29-30 章所讲述的那样"。那么,人类一开始就没有什么可以称之为自己的东西。给予人类的"统治"(Dominion)是一种"非常狭隘和贫乏"的财产形态——这是一种单纯的管理工作,就像一个雇佣工所做的那种;人类被告知"征服大地"(Subdue the Earth),但却不允许"从羊群中取出一只羊或一只小羊羔来填饱肚子",因此算不上"这片土地的主人,也不能是它的所有者(the Cattel)"(I 39)。①

简而言之,圣经中所描绘的上帝,把人置于一种看似难以忍受的贫穷和令人沮丧的境地之中:上帝喜爱牧羊人的职业,但却禁止牧羊人用牧群来做食物。饥饿的人类变得越来越不顺服,难道这有什么好奇怪的吗?

就像把油倒进他深陷困境的水域一样,洛克在接下来的一节中,求助于使徒的教义:"只要倚靠那厚赐百物给我们享受的神"。那些跟胡克一样的人们,把保罗的著名忠告放在了心上,限制了他们对财富的"不确定性焦虑"的担忧,或者限制了那些带来财富的艺术和科学,转而相信上帝,以及上帝为满足他们物质生活之必需品所准予的有节制的产业(I 40;1 Tim. 6;参考 Luke 12:22-34, Jer. 17:5-8,及 Hooker I x 2)。然而,任何一个有思想的读者都会对洛克所言进行思考:一个人怎么能相信,一个人怎么又能理解,这一根据《创世记》讲述的,似乎是关于人类被上帝所遗弃而处于贫穷和饥饿状态的教义而来的忠告呢?

---

① 我们现在看到了洛克早期对《创世记》的看法的重要性 Genesis 1:28。"所有积极授予物只传达它们所带来的明确的话语……在地球上创造野兽的过程中,[上帝……将它们划分为三个等级,1.牛或这样的生物,如同或可能是驯服的,因此是特定人的私人财产;2. ……野兽…… 3. ……匍匐动物……或者爬行动物……但是在这里,ver 28,他实际上执行了[他的]设计,给了[人类]自治领地,文本提到了海洋鱼类和空中的飞鸟和"野生生物"中的"野生动物和爬行动物",……"遗弃了牲畜"(I 25-26;参见 Strauss 1959, 214)。

我们被引导去回忆一个可能的答案,一个非常重要的答案,当在第42节中,洛克第一次提到罪(不仁慈的罪),从而提醒我们他之前强调的,人的无辜和堕落状态之间的区别。对于洛克所提出难题的正统答案当然是这样的:大洪水之前的人,其艰难的经济状况完全是咎由自取,不然的话也是他自作自受;一个公正而慈爱的上帝原初是把人类放在了伊甸园,这个人是在他自己任性、罪恶的反叛中才失去了生命。

然而,正如对《提摩太前书》引用所显示的,正统的答案必须继续坚持,即使在堕落之后,人类的处境也并非绝望——否则,上帝又如何能担当起在圣经传统中被理解的慈善(charity)责任呢?一个充满爱意的、慷慨的、可靠的神明,怎么能赋予这样一条戒律,如果它是强加于那些几乎一无所有的人,并且让他们处于真正绝望的经济环境中,这难道不是一个残酷的笑话吗?

洛克为最后一个问题提供了一种答案,[144]在这种语境下,他提出了一种关于慈善的教义:在这一教义中,慈善被赋予了一种全新的、非传统的意义(I 42)。(为了确保细心的读者不会错过这个戏剧性的分野,洛克稍后——在《政府论》下篇的开头——着重强调了传统的理解,就像胡克教导的一样)。在洛克的崭新描述中,慈善并不依赖于"在人类之间的相互怜爱的义务,在这个义务中,胡克建立了人们亏欠别人的责任,从那里他获得了正义和慈善的伟大箴言"(II 5)。

事实上,洛克根本没有将慈善定义为一种义务:洛克式的慈善是一种权利,一种有条件的权利,即饥饿的人们(也只有他们)对"富人"的一些"富余之物"(以及只有那些"富余"之人),或者是那些拥有(只有那些)"富足"之人的权利。或者,正如洛克在这一节中所阐明的,他所说的"慈善"只是正义的一个分支:在绝望的情况下,不可剥夺的权利和不可否认的自我保存欲望的一种表达(参考 II 183)。

第十四章 财产权

在洛克的《札记书》(*Commonplace Book*)中标题为"买卖"(Venditio)的段落中,也发现了同样的慈善观念。邓恩教授声称,关于慈善事业的论述意味着,对于洛克"所有人"来说,根据其"自然本性","权利,只有通过他的不当行为才能使之无效",这是一种充分而又不可思议的生活(Dunn, 1968, 82)。我无法通过什么推理来确定,邓恩认为洛克这个自然权利的含义可以说是从这些文本中引起的。阿什克拉夫特的尝试(1986, 272 n 182)表明洛克说教的慈善事业的职责,揭示了洛克和其他人成功掩盖的——即使是像阿什克拉夫特教授那样善意和聪明的人——将慈善作为个人责任和基督徒美德的意义。在《基督教的合理性》中寻找慈善事业是有缺陷的,在他的序言中,洛克宣称这与"福音精神"相符:参见页 8,111,115,125,127,特别需要考虑到 119-120——洛克对《路加福音》第 18 章的惊人解释。在保罗的《哥林多前书》(16:1-2)中,在哥林多的每一位基督徒都被要求为慈善事业放下其他,在每周开始时,奉献他的一部分财产,取决于上帝所赐给他的繁荣。洛克解释:让你们每一个人按照他的召唤茁壮成长,放下他的一些收获:对于洛克式的圣保罗,没有收获,就不需要慈善;在任何情况下,为了慈善事业,基督徒都不应该吝啬基督徒减少他的世俗物品或他的资本(保罗《哥林多前书》,参见 11,页 177;另见 sec. 13,页 180,因为洛克几乎残酷地评论了保罗在这封书信和《哥林多后书》著名的对慈善美化的政治动机;参见保罗和洛克在《哥林多后书》中的释义之间的区别,参见 3,页 221)。从《基督教的合理性》的序言,以及第一种和第二种情况下对慈善事业的提及,人们很容易得出结论,洛克的慈善事业,作为个人的美德,主要是在辩论中公正和慷慨:换句话说,洛克用道德美德替换了智识美德:VRC,页 162,163,164;SVRC,页 190,280,298,以及最为重要的结尾篇幅,424。"一种慈善的眷顾,包括教义、训诫、讽刺"(页 80):我不想被理解为排除所有慈善捐赠,并热心于争辩错误,这是基督徒的最大责任。另见 STCE 143(页 248),同样的工作在慈善事业上保持沉默(特别是在论自由的部分,洛克强调要教育儿童,自由总是导致个人利益)。参考 ECHU IV xii 11-12. 关于慈善作为政府职责,参见下文,页 169。

但是这种对慈善传统理解的特殊限制被证明,只是洛克在《政府论》两篇论证中的一个暂时的或有点可怕的玩笑阶段(洛克在下篇"财产权"的讨论中就抛下了慈善问题)。

在接下来的,或者第 5 章中,洛克最终满足了被他如此巧妙激发的好奇心;他表达了其对堕落或罪恶的理解,实际上给予了我们将他的论点视为整体的任务。

第 5 章介绍了洛克对菲尔麦对《创世记》3:16-19 中,对亚当和夏娃的诅咒的解释。在这个反驳的过程中,洛克预想一些读者会反对"这些话并不是针对亚当个人说的,而是在他那里,作为他们的代表,对全人类所说的,这是对人类的诅咒,因为人类的堕落"(I 45)。这一观点——正统的、传统的基督教解释——洛克是坚决反对的(I 46)。拒绝这个观点的严正理由在第 41、42 和 44 节中指示出来(以及更为详尽的说明,in RC par. 3ff.;亦参 ECHU II xxi 53, 60; xxvii 13 和 26; IV xvii 4, par. 5)。

洛克假定上帝是公正的(just)。亚当和夏娃是唯一在伊甸园犯过罪的人;他们各自也是罪有应得。的确如此,洛克立马承认,自从这对特殊夫妇堕落以来,大多数其他男人(如同亚当一样)被终身的、贫困的、艰苦的劳动所奴役;而大多数其他女人(如同夏娃一样)只好痛苦的分娩和对她们丈夫"顺从"(subjection)。然而,即使根据这些证据,我们把上帝的诅咒不仅看作是"对夏娃的惩罚",而且作为"在她的身上……的指引,作为对所有其他女人的代表",但我们不能如此假设,上帝,因为他是一个公正的法官,就意味着诅咒,因其适用于其他女人就成了一种惩罚(就像我们不能假设,上帝禁止人们吃肉,从而威胁到他们的健康导致营养不良,[145]就是为了惩罚他们)。但是如果这些"诅咒"不是应得的惩罚,那么它们的地位又是什么呢? 不可避免的结论就是,它们只是毫无意义的无端伤害。

如同洛克所表达的那样,上帝不会在圣经之中合法地惩罚未来无辜的、尚未出生的女人们:"弱者女性"并不"因此通过这一律法受到诅咒";不,上帝"只会安排女人命运应当如何,通过天意,上帝又会如何安排呢"(TT I 47;参考 48 和 67)。因此,这种"天意"的安排没有任何道德或法律依据,也没有道德上的理由,为什么人类不应该试图去克服或推翻它:"如果她的条件或与丈夫的契约都可以免除其责任的情形下,这里没有更多的律法来迫使一个女人顺服,相比之下,她应该会给孩子带来悲伤和痛苦,即使能找到一个补救措施,这同样也是诅咒她的一部分"(I 47)。换句话说,人类可能确实将全能全视的上帝从一个极其恶毒的、不公正的法官形象中拯救出来;但为了做到这一点,人类不得不把他的天意想象成对未来所有无辜后代的残酷无情:圣经中上帝的眷顾,是圣经中上帝对人类的诅咒。

在第 5 章的结尾,洛克迫使我们面对这个想法:这是对《创世记》前 3 章的仔细、忠实和公正的解读——尽可能地使用"圣经本身就是最好的解释者"的方法,但同时也要考虑到基本的道德感受和对世界的常识观察——显示出并没有其他选择;圣经中的上帝以及为人类讲述的上帝,要么是在他的惩罚中极端不公正,要么是在他的眷顾关怀下专横地残忍(或者两者皆有之)。

但是圣经也教导了最基本的道德经验教训:"我们知道"正义必须是其根本内核,这样的存在才配称为"我主上帝和所有人的父亲",而不是全能的魔鬼,伊夫利特(Ifrit[译注:火之圣兽]),或是暴君(I 42)。上帝的行为必须符合,而不仅仅是"我们有正义的概念",而是"更多的关于上帝的善良,以及他自我宣称的作为至高无上的存在的其他属性";而理性,以及启示,都必须承认在他里面;否则我们就将混淆善与恶,上帝和撒旦"(RC par. 6)。

那么,圣经就自相矛盾了,这不是在次要方面,而是在根本问题上:圣经对上帝的描述在道德上是无法贯通一致(incoherent)的。这就是,我所认为的洛克神学政治论点的中枢;这种以圣经本身反驳圣经信仰的尝试,似乎是他所有哲学思考的基石。

在《基督教的合理性》(*Reasonableness of Christianity*)一书中,洛克从《新约》的角度重新阐述了这一根本问题(在《罗马书》5:12-19 的解释和注释中,他更加谨慎,但毫无疑问地引起了人们对根本问题的关注)。

关于圣保罗语的评论,一个人因罪进入这个世界并获罪所死;因为所有人都犯了罪,所以死亡都传给了所有的人(Romans 5:12),洛克说这里既没有实际的罪,也没有推定罪。"获罪后",我"变成了凡人":圣保罗的话语必须被理解为"他的结果,通过一个非比寻常的隐喻,这个应该被推定为成因……就是亚当斯的罪,他在伊甸园犯下了的,而不是在世界上从亚当到摩西的时候……圣保罗说,所有人都成了凡人,亚当斯吃了禁果,独自承担这一切(St. Paul, Romans, 参见 6,页 293-295)。在 5:19 中,保罗写道,"因一人的悖逆,众人成为罪人",洛克解释:由于一个人的不服从,众人被带入了一种道德状态,而这是一种罪人状态",此处有一个注释:"这里圣保罗使用与上面相同的隐喻"。Ver.12,为道德成为罪人(同上,页 298)。

[146]"对任何一个读过《新约》的人来说,都是显而易见的……福音是建立在亚当堕落的前提之上的。因此,要理解通过耶稣基督我们重获(restored)的是什么,我们就必须思考,通过亚当,圣经所展示出我们失去的是什么"。现在,这与上帝的"正义或善良"完全不一致,"所有亚当的后代"都"注定永远受到无限的惩罚,因为亚当的罪过,芸芸众生从未听说过他,也无人获权代他行事,或者作为他的代表"。因此,亚当所失去的东西不可能是无辜的,而只有不朽和"与不朽相伴的,幸福"。但是,再重复一遍,这种损失并不是一种惩罚。

由于亚当的罪过,我们没有人陷入"一种有罪的状态",而只是一种"苦役"和"悲伤"的状态。由于亚当所为,我们中的每一个人所"接触"的都不是惩罚,而只有失去永生和不朽幸福的可能性,以及在他们中可以获取的从一开始就是充满了"辛劳、焦虑和脆弱的凡人生活,这一切应该终归尘埃……而后,与创造他的尘埃相比,就再没有更多的意义了"。

伴随着这样的语言,洛克当然会迫使读者去追问,如果这不是惩罚,那这又是什么？或者像洛克说的那样:"但是这里将会出现一个共同的反对意见,那就是很多人都在犹豫:'它是如何与上帝的正义和善良相结合的,即亚当的子孙后代应该为他的罪受苦；无辜的人会因为有罪而受到惩罚？'"

对于这个极其符合常识和合理的反对意见,洛克提出了以下最"合理"的可能的回应:对上帝来说,从人类身上收回人"没有权利"去做的事情,或者"也不是因为作为亚当的后代,比任何其他生物都更重要",这不是惩罚,也无所谓不公平。

> 如果他从人类身上拿走任何属于他们的权利,或者他把人置于悲惨的境地,比那些没有任何过错,或者因为他们自身缺点的情形更加糟糕；这确实很难与我们对正义的概念相调和；更多的是关于上帝的善良,以及他自我宣称的至高无上的其他属性。(页4, 6-8)

洛克将这个问题留给他的读者,去调和上帝的善良、怜爱,与他实际上把无辜的人类留在了有朽的和吝啬的条件之下的矛盾,他所创造的人类,不像其他的生物,而是在他的形象中,他赋予了他们支配其他生物的权利。(在其他地方,洛克曾将无辜人类的状况描述为"非常不安全,毫无保障的",以及"充满恐惧和持续的危险"[TT II 123])。

但是在《新约》对上帝的描述中有一个更大的、更具决定性的困难:这一困难不仅仅是在文本对上帝之爱的陈述中,而是在对其正义(justice)问题的陈述中。洛克注意到这一事实,从《保罗书信》到《罗马书》教导说,所有人在任何时候都要受上帝律法的约束;[147]在《保罗书信》和《启示录》中(《新约》章节是洛克《基督教的合理性》一书的主战场——特别参见 151 页至末页)就清楚了,洛克认为,耶稣在人中出现的主要原因是:

> 因此,在亚当的罪中,他们中的任何人可能都没有损失,因为他们的正义(righteousness),他们可能有了一个名头:为了正义,或者对律法的完全服从,似乎是通过圣经获得一种对永恒生命的权利主张,《罗马书》iv 4……以及《启示录》xxii 14。(注意楷体)

事实上,洛克发现那些圣经章节暗示的不仅是不朽,而且还包括"永生和幸福(bliss)"都属于(belong)正义的人"(再次注意楷体,9 页和 9、11 页部分;参考页 112,122,132-133;以及 St. Paul, Romans, sec. 2, 页 267:"一个遵守律法的犹太人,就必因此活着"[Lev. xviii. 5])。在从无辜者那里夺走永生和幸福的过程中,上帝确实(did)拿走了那些人的"权利"(a right to)。

洛克试图打破圣经的最高和超理性权威的核心问题或批判,当然这不是洛克新的或原创的观点,就像洛克自己在《基督教的合理性》中强调的一样。最能说明问题的是,通过不断地聚焦在圣经中,上帝对人类生养供给的事项上,更普遍的说法是,因为艺术和科学的进步,似乎能够保证人类的营养,健康,和痛苦的减轻(包括疼痛和分娩的危险),洛克把这个问题放在了一个重要的新语境中。

《政府论》上篇特别提醒读者,洛克不仅是一位伟大的政治哲学家,而且也是他那个时代最成功的内科和外科医生之一(重新回想一下 I 7,结语);有人可能会说,洛克在这里发表了第一个医生对圣经上帝的批判。除此之外,一个令人痛苦的问题经常被问到,而常规的回答并不一定意味着它得到了令人满意的回答。

然而,洛克似乎并没有想到,他的这种怀疑所得到的是最有力的答案。最重要的是,他似乎并没有考虑到,对人类堕落的描述,必须从圣经或《旧约》的角度来加以看待;当从这个视角来审视的时候,人类的堕落就被看作是经验性反思记录中伟大的第一步,这意味着,在某种程度上,是教育人类或教导他关于他自己和整个世界的真相。通过这种教育,人类不仅有刻骨铭心的感受,而且能尽可能充分地理解,他对造物主的极度依赖。他开始逐渐明白,支持正义的上帝必须是一个完全神秘的上帝,他超越了必然王国,他奇迹般地工作,他经常把不正义留在他们的行为中,并导致正义陷入巨大困境,以便教导所有的人对他的极度依赖。

因此,人类最终学会了顺服(surrender),甚至在面对造物主最自相矛盾或看似最残暴不堪的命令之时,仍以一种谦卑的、但又具有完全自我意识的姿态,而不是一种孩童般天真的信任去面对。[148]这种天真信仰的缩影就是亚伯拉罕准备牺牲以撒向上帝献祭的时刻(参见 Strauss 1983)。

洛克或洛克派哲学家很可能会回答说,他确实对所有这些教导进行了思考,并从伟大的初始经验中得出了唯一一致的教训。但是,洛克的思考或反思是在正确精神的指导下进行的吗?洛克无疑对人类在堕落之后物质匮乏的状态施加了几乎前所未有的压力。洛克是否会被指责为某种程度的软弱呢?根据圣经或历史记录,人类是否陷入了一种如同洛克所主张那样的、绝望的物质条件之中?人类所获的后果不是因为通过认识理解、心灵深化而承受的痛苦吗?

洛克在第 11 章中关于上帝的冗长讨论中,补充了他关于上帝对人类眷顾的讨论("谁是这个嫡传继承人")。在那里,他很容易就证明,菲尔麦没有理由声称,圣经中指定了亚当所谓的君主制的合法继承人;但是洛克也平静地指出,圣经或圣经中的上帝在回答一个非常紧迫的问题上的毫无裨益,即人类——包括被预选的人们——如何应该组织他们的社会和政治制度。

参考 Tarcov 1984, 62. 另见 Mansfield 1979,其中包含对上篇中洛克神学

论证的最有益的讨论。我的解释与曼斯菲尔德的不同之处在于以下关键方面：首先，就洛克的神学论点而言，曼斯菲尔德认为，"这些论证的前提是一种自然状态"（1979, 32）；而我却持相反的意见——就洛克而言，自然状态的前提就是这些论证（我想说，洛克只有在他详细阐述了这些论点之后，才能表现出他的自然状态）。正如我们将要看到的那样，反对传统圣经观点的观点，也开始成为反对亚里士多德传统观点的论据。其次，在我看来，洛克比曼斯菲尔德更认真地提出，要求圣经在解释之前，首先以自己的方式被驳斥，人们可以继续阅读曼斯菲尔德所谓的洛克宗教精神的其余部分；因此，我对第1章至第5章内容的关注要高于上篇的第11章的内容。

Raymond Polin（1960, 90 n.4），做出了以下不同寻常的论断："洛克从来没有深入研究过神学提出的问题"；这是许多明显的迹象之一：即波林不仅没有研究上篇章节，也没有研究洛克的神学著作。

这不仅仅是对肉体的剥夺，而是在堕落之后，那个人就被留在了那里。

然而，让我们暂且承认，洛克成功地凸显了圣经中所描述的无可争辩的严酷，甚至是上帝统治的残暴。难道不可能是这样吗——上帝的终极智慧和正义仍然是隐藏的，至少在这个世界中的人类身上，在上帝眼中，他们既是工具又是目的？即使我们承认，洛克提出了一种对圣经中明确的表面教义的封闭解释，为什么我们就不应该得出一个虔诚的结论：我们必须从这个表面问题转移到一个隐喻，或者，甚至是神秘解释的探索之中，这样就可以对明确的表象问题造成最少伤害的同时，又能完全维护上帝的正义？或者，另一种选择，为什么我们不应该屈服于这样的事实，上帝在某种程度上是超越了善与恶的，为了支持善，他在其高深莫测的（inscrutable）智慧中必须首先违背善？换句话说，为什么我们不应该继续强迫理性去做它该做的工作，即作为信仰和忠实的诠释学的女仆呢？

洛克对圣经中对最高权威的超理性主张的质疑，似乎是预先假定的,而不是在道德经验或正义的经验中遭遇到的质疑。这种经验——对忠诚原则,或对法律,或对高尚理想的崇敬,尽管要以自己的利益作为代价——可以说是有关虔诚的最强烈的"经验主义"根据。[149]因为这是一种所有人可以立即获取的体验,无论是信徒还是非信徒。它呼唤着,并因此证明(尽管它没有证明),一种神性,一种更高的秩序,它将以某种方式修复这种道德承诺与其表面尘世命运之间的不平衡。没有这种神性,在道德经验之光照耀下的生活,开始显得荒谬可笑。

正如洛克所设想的那样,理性会对这种可能会把我们的生活定义为"人类"的需求做出反应吗? 或者,洛克的理性和自然之神对这些经验提供了一种更优越的理解,在以充分的正义对待它们的同时,又能驱散对超然神性的渴望? 或者,还是洛克不能够面对、分析和自觉地接受道德经验的多样性和重要性? 当然,在他这样做之前,他不会因为超理性,甚至是反理性的启示主张,而去处理对理性的挑战或竞争。到目前为止,在他与圣经经文和它们主张的直接对话中,洛克是否成功地完成了更多的事项,而远不止提出一些关于圣经中所宣称的,不过是一位深不可测、难以捉摸的奇迹表现的上帝,这样公认的非常令人烦恼的问题,这一切似乎看来是值得怀疑的。

但是洛克表现得就好像他已经果断完成了比这更重要的事情。他当然不会鼓吹他在第4章和第5章中已经达到或得出的结论。从这一刻开始,他只是止步于此,向作为独立权威的圣经致敬。从今往后,他所承认上帝的权威和真实的启示是它们能够与现在的"自然法则,即理性法则"的最高权威之间相互共容而留存的,无可挑剔的那一部分(I 101;参考 II 6 and ECHU I iii 13; II i 19, xxiii 32-36; IV iii 27, vi 14, vii 11, xi 12, xii 12, xvi 14, xviii 2-3, 5, xix 3ff.)。

让我赶紧强调一下,这种理性的提升并不需要抛弃圣经,更不要说放弃神,或者至少是"一个上帝"(如果我没有弄错的话,这种模棱两可的现象在《人类理解论》的开篇中无处不在,同时也是其风格所在,at I iii 6;特别参见 I iv 8ff;参考 Strauss 1959, 201)。没有一个对洛克的政治神学抱有同情理解之心的人,可能会对他发出有关无神论的指责。因为自然法可以说是大自然的上帝对人类的"言说";至于圣经中天意和启示的上帝,他也可以被改造成自然之神。

我们已经看到洛克优雅地说明了这是如何做到的,在他的题外话中,他解释了上帝的戒律,要生养众多,而在他的新教义中,却是关于"慈善"的真正含义。圣经可能总是被重新解读以符合理性,或自然法——而那些圣经中的"简单而明显的意义"顽固地抵制着这样的重新解释,也就总是可以被"象征性地"拿掉了。[150]更准确地说,一个人可以(和洛克从现在开始)忽略或将圣经中所有关于天堂、堕落、诅咒、长达几个世纪的食肉禁令、惩罚性的大洪水以及其后立约等等内容的讨论视为一种比拟。但是洛克能够进行自我辩护:

> 事情显然是这样的:上帝既创造人类,便在他身上,如同在其他一切动物身上一样,扎下了一种强烈的自我保存的欲望,也在这世界上准备了适于人类衣食和其他生活必需的东西,俾能照着上帝的旨意,使人类能在地面生存相当的时期,而不要让一件如此奇妙的杰作由于其自身的大意和必需品的缺乏,在生存不久之后便告死亡——我以为上帝创造了人类和世界之后,这样对人类说过——即是指示人类通过他的感觉和理性……来利用那些可供生存所需的东西,和给予他以"自我保存"(Preservation)的手段。因此我毫不怀疑,在上帝宣布这些话以前,(1 Gen. 28, 29. 纵然如果这些话一定要理解为是用文字说出的),或者连这种文字形式的"赐予"(Do-

nation）都没有的时候，人类根据上帝的旨意和特许就已经有了使用万物的权利……人类对于万物的"财产权"是基于他所具有的可以利用那些为他生存所必需，或对他的生存有用之物的权利。这就是亚当的"财产权"（Adams Property）所依据的理由和基础，基于同一根据，这不但在他死后，而且在他出生前，也给予他的一切孩子们以同样的权利……和亚当一样的权利——即根据一切人都具有的自我照顾和自谋生存的权利（Property）——有权支配万物。（Ⅰ 86–87）

> 支配亚当的法律就是支配他的所有后裔的法律，即理性的法则。（Ⅱ 57）

洛克继续使用圣经语言和引用，不仅仅是为了逃避迫害，同时也是避免冒犯虔诚的潜在信徒，但更是因为他坚信在绝大多数人的理性中，上帝的理性被发现了，因而如果要想使之成为生活的有益向导，就将永远需要强大的援军。

> 所以我试问，一个来自天堂拥有上帝力量的人，他是有关神迹的全面和明确的证据和示范，给出了简单而直接的道德和服从的规则，是否更乐意启示大部分人类，将他们安置于恰当的责任中并让他们来履行它们，而不是从人类理性的一般概念和原则中将它们推理出来？如果人类生活的所有责任都能被清楚地证明，而我得出的结论是，经过充分考虑就会发现，这种教导人类他们责任的方法，只会被认为是适合于少数人的，他们有更多的闲暇时光，有更好的理解能力，并且习惯于抽象推理；但是对大多数人的教导最好还是留给福音的戒律和原则吧……[151]这是一种适合于普通大众（vulgar capacities）的宗教，也是这个世上人类的境遇，他们注定要忙碌劳苦。（RC pars. 243 and 252）

因此，洛克在他出版的（和未出版的）著作中投入了相当多的篇幅，用于铸造和传播一种新的"合乎理性的"（reasonable）基督教神学——其根源可以在作为真正奠基之作的《政府论》上篇中寻到踪迹。

洛克创立的现代《新约》批判，及其新的"理性"基督教

当洛克后来在《基督教的合理性》和《对圣保罗书信的解读与注释》（*Paraphrase and Notes on the Epistles of St. Paul*）提供了他对《新约》的解读，他采用了一种被称为斯宾诺莎方法的温和版本。"新约"将被理解为"由上帝设计的"。但是上帝设计它是"为了对无知大众的教导"，对于"贫穷、无知、文盲"的人们来说："这就是一种适合于普通大众的宗教。"根据这一目的，加上《新约》教义中粗鄙的特征，上帝选择了他的喉舌——一群粗鄙平庸的人。福音书当然不能被解读为一部单独、统一的作品，但必须被看作是"一组作品"，其中包含了二手的回忆和叙述；"从一群不识字的人的嘴里说出来"，或者甚至可以说是"粗鄙无华的文盲"，或者"完全大字不识的粗鄙之人"，《新约》中的信息"适合于这些最低能力的理性生物"——尽管，它也理所当然地"触动并满足了，不，是启蒙了最高能力者"（RC pars. 1, 243, 252; St. Paul, l Corinthians sec. 2, no. 2, 页81 and 83）。

与福音书形成鲜明对比的是，圣徒保罗的书信，洛克欣然承认，这肯定不是一个文盲的作品（St. Paul, Galations sec. 14, 页71）。更重要的是，与其第一印象相反的，保罗是一个"思路清晰、好于辩论、中肯切题的作家"（St. Paul, Essay 16;参考17）。然而，他思路清晰的信息却是"晦涩难懂"的，需要反复的、艰辛的阅读才能理解（同上4-5, 14-17）。这种晦涩并不是由于保罗"通过直接的启示，从上帝那里得到了整个福音的教义"这一事实引起的

(同上 15；参考 17-18)：相反，上帝的启示是合乎理性的，它所针对的是非常简单之人，是(正如我们破译了这些书信所见的)"完全清楚的""按图索骥的""开篇可见的"，因此，这成为了书信清晰度的主要来源(同上 19)。

但是，对保罗来说，一个清晰的启示所带来的非常清楚明了的教义，也绝不能保证保罗向他人所传递的信息就是明确的。在一个插入语中，洛克曾重申了传统的、正统的基督教观点，指的是"上帝的圣灵，它支配(dictated)着这些神圣的作品"(同上 16)。然而在他的所有其他文章中，洛克都含蓄地和明确地宣称，[152]保罗将被解读为"任何其他作家"(同上 21；参考 18 以及特别是 16——随后就会出现，与第一印象相反的是，在之前的引语中 dictated 的意思是被认为是"必须的"，而不是"口述记录"的意思)。因此，洛克暂时没有暗示他或者任何其他读者需要进行祈祷或寻求神的帮助，来理解保罗——或者就这一点而言，其他的圣经作者——旨在传递的信息(同上，特别是 13 页以后)。此外，洛克还积极地阻止读者寻求来自过往的受过启示的、"虔诚又博学"之人(例如胡克、托马斯、奥古斯丁、路德、加尔文)的帮助，他们都写过关于圣经的评论(同上 11-12，17)。

保罗晦涩模糊的风格，也不是因为他要故意隐瞒他的信息，就像迈蒙尼德和其他人在他们的作品中所预示的那样：保罗并没有像极具欺骗性的菲尔麦那样去写作，也不会像神秘的古典哲学家，或者像仁慈的、表里不一的大师，耶稣基督那样去做(回想上述的第 13 章，10 节内容)。保罗不是(像菲尔麦一样)在尝试撰写政治哲学的论文，他也没有——就像耶稣在他许多声明中所做的那样——在大庭广众面前发表演讲。摆在我们面前的他的作品是他写给朋友们的私人信件。

但是这就使得它本身蕴含了更为严重的某种程度的"晦涩"。为了理解保罗或者其他任何神圣的书信作者，我们必须牢记书信体的"一般性质"(St. Paul, Essay 页 4-5)。我们必须终止将这些书信视为是对我们,或是对人类,或是对一般基督徒进行讲述的观点,除了它在形式上是一种最间接的、最随意的、最模棱两可的叙事方式。这就是洛克伟大的诠释性创新——他所称之为的"线索"、"试金石",是圣经注释的"唯一安全指南"(同上 12,16,17)。

我们必须接近保罗的书信("以及圣典的其他部分"),因为我们会接触到任何其他的信件,那些很久以前的人写的信和写给他们的信。要理解任何一封这样的信件,我们就必须努力重建书信的准确历史和人物场景。我们必须重新发现"保罗所处的境地",记住他是一个思维敏捷、脾气暴躁的人,或者说"激烈之人",当他在任何时候说出自己的想法时,情况就是,他的思绪会像洪流一样流淌(同上 5,19)。

我们需要知道他所写的那些人的"脾气和环境","他所写的那些人的行为、期望、或要求"(同上 4,16);最重要的是,我们必须分清临时的、即时的和现实的目标,在每一封特定书信的情况下,指导和塑造保罗所说的一切。这里再说一遍,保罗的书信不是神学著作;它们所包含的对一般教义的反思,必须与如下的方法相结合,即从处理"他的使徒职务"的实际事务,或"基督教教导"指向从未受过教育之人,通常是文盲群体的语境中脱离出来(同上 20):[153]"最安全的方法是假设书信只有一个事务、一个目标"(同上 14,16,18)。由此可见,这些书信,经过适当的解释之后,将会给我们呈现出"保罗的学说"(同上 20),这个学说不需要或要求在读者这一方,做出任何伟大的理论的或神学的改进:"很明显,人类哲学的教导并不是神启设计的一部分;但是在这些问题上,圣经表达对于那些受传之地与受传之人的粗鄙理解和观念,还是普遍适用的"(同上页 21)。

至于狭义上的经文考证学(发现正确的手稿解读的方法),洛克对《新约》研究的贡献并不会开始与他的朋友相匹敌——伟大的文献学家宾利（Bentley），但后者的成就也被杰出的西蒙（Richard Simon）的光芒所掩盖。然而，关于圣经意义（meaning）的解释方法和结论，洛克和斯宾诺莎的影响几乎是不可估量的。

毫不夸张地说，洛克和斯宾诺莎，为了理性上帝之名，或者以理性上帝的名义，对公认的经文进行了一番颠覆。他们从两个相互竞争的宗教传统中对圣经加以束缚，这两种传统都是由同样虔诚的、发人深省的、赋予生命的，但同时又会加剧仇恨和诱发迫害的观念（或者是妄想，如果斯宾诺莎和洛克是对的）所引导：这就是，圣经是由上帝直接决定或启示的，包含了神学和道德—政治学教义，在理论的复杂性、微妙性和神秘性方面有着丰富的内涵。

斯宾诺莎和洛克用一种全新的自负取代了上帝的指导。在受过教育的人当中，他们成功地颁布了人的概念，这个人在智识上非常的谦逊，并源于圣经著作。因此，他们认为《新约》的主要教义，包含了一个本质上简单且基本没有争议的道德信息，这使得它成为是可能的或必需的。斯宾诺莎—洛克轴心学说的影响可谓惊天动地，至少在复杂的、有关人类的扣人心弦的问题中是如此的（"神可以是什么？" "因此，我应该成为什么？"）。而取而代之的是一系列学术或历史问题，这些问题在每一所神学院的课程中变得如此熟悉，但对精神的影响却变得无足轻重：

> 那些简单而又毫无争议的文本信息，是如何被僧侣的自命不凡（pretension）和亚里士多德式的繁文缛节（mumbo-jumbo）所改写，继而被扭曲的呢？

一位著名的当代圣经学者评论道，"斯宾诺莎和洛克……提供了对《新约》的所有现代研究的驱动力"：

自斯宾诺莎和洛克以来,学者们把他们的工作看作是试图构建一幅关于圣经文本是如何被书写的图纸。这个历史任务现在几乎被普遍认为是基督教圣经学者的中心工作,这是一项引人瞩目的工作,[154]既独立于学派的或其教会的信仰,但又对这一信仰至关重要。(O'Neill 1972,1-2,8)

新洛克派"基督教"的特征,或者说重新解释的《新约》,在洛克对《圣保罗书信》和对《迦拉太书》的解释和注释中,表现得相当生动。当保罗说"顺着圣灵(pneuma)而行",洛克就解释如下,"用你精神的光芒来约束自己",在添加的一条附言中说,

> 精神之人,精神的法则,精神……在保罗的措辞中,……口味的不合常规,以及支配的正确理由,在肉体和精神的名义下都是被反对的。(《圣保罗书信》sec.11,页65-66;参考《哥林多后书》sec.2,页205)

当保罗说"你是属灵的",洛克就解释说,"你,是一位教会里的杰出人物,因为你的知识,实践和天赋"(《圣保罗书信》sec.12,页68)。当保罗提到激进的禁欲主义,把选定的少数人区分开来,就说,"他们是基督的,他们把肉体,连同感情和私欲钉在十字架上",而洛克就会说,

> 我们身上的这个原则,使我们激发出邪恶倾向和行动,就像我们在上面观察到的,有时也被称为肉体……这个邪恶的原则被征服和抑制……门徒,通过一种将我们的救世主的死与其糅合的非常动人的方式,将其称之为"钉死"。(《圣保罗书信》sec.11,页67)

洛克坚持认为,当保罗提到"肉体"是要被克服时,他实际上意味着,通常就是指的犹太律法——或者仅仅是割礼的实践(sec. 3,页46;sec. 11,页66;sec. 14,页71);因为这才是主要的,如果不是《罗马书信》以及《迦拉太书》两者仅有的"主题和设计",来解放或拯救那些来自于摩西律法的接受者——这些书信在这方面并没有直接地应用于我们后来的基督徒身上(《要略》,页27-28)。

在《迦拉太书》的开头(1:4),保罗在一篇著名的文章中说,基督已经为我们的罪舍己,为了"要救我们脱离这罪恶的世代"。洛克评论道:"基督把他们从现在的世界中带出来,没有任何言辞上的暴力色彩,这可以被理解为,他将人们从摩西律法中解放出来"(《迦拉太书》sec. 1,页31)。在其对《哥林多前书》的注释中,洛克说道:

> aion houtos[今世],我们通常翻译为"这个世界",在我看来,即使不是经常的,但也一般表示在《新约》中的这种状态,即在摩西律法时期,人类,无论是犹太人或是异教徒,与福音时期的状态或律法相对照,都处于一种通常被称为,aionmellon[末世]或erchomenos[即将来临]的"来世将至"的状态之中。(《哥林多前书》sec. 2,页88;我们可能会有一些理由相信,在这些和洛克的许多相似的话语中,看到许久之前关于解放神学[liberation theology]所播下的种子;另见保罗《哥林多前书》,118页和131页)

所有这些都与《基督教的合理性》中的原则相一致,正如艾森纳赫(Eisenach)所说(1981, 88),它宣扬的是,一种"历史的逻辑",[155]它"从根本上世俗化了人类对世界的看法"。在这后一项工作中,洛克教导说,上帝的启示,无论是摩西的还是基督的,都不会改变或加强道德的基本规定或是义务的性质。圣经道德是由"理性可知的自然法则"所构成的(第 19 部分;参考 Eisenach 1981,88)。

《旧约》中所教导的任何超越了无法协助理性加以发现的道德责任,都是纯粹"仪式上"的或者仅仅是"政治上"的东西:一项只适用于在"犹太人的政治律法"下生活之人的实证法律。基督降临所做出的贡献,首先,对于那些太过无知或无所空闲,而无法恰当地参考或使用他们理性的人们而言,特别是在另一个生命中,是对理性法则的规定和对该法律的神圣制裁的更加栩栩如生的认识。(那些参考理性的人,可以在没有圣经帮助的情况下,发现上帝和他对理性法则的执行:pars. 231-233, 238;参考 St. Paul, Romans sec.5,页 288:"他们中的很多人[异教徒]都不是 asebeis[不虔诚者],但却是 sebomenoi[敬畏者],真正上帝的崇拜者,如果我们要对此怀疑,《使徒行传》中是有所显示的",参见 Zuckert 1986, 193-194);在山上的布道中,基督也使理性法则的规定更加精确,在一些(尽管不是全部)方面也更加严格。要想知道洛克所说的"严格"的含义,人们就必须考虑洛克所提供的范例。举个典型的例子,关于婚姻责任的山上布道教义可以解释为,洛克如下所述:"任意离婚"(causeless divorces)是禁止的。而有关慈善的山上布道教义可以解释为:"炫耀性的慈善"(ostentation of charity)是禁止的,"胸怀广阔"是必要的前提(RC par. 188;洛克完全忽略了《马太福音》6:19,以及 6:24-34 整个章节)。

其次,更重要的是,基督带来了一种"信仰法则"(law of faith)。这个法则甚至为那些做出违背理性的不当行为之人提供了正义的奖赏,只要(if)他们"承认"基督和他的神迹(为了便于讨论有关洛克对神迹的相当有趣的评论,参见 Zuckert 1986, 198-199);以及只要他们对承诺尝试过一种完全理性的生活表示忏悔或者感到真的后悔。洛克所定义的"忏悔"并没有提及"有罪"的含义(RC

第十四章　财产权

pars. 167ff.）；悔改并不意味着承认有罪。此外，承认基督是弥赛亚，是王，是主，并不需要或要求承认基督是神——就像洛克的伟大对手爱德华兹（Edwards）所尖锐地指出的一样（参考 Zuckert 1986, 188 和 201）。另外，惩罚虽然可以通过信仰基督作为王来避免或取消，但却没有得以执行，因为缺乏信心或信仰，而仅仅是由于他们的行为："没有人会因为不信而被判刑或惩罚，但只会因为他们的罪行才会如此"（RC par. 222；参考 227）。理性法则仍然是决定性的。此外，一个人的信仰，以及上帝所赋予的恩典，本身并不帮助人类履行法律所要求的行为。[156]信仰和恩典只决定奖赏和惩罚，而不是人类的行为。洛克确实允许基督通过圣灵来帮助我们"去做什么"，如果我们先"做我们能做的事，我们该怎么做"。但是后者，其主要行动取决于我们是作为理性的存在；这是合乎理性的，也就是说人类对未来奖赏和惩罚的精打细算，决定了自己的行动。上帝赋予了人类"理性，以及与之相伴的一种法则，因此没有什么不可能由理性来决定的"（注意楷体，par. 252）。

> 因此，权利规则是一样的，它过去就是这样的；去观察它的义务，也是同样如此……道德法则（所有都是一样的，是永恒的权利规则）使得基督徒和所有的人都负有义务，对于所有人而言，就是保证这一法则的运作。（第 22—23 部分；参考 212 和保罗《罗马书》sec. 2，页 267—69，以及 sec. 3，页 279）

人们从《基督教的合理性》转换到对《哥林多前书》的解释和注释的视角，带着强烈的好奇心去看一看，洛克是如何可能将对基督教启示的特征描述与那个文本统一起来的。因为在《哥林多前书》的著名章节中，保罗已然宣称：

> 就如经上所记,我要灭绝智慧人的智慧,废弃聪明人的聪明。智慧人在哪里?文士在哪里?这世上的辩士在哪里?神岂不是叫这世上的智慧变成愚拙吗?……因神的愚拙总比人智慧;……有智慧的不多,有能力的不多,有尊贵的也不多。神却拣选了世上愚拙的,叫有智慧的羞愧……(《哥林多前书》1:19ff.)

洛克并没有试图在他的解释中否认或隐藏这些论断,尽管他确实在保罗的嘴里说出了一个合格的论断,"那个救世主,唯有,真正的神……他向他们(异教徒们)展示了自己存在于智慧的发明和令人钦佩的有形之物的造物设计之中"(sec. 2,页82;对比《罗马书》1:20)。洛克的主要决疑策略却更令人震惊。他将保罗对未受神助的理性或未受启示的智慧的攻击范围进行了严格的限制,并坚持认为,一般而言,它必须按照这一特定书信的实际和具体的修辞目的来解读保罗的攻击。

这个目的可能会骇人听闻,那就是:保罗所建立的哥林多教会,有可能陷入到被一个"假使徒"所取代的危险中,而他是一个以其伟大学识和智慧为基础的,极具说服力的犹太人。

由于保罗面临着对一位显赫博学的,而且在神学上和哲学上皆具老练的对手,可能丧失其垄断权威的危险,[157]他精明地发动了一场对自命不凡的博学与世故的全面攻击。

在评论我们上文引用的经文章节时,洛克写道,"因此,这可能被认为是在让这个假使徒褪去他们身上的荣耀"(参考洛克对《哥林多后书》17节的评述,210页)。洛克承认,这个迄今为止闻所未闻的——"假使徒"是他自己的假设,或是虚构的;但是,洛克坚持认为,只有当我们考虑到这样的假设时,这种书信才会变得容易理解,因为洛克声称在《哥林多前书》与《哥林多后书》中发现了一些公认的可疑线索。在此基础上,只有我们看到了保罗对未受神助的理性所能获得的智慧,极端的或不合理攻击的合理性(reasonableness)。在任何情况下,我们都不能允许在圣经中发现对理性的自命不凡进行攻击的解释。

然而,通常对理性的自命不凡的攻击,并不是《哥林多前书》对洛克式的基督教所提出的唯一的大难题。洛克也不能否认,保罗在这一书信中强调,基督徒应该禁止和惩罚所有的私通行为(fornication),而不只是通奸行为(adulterous fornication)。现在洛克,随着我们调查的层层深入,最不愿意承认的是,相互同意的成年人之间非通奸的私通行为(即使当事人之间的关系像岳母和女婿一样亲密,就像在特定的案例中被圣保罗诅咒的一样)是根据理性或自然法则而受到惩罚的。所以,当他评论关于波林的章节中,敦促惩罚岳母和女婿之间的私通行为(《哥林多前书》5:1 ff.)时,洛克反复强调,在保罗的评论中,"没有人会说这是一个人的错,只是作为一个人的时候;但根据自然法则,在所有的人中,是不可饶恕的,这是一种罪恶";"对于一般人而言,在所有关于私通的话语中,没有一个词可以根据自然法则宣布它是非法的"(《保罗书信》sec. 2,页 104, 110)。

然而,洛克承认,对于基督徒来说,私通是错误的——其合理性在于:因为基督徒相信身体的复活,或者是被拯救之人的身体与基督的身体可能的最终结合。"这给我们的身体带来了巨大的荣耀和尊严,这也是一个理由,为什么我们不应该贬低它们成为卑贱糜烂之体",也就是承认在这个关键的方面,至少是,道德律法或行动律法是——为基督教徒们——通过启示而改变的。

但是洛克不会在此止步。在这一文本中,他不会同意圣保罗对那些承认有非通奸的私通行为的基督徒进行的一般性惩罚。因为我们"有理由推测",在这封特定的书信中,保罗所诅咒的是特定的私通者,他是假想的"假使徒"团体的一员,因而保罗大声叫嚣,要求予以惩罚,并不是因为私通的行为,而是保罗认为这本身

就是应得惩罚的,[158]不过是一种政治策略——"以此来减少他们头目的威信"。"这是为了"洛克狡猾地指出,

> 他们在这件事上一致地向圣保罗表达了他们的顺服,我们看到了他的极其强烈的克制,他对这些冒犯者都是温文尔雅的(《哥林多后书》ii. 5-8)。他直截了当地告诉他们(见上 9),他写这封书信的最终目的,就是为了获得他们的顺从:让我补充一点,这个假设,尽管并没有完全的证据来证明它的存在,但是它适用于圣保罗在这封书信中的主要设计,并帮助我们更好地理解可能值得注意的这两个章节。(《保罗书信》Sec. 2,页 104)

由于篇幅所限,不允许进一步探索在这一释义中所包含的洛克决疑论的惊人壮举,但我相信,这些样本将传递出他的这种方法的精髓。它们也可以引导感兴趣的读者与一个哲学家所撰写的最奇特的作品之一相邂逅:一篇弥漫着如此冷静的,以至于让人昏沉的旁观者理性视角的评论,其间随处可寻的都是一些从未有过的、最美味的,包含着善意亵渎和戏谑诡辩的素材。

真正的或理性的观念

一旦我们已经正视圣经道德的不连贯性,除了修辞和政治目的之外,一旦我们已经决定放弃圣经中的上帝,根据洛克的说法,我们的立场又是什么呢?人处于怎样的位置,他应当以何种姿态来面对,"这个广阔而巨大的宇宙"(ECHU II ii3)?更具体地说,自然或理性之"神"能够"充足地供应","这样的资料"或者"适合于这样的事物",即"食物和衣物,以及其他生活必需品",这意味着什么(TT I 41 and 86)?这是否与我们所教授的历史相矛盾(在

第十四章 财产权

这一关键方面,证实了圣经所言),也就是说,人的境遇就是"一天活在世上,一天就要靠自己的劳动生活"(I 44, 45)?

洛克开始为我们更具体地阐述,他对人类与外界自然关系的全新观点,他首先通过吸引我们注意圣经中关于食肉的方式,然后让这些肉食成为其(his)所有财产的范式:

> 财产的最初源头是因为一个人有权利来利用低级生物供自己的生存和享受,它是转为财产所有者的福利和独自的利益的,因此,在必要的时候,他甚至可以为了使用它而把他具有所有权的东西加以毁坏。(I 92;参考,《政府论》下篇第 5 章开篇,洛克就将财产比作"肉食","野味"以及"果实"。)

在"低等生物"的例子中,我们清楚地看到了,[159]在最充分的意义上,拥有权利意味着什么;我们看到"完全财产所有权人是有这个能力的,也就是有权使用它来毁坏任何东西"(I 39)。就是说,人为了生存必须使自然之物成为他的"财产",同时人类为了生存也必须毁坏自然之物(参考 ECHU II xx5)。相反,圣经却试图提醒人的原初状态是禁止他吃肉的,这似乎是为了教导我们,为了生存,我们不需要屠杀或破坏,只要我们循规蹈矩,我们就会受到万物唯一真正的所有者的默许和纵容:

> 脂油都是耶和华的。在你们一切的住处,脂油和血都不可吃,这要成为你们世世代代永远的定例……凡以色列家中的人,或是寄居在他们中间的外人,若吃什么血,我必向那吃血的人变脸,把他从民中剪除……因为活物的生命是在血中。我把这血赐给你们,可以在坛上为你们的生命赎罪,因血里有生命,所以能赎罪……地不可永卖,因为地是我的,你们在我

面前是客旅,是寄居的。(《利未记》3:16-17,17:10-11,25:23;也可比照 11 节;以及洛克对保罗《哥林多前书》所做评论,6 节,130 页)

根据这些章节,圣经被认为是一种财产思维方式的本源,根据这种方式,排他性的私人所有权被认为是一种管理形式,一种惴惴不安的妥协,成为了人的堕落或者他从黄金时代下降的必然。这个前洛克式的传统,它的最后一个伟大代表是格老秀斯(Grotius),借用塞涅卡(Stole Seneca)和西塞罗所采用的著名类比作为范式为例:占有一些私人财产就像在公共剧院里占据了自己的座位一样。

The Laws of War and Peace II, chaps. ii and iii。我将使用这些章节作为洛克创新的基准,因为这是洛克所提到的一项工作,因为格老秀斯方便地汇集了大量关于财产的经典文本的重要和相关的参考。对于这些参考文献,特别是柏拉图《法律篇》740a-741d,以及最重要的是关于政治经济学的、最重要的经典文本的前两章——色诺芬《齐家》(参见 Strauss I 970, 92-106)。对于基督教背景的参考文献可见 Troeltsch 1976, 116-118, 137, 152-153, 260, 411 n., 他有许多有启发性的参考资料,特别是有关阿奎那的。

塔利的讨论(1980)虽然经常有用,但就直接的历史背景而言,其广泛的结论在历史上还是不充分的,因此具有误导性,因为没有比在圣经和古典共和主义的背景下,更丰富和更深层的看待洛克时代的争论了。(特别是色诺芬式的,)以及私人财产的中世纪正当论据。

在这些决定性的方面,更具优势的是麦克弗森(1973, 17 and 126ff.),他简要讨论了中世纪和现代(即洛克)关于私有财产的意义和特征的基本区别。麦克弗森捕捉到了对比的基本点,而塔利却没有。

阿尔默(1980,特别是 95)已经为洛克的财产概念的渗透,并从根本上改变了英国普通法展示了真正惊人的速度。直到 1704 年(《政府论》出版六年后!),洛克的观念就开始作为法律评论中的标准或正统观念,我认为,可以安全地推测洛克对美国殖民者的法律思想和政治思想是通过这种法律思维而转变的,其影响是巨大的。

我们拥有的这一财产权利是排他的,但只是暂时的;我们获得这项权利,不仅仅依靠的是我们自己的努力、运气或继承,还有所有其他使用这个庞大但有序的自然世界(natural whole)的人们的同意;作为所有权人,我们并不是我们所享受的自然产品的源头(虽然在上帝的帮助下,我们可以改进它们),我们有一种互惠的义务以试图传递自然产品,或者它们的等价物,这样它们就可以被他人所享用和改进;最后,剧院的座位数量,也就是自然收益的分配数量,基本上被固定下来——有座位的人不应该寻求另一个他不需要的座位,但是,同样地,许多没有座位的人,或者座位位置很差的人,不太可能改善他们的命运,也不应该对此抱有太多的希望。

洛克再现了这一传统观点,部分是在 NL XI, 112-113。18 世纪美国这种旧观点的有趣地讨论了仍然充满活力的回声,参见 McDonald 1985, 98-99;然而,麦克唐纳并没有充分认识到,他所指的重商主义观点已经多少偏离了基督徒或廊下派的理解。有一点可以说明,就像后者一样,世界上的财富供应是固定的,我们必须全神贯注于上帝或财富分配给我们的东西。再说一遍,就像麦克唐纳所指出的,后马基雅维利重商主义者所说的那样,世界上的财富供应是固定的,我们必须努力增加我们国家的份额而牺牲其他人的利益。在找到对增长的承诺与对正义的承诺结合起来的理论基础之前,经济学科学无法解除其难闻的道德气味。而洛克就是这个理论基础的发现者。

在《政府论》上篇中突破了这一伟大传统的根基之后,洛克在《政府论》下篇中有条不紊地用他的新观点取而代之。他是通过我们现在所熟悉的那种令人放松警惕的守旧论调来进行叙事的。[160]下篇中的第一个例子,也是在第 5 章之前唯一重要的例子,就是上帝在人类中的财产(II 6)。作为上帝的财产和"手艺",人类"受他的命令被派到世界上并照看他的事务……在他的,而不是在其他人的财产中享有快乐";这就是为什么"任何人都不应该伤害别人"的原因。此外,一个人没有权利去毁灭"如此之多的、他所拥有的任何生物,而仅仅是为了一些更高贵生物的(不确定的)需求"。

因而,自然状态一开始听起来就像无肉可吃的远古时代(antediluvian epoch),要不然就是纯真年代(the age of innocence)。当然,这是所有那些试图在洛克身上发现人类生活的神圣和尊严的人,最常引用的段落,它植根于圣经中的上帝创造和拥有人类的理念。

但事实上,这篇文章并没有涉及到圣经或是人类尊严:人类和其他动物一样或更多的是上帝的"财产";据说拥有我们的强大而英明的上帝,并不意味着他就是善良或者大度的(关于神的力量和智慧与神圣的善与恩惠,特别参见 RC par. 228)。更重要的是,在这一段结束之前,洛克已经开始悄然地揭示埋藏于圣经光鲜外表下,严重的不符合圣经本意的信息。正如上篇第 86 节所言,在这里,我们从上帝或自然那儿听到的唯一的"事务",或者说"设计",就是自我保存,而且最重要的就是对人类个体的自我保存。(因此,基于"更高贵的需求",我们可以把这些动物变作其他用途,包括成为我们的早餐 [II 25-26;参考 STCE 116]。)

在每个人的实践中,上帝的自然法则赋予了庄严的责任,那就是"不要擅自改变他的地位",简单来说就是:"为了保存自己。"可以肯定的是,"出于类似的理由",我们每个人都应该保存其余的人类。但是,出于同样"类似的理由",这种"应该"只有在"与他的自我保存不冲突的时候"才对每个人是有效的;自然法则或理性法则禁止一个人"离开他的位置"并为另一个人去冒生命危险。①

---

① 其后几页,洛克更加坦率地讲,当他解释说"自然法"规定每个人都可以进行干预,惩罚任何人或者伤害他人;即当有人受到威胁时,第三方"在与他交往中为其辩护并支持他的争论;这是合理的,而且我应该有这样的权利去摧毁那些以威胁毁灭我的东西(II 16)。参考 Goldwin 1972, 457-458。

第十四章 财产权

一个人可能会被理性法则所禁止,为另一个人冒生命危险,但是在两章之后,我们了解到,即使是自我保存的义务也不是绝对的:当一个被奴役的人感到生活比死亡更糟糕时,他可能会"情愿一死"(II 23)。在接下来的章节中,我们进一步了解到,人类可以被当作动物来对待,或者比动物更糟糕。在上帝指定的自然状态中,每当以我个人之见,发现有人预谋对任何人的生命有所威胁的时候,这个被我判定有罪的人"就可能被视为豺狼猛兽",或者是"有害动物"(II 11, 16)。

因而,我们对这个关于财产的新式教导的下一步计划并没有做好准备。在第5章的开头,洛克用每一个体自己的所有权代替了上帝对人的所有权(II 27)。我们每个人,通过拥有完全的、排他的,他自己本人占有他自己的"劳动",含蓄地定义为(参见 I 86 和 II 44)——[161]作为一个人在外部事物上的理性的变革行动,以确保动物肉身的安全和其他舒适的生存方式。一个人把自己的劳动和其他不属于他人的东西"掺在一起"(mix),就把它当成了自己的东西(II 26-28)。

人们可能会奇怪,为什么应该把一个人的劳动和一件以前很普通的东西掺在一起后,就可以使它完全地、排他地(wholly and exclusively)属于自己。然而,洛克一开始就将他所有的高超技能都潜藏起来了,以消减他的教导中的革命性特质。他将这个事实摆在一个显著位置,他并不是(not)说劳动是公民社会中唯一的,甚至是最普遍的合法所有权的来源——他只是坚持认为,这是"财产起源(the beginning of Property)的原始自然法则"(II 30)。

因此,他允许读者们将他的创新视为主要是语义上的:即传统上被称为"通过占有(occupation)而原始取得"的东西(Grotius II iii 1-3),出于某种理由,洛克倾向于称之为"通过劳动(labor)的原始取得"。难道"劳动"不也是一种"占有"自然资源的方式吗?(这是高夫[Gough]提出的解释,1950, 80;在拉斯莱特[Laslett]的有关这些小节的编者按中,也可以看到这种典型的不严密的讨论)。

洛克确实很明显地远离了格老秀斯,他强烈反对传统的观念,即划归私用从一开始就依赖于"每个共有人的明确同意"(对比 Grotius II ii 2,3,6,和 iii 1)。但是他仍然同意,最初的划归私用是对在地球上的所有人先前所有权的变更,他刚开始可能只是获得某种(sort)默许,至少是附近的其他"共有人"的,这可能是必需的或者是预设的(特别参见 TT II 28)。

洛克以毫无保留的方式,为财产权先于政府的断言开辟了新天地;但是他并没有明确地将他的讨论建立在"自然状态"之上(这是他在第 5 章中回避的一个术语)。他最彻底的躲避就是人们最容易忽视的地方,因为它是缄默不语的:洛克关于财产的专题讨论,忽略了慈善的义务,以及绝对所有权的资格问题,这也是传统意义上的一种义务(参考 Grotius II ii 6; Strauss 1953, 247-248)。尽管如此,即使在这方面,洛克似乎也保留了对传统的脐带联系,就他所主张的,劳动可以赋予一个人对原始共有之物的私人所有权,只要"还留有足够的同样好的东西给其他人所共有"(TT II 27)。

但在第 31 节,洛克对他所讲的一切却报以反对意见,这种反对突然将其暴露在不道德的暗示之上。作为回应,洛克被迫说出了直到现在还没有被提及的关键的、可疑的假设,这就构成了对不道德推论的脆弱的障碍。反对意见是这样的:如果把洛克看似无害的创新观念放在一起,我们可以看出,洛克对财产的自然法概念,与传统观念不同的是,[162] 对占有欲(acquisitiveness)并没有进行有效的内在限制(因此,这就允许甚至鼓励了因贪婪所致的个人腐败,并打开了"有关财产的争吵不休"的口子)。

洛克回答说,不是贪婪和不受限制的获取在本质上是罪恶的、卑鄙的或是邪恶的,而是这种行为是轻率的(imprudent)——因

第十四章　财产权

此,成为了反对"理性的声音",这就是"自然的法则"(Manent 1987, 98)。就像轻率或愚蠢的行为一样,无限制的获取也是不可能的。这是让人心安的。但是现在到底是什么原因让不受限制的获取或非理性的贪婪,成为了非常罕见的人类行为呢?

一些读者认为,洛克在第31节中呼吁的恰恰是对腐败的限制:无限制的获取是愚蠢的和不可能的,这是因为,或者在某种程度上,我们可以假设,人类天性就没有办法阻止对财富的腐败,而任何个人都不会以一种非常适度的方式来积累财富。

但是,考虑到洛克的语境,对这个假设短暂反思后,人们开始揭示在这种语境下,它是多么的可疑。洛克教导我们说,人类天生就具有一种劳动的能力,而人类的劳动就是人类的聪慧、创造性推理或发明策划能力的应用;正如洛克在这一章中反复陈述的,所有财产,所有获取的本质,都是通过劳动能力去"移除",事实上,是"改变"每样东西"留在它身上的自然状态"(II 27, 28, 30, 46;参考"自然使用"的含义,SCCLI 8-9, 59, 71-72, 86, 165)。

人性在其表现为理性劳动时,会让任何东西都作用于"脱离""它们的自然状态"(TT II 26);人类的劳动改变和改观着它所起作用的任何"自然"。那么,为什么人类的劳动会因为腐败而大受影响,而不打算设计出一种规避其后果的方法呢?

洛克关于腐败的评论,只有在它们预先假定一个更基本的假设,那就是他的评论超前于任何关于腐败的言论才会有意义。人类没有合理的或自然的动机去设计一种规避腐败的方法,因为"只要倚靠那厚赐百物给我们享受的神"(1 Tim.vi. 17),或者是因为,自然本身就已经有了"大量自然的规定"。洛克使用了一个引人注目的隐喻。大自然"母亲"对"她的孩子们"的慷慨赠与如同从喷泉中源源不断涌出的水一般(TT II 29)。

但是洛克利用这个形象只是为了夸大(并因此强调)轻信的错觉,而圣经和亚里士多德(参考《政治学》1256 b8-22, 1258 a35–b8）都倾向于向他们的追随者灌输这种错觉。如果人类处于（were）如此有利的环境之中,那么就会对洛克的和传统的财产理论之间的差异产生轻视；无限制的获取可能是毫无意义的,物质上的慈善是多余的,同意也是无偿的。

但是人类的处境根本就不是这样的。[163]因此,洛克的创新具有最为重大的现实意义,并且确实含有令人震惊的暗示,它是由警醒的反对者洛克所提出的。然而这些暗示——取消对占有行为（acquisitiveness）的所有合理的或自然法限制——是对人类真实情况的真正理性反应的关键特征。

洛克试图说服或教育这位有想法的读者的第一步,就是通过将他从充满喷泉,果实,野味的世界转移到圈用土地上来——"现在"这些都成为了"财产的主要问题"（II 32）,把他带回到现实中来。起初,洛克似乎试图维持,将其他物品划归私用和圈用土地之间并没有决定性的区别。这句话仍然是恰当的（II 33）的比喻,如果所余下的不是一个喷泉,那就是一条河流（比较马基雅维利,《君主论》,第25章）。但正如第32节第一句所指出的,将"土地所生产的果实,和依靠土地而生存的野兽"划归私用和围栏"包括和带有其余一切东西的土地本身"之间还是存在着天壤之别。在地球或自然资源丰富的基础上,人们能够证明地球上原始的、自然社群的这种彻底的改变是合理的吗？

洛克甚至没有去尝试证明。相反,他引入了一个全新的想法,完全改变了私有财产的正当性根据。通过诉诸于圣经,洛克提醒我们想起了上帝起初施加于人类的"诅咒"（参考 I 44–45）：上帝"命令人类也要劳动,人的贫困处境也需要他的帮助"。直到人类经历了长久而艰苦地劳作,地上不再富饶,甚至不再产出。此外,洛克更进一步,将理性的声音加入到圣经的声音中；当这种融合生效时,人们就会了解或认识到,受到质疑的劳动不能仅仅是对土地的"占有"（occupying）或者"占用"（appropriating）；在地上真正的劳动是"征服"(subdue)大地——通过将其从"自发的"或"自然的"和荒凉的进程中抢夺过来,并征服和支配它(参考 II 32, 35, 36 以及 26)。现在我们看到,仅仅是在语义上,洛克用"劳动"代替了"占有"是多么的曲折漫长。

更重要的是,如此理解的"劳动"意味着人类对他的同伴,以及对地球或非人类自然的一种新的姿态。现在我们必须严格限定这样的概念,即"上帝将世界给予人类所共有"(II 34):上帝的声音就是理性的声音,这"不应该"是"意味着它应该永远是共有的",因而也是"浪费的"(waste)。但这意味着,它从来没有被不加区别地给予所有人,而是给予那些——"利用勤劳和理性的人,(而劳动就是他的头衔);而不是那些喋喋不休、争强好胜的幻想或贪婪之徒"。前者没有任何义务要求或获得后者的明示或暗示的同意,即使后者就在附近,[164]或是对这片土地争论不休,处于愚蠢和肮脏的无所事事之中。至于其他勤劳而理性的人,因为在开始的时候有大量的土地被他们每一次的划归私用而留存下来,他们"不需要再抱怨什么"。

但在这个关键时刻,洛克突然提醒我们,事实上结果是,"在英国(England),或者任何其他有很多人民受其统治的国家,他们既有金钱又从事商业"(II 35):那里没有更多的自由土地,因为在某些时候,圈用还在继续,超越了为他人"留下同样好的土地"的底线。"在起初的时候",理性的声音,或者自然之神就宣称,"这是相当例外的。在下面的立法者更倾向于划归私用"。但是,那么在英国之下的立法者的合法性意味着什么,或者"其他任何国家"都是如此呢?实证法律的起草没有违反原始的自然法则吗?现行的非常不平等的私有财产制度是不合法的吗?或者,也可能是理性的声音,因此自然法则——至少在其结论中——随着历史环境的变化而变化(changes),因而也是符合理性的吗?

带着这些问题,我们来看一看第 36-39 节,这是《政府论》全篇 412 节中的核心的 4 个小节。在这些小节中,洛克的陈述变得特别复杂。也许没有比这里能更好地说明曼斯菲尔德(1979,29)如此恰当表述的"传统"(habit)一词的含义:

> 洛克为怀疑论者留下了一条线索,而另一条线索则留给了虔诚的人,后者的线索被更明显地标记了出来,但却只能让人原地打转,因此,如果他们想要到达任何其他地方,虔诚的人最终将不得不追随怀疑论者的足迹。

洛克开启了对"这个世界的第一个时代"的赞美,它是从"亚当或诺亚的孩子们"那一代开始的,并扩展至先祖们的时代,包括亚伯拉罕、罗得以及以扫。在这几个世纪里,人类生活在"财产幅度已然由自然设定好"的条件下。"这一幅度(measure)限制了每个人的占有程度(Possession),使其达到非常适度的比例,就好比他可能获得适合他自己,但同时又不伤害任何其他人的财产"。那么,是什么摧毁了这一被洛克后来称之为的"黄金时代"呢(II 111)?——"货币的发明(The Invention of Money)以及人类之间的默许,让它有了价值"。一旦意愿"达成一致,那一小块既不会损耗,又不会腐烂的黄色金属,就值得上一大块肉",人类就有能力规避对获取之物(和屠宰之物)的自然败坏的限制。但是,为什么人类会如此舒服地陷入到如此愚蠢的境地中,"渴望拥有比人类需求更多的东西","诱使劳动超越(个人)所能施加的范围"(II51)?为什么人类会如此着迷于此,以至于最终发展到不再剩下未开垦土地的情形,就像在英格兰一样?与人们有时被告知的情况相反的是,洛克确实(does)迫使他的那位读者去追问,"为什么人类在引入货币之后,会对无限制的占有产生好感";只要有人沾沾自喜地去假设,[165]那么就会漏掉洛克观点的要义,如同麦克弗森一样,认为洛克只是假设"这种积累在道德上和便利上都是合乎理性本身(perse)的"(Macpherson 1962,235)。

当然,从传统基督教的角度来看,答案是显而易见的。基于货币和贸易的整个私有财产体系,如果在某种程度上是必要的,就是同原罪后果的一场痛苦和危险的妥协(参考 Troeltsch 1976,115-118,137,153,411)。

现在,洛克允许那些虔诚的、粗心的,或者两者皆有之的读者们,把他的叙述融入到这一前景中去。但是,如果他的叙述经过仔细审查,就会清楚地表明,"亚当或诺亚的孩子们"被描述成并没有受到原罪的侵蚀:作为对"第一个时代不可预见的纯真"的一种负担,"这种在那个贫瘠而又善良时代的纯真和真诚",在罪恶之前"已经侵蚀了人类的心灵"(TT II 36-37,94,110,111)。

毕竟,我们已经看到洛克在《政府论》上篇中业已证实的,亚当和夏娃的罪过或堕落,与他们后代的罪恶或纯真并无关系。一旦人们在这个"合理的"洛克式启蒙之下,重新概括圣经历史,人们就会发现,圣经已经不再支持有关货币的出现和货币的所有含义的传统神学解释。在第 38 节,洛克提示我们尤其要关注《创世记》第 13 章的开头,我们在这里读到亚伯兰在他的职业生涯的开端,是上帝选择的他,让他拥有"非常丰富的牲畜、白银和黄金"——也就是说,在食物和货币上极大丰富。

因此,洛克指出了圣经本身是如何迫使人们去怀疑的:货币的发明真的标志着人类历史上如此急剧的,出乎意料的突破吗?或者说,这难道不是一个循序渐进的过程中最重要的一步,是对紧迫的自然需求所做出的回应?如果是这样的话,难道不是在这个渐进过程中每一个不可避免的步骤,包括现在英格兰和像它一样的其他国家所达致的阶段,都要以"理性,即自然法则"为根据吗?

尽管如此,这些思考还没有提供充分的理由来说明,引入货币的使用和消除败坏的限制后,最富戏剧性和看似不公正的后果:即对所有肥沃土地的限制性圈用。这个理由以及洛克的真正决定性论点,开始出现在他对"世界的第一个时代"的赞美之中,洛克在这里附带地提到了现在的西班牙,土地在一些地区是未开垦的,就像原初的时候一样。

> 居民们还认为他们得到了他的好处,因为他在未开垦的因而使荒芜的土地上所花费的劳动增加了他们所需要的粮食。(II 36)

在接下来的一节中,洛克要求留下"一点补充,一个人通过自己的劳动来把土地划归私用,并不减少而是增加了人类的共同积累。因为 1 英亩被圈用和耕种的土地所生产的供应人类生活的产品,比 1 英亩同样肥沃而共有人任其荒芜不治的土地(说得特别保守些)要多收获 10 倍",不,[166]而是要多收获 100 倍。关于自然的所谓"富足"的真相,只有在我们理解了圣经叙事的时候才会出现,据我们所知道的"美洲的几个部落"的情况,那些"贫穷和不幸"的人们,他们现在仍然生活在早期人类的环境中。他们"土地富足,而生活上的一切享受却是贫困的……自然对他们也同对任何其他民族一样,充分地提供了丰富的物资,即肥沃的土地"(II 37, 41)。

当我们更仔细地研究他们的贫困和他们所缺乏的我们"日常供给"之间的差异根源时,我们开始理解"劳动创造了多少我们在这个世界上享受的物品绝大部分的价值;而出产这些资料的土地,却很少被人认为是创造价值的";"自然和土地只提供本身几乎没有价值的资料"(II 42-43)。与他以其圣经语气所说内容相矛盾的是,洛克现在断言,只要"人类起初在很大程度上满足于无助的自然所提供的东西",他们就会处于危险的境地(II 45)。那么,洛克的信息综合而言就是:自然是如此贫瘠,人类从大自然的物质中获得一种舒适的生活是如此的困难,那么在人类劳动生产率的必

第十四章　财产权

然增长方面,就没有一个可确定的限度。

正如洛克在他第43节中对劳动分工的描述中,更明确的内容是在第44节中所指出的,劳动通过"征服大地",使自己从自然的束缚中解放出来,这主要是体力劳动的辛苦劳作;更重要的是"发明和技艺",包括人类学会组织他人进行集体劳动的技艺。洛克在这里坚持劳动创造价值的指数增长,这与他之前坚持的对科学的培养所带来的指数增长是一致的(参考 II 40, 43, 44, 还有 I 33, 以上引自 142 页;参考 Manent 1987, 106;洛克这方面的思想在《卡图书信》中也得到了很好的再现,no. 67)。但现在,我们正处于一个能够洞悉科学的正确议程的位置上,正如洛克所设想的那样:用培根的话来说,这个议程就是"征服自然"(将下篇第41节与其类似的"来源"相对比,《新工具》[*Novum Organon*], 129;有关洛克对于培根的借鉴,参见 CU sec. 1;参考 Strauss 1953, 244)。洛克很清楚:

> 他和柏拉图一样,应该把福佑(Beatitude)放在在神(GOD)的知识(Knowledge)中,这会将他的思想(Thoughts)升华到其他的沉思(Contemplations)之中,而不是为了那些坐井观天的人,以及那些在他思想里面稍纵即逝的东西(Things)。

但是洛克自己坚持认为:

> 我想,我们的才能既然不足以洞察物体的内在组织和实在本质,虽然我们可能有实验和历史的观察,从中我们可以获得简单和健康的优势,[167]从而增加我们对物质生活的便利;但除此之外,我担心我们的天赋不会达到,我们的能力也无法促进,正如我猜想的,这种进步……因此我想我可以断言,道德是普通大众固有的科学和事务……但各种熟悉有关

自然各部分的技艺,这是特殊之人的命运和私人天赋,一则是为了人类生活的共享,二则是为了他们在这个世界上的生计。一个自然物质被发现的后果是,其特性可能是为了人类的生活,整个美洲大陆都是一个令人信服的例子……我指的是铁矿石……因此,第一次知道使用这一种贱石的人,可能真的称得上"艺术之父,富足之主"。因此,我不会被认为是不尊重,也不会阻止对自然的研究。我欣然同意,对上帝作品的沉思使我们有机会欣赏、崇敬和赞美它们的作者:如果有正确的指引,对人类来说,可能比模范慈善的不朽功绩更有益处。(ECHU IV xii 4, 10-12)

从这一切中我们认识到"有多少数量的人类会更喜欢广大的领土"(TT II 42)。但是与"人口和家畜的增长"相伴的是"货币的使用"(the Use of Money)(II 45)。当洛克终于准备好专题讨论货币的性质和起源细节的时候,他已经剥去了所有与钱财和贪恋钱财有关责难的合理根据。

货币,其价值是遵循惯例的,或者是默许的结果,其原因可能部分来自于对其闪亮色泽的天真喜悦,但主要是因为那些寻找持久而稀有东西的人们,他们可以将其"堆积"或"囤积"起来(II 46)。就此而言,这种欲望是理性的,因此也是站得住脚的,而不是一种可鄙的"幻想"的产物,这是一种欲望,它不是去囤积那些闪闪发光的、美丽的和无用的东西,而是储存"人们用来交换真正有用但易于败坏的生活必需品"的东西(II 47)。

洛克在这里并不是说囤积人们会给予的东西,或者拿走,然后给予,以换取真正有用的东西;这就意味着,关于最终目的,洛克引入或允许潜入了这个根本性的歧义:金钱究竟是不是目的(为了解释对货币的奇特处理方式,II 184,参见 Strauss 1953, 241 n. 119)。这种模棱两可的态度让人想起了霍布斯思想中有关"权力"的模糊性。这种模糊性是洛克思想的精髓所在,对于他所培养的生活方式和前景是至关重要的;正如沃恩(Vaughn)所主张的,它不能被解释为某种重商主义偏见的残余(1980,68-69 and 106;在洛克的经济学中,麦克弗森更可靠一些[1962,206-208])。

在发明货币之前,人们没有抱希望"与世界的其他地方进行贸易",因此没有动力去圈用更多的土地,而只是供应他们自己和他们家庭在短期内的生活用品(TT II 48);但这意味着,从长远来看,他们没有办法确保生存,更不用说舒适了:"因此,在原初时期",自然之神的声音教导我们,"全世界都像美洲,[168]而且是像以前的美洲,因为那时候任何地方都不知道有货币这种东西"(II 49)。

通过对货币和"贸易"的默许,人们"已经同意对于土地可以有不平均和不相等的占有"(II 50)。随着劳动分工的发展,人类越来越倾向于,将越来越多的流动的、有竞争力的个体中组织起来,这些人不仅交易他们的产品,还交易他们的劳动力。因此,少数最理性、最勤奋的人往往会走到最顶端,变得比大多数人富裕得多。通过反复提及大师和杂役的区别,洛克明确表示,他正在提出合同工资制度的正当理由——劳动,是体现在其他事物之中的(II 2, 24, 28, 29, 41, 77;全部解读在[1962, 215ff., 282 依据 85——参考麦克弗森的有益讨论])。

针对后来马克思主义者的批判,洛克学说认为,他试图澄清和强化的精神,也是极大地改善了哪怕是最卑微的工人命运的。因为"在美洲","一个拥有富饶多产土地的国王,在那里吃的、住的条件,比英国工人的一天还要糟糕"(TT II 41)。因此,当人们普遍同意,或者假定已经同意了货币和它所承担的一切,那么他们就不是受骗者;当然,他们也不会在懒汉那里买一头猪。

未开垦的土地归所有人所有,但对任何人来说都没有好处,就像洛克反复说的,纯属浪费(II 36,37,38,42,43,45)。最初关于划归私用的禁令条件是已经没有"同样好的东西剩下了",一旦货币进入这个领域后,这条禁令就不再适用了,因为每一块开垦土地都有可能增加每个人的利益。然而,只有当圈地是由"理性和勤奋"的主体所实施的时候,这才是成立的——也就是说,他们是理性而又积极的贪婪之人,而不是贪心和懒惰之人;这就要求理性和勤奋的人不受贪心的影响,他们被给予自由和安全,以追求与他们的努力相称的回报。

此外,正如施特劳斯(1953,243-244)所强调的,我们也不能忽视理性和勤奋之人以及他们的社会和政治制度对慵懒、闲散的——纨绔子弟,但同时也是梦想家的隐形强制。因此,我们必须准确地理解,洛克所说的"保护财产"作为政府的首要(chief)目的的含义:这样做的目的,不仅仅是为了保护无论怎样都是现实的"持有者"和"所有者"的财产,同时也要保护和鼓励那些有能力获取(acquire)和改善(improve)财产的非持有者的利益(特别参见TT II 41 和 LCT 82-85)。

洛克的观点,在施特劳斯的表述中(1953,245)是动态,而不是静态(在默默跟随其解释之后,阿什克拉夫特抨击了施特劳斯[1986,264-280]);理性之人与其说是一个"占有欲"极强的人,不如说是一个贪得无厌(acquisitive)、善于生产(productive)的人。

在一个充满了洛克精神的社会中,其永恒目标是,通过向越来越多的个人推广这一承诺,[169]即无限积累的可交换价值与他们的勤劳、节俭和理性是直接成正比关系的,从而提高而不是限制人类劳动的生产力。通过这种方式,洛克精神在两种基本意义上促进了正义(并将这两种相互竞争的意义带入和谐一致):一是共同的利益,或者至少是几乎所有勤劳和理性之人的利益,都是通过"增加""人类的共同积累"来实现的;二是公平或分配正义,最好是由于"每个人都有一个头衔,是他诚实勤劳的产物",这是用金钱或交换价值来衡量的(TT I 42, II 42, 50)。

我没有找到像麦克弗森那样阅读洛克的文本理由(1962, 222ff),人们普遍认为在他的时代,大多数人,工人阶级,将永远维持在最低工资水平。美洲的印第安人也维持着生存;但是在英国,最低收入的劳动者已经超过了最富有的印第安人的生活水平;与美洲印第安部落的上层社会相比,英国的最低收入的劳工阶层已经很富裕了。更重要的是,洛克主张,我们将看到财产的流动性(特别是通过继承法)向散工者和他的妻子开启了一种向上流动的趋势(以及对贵族的懒惰后代向下流动的趋势),这种流动程度超过了在前商业社会的僵化的种姓结构中所能想到的任何东西。

人们可能会有这样的印象,政治在这一洛克体系中所扮演的最重要的角色只是一个初级的形象:通过维护和平与秩序来保护市场,把市场力量从老式的制度和习俗的束缚中解放出来。正如洛克在其他地方所指出的,一旦自由市场运作起来,它就会在很大程度上,通过准自治的"价值规律"①来实现自我管理,而所有的这些发现和阐述都留给了洛克的继任者。

然而,与那些更狭隘和更教条的继任者不同,洛克在他的政治经济学中反复强调,一种对政府"监管"必要性的敏锐意识,包括在某些情况下,政府所有权的必要性(II 28, 30, 35, 37, 38, 42, 45, 50;参考 3 and Vaughn 1980, 121-122,亦参 Macpherson 1962, 299-300 和 Hartz 1955, 59-60)。

对洛克来说,财产权不是绝对权利,而是合理基于一种集体自私的权利。因此,财产权以"每个人的共同利益"(借用马基雅维利的一句话)为名指向了,而不是远离了政府监管。当他谈到政

---

① SCCLI 55, 192;参考 Brown 1984, 58-64;Mansfield 1979, 38;Manent 1987, 110-111;Vaughn 1980,特别是 115-121,Parrington 1954, 274-275。根据布朗的说法,洛克是第一个将"规律"这一术语应用于经济规律的思想家,这被认为是现代意义上的科学定律。

府（government）行为的时候，洛克主张的"慈善"，是在支出的意义上为需要的人提供的物质福利："公共慈善认为，这些人应该被法律所照顾，他们最不可能照顾自己"（SCCLI 13）。政府就必须"用既定的自由的法律""来保护和鼓励人类的诚实勤劳，[170]反对权力的压制和党派的偏私"（TT II 42）。

然而，正如这最后一次对勤劳的强调提醒了我们，洛克的教导从未忽视这样一个事实，即人类的劳动，是出于对个人利益的渴望，而这本身就征服了自然和自然之神的荒原：明智的政府行动绝不能停止对辛勤的工作、精明的管理和敏锐的发明创造的最强有力的个人激励或奖励，而这些激励是由积累金钱的欲望所推动的，同时也为懒惰或轻率冷漠的获取设置了最严重的阻碍。

尽管如此，我们必须承认，洛克对"政府的伟大艺术"的影射，是发生在《政府论》真正主题中的一个明显的偏离：洛克在统治的"艺术"和政府的理论基础之间进行了鲜明的区分（参考 Tarcov 1984，5-7，77-78）。在第 5 章中，洛克倾向于抽象出的不仅是统治的"艺术"，甚至还包括对政府需求的讨论。他之所以能够做到这一点，是因为他将其从冲突和暴力中抽象出来。正如曼斯菲尔德（1979，36）所指出的，"这种明显的夸张后来被纠正了，II，123"（亦参 LCT 82-85）；但在这一点上，洛克似乎在努力证明他所设想的财产是自发地走向和平竞争的。

此外，通过暂时淡化政治，洛克更清楚地表明，财产在政治上既没有它的源头，也没有它的目的（尽管这取决于政治对它的保护和监管）。洛克的财产不存在为了人，"作为政治动物"，在公民生活和高尚休闲中提供追求满足的"装备"（对比 Hooker I x 2）。洛克式的政治出现在了次要位置，作为一种保护健全经济活动的手段："政府除了保护财产之外别无它求"（TT II 94；参考 3，85，123-124，134，137，138，139，以及 LCT 14-18，82-86）。

毫无疑问，就人类历史发展过程中实际发生的情况而言，洛克清楚这片水域是更加浑浊不清的。在第 5 章中,他留下了明确的暗示,财产和商业的发展是在不断的冲突威胁之下的,因此从一开始就需要某种形式的政府(特别参见 TT II 38 和 45;参考 74,127,以及 105;"在群居的人类中,政府是无法避免的")。同样的,"贫困"使得生产劳动和商业竞争变得合理,往往会使狡诈或暴力的剥削——甚至是——对许多人来说似乎是合理的。然而,从这一点上,我们不能急于下结论,尽管洛克有时会说(例如,LCT 82-85),所有的冲突都源于物质匮乏、懒惰或愚蠢,因此,健全的经济政策足以解决所有基本社会问题。

甚至在第 5 章中,洛克指出冲突还有一个额外的源头,事实上,[171]人类是分布在一个由两种对立的心理类型所构成的光谱之中:一方面是"勤劳和理性";另一方面是"争吵和争议"(或者是"傲慢和伤害")——后者的"幻想或贪婪"导致他们"干预别人的劳动已经改进的东西"(TT II 34)。

洛克肯定将人类的大部分特征归因于环境,尤其是在其童年早期;但是马克思主义者的尝试(Macpherson 1968,特别是214-216)表明,洛克将政治上最重要的心理差异追溯至他在自己时代所看到的经济阶级差别,这是难以令人信服的。洛克认为,除了经济来源的冲突之外,还有强大的心理力量在起作用,它们的表达匮乏和经济不平等可能会带来机会或燃点,但这却不是由经济状况导致(caused)的(特别参见 TT II 92 和 STCE 102, 109, 139, 以及 216)。我们不能假设洛克的意思是,他对人性的基本概念——即是他的具有其所有暗示的自然状态——这已经通过他对财产的教益,得以完全说明或解释澄清了。

第十五章　家庭的问题

[172]几乎是在他刚刚完成对财产的专题梳理之后,洛克就宣称(TT II 54)意图修改和深化他的第一个(我们现在看到的)有关自然状态的临时报告。需要更多地探究和报告的就是人类自然平等(equality)的学说。然而,我们一开始有点惊讶,当听到这种重新思考的必要性,不是因为我们刚刚被传授的东西——关于私有财产起源和基础的真相——而是基于像我们对人类童年,以及孩子对父母明显的从属关系所做的常识性观察。只有在他完成了对这一(this)关系的分析之后,洛克才觉得自己终于可以断言,"已经证明了"人类是"生来……就拥有一个完全自由的头衔"(II 87)。

洛克应该是把他对人性的描述或者说自然状态的成立与否,放在最后他对家庭描述的分析中,这并不令人惊讶,因为这似乎初看起来,也不需要简单解释为他选择的对手是菲尔麦,所以把他所有的理论都押在了父权家庭的自然和神圣地位的论述上(再重复一遍,是洛克选择了菲尔麦作为对手,因此决定让父权家庭成为一个主题)。

事实是,人类家庭是任何试图将人设想成本质上是一个独立个体的哲学路径上最明显的绊脚石。

第十五章 家庭的问题

对于亚里士多德和廊下学派的传统，人类本质上是政治性动物的证据依赖于，甚至可以从某种意义上来说，从更无可辩驳的观察来看——人类本质上是一个超越单纯的动物耦合和繁殖的，或者养育幼小的家庭：特别参见 Aristotle *Politics* 1256 b31-32 and *Ethics* 1162a 16-33; Cicero *De Finihus* III 19; 参考 Plato *Laws* 690a-d and Xenophon *Oeconomicus* vii-viii.Consider here De Jouvenel's *Pure Theory of Politics*, Part 2, chap. 2, "Home" (1963, 48-54)。阿什克拉夫特(1986, 572-575, 特别是574 n. 214)提供的证据表明，更为温和、主流的辉格党人对《政府论》的出版物表示欢迎，其中部分地他们认为，自然状态的基础极端激进，特别是从这一学说对人类家庭概念中产生的广泛影响来看（然而，这一证据并没有帮助阿什克拉夫特看到，对于早期思想家的自然状态学说是多么可疑，而这些思想家实际上从未使用像胡克这样的思想家和平等主义者的概念[同上，571]["平等主义者肯定有一个关于'自然状态'的概念，虽然他们没有这样去称呼它—162n.138"]）。

因此，只有通过提供一个令人信服的有关家庭的解释——这个人类最常见的，通常也是最强烈的社会倾向——洛克才可以用任何一种可信的说法来证明，他已经给出了充分的证据和解释的——"自然状态"。

质疑家庭的传统基础

就家庭问题而言，就像财产问题的论述一样，洛克在《政府论》下篇中的教益，是在上篇中与菲尔麦的论辩中成长起来的。那么，让我们开始吧，在上篇的第5章中，我们从洛克对菲尔麦的反驳中找到线索。

菲尔麦的论点是，基于绝对君主制不仅是关于上帝创造的亚当，以及据说是上帝赋予了亚当所有权（物主）的权利，还有亚当以他的身份作为丈夫和父亲的权力（I 44 ff）。根据菲尔麦的说法，亚当和所有后来的丈夫们都有权管辖他们的妻子们，[173]这是上帝在《创世记》3∶16 中所规定的,上帝毫不含糊地将夏娃置于对亚当的屈从之下。

而洛克,我们已经有机会注意到,他并没有把这个论点从菲尔麦的(如果说是非常传统的)倾向性尝试中切割掉,以解读这段政治(political)主权的含义;洛克继续声称,在圣经中可以找到的这些话("他将管辖你"),没有授予任何的权力:"上帝在这段经文中并没有给予亚当以对夏娃的威权,也没有给予男子以对其妻的威权"(Ⅰ 47)。在洛克的解读中,这些话仅仅是"预言了事实上(de facto)要发生的事而已"(Ⅰ 48)。

每一位对两性关系感兴趣的细心读者都必定立刻想知道那将要发生什么,在洛克看来,道德基础(无论圣经的还是自然的),那些"服从"的妻子们"通常来说是从属于她们的丈夫的"。或者,我们可以注意到,洛克的观点是,妻子们的服从是不是由"人类的法律和国家的习俗"所"一般规定"的——例如,公论(Consensus Gentium)或者万民法(the Ius Gentium)? 洛克是否遵循了自然法理论的学术传统中几乎一致的声音,并将国家间的共识作为自然法的可靠向导呢(参考 NL Ⅰ 10, 13-15;Ⅱ 22)? 但如果是这样,为什么他要如此急切地打破传统的观点,并否认上帝在这个文本中是为了支持共识的呢? 关于这个问题,以及类似的有关女性的习惯性服从的问题,洛克给出了一个非常简洁的回答:"我认为,世间这种规定是具有一种自然的基础的"(TT Ⅰ 47)。但是,这个"基础"是人类的一种义务,并且也值得获得我们的道德尊重吗——或者,难道这仅仅是一个残酷的事实,正如洛克在这里所指出的,女性是天生的"弱者",因此是男性暴政的牺牲品? (参见 Ⅱ 82 以及拉斯莱特的注释)

洛克在这里肯定忽略了对妻子从属地位的道德约束"基础",事实上,一般而言女性的从属地位可以很容易地从《新约》中找到(对比 TT Ⅰ 55 和 1 Corinthians 11∶3 以及 14∶33-35 [参考洛克的意译和注释]；对比 Ephesians 5:22 [参考洛克的意译和注释] with TT I 61; see Titus 2:5; 1 Timothy 2:9-15; 1 Peter 3:1-7)。考虑到圣经在这个问题上的清晰性,以及圣经中产生的共识力量(参考 Grotius II v1)，那么就不会惊讶,在第 48 节的第 2 段中,洛克模糊了他最初的怀疑立场:"这里对夏娃所讲的话"可以(could)被解释为"当作是一条约束她和一切其他女人使之从属的法律"。

于是,洛克开始解开约束丈夫和妻子的传统纽带,在接下来的一章中,他开始审视父权的本质。关于这个基本问题——人们是否生来就像霍布斯所宣称的那样是自由的,或者相反,他们生来就是从属于他们父亲统治下的所钟爱的对象——菲尔麦对他的立场是如此确信,以至于他不再对圣经诉诸太多的帮助来驳斥霍布斯,而是更强调他的观点在自然(nature)和[174]自然法或自然权利上的根据。

他诉诸于自然法的伟大的世俗倡导者,其中最重要的就是格老秀斯,他的作品可以说是总结了在各国共识中发现明确的道德指引的传统(TT I 50-51)。在反对这一传统的时候,洛克并不满足于拒绝父亲对孩子的"绝对"权力的概念。他接着提出了一个问题,为什么仅仅是"交配"(Copulation)就会给予一个人类男性任何(any)权利凌驾于他的后代身上(以及暗含的任何对他后代的责任):

> 当生儿育女的时候,在一千个父亲中,有哪一个除了满足他当时的欲望外,还有什么更长远的想法呢？(I 54)

只有上帝才会"制造"孩子,而不是人类的雄性,而且"通常还会违背人类的意愿和意志";并且上帝是"借世俗父母之名伪装的真正父亲"(I 53)。

在这些评论完全导入之前,已经触动了太多的警报,洛克突然又变卦了:"但是,即使承认父母创造了他们的儿女,给了他们以生命和存在,于是就有了绝对的权力。"尽管如此,"任何人也不能否认,但在生育上,女人拥有平等的权利,即使不是更大的权利。"

> 理性的灵魂……如果我们一定要设想孩子有些东西是从父母那儿来的,那么,可以肯定,它的大部分是从母亲那儿来的。(I 55)

无论从何种意义上讲,成年人是天生的(nature)(也就是,自发的、必然的、天生的冲动)在权力和责任的关系中依恋于他们的后代,而母亲则是最有可能会影响这种依恋关系的。这个问题仍然是最紧迫的问题:人类的男性是如何以及在何种程度上,天然地与他刚好生下的孩子们之间形成这样一种关系的?如果我们再加上对婚姻是一种契约关系观念的某些反思——即它是约定俗成的,而不是自然权利(I 88, 96, 98;参考 123, 126;另见 59 末尾:对比 Grotius II v 8)——我们就开始看到,洛克是如何开始思考,什么样的自然的需求或义务要求一个女人让她自己和她的孩子们服从于她的配偶;或者是什么在这里"强迫一个女人屈从于这种服从,即使她自己的条件或由于与丈夫所订立的契约关系使她可以免除这种服从"(I 47)。

对于这些问题,以及这类所有相关的问题,自然法的传统都给出了一个坚定而明确的答案。父母对孩子的,以及丈夫对妻子的依恋、责任、权利或权力,都是由一种人性决定的,这是一种不仅仅是由机械的甚至是动物的方式来安排的人性。人类被赋予了天生的、普遍的、永恒的"自然倾向",它与"良知"一起引导他们走向在家庭和公民社会中,一种特定类型的理性和情感满足的等级制度;这些倾向和良知从古至今,已经被表述并被编纂成为文明国家的

第十五章 家庭的问题

共识(参考,例如,Grotius, Proleg, 40 和 46,还有 II v 12; Hooker I v 还有[175]viii 1, 3, 5, 7,特别是 xi 4;对比洛克的 NL V 作为一个整体,包括 VI, 60-61)。

预见或者说挑起这一番反驳之后,洛克现在直接提出了一个问题,即家庭生活——更重要的是整个人类社会的存在——是否能够通过人类的历史实践来确定自己的方位。洛克首先指出,菲尔麦是一个相当准确的,确实也是非常坦率的,见证了这一传统;实际上,这一传统支持了,让父亲保有一种威权,是为了最实用的目标无限制地实现——当父亲认为有必要时,有权奴役、贩卖甚至"掷弃"(expose[谋杀])他们自己的孩子。① 此外,在这样的争论中,传统并没有篡改人类历史的教导记录。因为没有任何可靠的历史或经验证据可加证明,更不用说普遍的,检视人类对待彼此的方式——即使是在父亲对待自己孩子的方式上:

> 但是如果人们的所作所为成为范例,成了应该是什么的规则,历史将会为我们提供一个范例——在最高和最完整视角中的这种绝对父权的例子,他可能会把秘鲁的情况展示给我们看,那里有孩子的人,是为了把他们孩子养得更肥,然后吃掉他们……"因为他们把俘虏变成了他们的情妇,然后挑选养活一些与这些情妇生的孩子,养到 13 岁左右的时候,他们就会把这些孩子屠杀来吃,同时他们也以同样的方式对待那些母亲们,当她们已过了生育年龄,不再替他们生产肉食的时候……"

到目前为止,当他放弃使他几乎等同于天使的理性的时

---

① 参考 Grotius II v 5:"根据自然法,父亲可以发誓保护他的儿子……如果有必要的话,甚至可以卖掉他";至于对后代的掷弃,参见 Aristotle *Politics* 1335 b20-26。

候,人类的杂乱的心灵会让他堕落到比野兽还远为残暴的水平。在其他任何生物中都做不到,人类的思想比恒河的沙还多,比海洋还要宽广,在那里,如果没有理性这个航行中指示方向的唯一的星辰和罗盘来引导,幻想和激情必将把他带入歧途。想象力总是不安分的,产生出各种各样的想法,当理性被抛到一边,人的意志便随时可以做出种种无法无天的事情来。在这种情况下,最走极端的人就会被众人视为最适合于领导的人,并且一定会得到最多的附随者:由愚昧或狡黠开始的事情一旦成了风尚,习惯就使它神圣化,违背或怀疑它,就要被人视为鲁莽或疯狂。一个以公平无私的态度来考察世事的人,他会发现世界上一些国家的政府、宗教和习俗都是通过这种方式成立并继续下来的,因此他也不会对于盛行在人世间的这些习俗予以尊敬……如果在这种情况下,先例足以成立一个规则,那我们的范例——可能就会在圣经中发现,孩子被他们的父母所献祭,这就是上帝的子民。

就像罗伯特爵士(Sir Robert)所说的那样,"在古时",人类时常会出售(sell)和阉割(Castrate)他们的孩子……另外……他们生养孩子就是为了把他们养肥之后做餐食吃掉:[176]如果这些例子就证明有这样做的一种权利的话,那么我们可以利用同样的论证,来证明通奸、乱伦和鸡奸都是合理的,因为无论古今,都同样有这样的实例……

在这寥寥几句苛刻的话语中(TT I 57-59),洛克突然在一瞬间打开了笼罩在他内心深处的关于人性沉思的帷幕。而在下一节(I 60)中,他又立即拉上了这一帷幕,回归到了对菲尔麦一贯的、迂腐的,甚至是吹毛求疵的批评中(尽管如此,如果查找一下圣经引用,你会发现洛克的讨论并不像看起来那么枯燥)。但这条信息已经传递给了那些学会听音识曲的人。而在这些人中,《人类理解论》这部作品的读者们很可能是第一批竖起耳朵的人。对于洛克来说,这是从另一项工作中转移出来的,其中最引人注目的章节之一(参见 ECHU I iii 9);事实上,《政府论》上篇的当前章节构成了《人类理解论》第 3 章的中心道德内容的某种提要。现在是时候跟随洛克的指示,转入后一项工作中了。

洛克对所有道德第一原则的否定

这就是关于《人类理解论》的教益:这世间并不存在道德法则,甚至没有"最牢不可破的道德准则,以及所有社会美德的基础,人应该所做即他会所做的",这可以被证明是人的天性是自然的。更重要的是,我们不可能说明,人类在任何时候或任何地方永远承认任何的道德准则都是不言而喻的,或者把任何道德准则看作它本身就是好的,或者是为了其自身利益的。这个简单而牢不可破的证据就是:"任何道德准则在一提出来以后,人们都可以合理地要求一个正当的理由"(I iii 4)。通过诉诸于阿奎那和他身后的整个传统,还包括胡克,将良知作为道德法则的天赋第一原则的宝库(参考 NL I 10, 17-18; VII 67-68; VIII 85-96),洛克回答说:"良知……只是我们自己的观点",以及任何"只要是对人类历史还有些认识的人,透过他们自己烟囱的烟雾向外观望时"他们必须承认这一点"有些人,虽然怀着同样的良知倾向,可是他们所行之事正是别人所要避免的":"只要看一看军队在劫掠城市时所施的暴行,你就可以看到……他们所做的一切暴行,究竟能不能有一点恻隐之心"(ECHU I iii 2, 8-9)。

你说,破坏规则并不能证明人们不知道规则,这一点,我是承认的。不过有的地方既然一致地允许人们破坏,则我可

以说,这就足以证明那个规则不是天赋的。(I iii 12)

洛克继续利用历史和人类学上收集的大量耸人听闻的证据来展现,我们如果"放眼观察全人类的现象,则可以看到,此一处的人所认为足以引起悔恨的事,[177]正是被另一处的人所认为很有裨益的事"(I iii 9;参考 II xxv iii 14-15 和 NL II 28-29;IV 38;VII 66ff., 特别是 72-73)。

另见 I iii 21:"我容易赞同,通过不同国家的人、教育和秉性,这里有很多意见被认为是首要的和不容置疑的原则;很多事情,无论是荒谬的,还是相互对立的,都不可能是真实的。但是所有这些命题,无论如何偏离理性,都是如此神圣,那些在其他事情上有很好理解力的人,将会更早地与他们的生活,以及他们最亲近的人,而不是让自己去怀疑,或者让其他人去质疑他们的真理。"有关在洛克之前,良知的概念及其内在原则的重要性的讨论,参见 Yolton 1956, 31-35。

但是他的底线位置是他对父母的观察。在那些"规则中,……很少有人鲁莽地来否认它们……如果有一种规则可以说是自然印记,则我想最配称为天赋规则的,莫过于此:为人父母需要保护和珍惜自己的儿女";但是我们不需要:

> 找寻像明各来良人(Mingrelia)或秘鲁人那样的例证,证明人们忽视、虐待甚至于处死自己的儿女;或者也不必把这种举动看作只是野蛮不化的民族中的过于残暴的行为,因为我们记得,希腊人同罗马人也是惯于把他们无辜的婴儿毫无怜悯和懊悔地掷弃,而无人加以责难。(I iii 12;参考 RC 页 I 43 和 NL VII 73-74)

洛克并不否认,几乎所有的成年人,包括"最伟大的恶人",都有他们遵守的道德原则和道德准则（ECHU I iii 12）。但在这个问题上，他实际坚持的并不是（not）人类是否有道德准则；而是这些准则的合理具体内容是否基于或者如何可以从一些共同的、客观的基础上推导出来的——某种可以理解的自然。在追求这一目标的过程中，洛克可能会很快地越过那些并不引人注目的、明显平庸的或"纯粹是同义反复的"观察，即所有的人，无论何时，无论何地，都"相信公正的东西是正义的，不公正的东西是不正义的"（柏拉图《米诺斯》315e 及其上下文）。洛克急于抓住更有启发性的观察结果，即人们相信公正的东西是好的，就像正义一样。

对洛克来说，重复的关键是一个看似简单的观察，那就是人们总是可以，一本正经地，超越常识地，追问任何道德准则或义务的理由（这并不是关于真正的不证自明的原则的情形，比如矛盾律或算术公理）。这一决定性的证据，如果被反映出来，就会向我们揭示：

> 一切道德规则所含的真理，显然都是依靠于它们的其他前因，而且是由这些前因所演绎出来的；如果它们是天赋的，或者是不证自明的，当然就不是这样的情形了。（I iii 4）

道德总是表明自身是为了从更基本的规则中，在某种程度上衍生出来的。但这个规则可以是什么呢？那就是幸福（Happiness）。"权力和财富，甚至包括美德自身，只被认为是对我们幸福的帮助"（STCE 143）。根据洛克的说法，这才是不言而喻的，"确定无疑"的，即所有的人天生都有一种先天的和全心全意的投入幸福的动力。"人类……必须被允许追求他们的幸福，不用说，这当然不能被阻碍"（RC par. 245）。人类是"永不停歇地追求幸福"；"唯有幸福"才可"驱动欲望"（ECHU II xxi 41, 43, 68；参考 59）。因此，"自然的结果就是人们对于各种道德原则，

[178]便按照其所预料,或所希望的各种幸福,发生了纷繁错杂的各种意见"(I iii 6)。

这并不是说幸福是一个空洞的或纯粹官样的概念。我们都知道,洛克说,一般而言,什么是幸福:幸福"在其完满的程度就是我们所能享受的最大的快乐"(II xxi 42)。但接下来却是"事物所以有善、恶之分,只是由于我们有苦、乐之感"。因此,快乐和痛苦,以及导致它们的原因就是"转动我们激情(Passions)的铰链"——或者,更准确地说,所有的激情,就像幸福本身的概念一样,是快乐和痛苦这一"简单观念"的"模型"或者修订(II xx,特别是2-3)。

但是,尽管人类可以在快乐的至善上达成一致,但他们无法就哪种特定的快乐模式是最强烈或最伟大的问题上达成一致。的确如此,"即使他们自己在某一时期所极端喜欢的东西,到了另一个时期就会变成乏味的、可憎的"(II xxi 65)。从这个极易发现到的事实就可以推断出古典政治哲学的根本性的失败:

> 人心的嗜好各不相同,正如每个人的味觉一样,因此你如果要以财富与荣耀取悦于一切人……就像你不能以牛乳饼或龙虾来满足一切人的饥饿一样……因此,我认为古代哲人的努力都是徒劳无益的,所谓至善(Summum bonum)究竟在于财富?身体的愉悦?还是美德?又或是沉思呢?(II xxi 55)

那些"古代哲人",人们必须注意到,他们会抵制这种对他们的努力的描述;他们也会对这个洛克式的激情描述提出一些相当严厉的保留意见。亚里士多德或苏格拉底对幸福的探究和最大的善并不是对不同品味的调查,更不用说去寻找所有人(all)都同意的最大快乐。苏格拉底的思想肯定会把快乐作为一个重要的路标,来说明什么是善的。但是,善本身被理解为满足人类最伟大的合法或正当的需要,而幸福也因此被认为是一种正当的和快乐的

第十五章 家庭的问题

自给自足的条件。

值得注意的是,在他关于幸福、善和激情的讨论中,一方面是对需求(need),另一方面是正义或者正直,洛克表现得是多么沉默寡言。这就好像人类只有当他们全神贯注于手段的时候,才会关心正派和卑鄙的问题,而不是当他们享受目的的时候;就好像这些目的或快乐不是由更为重要的基本需求与需求意识所决定的(但对比 ECHU II xxi 45 以及 STCE 107)。

与其说是我们的需求和对与错的观念,以及我们快乐和痛苦的感觉,不如说是我们的激情转向的关键,[179]洛克说,"快乐和痛苦,以及产生它们的善与恶,是我们的激情转向的铰链"。只有在快乐和痛苦的时候,事物才会是善与恶的。此外,洛克试图将激情视为简单观念的"简单"模型,即快乐和痛苦——但是他的整个讨论证明了这个过程的不足,以及他对这种不足的不满(II xx 18;参考 Voegelin 1975,40-41)。他无法避免地注意到激情不仅有"内在感觉",还包括"心灵改变";例如,这种观点认为,"善的提议是不可能的或不可达到"能够阻止或减弱某种欲望。从观念和激情之间的紧密联系中,似乎在激情和理性之间,或者在理性引导下的激情之间,可以或必须存在一种对话;这样的对话将揭示出获得某些激情的对象更大的合法性、必要性和可能性,而不是其他的东西。

洛克本人,正如我们现在所看到的,提升了这种对话的某种版本。但他似乎认为,只要以古典的方式进行,这种对话仍然具有不可挽回的不确定性。古典学不加批判地接受常识的一种愚昧的渴望,专注于最终的、合理幸福的希望或想法。这一迷人之物(will-o'-the-wisp)将引导他们去寻找灵魂的永恒健康,我们存在的基本需求,我们本性的工作或功能(energeia:参考 NL I 13)。

但是洛克的科学认识论声称,证明了真正的人类本质或实质与其他事务本质一样是不可知的(参考 ECHU III vi 9; IV vi 12);

因此,灵魂或心灵,或人类的本质需求、原则或功能必定是一个谜(参考 Strauss 1953, 249)。此外,我们可以从常识的观察中收集到关于人类欲求或感观(felt)需求的证据,在洛克看来,这些欲求比古人想象的要混乱得多,而且与我们在其他动物的行为中发现的欲求也有所不同。

古代哲人们没有意识到人类与其他动物不同的事实,因为他是有心灵的动物。洛克同意柏拉图笔下的苏格拉底(Philebus 35d),严格地说,对于人类来说,身体没有任何快乐或痛苦:"事实上,它们(快乐和痛苦)只是心灵的不同组成部分"(ECHU II xx 2; xxi 41)。但是对于洛克来说,正如我们已经观察到的,在"人类杂乱的心灵中……想象力总是不安分的,产生出各种各样的想法,当理性被抛到一边,人的意志便随时可以做出种种无法无天的事情来"。

理性天然就是心灵的工作,但理性并不自然地支配着心灵,它顶多只是心灵的"星辰和罗盘":理性可以指导目标;但它不能设定目标。只有想象力(imagination),或者"幻想",才能天然地主导着这种生物的心灵,"[180]他的思想比恒河的沙还多,比海洋还要宽广";从本质上来说,正是想象力让人的心灵变成了一座"疯人院"(参考 II xxxiii 4)。

对于"我们人生中的日常必需品","大部分都充满了各种不快,就如同饥、渴、热、冷、疲劳、倦睡等,都轮流着来侵犯我们"。我们必须"还要加上偶然的伤害,以及风俗、先例和教育三者养成习惯后所引起的狂想的不快(如希求荣耀、权力、财富等)"(II xxi 45)。在这些"幻想嗜好"中,最邪恶和最危险的是那些在战胜别人时发出的狂喜。如果有人只去阅读《政府论》下篇,那么他就会很容易产生一个错误的观念,洛克与霍布斯和卢梭的不同之处就在于对"虚荣"(Vainglory)一词的重要性的理解;人们甚至可以被误导,在洛克的心理学中,以为更合理、更易于管理的经济和物质需求,使得对自尊心的需要黯然失色。

但是,显而易见的开端(如果这经常被忽视的话)是,《政府论》的引言部分如此写道:ego ad Deos vindices humanae superbiae confugiam[我在对人类尊严进行报复的上帝之下寻求庇护]。根据引言的这一部分,洛克在一开始就明确指出,最让他困扰的是菲尔麦的学说倾向于"谄媚人们天生的虚荣心和野心,这种虚荣心和野心随着权力的掌握而特别容易增长"(I 10);又或,洛克其后说,他担心这样的学说会"给人类的自然野心赋予更大的优势,而这本身就是一种强烈的欲望"(I 106;参考 II 93,111,222,特别是 175)。

洛克在他对关于人类本性的证据的进一步反思中,通过他对小孩子行为的观察表达出来。通过观察他们,你会发现,对财产本身的渴望的最深层的自然根源,并不是物质或经济上的需求,而是一种对权力和对他人支配的欲望(参考 Horwitz 1977,145-146;以及 Tarcov 1984,132 和 244 n. 27):

> 我之前告诉过你们,孩子们喜欢自由……我现在告诉你们,他们更喜欢其他一些东西;而那就是支配欲(Dominion:):这是第一个最坏的原初习惯,但也是普遍的和自然的。这种对权力和支配的爱,在这两件事上,很早的时候就显现出来了。我们在孩子出生的时候就会看到他们(我相信这是在他们能说话之前)哭泣,变得暴躁、沉闷和不开心,这没有其他目的,只是为了实现自己的意志(Wills)。他们会把自己的欲求传递给别人;……另一件事是他们对支配的热爱,就是他们想要拥有自己的东西;他们会获得恰当的占有,用它所赋予的力量来取悦自己……这几乎是所有的不公正和争夺之事的两种根源,它们如此扰乱了人类的生活;……贪婪,渴望拥有我们的财产,以及在我们的支配之下,获取比我们所需更多的东

西,这一切都成为万恶之源……我们所有的人,甚至从我们襁褓时期开始,都是虚荣和自傲的[181]生物。(STCE 103-105, 110, 119;参考 35 和 109:"生活在一起的孩子们常常为了支配他人而努力,他们的意志将凌驾于其他人头上……")

洛克并不否认,他断然肯定,人类有一种可识别的天赋实践原则:

> 自然,我承认,给了人类一种希求快乐,和憎恶苦患的心理:这些心理确乎是天赋的实践原则,它们(作为实践原则应当)确乎可以恒常地持续运作……我并不否认,人类的心灵中印有许多自然的倾向……人的情欲中自然含有一些行动原则,不过这些原则完全不是天赋的,而且你如果听任其自由发展,它们会使人们把一切道德都推翻了。道德法则所以要颁给我们乃是要约束和限制这些泛滥的欲望,而欲达此目的,则这些法律必须以奖赏和惩罚……抢劫、谋杀、奸淫,都是及其自由,不受任何惩罚和责难的。(ECHU I iii 3, 9, 13;参考 NL XI 116 和 IV 42:"那些除了自然本身外就没有其他向导的人,在他们中的自然法被道德的成文规定所侵蚀得最少,他们对任何法律都一无所知,就好像他们根本就没考虑过什么是对的和恰当的。")

有人可能会说,洛克在心理学的层面上,或者内在本质上,关于人与自然关系的教导,在他关于财产的讨论中,将其作为外在本质已经进行了阐述。他展示说"人类的力量和运作方式在物质和理智世界中是一样的"(ECHU II xii 1;参考 Strauss 1953, 249)。自然或自然之神只给人一种"几乎毫无价值的材料",他必须为自己构建(construct)一个理性的心理秩序和社会行为的客观规则(ECHU I iv

12, 16)。这里存在着的所有的客观道德法则,尽管它的条款肯定不是天生的或不证自明的;这里有"一种法律,唯有自然之光才能照亮;也就是说,不借助于成文的启示"(ECHU I iii 13;参考 II I 19;RC pars. 19 ff., 232, 241 ff. 和133ff., NL II 23—24, 31)。

法律或法典的出现,并逐渐为人所知,有点像几何学的"定律"或命题,成为现实并逐渐为人所知。在几何学的例子中,人类发现他们可以规定并控制他们对事物形状和表面的巨大的,多样的经验,如果他们从其对形状物体的各种各样的想法中"抽象"出来,那么这些"模型"的基本概念(点、线、平面)就会标记或是所有图形的边界和相交部分。这些抽象仅仅存在于心灵中;它们完全属于心灵,作为其选择性的、提取活动的产物;但正是因为这个原因,它们不像心灵之外的物质,在它们的"全部本质"中,它们是完全(fully)可知的。

[182]心灵可以继续探索全部潜在的可操作的点、线和平面,发现一些最基本的普遍规则(公理和公设),由此衍生出了所有更复杂的关系和规则,它们可以产生大部分或可能所有可观察到的事物的模型。因此,无论怎样,自然科学可能永远无法完全理解任何一件事物的本质,但我们可以有一个完全演绎的科学,大多数(如果不是全部的话)有界形状的任何实体,都可以表现为有界的形状(ECHU II xxv 8, xxx 4, xxxi 3, 6, 11; III iii 18, vi 8)。

类似的是,尽管不是完全相同,洛克提出我们试图通过抽象出人类的基本需求来控制我们的道德体验(以及其中的永久条件),人类所有的道德"混合模型"——包括所有的义务、所有的奖励、所有的惩罚关系等等——可能是合理地设想存在的。他提出,我们重新定义和重建我们的道德关系和属性,是基于准几何学的抽象推理的基础上得来的。因此,无论怎样,我们的科学可能永远无法完全理解一个人的本质,但我们可以有一个完全演绎的科学,让每一种人类关系都表现为真正的道德。

我可以大胆地说,道德学和数学一样,亦是可解证的。因为道德学的文字所表示事物的实在本质,是可以完全知道的……我们不止应用形状的名称,而且也应用实体的名称……因为在道德的讨论中,我们并不十分注意实体的各个属性,如人们所假设的那样。就如我们说,"人是受法律约束的",则我们所谓人,只是说他是一个有形体,有理性的动物。至于那个动物的实体在本质或别的性质,在这里,我们并不考虑它们。(III xi 16)

我相信,任何人只要能同样无偏跛地注意数学和这些别的科学,我们就可以根据自明的命题,必然的联系,给他证明出是非的尺度来……(IV iii 18)

但是,如果我们的道德知识是放弃对真实本质的依赖或寻求真正本质的知识,即需求的基本秩序,从而满足人的需求;如果它进一步抛弃了根植于传统或共识的自然法的观点,那就是 consensus gentium,即"人类的常识";如果,像数学一样,"同样的,道德推论中的真理和确定性,是可以脱离生活和我们讨论的那些德性的实在存在的"(IV iv 8);如果"在我们提到'正义'(Justice)和'感激'(Gratitude)时,我们并不想象有任何存在的事物,可以为我们所设想;[183]可是我们如果一提到马(a horse)或铁(Iron),则我们的想法必然会再前进一步"(III v 12;参考 Strauss 1953,229-230)——那么,在这个世界上,是什么可以作为一个客观的锚定?关于善与恶(快乐和痛苦)的先于道德、客观的和"不言而喻的命题"是什么,它将会类似于欧几里得体系中无可争辩的元素吗?难道我们没有从洛克那里学到,人类,被"追求幸福"的观念所统治,无法就最终的目标或最大的快乐与生活的必需达成任何协议吗?洛克毫不犹豫地说出了一个显而易见的困难:

道德的知识,如果在于我们对于道德观念的思考,而且那些观念又和别的模型一样,亦是我们自己所形成的,那么我们对于"正义"和"节制"将会发生怎样奇异的意念呢?人人如果可以任意来形成罪和德的观念,则罪和德将会陷入怎样纷乱的地步呢?(IV iv 9)

然而,"圣人洛克"(le sage Locke)冷静而又神秘地回答,"不过事物本身和我们关于它们的推论并不会因此陷入纷乱……"

第十六章 道德的理性基础

作为"真实原则"的自我保存

[184]让我们首先注意到这样一个事实,当洛克开启《人类理解论》时,看似几乎是在表现出一种反常的喜悦,以展现人类所表现出的,对最基本的道德原则缺乏的忠诚或一致;最后,他也更平静地指出了人类在道德反思中取得的一些成功或共识:"纵然风俗败坏了自然法的真正界线,德行和恶行的规则,亦不至于消灭了"(ECHU II xxviii 11;参考 I iii 6, 12;参考 Strauss 1959, 202-204)。

> 有很多美德可以维系社会,并为政府的安宁做出贡献,国家的民事法律指引,并强迫那些人生活在治安官的治理之下。但是这些法律,大部分是由这样的人所制定的,除了他们自己的权力之外,没有其他的目的,没有比这些东西更深入的了,那将会把人们绑在一起以示服从;或者至多,直接有助于每一个的繁荣和短暂的幸福。(RC par. 241)

尽管自然或理性法则的"界限"是模糊的,但这些界限却不断被各种各样奇妙和扭曲的观念所感染,因为这些规则的真正基础仍然被我们所讨论思想的深邃和深层困惑所笼罩。

这些最明显和最自然的倾向就是对统治或胜利的渴望。但是在受到牧师、神学家和哲学家影响的文明和教养之人当中,埋藏最深的强烈欲望就是对至善(Summum Bonum)的一种渴望——毫无疑问,这种渴望在某种程度上助长了在领导者和追随者之间更原始的自我提升的冲动(参考 RC pars. 238, 241;ECIIU IV xix 8)。

在没有崇高使命的驱使下,或者没有第二种预期的生活,即我们可能获得完全的幸福或享受快乐,我们的命运就像"一群可怜的昆虫,其中有些是蜜蜂,钟爱的是鲜花和它们的甜蜜;又有其他的是甲虫,钟爱的是其他种类的食物;而且它们享受完一定时季的快乐之后,便行消灭,而不复存留"(ECHU II xxi 55)——我们的自傲和恐惧顽强地抵制着这种想法。洛克欣然承认,即使是他自己也只能痛苦地慢慢摆脱这种自傲、恐惧和想象的每一个重要痕迹:当他撰写第 1 版《人类理解论》时,他仍然试图如此理解人类的意志(volition) [185] 就是为了"更大的善"(第 1 版, II xxi 29)。但是,"再三思考"之后,他的理性的自我批判改变了他的想象,他变得"容易想象"是什么"决定了我们行动的意志":

> 这并不是人所着眼的一种较大的善,如一般人所假设的那样:它只是人们当下所感到的一种不安(多半是很逼迫人的一种不安)……因为我们一直渴望幸福;我们感到多大的不安,就缺乏了多大的幸福……因此,就在愉悦中,能保持发生快乐的那种动作的,亦只有继续享受的那种欲望,以及恐怖失掉享受的那种畏惧……因此,我们就看到,人心中只要有不安,只要有欲望,就没有余地来容纳纯粹的善,使之来接近意志,或丝毫来决定它……因此,在各种不安完全摆脱以前,意志就没有工夫来顾忌别的东西。可是我们在现世这种不完善的状态中,既然为千万种需要和欲望所侵袭,所以要在尘世上

摆脱不安,那恐怕是不可能的。(Ⅱ xxi 31, 39, 46; cf, Ⅱ xx 6)

从这个严峻的高度来看待生活,就好似开始呼吸纯净的,即使是稀薄的,但却是自由的空气一样;它是一种知道自己站在哪里,谁能是与之生活在一起的人,甚至可以在他的自知之明中获得相当大的满足感。因此,生活就是一种渗透着心灵是被自然和自然之神所"驱使",而不是被邀请或吸引的意识生活:"欲望总是被邪恶所挑动,而去选择逃避。"(Ⅱ xxi 71;参考 TT Ⅱ 77)

洛克并不是简单地减少快乐的意义和体验去消除痛苦;但他坚持认为,这种强烈的诱惑是由于它的缺席或可能的损失而造成的痛苦或不安。更重要的是,即使当我们沉浸在当下的快乐中,痛苦或焦虑的介入也能轻易地驱散吸收并压倒快乐:

> 我们就会极端恐怖痛苦,因此,稍有一点痛苦就足以让我们的一切快乐消灭了……我们的全部努力和想法都是有意的,我们无论如何,总要想法摆脱当下的邪恶。(ECHU Ⅱ xxi 64)

由此,我们更好地理解了,为什么我们人类是如此不稳定,与我们的估计相反的是,对是什么构成了我们的幸福,从一端走向了另一端。但是当我们从经验和准备中了解我们自己,我们对快乐的看法——不,是真正快乐的意义——就变得更加清晰。

最让我们感到安慰的是,我们最渴望的,并不是暂时地遗忘或通过消耗当下的快乐而带来的狭隘眼界;更可靠和更令人满意的是,我们可以在某个特定的时间,在我们可能决定产生快乐或减轻痛苦之时的能力和力量的潜在意识。"在我们已经获得一种善的事物的时候,或相信将来获得一种善的事物的时候,则我们在这一

第十六章 道德的理性基础

存想之下,心中就会发生一种愉快,这便是所谓欢乐"(II xx 7)。

[186]"因此,最大的幸福亦在于享有那些能产生最大快乐的事物,而避免那些能产生纷扰和痛苦的事情"(II xxi 55;参考 Strauss 1953, 249)。这向我们展示了为什么对权力的几乎无限的驱动力,因而财产,以及统治、声望和胜利,对人类来说是如此的自然。在这一点上,我们理解了为什么人类是如此地苦行——抵抗无意识的感官享受——或者逃避现实,而不是天真地享乐,哪怕是在其感官享受之中。正是在这种若明若暗的光线下,我们发现了阿里阿德涅(Ariadne)的线索,它可以带领我们走出人类分歧和冲突的大自然迷宫。

这条线索在《人类理解论》中被指出,但却只在《政府论》中提示出来——洛克小心翼翼地避开了其积极的一面——美其名曰"追求幸福"(另见 Strauss 1959, 213-214;但比对 1953, 226-227 和 236)。在《人类理解论》中,洛克一再禁止他的读者们不加批判地遵循"这一倾向,他们天生就是追求幸福的"。他对我们的结论进行了深思熟虑的质疑,我们自然而然地依据这一倾向得出了这样的结论,即这是我们的"义务"或"责任",但是这如果并不是义务和责任呢(特别参见 ECHU II xxi 52)。他坚持认为,责任并不是牢不可破的,"智慧本质的最高的境界"是可以达到的,只有通过"谨慎地、不懈地追求真正坚实的幸福才能达到……谨防自己将想象的幸福认作真实的幸福"(II xxi 51)。

洛克在《人类理解论》中对追求幸福的详尽思考导致了人们意识到生活的正极——快乐——与消极的负极:痛苦、不安、焦虑相比,它更不引人注目,更不重要,更缺乏独立和稳定的现实。因此,事实证明,我们可以感谢我们的幸运星。因为虽然人类不能在任何固定的积极目标上达成一致(任何最大的快乐,或最不容易的事情),但我们这类物种还是可以达成一致的,特别是当它变得更加理性和自我意识的时候,针对更重要的,更引人注目的事情:

我们都试图避免或推迟最大的恶。

对人类来说,最持续、最强烈的不安是对死亡的恐惧和对死亡预期和暗示的肉体折磨。人类与"所有其他动物"都有"一种自我保存的强烈愿望"(TT I 86)。但是在其他动物中,自我保存的欲望排在了第二位,被"保护它们后代"的欲望所取代,一种在它们身上的"最强原则"——自我遗忘的(self-forgetting)欲望(TT I 56)。而在人类身上,情况就并非如此。因为在人类中,对自我保存的渴望是由想象和理性所引导的,而不是本能;因此,人类拥有一个真正的"自我"或"个人认同",是由他对个体存在的一致性意识所构成的(ECHU II xxvii,特别是9,17,26)。人类对延续"自我"作为"个人"存在的渴望是人类"最强烈的欲望"(TT I 88)。

事实证明,即使我们不知道[187]产生和维持人类意识的本质或物质,我们也能知道这种意识中最强烈的激情——从这个意义上说,我们可以知道最重要的,即使不是最重要的,人类本质的表现。对自我保存的欲望不仅仅是"种植"在人类身上的,就像在其他动物身上一样;这是一种"自然的倾向","这是他们天性的原则"(TT I 86, 88)。这种倾斜的全部力量确实在大多数人身上一开始都被笼罩着;激情需要理性的帮助,成为追求幸福的自然倾向的明确核心。但它从来没有完全被理性所照亮,因此它总是被赋予了远见:人类想要生存的欲望是一种对"舒适的自我保存"的渴望,对于"这一生提供舒适的保障";这不仅仅是为了生存,而是"为了生存和享受生活的便利"(TT I 87, 97; ECHU I i 5)。

人类对自我保存的渴望直接导致了对财产的渴望和对获得和增加财产的机会的保护。最后(尤其是在金钱和大量财产积累之后),人类对自我保存的渴望,很容易就会发现它需要其他的、同样不安全的、有远见的人类的帮助:对舒适的自我保存的理性渴望构成了所有的人,或者所有的人,只要他们是理性的,就会像"一个自然的共同体","一个与其他生物不同的社会"(TT II 6, 128)。

第十六章 道德的理性基础

人类可能被认为属于这样的"群体"——在口头上说,就是一个人——因为他向其他人表明,他认为他对舒适的自我保存(财产)的强烈愿望不仅仅是一种个人欲望;也就是说,在他运用自己的力量去抽象和组合思想来表达他的欲望时,这种欲望就是一种权利,一种"自然权利"。在霍布斯的默许下,洛克打破了传统,他追溯了亚里士多德的《尼各马可伦理学》并将"自然权利"与"自然法"区分开来(NL I 11, 13;VIII 83;参考《利维坦》第 14 章开篇)。

在洛克的最基本的意义上,一种自然权利是一种主张,它表达的是一种非常强烈的个人情感,如此势不可挡,以至于他们不能要求或要求获得满足它的自由,并且可以在不威胁他人的情况下做到这一点。将我的欲望表达为一种自然权利,是公开地表达我对事物状态的清晰认识所产生的严肃的计算:第一,我要表达的是,我被允许尽可能地满足我的欲望;第二,伴随的承诺或承诺(或义务)赋予相同的权利在所有其他的欲望中(以一种不自然的方式回应我的要求);第三,根据一些额外的计算,在我们共同防御那些拒绝承认我们的自然权利的人的基础上,承诺尽可能地帮助其他理性的人。

[188]所有的动物都有强烈的自然欲望;从这个意义上说,只有一个理性的动物,认识到他和其他人缺乏明确的本能或自然的限制,才能表达或使他的欲望成为自然权利。但同样的道理,无论何时,只要有人威胁到任何其他无辜的人,就会表现出一种无知或漠视这种基本的平等,即自我保存的权利,人类形态的生物以这种方式行动,将被任何和所有其他理性的人类视为一种野性的、聪明的、因此也是非常危险的动物,需要被毁灭(如果必要的话),以保护其余的动物。因为当一个人放弃基于对自我保存渴望的理性计算时,他就把"上帝赋予人类的共同规则和衡量标准"抛在一边……因此可能会被毁灭……作为其中的一种残忍野兽,这样的

人类与社会没有任何关系(TT II 11，注意楷体；参考 16，172，以及 Miller 1979, 178 n.6)。

因此,我们看到理性的自我保存驱动力主要是作为一种权利来表达的;但是,在这种权利的表达中,自然的法则,权利或义务被赋予了每一个理性的人"根据自然的基本法则,人类将被尽可能地保留下来"(TT II 16；参考 135)。那么,自然会给人类提供一些材料,它可以构建一个明确的,哪怕是消极的指导:"全人类的自我保存",洛克认为,是"管理我们的宗教、政治和道德的真正原则"(STCE 116)。

然而,尽管理性的自我保存,作为最高的原则和最强烈的愿望,调节着所有其他的欲望和原则,但它并不是简单地超越,更不用说消灭,"追求幸福"的其他因素。即使是最理性的人,也会持有不同的品味,或者持续被不同的不安所触动。

洛克的自然法则,以及建立在这一法则上的"共同体",并不意味着暂时忽视或消灭这种个性和多样性。相反,洛克的共同体是一个自觉的群体,一个人在法律和理性的和谐中追求不同的个人目标。然而,对这种和谐的承诺,以及它所依赖的原则,都不能影响到成员的实质性目标或品味。

不安促使一些人去旅行,有些人去漫步,有些人去做牧师,有些人加入了当地的民兵组织。但是洛克社群的成员更有可能是去漫步、度假或工作"以获得成功",而不太可能去祈祷或游行。人们可以从另一个角度来做同样的观察:洛克从来没有说过"追求幸福的权利"。人类只有一种权利(和义务)去追求幸福(对比 Strauss 1953, 226–227, 236)。对幸福的合理追求,是通过自我管理,[189]或按照其优先顺序,以这样的顺序来追求生命、自由和财产的。

当然,这意味着,在追求幸福的过程中,没有一种自动或必要的和谐,这是所有人类无一例外的特征,即自然法,理性法。对舒

第十六章　道德的理性基础

适的自我保存的渴望是首要原则，即洛克提出的基本的或阿基米德式的论点来推断并推动整个道德世界；但这种愿望本身并不能提供所需的杠杆。当洛克说这种欲望本质上是人类最强烈的愿望时，他并不是说自然只是支配着其他所有人。欲望只有在与理性的伙伴关系中才能达到完全的掌握，而这种伙伴关系本质上是脆弱的，理性天生就是脆弱的伙伴。当这种合作关系进入交换领域时，它就像其竞争对手一样，面对着一群难以驾驭的、无序的渴望和想象。

最糟糕的是，这个盲眼巨人的力量是由自我保存来驱动的，当其与理性的结合，或者与错误的理性结合在一起时，会导致可怕的"疯狂"；这也是"人的特权"，它承认"人性可能做出的最伤天害理的谋杀，连狮子洞里和豺狼窝中都没有这样残忍的事"——也就是说，以一种极其系统的方式来饲养肉食，将自己的孩子转化为财产（TT I 56；参考 NL VII 74–75）。

"自然法"的模糊性和对神圣执法的需要

想象和激情必须被带入一个创建的秩序中——必须被检视、隐蔽和重构——通过传统的习惯、法律、制度和信仰来体现和执行特定的理性规则。理性所设计的最基本规则，以一种或多或少的普遍有效的方式定义了行为体系，即作为人可以最大限度地减少其最大的自然"不安"。

法典从这样的规则开始，比如"一个人应该做什么"，"人类应该遵守他们的契约"，"父母保护和珍惜你的孩子"；并引导出"无代表，不纳税"这样的规则（ECHU I iii 4, 5, 12；IV iii 18；TT II 142）。对于这些推论或建构，从人类的本性和最迫切的需求，洛克给出了"自然法"的称谓。在这样做的过程中，他深刻地改变了这一术语的含义，因为他知道这一术语是从廊下派那里传承来的

(NL I 10-12)，而且，更重要的是，他故意引入了一种他所认为对道德语言有益的混淆。他这样做的方式和霍布斯在他之前所做的一样，尽管他对创新的态度并不是那么明确。

[190]霍布斯总结了他关于自然法的教导，如下评论：

> 这些理性的规定人们一向称之为法，但却是不恰当的，因为它们只不过是有关哪些事物有助于人们的自我保全和自卫的结论或法则而已。正式说来，所谓法律是有权管辖他人的人所说的话。但我们如果认为这些法则是以有权支配万事万物的上帝的话宣布的，那么它们也就可以恰当地被称为法。（《利维坦》，第15章，篇末）

同样，洛克强调，"所有法律的真正本质"，恰当的称谓是"一个聪明的人"所设定的"一条对另一个人的行为规则"，

> 在他的权力下，通过某种善恶的标准，奖励遵守和惩罚偏离其规则的人，这不是自然的产物和自身行动的结果。因为这是一种自然的便利或麻烦，它会在没有法律的情况下运作。（ECHU II xxviii 6；参考 I iii 12）

因此，如果存在一种道德法则，在本质上是独立于传统的谴责或惩罚，一种可知的没有启示的理性规则，那么，这位立法者也必须是可知的，他在"此后的生活中"给予奖励和惩罚（I iii 12）。

但是，是否有必要建立一种道德法则，一种可恰当称之为自然法？或者因为洛克似乎认可这样的需要，那么它到底是什么？难道人们不能说服从或不服从命令的"自然的便利或麻烦"的意思吗？难道人们不能说，服从或违背理智的命令（我们中"自然之神"的声音）的"自然的便利或麻烦"，是对这些规则的充分认可，

第十六章 道德的理性基础

除了在另一种生活中,从一个超自然的或地狱的上帝那里得到的额外的奖赏或惩罚,是对这些规则的充分制裁吗?在肯定的情况下,似乎忽略了快乐,所以很多人自然地统治,甚至是残忍的(STCE 116,102);那些严格遵守理性法则的人,可以通过世俗的制裁和信仰来阻止这些罪犯?如果只有世俗的制裁,难道一个在残酷统治下找到极大乐趣的人,必然是不合理的——如果他能精明地满足自己?卡里古拉(Caligula)是一个疯狂的傻瓜,但他是提比略(Tiberius)吗?

严酷的事实似乎是,我们公然违抗许多确保人类安全的规则,可能会给我们任何一个人带来可观的满足感——在短期或长期的运行中——没有我们代价高昂的痛苦,也不会带来巨大的风险。举个例子,这是不言而喻的,"在这一生中,这种惩罚并没有违反"禁止父母忽视甚至虐待他们的孩子的规定,这是"最明显的人道主义推理"的一个规则(ECHU I iii 12)。

此外,还有一个更重要的考虑因素。[191]理性的社会有益规则,如果要有效,必须由警察的工作来执行——如果上帝不是警察的话——这项工作涉及到频繁的风险和牺牲,包括生命本身的终极风险或牺牲。在没有上帝在另一种生命中强加制裁的情况下,自然法或理性法则似乎是完全合理的,这仅仅从社会或人类的角度来看,它是一个共同体;而从个人的角度来看,这似乎不太合理。

这些保留当然被削弱了,但是如果一个人给出了洛克所说的"霍布斯式"的答案,它们似乎也并没有被克服。当一个"霍布斯主义者"被问及为什么人类应该遵守"一个伟大且毋庸置疑的道德准则",比如"人应该遵守他们的契约","他会回答:因为公众需要它,而且利维坦会惩罚你,如果你不这样做的话"(I iii 5)。

换句话说,霍布斯的立场是,建立有效的民事惩罚来补充或替代不充分的自然的和神圣的法律。然而,"霍布斯式"的回应似乎并没有涉及到秘密犯罪的问题;它似乎没有为执法部门的风险提供一个理由(包括在国防战争中服役);最重要的是,至少在这里,它似乎并没有解释,为什么人们应该(至少最初)保留原始的契约来创造利维坦。

我们似乎不得不承认,"道德的真正基础"只能是"上帝的意志和法则,他在黑暗中观察人类,在他的手中有奖赏和惩罚,有足够的力量去责问最骄傲的冒犯者","在他的地狱里,他注定要惩罚那些离经叛道的人"。"如果没有这样的知识,就像人类永远无法确定的那样,任何事情都是他的责任"(参见 ECHU I iii 6 和 13;参考 I iii 12, iv 8; II x 9; xxi 37-38, 44, 55, 60; xxviii 8; IV xvii 4, 14, 24; 以及 Leibniz 1962, 96 和 201)。

事实上,在对于道德的真正基础的评判和在对道德或自然法意义的整个分析中,古典传统中的深层意识(由洛克的学生沙夫茨伯里复活)将对此强烈抗议。这些古老观点的追随者会争辩说,道德的真正基础是崇高之美(to Kalon),它体现在一个人决心去做正确的事情,而不在乎回报或惩罚是什么。的确,这种抗议,如果它涉及到自然法的话,似乎涉及到一些难题。很少有人会否认法律,恰当地说,需要一个对整个共同体有权威的立法者来进行法律的颁布(托马斯·阿奎那,《神学大全》,第90问,第3篇)。

如果理性可以证明,对于自然或整个人类来说,有一个立法者,无论如何,似乎都有合理的希望,对于道德的制裁,这就超越了为自己的利益而做事情的满足感。[192]尽管如此,所有的传统自然法,无论廊下派或是基督教徒,都认为这是绝对必要的。他们也可能得到上天的惩罚,就像在许多情况下,所指令的特定行为可能会导致行事者的功成圆满;但是这些行为并不是为了他们自己的利益而做的,而是为了他们灵魂的品质,为了满足这些品质在行动中所固有的满足感——一言以蔽之,这是为了崇高本身,而不是为了超越崇高的幸福。在他对洛克《人类理解论》中所表达的道

德理论进行批判的过程中,沙夫茨伯里如是说:

> 在精神或道德问题上,与普通的身体或常识一样,道理是相通的。这些东西的形状、动作、颜色和比例呈现在我们的眼睛里,必然会呈现出美丽或畸形……所以在举止和言行中亦是如此,当我们理解它们的时候……我们的心灵……感受着温柔和严酷,情感中的愉悦和不快;可以发现污秽和公平之事,和谐与刺耳之音,就像在任何音乐旋律中,或者在外在形式中或可感事物的表现形式中一样真切和真实。但它也不能仅凭它的崇拜和狂喜,它的厌恶和轻蔑,更多的是与另一个主题相关的东西……在这种情况下,当它能够具有公共利益的概念,并且可以获得关于道德上的好或坏,令人钦佩或可加责备的,对或错的推论或科学的时候,我们就将其称之为有价值的或有德性的生物……如果……有一种对神的信仰或概念,他只对自己的造物有强大的力量,并通过特定的奖励和惩罚来服从他的绝对意志;如果按此理解,仅仅通过奖励,或对惩罚的恐惧的希求,这个生物就会被煽动去做他所讨厌的好事,或者克制自己不去做那些他本来就没有如此厌恶的坏事,在这种情况下(就像已经展示的那样)没有任何的美德或良善……正如上面所暗示的那样,这种恐惧或希望也不能以美德或良善的现实而存在,如果它对任何道德行为都是至关重要的,或者是任何行为的一个重要动机,在这种情况下,其中一些更好的情感应该是足够的……这也是必须承认的:如果真的虔诚,为了他自己的缘故而爱上帝,对他的私人利益的期望过分关心,而不是对上帝,必然证明其虔诚的减少……在另一方面,对未来惩罚的恐惧,对未来回报的希望,无论它是如何被考虑的,都会是一种巨大的优势、安全和对美德的支持,这是毋庸置疑的。(《人、风俗、意见与时代之特征》,第5卷,

1章,1部分,3节和2部分,3节,in 1964,251-252,267-270)。

洛克完全意识到了这一点,尽管这一传统的廊下派和基督教版本的教义及其抗议并没有给人留下深刻的印象。[193]在他对道德分析开始的时候,他就列出了三种过去的关于坚持"伟大和毋庸置疑的"道德准则理由的答案:第一种是"基督教的,它是对另一种生命中的幸福和痛苦的看法";第二种是霍布斯式的;第三种是"古老的异教徒哲学家们"的答案,他们会回答:"因为(食言)这是不忠实的,是不合于人的尊严的,是与人性中的最高的完美性,即德性背道而驰的"(ECHU I iii 5;参考 NL I 10-12)。

在列出了这三个答案之后,洛克立即强调,第三个答案,并不弱于前两个,并获得了它的力量——不,是在某种程度上,产生了对幸福的依恋关系。现在,在我们的检视过程中,幸福证明是可以简化为快乐和痛苦的。因此,人们有理由去问,通过追求尊严和完美,尽管会付出代价,但一个人可以赢得什么样的快乐,或者什么样的痛苦是可以避免的;还有一个同样合理的问题,一个人如何知道什么是有尊严的或卑贱的,完美的或不完美的行为?(关于什么是道德上的好或坏,令人钦佩的或可加责备的推论或科学可以得出什么样的结论——根据沙夫茨伯里和他的导师苏格拉底的说法,这种"科学",在这个生物被称为"有价值或有美德"之前,除了"公共利益的概念"之外,"每一个人"都是必须拥有的?)

洛克认为的唯一的答案,可以满足,或者符合证据的——就是他悄然发现的,并由这些老哲人们自己所承认的——在其后很长的时间里才加以揭示,那就是当洛克列出"三种"有关"道德规则或法律"的同时,它们还有"三种不同的执行,或者奖励和惩罚的手段"。其中第三种就是"舆论或声誉的法则",或者,正如洛克在更为直白的第1版中所称的那样,"哲学的法律,并不是因为哲学家们创造了

第十六章 道德的理性基础

它,而是因为他们最勤于去询问它,谈论它……即善恶法则"。

> 所谓德行和恶行……它们所指的那些行动只是各国所赞美的,或各社会所讥毁的那些行动……因此,赞赏或不悦、称赞或惩责……这些凭借着人类的秘密同意,在各种人类社会中、种族中、团体中,便建立起一种尺度……使人们按照当地的判断、格言和风尚,来毁誉各种行为……任何人一加思考就会看到德行和恶行通常是以毁誉为公共尺度的,因为他会明白,在此国所认为恶行的,在彼国或者会被认为是德行,可是不论什么地方,德行和称赞、恶行和惩责,总是相称的……这虽然是异教徒哲学家的语言,可是他们委实知道他们的德行和恶行的观念什么是成立的……人们或者以为我在这里已经忘掉自己的法律观念,因为我认为人类判断德行和恶行时所依据的那种法律,只是无力制定法律的一些私人的同意……不过我想说的是,人们如果以为奖赞和贬抑不足以成为很强的动机,[194]不足以使人适应同他们往来的那些人的规则和意见,则他似乎很不熟悉人类的天性或历史。(ECHU II xxviii 10-12)

洛克似乎是在教导,对尊严的关注是受到对被赞扬或赢得荣耀的愉悦奖赏的渴望,以及对被蔑视或被遗忘的痛苦惩罚的厌恶。因此,尊严的问题是(与沙夫茨伯里所主张的相反),从根本上依赖于传统或风尚,并且缺乏一个客观的基础,直到它受到其他原则的约束。事实上,正如洛克继续用决斗(dueling)的例子来说明(II xxviii 15;参考 I iii 8),德行和恶行的法则,因为它与倾向于统治或优越的激情有着明显的亲缘关系,在许多地方,可能会直接与一些最明显的理性规则的推论相违背,这些规则都是基于对舒适的自我保存的渴望。此外,对尊严的关注,不仅取决于风尚,还与统治有关，但风尚需要英雄主义或真正的牺牲——就像古人所做的那样——荣誉的法则可能会受到所有人的赞扬，但只有少数英雄才会遵守：

> 人类，他们必须被允许追求他们的幸福，不，这是不可能被阻碍的，他们不能认为自己可以从严格的规则观察中得到原谅，这些规则似乎与他们的首要目的——幸福，没有什么关系，而这些规则却不让他们享受这种生活的乐趣……哲学家们，的确展示出了德性之美：他们将她放在众人面前，以吸引人们的目光和对她的赞许；但是，她却没有如此天赋，让大多数人都去支持她。（RC par. 245）

荣耀和名誉拥有强大的力量，尽管不是最强大的，但它却操控着人类的心灵；但是，如果没有其他来源的的制裁和原则的支持和指导或定性，那么，在绝大多数情况下，对尊严的关注往往都不够有效，而且太容易被误导——尤其是在少数严格遵守"善恶法则"的"英雄"之中。

古典哲人们，通过限制自己的目标，主要是为了促进善恶法则，而在政治哲学的主要任务中却失败了：

> 人类的理性没有帮助，反而使人们在其伟大而正确的道德事业中失败了。它从来都没有从毋庸置疑的原则出发，通过明确的推理，去构成自然法的整全体系。

> 这些仅仅是对和错的衡量尺度，它们是任何必要的被引入的民事法律规定，或者哲学建议……[195]他们的义务在那里完全知晓并获得承认，他们接受的就是法律的戒条，最高效力的法律，自然法？这是不可能的，没有明晰的知识和对立

法者的承认,以及巨大的奖励和惩罚……他们对另一种生活的看法,至多是模糊的;……而这使他们更加被怀疑,对美德的用处更小,那就是,哲学家们很少在他们的思想和实践上,通过对另一种生活的考虑来制定他们的规则。他们主要争论的是美德的完美性;他们通常的最高目标是提升人类的天性……这是一个有关未来国家的学说,尽管它并没有完全隐藏,但它在世界上并不为人所知。这是一种不完美的关于理性的观点。(RC pars. 241, 243, 245)

的确,哲学家们并不应该受到完全的指责,因为他们受到迫害的威胁,这就驱使他们将真知灼见保留到真正的道德和神学原则的秘密中:

> 理性对此没有任何的帮助,也不能指望从理性中得到什么,在这种情形之下,理性无法证明,也无法评判,与理性本就没有什么关系:牧师们无论在何处,为了保卫他们的帝国,在不断驱散着理性……人类的理性和思想的一部分,当他们追求他的时候,便会找到了一个至高无上的、无形的上帝:但如果他们承认并崇拜他,那就只是他们自己的想法而已。他们把这个真理锁在自己的心里,作为一个秘密,也从来没有在人群中冒险一试,更不用说牧师们了,那些小心翼翼地守护着自己的信条和有利可图的发明人……我们发现,其中有一个叫苏格拉底的人,反对和嘲笑他们的多神论,以及对神的错误观点;但我们也看到他们是如何回报他的。无论如何,柏拉图和那些最清醒的哲学家们都认识到一神论的本质和存在,他们欣然在他们的公开敬拜中,与牧群保持一致,并遵守法律所规定的宗教。(RC par. 238)

到此时，我们已经意识到，洛克对"古老的异教徒哲学家们"的判断比一开始看起来更加复杂和模糊。我们首先想到的是，古典思想家关注的是"善恶法则"，因为他们真诚地相信，对崇高的爱是道德的真正基础。但是后来我们明白了，古典哲学家们实际上认为羞耻，即对荣誉或名誉的爱，才是唯一真实的基础——但他们没能看到这个基础有多么的不稳定。现在，在《基督教的合理性》一书中，洛克让我们看到，对崇高和荣誉的关注只不过是古典政治哲学家开放的、大众面孔而已。在私下里，洛克似乎在暗示，[196]"古老的异教徒哲学家们"发现了"一个至高无上的、看不见的上帝"，他的制裁和统治构成了道德的唯一真正的基础。在私下里，"一些异教徒的哲学家在某种程度上培养了他们对自己的责任的清晰认识"；但这个观点"在人群中没有立足之地"（RC par. 241）。

大众的信仰和牧师的嫉妒阻碍了哲学家们发表他们的基本观点。洛克的处境与苏格拉底和柏拉图的处境之间的巨大差异将会呈现出来，那就是洛克是生活在一个对理性和哲学友善的宗教统治之下的时代。或者说不同之处无非就是：基督教，虽然它本身不会，但却可以被设计得更加的友好？但这是由于基督教还是洛克的改变呢？这难道不是洛克和苏格拉底的处境异同之处吗，这不是说洛克是一个更具政治意义的人，是一个更伟大的政治哲学家——在他对如何操纵与改造大众和牧师的宗教理解的过程中，他已经远远超越了古人，从而使其走向启蒙和理性？

尽管如此，这不仅仅是对理性的开放并由此来区分基督教；同时，古典哲学家们无法克服异教徒迫害所带来的限制，这并不是他们处境的唯一缺陷。即使，

> 哲学……应该走得更远，正如我们所看到的那样，从毋庸置疑的原则出发，像在数学这样的科学中一样，在每一个方面

第十六章 道德的理性基础

都可以证明,而我们的道德规范,并不是那么有效……人类最伟大的部分寻求舒适或示范的能力,但这也不可能带来一系列的证明……你可能很快就会希望真的有一天——无论工人和商人,还是纺纱工和挤奶工,或是优秀的数学家,让他们以这种方式完美地实现道德规范:即听从简单的命令,这是唯一能让他们服从和行动的过程。而道德的最伟大的部分是不可知的,因此他们必须深信不疑。(RC par. 243)

基督教带着其对天堂的生动承诺和地狱的威胁,由记载了一位救世主所施神迹的叙事来背书,据说他是直接从上帝那里得到的戒律,所有的报道都是使用"无知的,但却令人鼓舞的渔夫式"的语言记录的(RC par. 241),它是——或者说,是可以被制造出来的,一旦它"服从于"(regulated)理性和舒适的自我保存的理性原则——一个广为流传的理性真理的版本,一种大众道德教化的完美工具:

> 美德现在显然是最肥美的买卖,也是最划算的交易。她是我们本性的完美和优越;她本身就是一种奖励,并将我们的名字推荐给未来的时代,但这并不是她现在所能说的……它还有另一种乐趣和功效来说服人们,如果他们生活得很好,他们从此往后会很幸福。睁开他们的眼睛,注视着另一种生命中无尽的、无法形容的快乐,他们的心将会找到一些坚实而有力的东西来感动它们。天堂和地狱的景致就在眼前……[197]在此基础之上,也唯独有此,道德才会纤尘不染……这就使得道德不仅仅是一个虚名而已……(RC par. 245)。

但是如果基督教被证明是合理的,如果这不仅仅是一种修辞上的面纱,掩盖了道德理性的非实在性,如果要引导的是一位闲暇之人，而不仅仅是劳苦大众，就会有一个真正的道德基础，它根植于理性、自然和自然之神；那么反复的尝试至少试图表现出"基于理性的、不言而喻的原则"，通过"清晰而明显的论证"，来对上帝的存在进行理性证明，他是另一种生命中的理性法则的执行者。他必须将古代理性主义者的洞察力，从他们被迫笼罩的"晦涩"中解放出来：他必须"把它还给世界"。他必须明白，"自然宗教，在其全部意义上，都是由自然理性的力量所眷顾的"。否则，我们就会陷入混乱的状态之中，洛克自己也会哀叹："这似乎应该是，通过迄今为止所积累的跬步来构建道德，这是一项难获理性帮助而非常艰巨的任务，但在一束清晰而令人信服的光照之下，它的所有部分都建立在真正的根基之上"（RC pars. 238，241，242）。

第十七章　神与人的正义

自然之神执行自然法的证据

[198]在《人类理解论》中,洛克似乎一再向我们承诺或保证,一个执法之神的存在证据呼之欲出。悬念和期待都放在了这部作品接近尾声之处,洛克提出了一个问题,即理性是否能在人类中建立某种精神上的存在,而不仅仅是身体的或物质的(IV iii)。但令我们沮丧的是,洛克宣称这个问题不能通过理性来解决;理性不可知论,可以反驳这种可能性,那就是物质,并且只有物质是人类存在的原因或产生意识的可能性。然而,洛克从我们最初的失望中拯救了我们,让我们感到宽慰(和惊讶),他相当愉快地补充道,这一僵局对我们理性地相信灵魂不朽的信念没有任何影响:

> 不过我们纵然不能在哲学方面证明灵魂的非物质性,而道德和宗教的一切伟大宗旨仍不能丝毫有所动摇。因为显然,造物者不但使我们起初显现为有感情、有知觉的生物,不但使我们在若干年中继续此种状况,而且在另一个(无形的)世界中,他亦仍会使我们复返与之相似的知觉状态,并且使我们能以接受他为我们在世时的行为所准备的那种果报(ECHU IV iii 6)。

因此,我们屏息以待灵魂不朽的理性证明,我们现在看到的证明必须包含一种"全能"(Omnipotency)的存在(IV iii 3),它能促使物质和精神思考,它能使思考的事物或自我回到持久的生命中,使思考的事物遭受痛苦的报应或幸福的回报。七个章节之后,洛克提出了他唯一系统的和详细的证据以证明"一位上帝"的存在(IV x)。不幸的是,这个证明并没有提到天堂,地狱,灵魂的不朽(或自我),或神圣的审判或任何惩罚,完全不能建立神的万能(例如,这个证据让我们怀疑,即使是上帝创造奇迹的可能性,比如复活,是否已经得以证明:特别参见 12-13 节和 18 节末;以及参见莱布尼茨的讨论,1962,434-443)。

洛克将我们的注意力吸引到"证据"里最大的败笔之中(从道德的角度来看),其中包括在[199]这一章最后一行在其他事情中两次提到"天堂"一词——并且只是在那里——费了些笔墨讨论为什么不可能"认为自己是永恒的"(sec.18)。如果我们对这三段话进行反思,那么为什么洛克无法证明自己的来世是可以被发现的。在"论理性"的那一章里,洛克说"向死而生"是一个"高于理性"的命题,也就是说,其真实性,或者甚至是可能性,都不能由理性推导出来,这"纯粹"是一种"信仰的问题"(IV xvii 23, xviii 7)。

在关于"人格同一性"的章节中,洛克指出我们是"在黑暗中摸索这些问题":"我们虽然认那个能思的东西是自我(selves),可是我们实在不知道它的本性如何……是否还能够进行其思想和记忆等作用;上帝是不是要使任何一个精神所寓的那个身体必然具有适当的器官组织,以为它的记忆的基础"(II xxvii 27)。又或,正如洛克一开始所说的那样:

> 人们并不要以为我在这里关于人格同一性所提出的问题,只是一些空洞的思辨……人们只要稍一反省复活问题,并

第十七章 神与人的正义

且一考究神圣的公道要在末日审判人们,按其在世时所做的善恶,以使之在来生受福或受苦;则他们一定会觉得自己不能解决,究竟所谓同一的人是什么样子,或者所谓同一性是什么样子的(Ⅰ iv 5)。

这并不是说洛克教导我们,把上帝作为立法者和执法者加以认识,从纯粹的启示而不是理性的角度,基于这样的事实,即启示并不矛盾,而仅仅是完成了理性需要完成的事情。洛克一再强调,自然法,作为理性的法则,与上帝在启示中所传达的正律("信仰法则")截然不同。在《人类理解论》中,洛克强调说,道德律是"一种以通过自然之光可知的法律;也就是说,无需启示的帮助"(ECHU I iii 13; I iii 6;同样,关于自然法的非公开争论也同样如此,NL II 23-24, 31)。

在《基督教的合理性》中,洛克更进一步,认为道德准则是可知的,并"不为信仰提供任何补偿"(RC par. 20;参考 pars. 19 and 21ff., 232, 243)。在《政府论》中,洛克强调,菲尔麦未能明确和精确地区分出启示与自然法之间的区别,这是他思想中最令人恼火的特点之一(回顾 TT I 16ff.,以及上文 141 页)。

此外,我们还不清楚,洛克实际上是否承认了任何高于理性的认知领域。他确实似乎首先承认,理性必须屈服于一些不可论证的奥秘,只有通过启示——[200]秘密才能传递,这超越了法律和惩罚的理性之神(例如,肉体复活的神秘,或者耶稣是救世主)。但是他坚持认为,即使在这些情况下,也必须判断哪些是真正揭示的奥秘,而这些仅仅是热情和迷信的产物:

> 我们必须求以理性作为最后的法官和指导。不过我的意思并不是说,我们必须求助于理性,必须考察上帝所启示的命题是否可以为自然原则所证明,而且在不能证明时,我们就当

排斥了它(ECHU IV xix 14)

理性适用的标准是什么？所有的启示都是"传统的"，即别人启示的报告，或"原创的"，即直接而立马的事实上的启示。我们通过圣经所得到的"传统"或传闻的启示，只有在作者声称的、最初的启示时才能被验证(ECHU IV xviii 3-4, 6)。现在，任何对原始启示的主张都超出了经验理性所能证明的范围，并声称要揭示奥秘，这一主张的有效性必须通过奇迹来证明，这也被证明是奇迹。因为理性必须是我们所有事物的向导，为了让奇迹被接受为真，它们必须在理性的眼睛里得到充分的检验(ECHU IV xvi 13, xix 15)。那么，理性究竟是如何证明一个所谓的奇迹是一个真正的奇迹？信仰不是决定性的，因为没有理性的信念仅仅是"狂热"。

> 所谓信仰……对简单明了的理性指令没有任何权威……启示乃是自然的理性，理性在这里，只是为上帝所直接传来的一套新发现所扩大，不过那些新发现仍待理性来证实其为真，就是理性要借各种证据来证明它们是由上帝来的。因此，人如果取消了理性，而为启示让路，他就把两者的光亮都熄灭了……人们如果要依据直接的启示来建立自己的意见，来规范自己的行为，则比依据严格的推论要容易的多，顺利的多，因为严格的推论是既令人麻烦，又不常成功的。因为这个缘故，所以有的人爱妄称自己得了启示……因此，我们就看见，古往今来，忧郁而虔诚的人们，自夸和自信太过的人们，就以为自己胜于别人，以为自己独能同上帝有更密切的来往，独能得到上帝更大的宠爱；因此他们就自诩自信，以为自己和神明有直接的沟通和圣灵有不时的来往……我所说的狂热原本就是这样的……来自天堂的光芒，本是强烈、明白、纯洁的，它本

身就可以解证它自己。我们若以自己幽暗的光明,——理性——来考察天堂的光芒,那就无异于借萤火的微光来发现太阳了。这便是这些人们的说辞:他们所以相信,正因为他们相信:……[201]我如何能知道,这确是上帝向我所启示的……?……圣保罗在杀戮基督徒时,亦相信自己的做事是对的,亦相信他自己肩负这种使命……善人亦是不能免于错误的……光亮,人心中的真正光亮,只是任何命题所含的明显真理;它如果不是一个自明的命题,则它所有的一切光明都只是由它所依的那些证明的明显性和妥当性来的。要说理性中有别的光明,那只有使我们进入黑暗,只有使我们落在黑暗王子的权力内……我就问,人们怎么能分辨撒旦的欺骗和圣灵的启示呢?……上帝……他会以理性所不能误认的一些标记,使我们相信那种真理是由他来的。(ECHU IV xviii 6, xix 4-14)

此外,人们不能想当然地认为,奇怪或无法解释的东西是不可思议的,因为科学的巨大进步表明,在任何时候都可能是难以理解的,因为它实际上可能是"脱离了正常的自然过程"(STCE 192)——这在将来的任何时候都可以完全解释,当它被认为是一个非同寻常的,但最终需要自然发生的时候。例如,洛克认为,通过牛顿的引力理论,我们正走在通往更可理解的和科学描述大洪水的道路上,圣经这才被认为是一个奇迹,并被无知的牧羊人诺亚视为奇迹(参考 ECHU IV xvi 13 以及 STCE 192)。

那么,真正的奇迹的标记是什么呢? 有什么迹象可以表明,这是众所周知的,而且事出有因的,但它的出现也被认为是理性的,但在理性的基础上却是无法解释的? 因此,他反复强调了一个问题,即理性是如何验证传说中奇迹的神奇特征的;洛克放弃了理性地展示《新约》中所声称的奇迹真实的或不可思议的特性的计划。

他以一种近乎令人震惊的、半开玩笑的说法来为自己辩护,大意是说,既然没有人能证明这些奇迹,他们就不需要进一步的论证了(RC par. 237;参考《关于奇迹的讨论》,以及 Zuckert 1986, 198-199,还有 Strauss 1953, 209-212)。

洛克未能证明未来的奖赏和惩罚,幸福和痛苦的存在(或者甚至是给出一个近乎理性的论证,不管多么愚蠢,对于存在的可能性),这是如此的赤裸和清晰,而他失败的任务是由他自己在重要的基础上建立起来的,我们不得不重新考虑这个重要性基础。洛克实际上震动了他要求读者们重新思考的,他最初似乎建立起来的、基本的、流行的或传统的假设:即认为在来世生命中对神圣审判的信仰是"道德的唯一真正的基础,或者是指导人类生活所必需的原则"。这样的信仰是不必要的,似乎是洛克的精心设计的[202]一个帕斯卡版本的赌注:洛克认为,"道德是建立在其真正基础之上的……当永恒的状态被考虑,但它是完全可能的"(II xxi 70)。有迹象表明,即使这一立场,也不标志着神学纬度的外部界限,与一个体面的理性社会相容。洛克提到了个人,甚至是整个"非常伟大和文明"的国家,他们都很正派,不相信天堂和地狱——在某些情况下,他们不相信一个上帝或任何善的事物(参考 ECHU I iv 8 和 15,包括 TT I 141 和 STCE 94,页 196[参考 Taroov 1984, 126-127];对比 Leibniz 1962, 103-105,他避免或压制了洛克的讨论)。

然后,这是硬币的另一面。在这一章中最广泛地涉及到人类行为的源泉(ECHU II xxi),洛克反复指出,对天堂的坚定信念,可能没有多少力量使一个人的生活变得合理或有价值,因为没有善的东西,即使没有最好的善,也很容易被痛苦的存在所压倒,甚至是轻微的痛苦。或者像他后来说的那样:

> 违反上帝律法的惩罚,有些,不,也许,大多数人很少认真

第十七章 神与人的正义

地考虑,在那些做了很多事情的人当中,很多人都违反了律法,需要考虑未来和解的想法,并为这些违法行为争取和平。(ECHU II xxviii 12;参考 Horwitz 1977, 137-138)

此外,让我们不要忘记一个令人不快的事实:"这在梅格里安人(Mengrelians)当中很常见,他们是一个信奉基督教的民族,但他们毫无顾忌地活埋他们的孩子",更不用说,"那些美德,诺堡人(Tououpinambos)认为他们那里是理所当然的天堂"——"复仇,并将敌人作为丰盛餐食"(I iii 9;再次对比 Leibniz 1962, 91-92)。这并不是要否认,在所有条件相同的情况下,如果一个社会,在死后被认为是神圣的惩罚和奖赏的信仰是不存在的话,那么这样的社会就更有可能是体面的。

但这并不能证明这种信仰是必要的;这可能只会证明,任何一个明智的人,当他在这样一个社会中公开讲话时,都会足够谨慎,而不是依据自己的普遍观点——这个想法可以解释很多事情:"上帝的名字在世界的任何地方都被提及,用来表达一个卓越的、强大的、智慧的、无形的存在,这种观念对共同理性原则的适用,以及人们总是不得不经常提到的利益,必须将其广泛传播开来"(ECHU I iv 10)。在这一段中,洛克比任何其他地方都更强调的是,惩罚和奖励的神性作为真正的道德基础,他也指出这一基础可能是多余的:

> 不过我们仍然觉得,人们虽然普遍地赞同各种道德规则,而并不知道或承认道德的真正根据。道德的真正根据自然只能在于上帝的意志和法律,[203]因为上帝可以在黑暗中观察人的行动,而且他亲手操着赏罚之权,足可以有力量来折服最傲慢的罪人。不过上帝既然以不可分离的联合作用,把德性和公益联结在一起,并且使实行道德成了维系社会的必需

条件,并且使凡与有德者相接的人们分明看到德性的利益,因此,我们正不必惊异,人为什么不止要允许那些规则,而且要向别人来赞美、来讴歌那些规则,因为他确信,他人如果能遵守德性,他是会得到利益的。因此,人们所以赞扬这些规则是神圣的,不但可由于信心,而且可由于利益:因为这些规则如果一旦被人蹂躏、被人亵渎,他们自己就会不安全(ECHU I iii 6)。

但是一个无神论者的道德,或者一个不接受来世的有神论者,如何克服我们认为我们在这个世俗的或霍布斯式的,对这个问题的反应中所发现的困难,以及义务和责任的根据或理由？经过深思熟虑,一些答案显现出来(亦参 Strauss 1953, 219-220, 229, 以及 1959, 214-215)。首先,一个真正理性的生活准则可能必须足够强硬,才能让人们意识到任何罪行,尤其是虐待儿童,都不会受到惩罚。但是,它并没有因此而屈服于愤怒的陀斯陀夫斯基所呐喊的,"一切都是合法的!"(参考《卡拉马夫佐兄弟》,第5卷,4-5章)。这样的法规可能会努力在法律和习俗("声誉法则")中进行根本性的改革,比如将会对这种滥用或忽视产生非常强烈的经济和心理上的阻碍,我们可能会说,理性的准则将致力于开放和构建经济机会(对公正的努力工作给予大量的、可靠的奖励;对懒惰或企图剥削的严重剥夺和羞耻)。

因此,为了使成本—收益比非常有利于几乎所有人的支持,以保护和平、秩序和财产。同理可知,一个理性的准则将决定一个政治体系的构建,而不同于霍布斯的是:通过有效地平衡权力,通过对一个对权利警醒和对经济感兴趣的市民的重视,他们在任何时候容易动员和参与大量紧急的事务,这样的政治体系可能会保护自己,而很少需要英雄。

最后,但绝对是最重要的,一个理性的准则将决定教育的重新

第十七章 神与人的正义

定位和"声誉法则":耻辱和威望的激励应该是为了支持一个更加和平的、社会合作的理想,鼓励一些非常温和的风险——一切为了执行理性的法则。所有这一切都将继续向至少大部分的民众(尤其是警察和士兵)致敬并支持合理的、宽容的和低调版本的基督教。如果这样的愿景,试图尽可能地规避高尚牺牲的经验,就不应该被称为"道德",那么这个名字就更是徒有虚名了。智慧、谨慎和美德也许能在没有道德的情况下存活。[204]这些反思使我们对在《政府论》中没有发现提到过"道德的"、"道德"、"道德美德"或"伦理"这一事实感到惊讶。

同样的思考也让我们感到惊讶,当我们离开相对虔诚的《人类理解论》时,我们会发现,在洛克的其他主要著作中,上帝的天堂和地狱的教导是如何展现的。事实上,在这些作品中,几乎没有提到任何这样的教导或概念。

在《教育漫话》中,洛克几乎没有提到天堂,也没有提到地狱或神圣的惩罚,并建议所有的努力都是为了让孩子避免与上帝的恐惧相联系;在简述了上帝的概念之后,他没有提到任何关于惩罚、天堂、地狱的东西,洛克补充道"我认为如果人们普遍认识的上帝是这个样子的,那就更好了"(STCE 1 61 首,122 末,135-138,140,158-159,190-192;参考 Horwitz 1977,146,150-152)。

在下篇中,天堂和"对天堂的诉求"当然是一个常见的主题。但这并不意味着在另一种生活中,上帝对自然法的执行,而是上帝在人的手中,在这一生中,履行执行权力的责任和权利(特别参见 II 21 和 176 末如果我没有弄错的话,这是唯一的引用;以及 II 195 在死亡之后的惩罚,人们会期待一些关于审判日的暗示)。这种"对天堂的诉求",在公民社会中,是一种时刻存在的、潜在的威胁和大多数人在暴力武装反抗暴政中崛起的权利;在一个组织良好、受过良好教育的公民社会中,民兵武装抵抗的威胁代替了地狱之火的威胁,而天堂的承诺是对公民不正义的一种制衡。所谓 Vox populi, vor dei[民众的声音]。

洛克诉诸于其他世俗幸福的教育目的

根据现在已经提出的解释,人们可以提出富有成效的反对或质疑。如果洛克对来世的态度不是那么认真的话,为什么在关于《人类理解论》中,为什么要如此强调需要一个理性论证的来生呢?要想看到这个问题的全部力量,这是在马克思主义的主要解释者中发现的,它有助于我们考虑洛克的神学理论。

麦克弗森是为数不多的对洛克有名望的评论家之一,他曾有过这样的想法并试图给出这个问题的答案,一个像洛克一样聪明的思想家如何看待他自己具有严重缺陷的神学?基于《基督教的合理性》一书的答案是可以有些预测的(尽管,我相信,这还是有点可信的):对洛克来说,宗教是工人阶级的鸦片(Macpherson 1962,224-226)。

[205]然而麦克弗森意识到,对于有文化的上层阶级来说,《基督教的合理性》的重要性至少和在工人阶级中一样多:"当然,洛克是在为所有阶级推荐这种简化版的基督教。"但是,麦克弗森坚持认为,"他的基本基督教教义能够满足更高能力的人,洛克认为这只是次要优势"。

麦克弗森在最后一项声明中完全基于他在阅读《基督教的合理性》时所留下的印象,他没有注意到,包含了最有力和明确的关于天堂和地狱的存在宣言,其对道德至关重要,却是在《人类理解论》中,可以说,这是洛克在他的任何出版物中所提到的、最杰出的听众。因此,麦克弗森没能看到或支持他的论点真正激进的含义;这不仅是最低的,受教育程度最低的阶级,也包括在洛克眼中的最高或最好的受过教育的阶级,都

第十七章 神与人的正义

"没有能力遵循理性主义的伦理",因此不需要所谓的鸦片。(麦克弗森站在这一观点的边缘,他说,"言外之意是显而易见的:劳动阶级超越其他所有人,而无法过上一种理性的生活"。——注意楷体)

然而麦克弗森的做法,对马克思主义者来说太激进了(因为它破坏了对洛克作为受过教育阶层发言人的任何解释),但稍加反思就会发现,这绝不是荒谬的。洛克很有可能已经得出这样的结论:非理性至少和他那群大字不识的工人阶级一样,是他那个时代的一个特点。毕竟,牛津大学或剑桥大学的哲学教授们的研究,在洛克的(或其他任何一个)时代,他们可能会在多年农耕之后,开始去研究如何烹饪大脑,或使心脏麻木。

洛克可能也反映出,对学术权威和有文化的悠闲阶级的虔诚和道德谴责,对他和他的事业来说,可能比不识字的工人阶级的不安更危险,因此,他最需要的是调和或麻醉,或者至少试着给前者扔出一些红戒指。

当然,有学问的阶级有一个巨大的可取之处:在他们的孩子或学生中,可能有一些人,在研究《人类理解论》(以及《基督教的合理性》)的令人尊敬的、有点非正统的神学理论时,开始注意并遵循一种颠覆性的批判性思维的道路。这条道路引导——通过适当的、淘汰的迷宫或考验——将一个真诚但并非完全支持一个自由基督徒,或者至少是一名自然神论的人,转变成一种全新的、非常(very)自由的、非基督教的,甚至是非自然神论的面貌。

为了更好地理解这条道路或这一思想运动,我们需要退后一步,尝试对洛克的三部主要作品之间的互补关系做一些更全面的观察[206](《人类理解论》、《教育漫话》、《政府论》)。很明显,要想辨别出每一部作品所设想的,作为主要受众的类型是非常重要的(第一步是仔细地考虑一下《保罗书信》的贡献)。

洛克三部主要作品的引言在这方面也很有启发性，每一种情况下，引言都有确切的来源和最初的语境，其隐藏的含义并不明显，甚至似乎削弱了引言给读者留下的肤浅印象。这样的引言就像望远镜一样，是一种思想运动，通过它，作品作为一个整体来引导读者。《人类理解论》有两条警句，一条来自"圣经"，另一条来自最受尊敬的古典神学著作。当考虑到语境时，人们会发现，在这两种情况下，洛克都选择了可能是在庄严消息来源中找到的最严厉、最可疑的话语。至于《论教育》，洛克则选择了贺拉斯的一首诗，我们后来才知道，"最不受影响的是坚忍的磨难"（STCE 7）。正如塔科夫（1984,82）精辟地观察到的那样，"贺拉斯这本书的附录展示了坏教育战胜了善良的本性，而不是诗人对继承美德的赞歌"。《政府论两篇》都有一个引言，是后来加上去的，其"令人惊讶的激进"让编辑拉斯莱特感动有些吃惊，这句话引自"论李维"中的一篇演讲，恰好是马基雅维利在《君主论》第26章中选择其武装号召的同一基调的演讲。

但同样重要的是，在我看来，要仔细考虑一个作品的中心或基础，为何在另一个作品中却被忽略或被淡化。我已经注意到，在《人类理解论》中压倒性强调追求幸福的和随之而来的相对降低重要性自我保存和财产权，而呈现出镜像效应的是在《政府论》中对追求幸福的沉默，以及伴随的强烈强调自我保存和财产权。这个镜像效应揭示了，我试图证明的从前者到后者的明显提升。

同样地，《人类理解论》对天赋道德观念的否定，以及对自然状态的沉默或对人的自然自由的压制，也投影在《政府论》中，即对自然状态的强调和对否定天赋观念的沉默。再次，我们发现了一个进步，这一次更加明显：《人类理解论》攻击了传统的观点，但几乎没有预示出构成替代观点的完整的社会和政治影响。

也很清楚的是，思想的顺序或进程没有被正确地理解，从不那么深奥或更初级到更高级的；而第一个阶段是洛克思想的根源，或者是深层的基础。你可以读《政府论》，找到一种可理解的政治教义，但你不能完全理解这种教义的基础，甚至是它的全部推力，除非你在某一时刻从它的基础上进行了论证。

然而,这也必须是要获得资质的,因为根据在《人类理解论》中,否则就别去讨论这个基础根基。一个,或者,关键的基础(对圣经的批判)只是在上篇的字里行间呈现出来。

我顺便说一下,关于对这两部作品的提升,《教育漫话》似乎占据了一个优雅的中间位置。通过早期的童年心理学的阐明,从而否认天赋道德观念到对人类自然自由的研究。然而,只有当把这篇论述教育的作品放在一起时,同时讨论否定天赋观念和自然状态时所看到的政治和道德含义的时候,这项研究的令人不安的影响才变得清晰起来。又一次,《教育漫话》讨论了幸福,它指的是自我保存,明确了(在一个关键的段落中)自我保存是幸福的规范原则;但它让幸福和自我保存都能被体面的声誉所掩盖。当然,并不是所有重要的作品中的所有重要的主题,都必须通过把它们看作是提升部分来理解。但是,来世的主题确实是被如此审视所阐明的。[207]让我们来看看是如何发生的(参考 Strauss 1953, 203-212, 以及 1959, 210, 对于洛克在与来世的问题上的斗争有一种不同的处理方式)。

对《人类理解论》的考察表明,我们已经看到,对追求幸福的关注本身就已经是提升的产物,并且在这部作品的字里行间中已经出现了。在洛克的教义中,追求幸福,并不是要花时间去发现什么是幸福,被理解为"至善",即"老哲学家们"荒废光阴的事业(回顾 ECHU II xxi 55,以及上文 176-189)。从"追求幸福"的角度来理解世俗生活,取代了旧的哲学观,它试图理解世俗生活,就像一个可知的、客观的至善。

现在有一个清晰的、有点矛盾的、关于追求最高利益和基督教的天堂观念之间的联系。正是因为"老哲学家们"强调追求最高的善,他们没有给天堂带来太多的压力。要相信,在这一生中,最高的善是被追求的,也许是在这一生中就得到的,这是对天堂概念相当大的折扣。天堂，或者是另一种生活中的幸福和痛苦的观点，这是洛克与基督教的联系，而不是旧的哲学观（ECHU I iii 5；参考奥古斯丁《上帝之城》第19卷，4章）。

但是，传统的自然法教义，胡克和阿奎那的伟大学术教义（在这部作品中，洛克的直接收信人可能已经在学校里接受了教育）试图掩盖这种深刻的差异。托马斯的自然法试图将其放在一起——但并不令人满意——古典的焦点都集中在这个世俗的满足上（尊严和道德的完美），而基督教徒则专注于世俗的苦难和可能的超凡脱俗的满足。洛克推动了这一楔机，它分裂了这个令人不安的古老合成，并形成了一个新的合成，包括他的这一世俗理性主义和基督教。如果我没记错的话，这是在《人类理解论》的争论中最主要的教益之一。

通过让这一生成为"追求幸福的人"，洛克否定了古典的"至善"的成就，但保留了这样一种观点，即生活是朝着积极目标前进的，这是一个难以捉摸的积极目标。实际上，洛克说：

> 在这一生中，幸福就像基督教所教导的那样，在我们的生活中逃避；所以为什么要担心，或者试图去证明善的或者我们真正的去实现了它？——上帝会在来世给我们看的。就目前而言，我们可以自由地将精力投入到我们所能看到的，这是减少不快乐的必要手段。但是我们可以这样做，而不放弃我们的生活，是致力于实现的令人欣慰的信念，我们的存在仍然有一个积极的目标，因为理性建立了一个[208]理性的上帝的存在，他掌管着一个天堂，我们以后可能会实现这个目标——如果我们遵循理性的行为准则。

洛克谈论整个《人类理解论》，好像理性否认任何可知的、最高的客观性的善，但建立一个神的存在和来世的人，将获得一个，

第十七章 神与人的正义

或最高的善,我们甚至不能想象真正的幸福,只要我们仍然"在这个狭窄的能力范围内,我们已经习惯了,在这里也很明智"(II xxi 59;参考 41 和 IV xviii 3)。但他也在关键的段落中,悄悄地指出了一种不同的可能性,在《人类理解论》的边缘上,引导着关注这场思想运动的读者:理性只知道一个上帝或自然,它指引我们远离清晰的证据(死亡和痛苦),而且没有任何明确或固定的东西。当理性无法证明天堂的存在时,这种可能性就变成了必然。在这一点上,也只有在这一点上,对幸福的追求才会显露出真正的色彩。

当然,洛克允许他的绝大多数读者都把希望寄托在他的天空之城,跳过他对于基本原理的论述,或者离开它所处的初期阶段,引用哲学家的庄严保证,理性建立了神的存在,追求幸福的天堂,对理解这些半传统的概念而言,这是绝对需要。当他们回到他们勤勉的、普遍有益的追求幸福并减轻痛苦的时候,一些意志坚强的人仍在《政府论》的背景下重读《人类理解论》,从而学习如何从他们完全非传统的、理性生活上建立更温和但却更稳定的习惯。

比较洛克在其未发表的文章"论研究"中的思想运动轨迹(in Educational Writings of John Locke [1968, 411-412]):

1. 进入天堂是我们伟大的事业和兴趣,是让我们到那里去的知识,当然也是这样的;因此,毫无疑问,这是一项应该在我们的思想中占首要地位的研究工作。但是,它所包含的组成部分、方法和应用,本身就应该有单独一章来描述[但从未写过]。

2. 在另一个世界里,通往幸福的下一件事是通过这条宁静、繁荣的通道,这需要我们在生活中所发生的几次偶然事件中,谨慎地行事和管理自己。因此,在我看来,对审慎的研究似乎应该在我们的思想和研究中占据第二位。一个人,也许是一个善良的人(他生活在对上帝的真诚和真诚中),但他永远不会在他自己身上得到快乐,也不会对别人有用。这两点是每个人的事情……我倾向于认为,我们在这个世界上获得的知识并没有超越今生的极限。对另一种生命的美好的憧憬,不需要对这种生活的限制,但尽管如此,我敢肯定,我们在这里获取知识的主要目的是为了我们自己和这个世界上其他人的利益而利用它。

说到我们生活中痛苦的警示力量(II vii 4-6),洛克的观点是:

> 痛苦……我们正可以由此更惊羡造物者的智慧和善意。因为上帝意在保存我们的生命,所以他要使许多有害的物体在接触我们的身体以后,发生了痛苦,并警示我们……不过上帝又不止意在保存我们的生命,而且他意在保存各部分器官的完整,因此,他在许多情节下,又把痛苦附加在那些本能产生快乐的观念上……我们如果一考究能产生痛苦的那些物象,则我们很可以相信,痛苦的功用和目的正在于此。

> 除此之外,上帝所有在围绕我们,打动我们的各种物象中,散布了各等级的快乐和痛苦,并且把它们混合在我们思想和器官所遭遇的一切事物中……因为我们如果在万物所提供给我们的一切享受中,感到不完美、不满足、并且感到缺乏完全的幸福,则我们会在慕悦上帝方面来寻找幸福,因为他那里是"充满着愉快的,而且在他的右手是有永久快乐的"— Ps. 16:11. (亦参 II xxi 41)

我们可以看到,在这一领域的焦点,关于天堂的主题(而不是对地狱的关注,或神圣的惩罚)并不仅仅,[209]或者也许甚至主要是为自然法提供制裁的回报。对天堂的关注也为许多人提供了一个中间阶段,一个或多或少舒适的休憩场地——这是一个进步的教育或解放过程。

我们可能会说,对于有心的读者来说,这本书是根据传统的幸福和最高的善而开启的——但在某种程度上,这是由传统的两种相互矛盾的根源所引起的困惑(考虑在此之下的双重序言的含义)。根据他的精神力量,这样的一个收件人可以在洛克温和的指导下,对人类境况的真相进行越来越严格的了解。

我想说的是,记住这个有意的举动,可能有助于澄清洛克认识论中一些非常奇怪的、模棱两可的东西;需要进一步研究的问题是,一个天使或者神的可能性的概念,看起来,可知的"物质"和精神,与我们的物质自然科学相比,就很微不足道了,这不是为了读者在形而上学的或者在类似于天堂概念的道德解放教育中扮演一个角色(参考 ECHU IV xxi 2,还有 Strauss 1959, 210-211, 213,以及 Cranston 1957, 276:"洛克为捍卫物质主义所设计的那种情形……只能为从哲学中消除这一学说做好准备")。在这两种情况下,这一中间阶段(在道德科学中,对幸福的追求和对天堂的信仰;在物理科学中,"信仰"除了身体或物质以外的物质,都是由上帝所知的),从洛克的观点来看,对于他的绝大多数的博学听众来说,是一个非常有益的停止点。

在杰斐逊的替代品《独立宣言》中,对追求幸福的具有吸引力的权利,转变成了追求更平凡的财产权利(对比 1774 年第 1 次大陆会议的宣言和决议,1 号决议),这是对洛克政治理论的严谨格调的一种打击,但却完全符合其隐含的、婉转的、灵活的,修辞性的指示:它宣布对幸福的追求,并在宪法中保护每个人获得和持有财产的权利(参考 Jones 1966, 14-17)。

洛克对古代理性主义的批判

一旦我们认识到洛克对来世的神圣制裁的必要性并不完全是认真的,我们就不得不再次修改我们对他对古典哲学家的看法的理解。因为洛克说这些思想家,在私下里发现了"一个至高无上的,看不见的上帝"(RC par. 238),我们把他的意思说成是,他们发现了一个上帝,他在死后,对理性法则进行了制裁。但是,当我们再次审视,在我们最近的发现的指引下,我们再次认识到洛克关于古典主义理性主义者的本质的[210]模糊和晦涩。

鉴于所知的洛克的财产学说的研究,我们并非完全惊讶地注意到,在一个关键问题上,洛克甚至认为,对自然的研究本身只教会了上帝的智慧和力量,但这不是他的"慷慨和善良",也不是人类应该"用他们的心投入到对他的爱和依恋之中"(RC par. 228;关于智慧、力量和上帝的善良,特别参见 ECHU I iv 9 和 12;另见,同上 I iv 15, II vii 4-6, x 12)。洛克后来在某一时刻断言,不受帮助的或异教徒的理性发现了一个"善良而仁慈"的上帝,"法律"的"制定者",这是"永恒不变的权利标准";而这个上帝,洛克说,被认为是原谅那些忏悔和改变他们生活的神;但是,洛克并没有说这位上帝被认为与来世有任何关系(RC pars. 231-232)。

更重要的是,在接下来的一段中,洛克承认有强有力的圣经证据,跟他刚刚断言"恰恰相反":他报告了这些证据,并没有反驳那些声明,事实上,这些证据否定了人类通过信仰基督而获得宽恕的上帝证据。稍晚些时候,洛克说,"理性的哲学家,在他们的伦理中,并没有提到神。他们依赖于理性和她的神谕,除了真理之外,什么都没有"——虽然这个真理当然不是"容易"的,但对人类来说却是"显而易见"的(RC par. 243;参考 Zuckert 1986, 196)。

哲学家们不知道"自然法则",除了"便利法则"之外。他们从"可观察到的"事物中知道这一点;他们不知道"它的义务来自于自然法的真正原则,以及道德的基础"(同上 par. 242)。

> 那些仅仅是对与错的衡量……哲学建议……被视为社会的纽带、共同生活的便利,以及值得称赞的实践。但是他们的义务是什么呢?他们的义务是完全为人所知的,并且允许他们,他们将其作为法律的戒律,最高的法律,自然法吗?这是

第十七章 神与人的正义

不可能的,如果没有明确的知识和对立法者的承认,以及巨大的奖励和惩罚……(RC par. 243)

因此,老哲学家们是否找到了明确的理性根据,来相信一位可以立法,或执行惩罚和奖励的上帝,这是值得怀疑的。洛克说的很多东西都符合哲学家们的观点,即哲学家们并不知晓亚里士多德的智慧,它知道这一必要性——统治世界,但既不立法,也不干预惩罚的道德律。

当我们回忆柏拉图的作品,[211]尤其是亚里士多德的作品时,洛克的解释获得了相当大的可信度;与之相比,其后罗马的思想家,"自然法"这一术语——作为一个反对"自然权利"的术语——几乎从未出现过。(洛克称亚里士多德为"最冷静的哲学家"——RC par. 238;根据 Leibniz 1962, 48-49, 亚里士多德和洛克形成了一个共同战线,他们否认天赋的自然法,反对柏拉图、经院哲学家、莱布尼兹和圣保罗)。

那么,我们最终是否能找到洛克和古代理性主义之间的精确关系,就像洛克设想的那样?看来,根据洛克的观点,他和古人对自然法的严格意义上,都没有发现任何理性的基础。理性法则是便利或谨慎的法则,它决定了作为一个整体的社会安全的基本条件或最佳条件。但这些法律并没有规定,那些总是对个人有利的条件,因此也会对个人有约束力。社会的利益需要不合理的牺牲或者让个人利益承担风险。

然而,在古典政治哲学中,个人与共同利益之间的鸿沟更大,不仅如此,甚至主要是因为,这种哲学无法用修辞或通俗的方式来使用基督教信仰所教导的其他世俗的制裁。古典政治哲学缺乏政治科学和政治经济学,它显示了个人的良好和社会利益,是如何通过适当的机构,和旨在开明的利己主义教育来加以协调的。

因此,经典文本认为,公共利益需要更频繁和更严厉的在个人身上的牺牲;因此,它们不得不更多地依赖于对崇高的吸引力,以及从明显的无私或自我卓越的奉献中获得的荣誉。洛克并没有否认,他实际上是在大声地断言,"声誉法则对人类的心灵有更强的控制,而不是对另一种生命的奖励和惩罚的希望或恐惧"(再次回顾 ECHU II xxviii 12;对比 Eisenach 1981, 91—92)。

但他实际上坚持认为,只有当"美德制裁不要求人类放弃他们所认为的快乐和自我利益"时,声誉法则才会获得完全的权力;这就需要一种新的公民社会,在这种社会中,开明的利己主义和对这种利己主义有效的制度引导才是最主要的。

然而,洛克声称只是缩小了个人利益和公共福利之间的差距;他不能、也不声称已经关闭了它。也许,洛克在缩小差距方面,取得成功的方式可能会使其更难弥合或进一步缩小目前的差距?我已经提到了对警察和士兵的持续需求——即潜在的英雄们,因此,从洛克的观点来看,也是"非理性"的人——即使是在最理性的洛克式的社会中。但是,似乎需要一些自我遗忘的对他人善举的奉献,[212]事实上,在洛克的社会中,这种情况遍布,从最平凡的到最高的层级。

每个家庭,正如我们所看到的,仍然需要至少表面上看起来是作为"父母的牺牲"。洛克将提出令人印象深刻的巧妙方法使父母的利己主义更符合父母的责任,但在所有这些设计背后,仍然是洛克毫不犹豫地把父母的"爱和情感"联系在一起,并与信仰结合强化,最终却在严格的洛克式的基础上遭到了怀疑,那就是父母可以以某种方式与孩子"相认"。在一个更罕见、但仍然意义深远的层面上,作为一名政治哲学家,最明显的是,由于他广泛的、直接参与政治家的活动以及他的出版物(当然是匿名的),在神学、道德和政治哲学方面的党争,洛克他自己也面临着非常严重的风险。

事实上,即使是对洛克生平进行非正式调查,也会给人留下一种强烈的印象,即他故意从事一种非常危险的公共生活(站在沙

第十七章　神与人的正义

夫茨伯里的一边),远远超越了苏格拉底、柏拉图、亚里士多德所及的程度,甚至在这件事上,超越了西塞罗。洛克对美德效用的强调,同时又没有破坏这种奉献的基础,他的这种公民社会,甚至是公民哲学的概念,是否仍然需要呢?

对于这样的问题,人们可能会回答说,洛克在处理棘手问题上做了很多工作;他在自我奉献的基础上建立社会福利的必要基础并没有错——但这却是一个不那么高尚的谎言。但是古典对崇高的支持,而不是社会效用,美德难道不只是一个高尚的,或者说是有用的谎言?古典是否为崇高找到了无需理性的根据,但这仅仅是为了道德美德的社会"便利"?他们是否离开了它去识别崇高,不管是什么带来了赞扬的喜悦和避免羞耻的痛苦?(比较莱布尼茨对洛克的陈述所作的温和反对)

更准确的说法是,在人类本性中发现的古典基础是一种自然倾向的复杂二元性,其中一部分通过身体的需要和生存的需要,引导人们走向社会存在,但是另一部分是通过爱若斯(eros)的方式带领人们超越政治社会——一种渴望发现对我们的死亡的补偿(《会饮》),对"灵魂食物"的饥渴(《斐多》),需要寻找我的"另一半",由此成全完整的"我"(《吕西斯》;《会饮》中的阿里斯托劳),或者,更通俗地说,是对一种有意义的存在的渴望,这种渴望会改变纯粹舒适的自我保存的欲望。

在古典理解中,人类是由这两个自然根源的复杂的结合和对立构成的。政治社会和人的政治本质不能被充分地理解为这两个根源的、首要的、更简单或更清晰的概念。[213]甚至明显的简单和清晰的、自我保存的渴望也是一种幻觉,因为自我—保存,如同繁衍的驱动,是在人类动物属性中从来没有完全分离的渴望,一个目的的存在超越了生活的必需,迫使我们关注舒适的自我保护。人类社会——家庭、城邦、社会美德——不能因此完全理解为集体安全的手段,也不能作为其本身的目的。公民社会和家庭也超越了自己,获得了自我实现,而不仅仅是作为整体和部分的个人的安全和保障。

  人类自然地应该是趋向于城邦生活的动物。人类即使在生活上用不着相互依赖的时刻,也有乐于社会共同生活的自然性情;为了共同利益,当然能够合群,各如其本分而享有优良的生活。就我们各个个人说来以及就社会全体说来,主要的目的就在于谋取优良的生活(malista men oun tout' esti telos)。但人类仅仅为了求得生存,就已有合群而组成并维持政治团体的必要了;世间的苦难如果不太重,生存的实际也许早就包含了一些高尚的因素。(亚里士多德《政治学》1278 b20-26)

  因此,当古典哲人试图理解节制,并通过英雄主义和牺牲来培养道德美德和尊严时,他们超越了狭隘的利己主义,甚至是广泛的公共和社会术语。他们发现,在崇高(明显的自我克服)中,美德是一种暗示,甚至是通往更完全自觉的存在道路,其特征是更理性的美德或卓越。这些美德和存在,都是为了在对这个世界和自己的世界,并在完全可能的意识和反思的探索中,发现宁静而引人入胜的满足。

  古典哲人与社会的其他成员分享这一生活,他们甚至允许非哲人参与到这个存在中来,通过他们所提供的上帝的视角——作为一名执法者,而不是作为一名优秀或最好形式的典范上帝。因此,哲学家们声称,要为他们的同胞尽最大的努力,而不是通过干预政治事务,而是"管好自己的事"。虽然他们不反对帮助他们的同胞满足他们最明确的需求,同时也愿意帮助社会促进公民的美德,但哲人们在其他地方做出了独特而最重要的贡献。他们揭示和教导说,通过例证而不是说教,才是唯一可行的。理性的意义和

第十七章　神与人的正义

目标是更神秘、但更明确的人类需求,所有的人都能断断续续的感受到,但不过分地说,这确实可以强烈感受到的。

相比之下,洛克并没有爱若斯的教义。[214]根据洛克的说法,人类的繁衍无疑是次要的,并且服从于自我保存。他以自我保存为中心,是人类生存的核心。然而,尽管如此,人们可能会怀疑,洛克是否充分意识到人类逃离这种状态的自然深度和力量,以及死亡的后果。尽管,或正是由于他对人类想象力的怪诞运作的讨论,人们可能会怀疑,洛克是否已经充分地测量了自然渴望的深度和力量,这种渴望激发了人类的想象力,使它成为追求崇高的理性的自然伴侣。

正如洛克所理解的那样,人类可以通过勤勉的推迟死亡和减轻痛苦来定位自己;人类并不是这样构成的,它不可避免地会通过对永恒的追求来超越人类的存在。自然之神使人类从根本上变得简单;因此,一个人的"道德",或生活准则,可以简化为一门科学;因此,一个人的社会可以变得比以往任何时候都更理性或更合理。

然而,正如洛克所理解的那样,人类社会不能简单地变得理性。在洛克的公民社会中,最明显的不合理迹象是,它坚持不懈地依赖于对无尽的地狱之火的理性的恐惧,以及对永无休止的天堂般的幸福的希望。然而,即使在这方面,洛克声称,正如我们所看到的,对古典理性主义的明显优势。与古人相比,洛克作为政治哲学家宣称或期望,在缓和宗教方面取得更大的成功,并使其服从于一个按照理性原则设计的社会的需要。

但这种主张或期望再次暴露了洛克的批评。对于洛克愿意在驯服和合理化基督教方面所做的努力,几乎是过于透明的,根本缺乏对他的神学著作的虔诚或敬畏(参考 Zuckert 1986, 202−203)。在杰斐逊的宗教思想中,我们看到问题的种子在洛克的谨慎和微妙的治疗中得到了充分的体现。

宗教信仰,或某种宗教信仰的社会效用,洛克对此是毋庸置疑的。但真正的真理,甚至是理性的真理的合理性——从宗教的实用性的角度来看,这些作品是至关重要的——洛克承诺一遍又一遍地展示他的誓言。在柏拉图的《斐多篇》中,关于灵魂不朽的论证,或者是关于神在柏拉图《法律篇》第 10 卷或西塞罗的《论神性》的论证中,关于灵魂的存在和诸神天意的论证是空无一物的。

没有人会认为,洛克关于上帝和灵魂的角色的讨论,可以用来补充启示录,就像奥古斯丁和其他人使用柏拉图式的论证来支持和深化圣经神学一样。[215]洛克在这方面引起了人们对他的自卑感的注意,他让读者对他的"上帝"存在的"证据"不甚满意,又重新回到西塞罗的著作中(ECHU IV x 6)。就他自己而言,洛克将自己局限于无休止的虔诚肯定之中。他有意地培养了一个认真但有点健忘或愚蠢的信徒的形象,只在闪烁其词中,展现了他对宗教问题惊人的、无情的推理能力。

然而,正是由于这种笨拙的虔诚,他故意怀疑,不仅是关于他未能证明的具体教义,还包括所有关于超理性启示主张的理由。也许最能说明问题的,是其从他的《教育漫话》中排除了所有的宗教和神学指导。(STCE 61, 136-139, 157-158, 190-192;因此,在《教育漫话》中没有提到与自然权利相反的自然法)

我们确实不得不怀疑,洛克是否真的没有,并试图帮助培育这样一个世界,其中受过教育的阶级会越来越少地谈论什么来世,因此也越来越少地关心"自然法"。但是,打个比方,受过教育之人的谈吐和语气,不会逐渐渗透到未受教育之人——即普通士兵身上吗?但这一点是肯定的:宗教在上层阶级的培养中所占的比重会大大降低,这让人不禁想知道,洛克到底期望的是什么将取代传统道德教育和自我克制这一万众瞩目的焦点。

第十七章　神与人的正义

洛克式的道德教育

如果对个人权利,尤其是财产权的一种冷漠而警惕的集体防御,在很大程度上,将取代对道德的不适当的制裁,这是由对来世的信仰或对英雄尊严和完美的奉献所提供的;那么,这个世界一流绅士们的教育,他们将会创造出一种时尚的基调,将会以一种更令人愉快的荣誉准则来实现,这将成为一项重要的任务。人类"最伟大的部分""主要是通过这种风尚法则来管理自己;所以他们这样做,让他们在自己的同伴中保持声誉,很少考虑上帝的法律,或者是人间的法官"(ECHU II xxviii 12;参考 Horwitz 1977, 139 ff.)。

洛克被一种洞察力所吸引,这是霍布斯的观点——但却不是很有洞察力(参考 Tarcov 1984, 3, 42-51)。如果我们现在所讲的关于人性的一切都是真实的,那么童年教育——即建立或更好地建立道德品质——将会产生一种新的、令人敬畏的意义。洛克是第一个将整部作品投入到教育领域的伟大哲学家,他关注的是非常年幼的儿童道德教育(尤其对比柏拉图《法义》788a ff.,《王制》376e ff.,以及色诺芬《居鲁士的教育》)。

[216]在这种背景下,尤其明显的是,洛克的思想体现了在某种程度上,人们倾向于称之为典型的现代哲学,一种奇怪的辩证运动,一种明显的最初觉醒,让位于最初的巨大希望,并给予激进的怀疑以非凡的信心和确定性。正因为人类的思维没有自然的秩序,它至少在年轻时可以是一种可塑的、开放的、可被人类操纵引导的思维。

正如洛克在他的《教育漫话》一开始所说的:"我想象着孩子们的思想很容易就会变成这样或那样,就像水一样。"或者正如他在结论中所说的,他眼中的孩子"被认为是一张白纸,或者是蜡,可以按照自己的意愿去塑造和定型"。通过塑造"可爱的小家伙"

的情感和感觉,人类可以塑造自己和未来,使之成为基督徒的梦想——他们的原罪论,或者是古典哲学家的信仰——让他们相信灵魂的自然秩序:"你无法想象什么是强制的习俗";"习俗"是"比自然更强大的力量",因为"这张白纸可以接收任何角色"。①

虽然洛克《教育漫话》的思想主要是针对上层阶级的英国家庭,但他们对儿童的教育进行了广泛的交流,并对所有阶层、各个时代和各个地方的儿童教育提出了明确而深远的建议。为了迎合英国人,英国的上层阶级和基督教的条件都被标记为改编版——通常是不幸的或令人遗憾的改编(STCE 5, 7, 13, 14, 15, 19, 20, 70, 94[页 196], 115, 151, 158, 161ff., 187, 198, 199, 210, 212;参考 Tarcov 1984, 186)。

我们都感谢塔科夫教授对洛克的教育理论和儿童心理学的深入和启示性的研究,我想说的是,在很大程度上,我从这项研究中受益良多,尽管用了一些不同的术语和一些补充性的元素。

新教育的自我意识目标必须是:灌输给孩子的"心灵"去"掌控"的"力量","征服","否认"它的"自然倾向",它的"错误的自然倾向"(STCE 33, 36, 38, 45, 48, 50, 52, 55, 63, 75, 77, 90, 103, 107, 139, 200)。这些错误的自然倾向绝不是一种"堕落本性"的产物;关于《教育漫话》含蓄地否定了所有的激情和理性的罪恶,而且从来没有接近于暗示一种普遍的罪恶感,以及随之而来的忏悔和神圣的帮助与道德教育没有任何关系。②

征服自然的心理力量的主要源泉是羞耻(shame)——"唯一

---

① STCE 14; ECHU I iii 22;参考 I iv 12, II xxi 69,以及 II xxxiii 全部,还有 Tarcov 1984, 234 n.17 和 Driver 1928, 89-90。

② STCE 36, 38, 61-62, 107, 109, 132, 139;正如塔科夫所证明的(1984, 90, 127, 143, 182),邓恩从根本上误解了洛克的工作,他试图解读洛克的"加尔文主义"或准加尔文主义的观点。特洛尔奇对洛克与加尔文主义的关系的解释,虽然比邓恩的解释更加细腻和微妙,但仍然不能令人满意;特洛尔奇也是被迫这样做的,即回到归因于洛克的根本混乱或不一致上(see 1976, 305, 631, 636-639, 646, 907)。

第十七章 神与人的正义

真正的克制属于美德"(STCE 78;对比亚里士多德,《尼各马可伦理学》1128b 10-35)。羞耻是[217]教育的"真正原则"(STCE 56),而且,"尽管这不是真正的原则和衡量美德的标准(因为这是对一个人的责任的认识,以及服从他的创造者的满足,遵从上帝赋予他的启示,希望接受和奖赏的希望),然而,这是最接近它的"(STCE 61;参考 113 和 200)。

这并不是说一个有良好导向的,甚至是非常强烈的羞耻感,是人类的一种自然的天赋;这是一项"一开始并不需要一些困难"的任务,去弄清楚"你如何能让孩子们爱上信誉",以及"对羞耻的恐惧"——你怎样才能"把真正的原则","如何灌输给他们"(注意楷体:STCE 56 and 200;参考 38)。

如果我们要欣赏这个"教育的伟大秘密"所暗示的一切(STCE 56),我们必须跟随洛克的孩子,或者人类心理学。在这一过程中,我们将推进对洛克人性观的理解。在人类激情的原始核心,洛克不仅发现了满足我们欲望的快乐,也发现了对痛苦的厌恶,这是对这些欲望的失望,但除此之外,还有一种对自由和自由行动的自发热爱。这种"精神",正如洛克所说,是对"追求欲望和避免厌恶对象"的一种鞭策,但它也有独立和原创的地位。它表现为对所有限制的抵抗,并以多样性为乐,最重要的是,在掌控或相信自己掌控环境的过程中获得快乐。在孩子们的游戏中,洛克对被命令的抵抗,是一种自发的愉悦,一种自发的"忙碌",它独立于特定的活动对象,事实上,它是为了自身利益而喜欢变化或变得多样化:

> 如果事情的顺序是正确的,那么任何事情,他们都应该被教导,也许会成为他们玩耍的娱乐,因为他们的游戏就是他们的学习。两边的痛苦是相等的:这也不是困扰他们的,因为他们喜欢忙碌、变化和改变,这自然使他们快乐的。(STCE 74)

> 在那个年龄,孩子们比他们生活中的任何一段时间都更活跃,更忙碌,对他们能做的任何事情都无关紧要,所以他们可能去做,而只是他们正在做……这是我能观察到的唯一的伟大挫折,他们被召唤去做它……他们对自然自由的影响太大了。这就是自由本身给他们的日常游戏带来了真正的乐趣和乐趣。(STCE 76)

> 就像我说的,我们从褓袱时期开始,爱自由,所以对很多事情都很反感,因为没有其他原因,而是它们无法给我们带来乐趣。(STCE 148,亦参 73,103,108,118,128,130,167[页274])

[218]现在这种对自由的热爱,作为一种对自己行为的热爱而对自己环境的热爱,表现得非常早,也非常容易,就像对统治的渴望一样,是一种欲望"让他们的欲望被他人所接受";从这一点上,这仅仅是对区分和认同的渴望及痴迷的一小步。

我们可以很好地想象卢梭在这些方面,从他对洛克的关于《教育漫话》的研究中得到了多少收获,当然,卢梭从洛克的心理学理论中得出了非常不同的结论。洛克试图通过使其服从和表达对声誉的关注来驯服原始而自然的野性之爱。卢梭试图将人们从对他人的观点或尊重的依赖中解放出来,这样他们就可以被重新发现,也就是说,在更自觉的层面上重新创造,一些原始的自发性和自主性的版本。对卢梭来说,羞耻和对名誉的关注(amour-propre)可能是有用的;但是,他们被认为是——非常危险的——是一种比在洛克的书中发现的,更加自我满足或自主立法的生活。

然而,洛克认为,对他人观点的极度依赖是解放,而不是奴役孩子。洛克很快就意识到,灌输否认和掌握自然倾向的能力的重要性,而不是他急于纠正他所担心的可能是错误印象:教育不能

"使孩子的思想谦逊";它不能"贬低"孩子的"灵魂"。一种让孩子们感到谦卑的教育,会让他们的生活变得更糟,而不是被过度溺爱和娇惯。"对于奢侈的年轻人来说,他们有活力和精神,有时会被设定正确,所以要成为有能力和伟大的人;但是,沮丧的头脑,胆小的、温顺的、低落的精神,几乎从来没有被提起过,而且很少能得到任何东西。"一种基于羞耻的教育,妥善的管理,应该被社会化或合理化,但肯定不会去压抑孩子的独立自主意识;这样的教育应该让孩子看到自己的力量和自由,就像其他类似的"独立之人"所表达的那样。当然,正如洛克所理解的那样,这与基督教的谦卑相去甚远:

> 他找到了一种方法,如何保持孩子的精神轻松、积极和自由;然而,与此同时,要把他在许多事情上束缚住,让他去做那些让他感到并不轻松的事情;我说,他知道如何调和这些表面上的矛盾,在我看来,他得到了教育的真谛。(STCE 46;参考 63)

其中一个揭示了这个"真谛"的第一个线索就是,当一个人注意到孩子们在多大程度上致力于支配,并因此打开了[219]相互比较的魅力大门。它们是"非常明智的表扬","也许比我们想象的要早"。从一开始,包括孩子们的语言、相貌;他们的端庄、冷静、深思熟虑;成人的赞美和责备,而不是愤怒、不受控制和幼稚的行为。但是当他们来自于孩子们所"依赖"的父母时,赞扬和责备的表达是真正有效的(STCE 57)。然后,孩子们必须清楚地意识到,他们对他人的极度依赖,首先是他们的父母,当他们敬畏他们的时候,他们应该把他们看作是"他们的领主,他们的绝对统治者",即使是在他们的"恐惧和敬畏"之中(STCE 41, 42, 44, 80, 95, 99-100, 107)。更重要的是:

> 使自尊或耻辱的感觉积淀得更深,分量更大,伴随着这些不同的状态,其他令人愉快或不愉快的事情应该是一致的,这不是对这个或那个特定行为的奖励和惩罚,但是,作为一种必然的归属,并不断地参与其中,他的举止使自己陷入了一种耻辱或称赞的状态。(STCE 58)

洛克猛烈抨击频繁的肉体惩罚或对良好行为的直接奖励;虽然他强调"奖励和惩罚是理性生物的唯一动机"(STCE 54),他坚持认为,必须仔细权衡奖励和惩罚的性质,以考虑其长期影响。立即的满足或痛苦只会强化"自然的",即坏的"倾向",这种倾向导致一个人以直接和感性的激情来定位自己。孩子们应该尽可能地根据他们的名声和别人对他们的看法,被认为是好的和坏的(STCE 47-61, 77-78, 86-87, 107)。

但是,孩子不应该仅仅是意见的奴隶,或者被教导要关心各种各样的人对他良好声誉的评价。他们应该被教导要尊重平静、合理和深思熟虑的意见。父母应该避免发脾气,并且应该总是向孩子们解释他们的判断的原因。考虑到这些原因,父母对孩子们的态度应慢慢改变,家长和其他家庭的成年人应该夸大其认为的小孩子已经是理性人的程度。"他们喜欢被视为理性的生物,比想象的要快。这是一种自傲,应该在他们身上珍惜,并且可以成为他们的伟大工具。"(STCE 81;参考 62, 77)。没有什么比这句话更生动的了——这是一种狡猾的,如果是仁慈的,混合了夸张的尊重和彻底的操纵,这是洛克式教育[220]的特点。洛克在他"尊重孩子"的建议中,甚至更进一步:

> 他的儿子对他有应有之尊敬,他的命令,他的儿子一定要对此有极大的尊敬。你必须在他面前不要去做你不会让他模仿的任何行为……如果你假设你自己的自由,作为一种属于

第十七章 神与人的正义

成熟年龄的特权,你不需要去追求,你只需要在你的例子中加入新的力量,并向他提出更有力的建议。因为你必须永远记住,大人对孩子的影响要比想象的要早……(STCE 71)

惩罚,"顽固而严厉"的体罚,甚至是极其严厉的惩罚,可能是克服一个孩子真正"顽固"的必要条件(STCE 78-79,83-84,87,99);但是施加可能的疼痛应该是在几乎无形的背景下进行的(教师,而不是家长,实际上应该管理这必要的鞭策手段),而且应该总是与一种更基本的耻辱感联系在一起。尽管表扬应该尽可能的公开(为了加强良好声誉的愉悦体验),责备、耻辱和对过错的承认则应该保持隐私:孩子们应该被认为他们从来没有失去过,但仍然要害怕失去,他们的公共好名声。即使一个孩子在不光彩的时候,也应该尽可能地保持孩子的行为举止"自然地"表现良好,并且有能力很容易地恢复到恰当的程度;因此,对于孩子的过失应该以假装的惊讶、失望,甚至是一些明显的羞耻感来对待(STCE 62,77,84-85,109,110)。"而另一方面",

当你说,(因为允许他完全自由,因为他的年龄,他没有约束你的存在,对那些幼稚的行为和举止的快乐,在他还很年幼的时候,对他来说是必要的,就像食肉和睡眠一样)希望让他与你相伴,通过溺爱和温柔的方式,让他明确感知到你的关心和对他的爱,特别是,在他做任何事情的时候,爱抚他,并在与他的年龄相适的任何场所,对他都和蔼可亲。这是父母自然比我做的更好的地方;当我说,父母不会永远希望他们的孩子只是通过这些温柔和溺爱的方式,你也为他植入了一种特别的感情,他在你所渴望的状态中,你在他的头脑中有一种真正的、崇敬的感觉,它总是被小心翼翼地继续下去,并在它的两个部分中保持着:爱和恐惧,作为两个伟大的原则,你将永

远抓住他,把他的思想转向美德和荣誉的方式。(STCE 99)

很明显,洛克打算让孩子们"尽可能多地保留在父母的陪伴下"(STCE 69)。孩子们不会[221]从家里送去上学,而是被带到一个"牧羊人"面前,也就是被安置在家里的私人教师的指导下(STCE 70)。这位家庭教师将以最谨慎的方式来选择,并且要根据他的伟大功绩来支付报酬,即使这意味着要减少家庭的遗产:"无论你对儿子的心灵有什么好处,这都能表现出你真正的仁慈,尽管这要减少他的财产"(STCE 90)。这位导师的博学是他必备的条件。他要理解并深切同情教育所要求的儿童环境的复杂结构。(洛克显然希望他的作品成为这种导师的教科书;由于他对教育的重视,他帮助建立了教育的特殊学科,或"教育"现代观念。)最重要的是,这位导师是一个"有教养"的人。

正如洛克所说的,"教养"或"举止"是"文明的外在表现",是洛克插入的新的道德美德,并促进了美德的法则。"文明"是"一种不冒犯他人的心态",而"教养"则是表达这种心态的最可接受、最令人愉悦的方式。当文明、教养或举止结合时,它们构成了"首要的,也是最重要的社会美德"(STCE 143)。

这是洛克对美德的描述特点,他在谈到美德之前就说过他的美德,并强调在导师的德性中培养美德(参见富兰克林对洛克提升"教养"的认可[1959-vol. 3, 418-419]);类似地,当他定义了一个"绅士的呼唤",洛克没有提到美德,而是强调"举止",包括它们的"价值"、"实用性",以及属于"一个商人的知识"(STCE 94,页197)。

洛克有意地、明确地培育了一种模糊或混淆的概念,即美德和教养之间的区别(STCE 134),这种模糊或困惑实际上预示着美德概念的一个缄默但根本的改变。如果幸福被理解为快乐,而那就是目标;而美德,不是达到目标的手段;如果幸福或快乐被"追求",而不是被占有或获得,那就是,对幸福的追求实际上是对不安的逃离;哪怕是"小东西"的不安"也会熄灭我们所有的快乐"(ECHU II xxi 64);如果,最终美德是为了荣誉,或者是荣誉带来的快乐,那么它就会遵循那些不能立即带来快乐的美德,但仍然是不完整的,甚至是残缺的。

  所有的人都在不断追求的幸福,包括快乐,很容易理解为什么公民,比有用的人更容易接受。一个有分量、有价值的人,或者一个真正的朋友,他的能力、真诚和良好的意愿,很少能满足他的庄重和坚实的表象所产生的不安。权力和财富,不只是它本身,[222]只被认为是对我们幸福的一种帮助。因此,他建议自己去满足另一个人,以他的幸福为目标,他在服务中为他做的事,使他在做这些事的时候感到不安。

  没有良好的教养,他的其他成绩只是使他获得通过,但却是自傲、自负、虚荣或愚蠢……美德及其部分,尽管他们得到了应有的赞扬,但还不足以让一个人受到良好的待遇,无论他到哪里都欢迎他……良好品性是心灵的丰富财富,但这是良好教养使他们获得……在一切事物中,以一种优雅方式和风尚,赋予了修饰和联系。在大多数情况下,做事的方式比所做的事情更有意义……(STCE 93)

良好的教养是在"优雅"中绽放的,或是外在姿态与内在感觉之间的和谐。优雅的人类在习惯和习俗的表达中,表现出一种明显的自然性,这是通过长时间的反复学习和最终获得良好的声誉和掌声的,但是现在已经变成了一种第二天性,因此这似乎是——在某种程度上,是为了他们自己的利益而制定的。这种教养"只能通过习惯和使用来获得",例如以身作则,这就是为什么这位导师在他的行为中展示它是如此重要。

洛克确实一再强调,孩子们应该通过榜样和习惯来学习一切,通过精心设计的方式来强化他们对自由的热爱,他们对多样性的喜好,以及他们的自尊。他猛烈抨击了教条的实施,几乎排除了任何对真正牺牲的要求,也不鼓励对高尚的诉求。冒着最初让孩子们天真的风险,父母们会引导他们相信,美德总是繁荣昌盛的,在漫长的过程中得到认可,而不需要神的干预,也不需要孤独的英雄主义。严格意义上的"责任"这个词,在一个合理的洛克式家庭中很少被听到(STCE 73, 148, 167 末尾, 186;参考 140)。

那么洛克的道德教育的目标是什么呢?洛克的基本要求在于习惯于自我否定、忍耐和自我控制,从而使人们在物质方面能够自力更生。孩子们真正想要的是照顾他们,但他们对奢侈品和虚荣的初尝却要被扼杀在摇篮里。例如,当孩子被允许有充足的睡眠时,

> 那就让他的床硬一些……让他习惯于家里艰苦的住宿条件,那么他出门在外就不会错过自己的睡眠(他最需要的地方)。(STCE 22)

每个孩子一次只能玩一个玩具:这样孩子们就学会了避免浪费。几乎没有什么玩具应该被购买,而是应该由孩子自己制作(在他们的长辈们的鼓励和帮助下):[223]因此,孩子们开始学习劳动的意义,它是作为所有价值的来源,协作劳动的重要性,甚至是劳动行为的满足感(STCE 130)。

父母应该最害怕的是一种有害的幼稚倾向,而在它第一次出现的时候,就应该被赶走,这是一种无精打采,一种白日梦和懒散的倾向,或者说是"散漫"(STCE 123ff., 208)。他直接反对上层阶级读者的偏见,他坚持认为每个孩子都应该被教授一门手艺。有

人认为,对洛克来说,一个孩子"学习一门手艺,一种手工技艺;最好是二到三门手艺"是极其重要的,比他或她上大学还重要(STCE 201-206);但是在洛克的眼中,有一种更重要的东西,正如他关于教育的论述所指出的那样:

> 如果他错误的父母,认为工艺和手艺是可耻的名字,就会对他们的孩子造成这种厌恶的感觉;然而,有一件事是关于手艺的,当他们考虑的时候,他们会认为绝对必要……记账理财,尽管这门科学不太可能帮助一位绅士获得遗产,但可能没有任何比它有更多的用途和功效,使他得以保留他所拥有的财产。(STCE 210)

一旦这个小孩子能够记账,他就会被引导在他的余生中对他的财务状况进行仔细的记录。洛克说,其目的当然是不允许父亲在他成年后窥探这个年轻人的隐私;这样做的目的是教他明白,一个非常富有的"威尼斯贵族"是如何用了一种相当简单的方法教他任性花钱的儿子的:在对他儿子挥霍无度的花费失去耐心后,这位威尼斯的父亲继续让年轻人拥有他所希望的所有钱,但条件是这个男孩在收到钱的时候得把收支算出来。这位父亲于是在男孩的身上激起了:

> 这种冷静而又有利的思考。如果我花了那么多需要记账的钱,我就会去算一算,我的长辈们付出了多少劳动和艰辛,而不仅仅只是去计算,还将如何得到它。(STCE 211)

然而,物质上的自力更生只是洛克道德教育中最重要的次要目标。从一开始,在中心舞台上的是社会美德,或者是美德的社会化潜力。即使是自我否定或自我控制,从生命一开始就关注的焦点应该是,对那些想要强加给别人的要求的否定或压制,或者是一种专横跋扈的倾向。一个孩子"不应该为他所渴望得到的东西而烦恼,更不用说他所哭闹想得的东西……或者是要求获得的东西"。

当然,孩子们必须被允许表达他们的愿望,而父母或保姆必须照顾他们的需求;但是孩子并不是要支配那些想要满足的特定的模式或对象:"其中一种表达方式是,我饿了;而另一种表达却是,我要烤肉。"我很清楚这条特别的建议,[224]对那些"温柔父母的天然溺爱"是多么的苛刻,但洛克强调,在很小的时候就以这样的方式克制孩子是多么的重要。因为这是一种严厉的拒绝,这种拒绝的石壁将回绝这种或那样的要求,它使孩子们的头脑充满了对成年人力量的强烈意识。正是这种敬畏的根源,是一种教育的实质基础,它的目的就像是"消除杖"。

此外,洛克还补充说,他的目的不是让孩子感到不安,而是要从一开始就养成拒绝的倾向、冲动的克制、为理性原则做好准备的习惯。如果孩子在没有提出要求或表现出专横的愤怒的情况下,表明了他的喜好,那么父母应该明白,在适当的时候,孩子会满足于他所拥有的任何健康的品味。在这种情况下,孩子很快就学会了巨大的优势——关于自傲和其他满足的尊重——这些都来自于自我克制、自我控制和自我否定(STCE 106-107)。

孩子们之间的玩耍是孩子们第一次获得他们最重要的社会美德的第一课。他们的天性漂移,在游戏中,是一种听起来很像幼稚的自然状态;而他们的上司必须做自然之神不能做的事,以确保"无论谁开始"掌控"的竞赛,都应该确保自己的"掌控"。此外,孩子们被经验告知他们,如果他们表现出"对他人的尊重、礼貌和得体",他们就会赢得"尊重、爱和自尊",而"他们不会因此而失去优势"。

无论如何,儿童都要被阻止直接体验自然的纯粹法则:不让要孩子行使行政权力,甚至"孩子们之间的指控,这通常是愤怒和复仇的渴望,就不应该受到欢迎,也不应该听之任之"。然而,父母和其他成年人应该以最严肃的方式回应任何他们自己亲眼目睹或察觉到的不公正的迹象:"对第一个出现的任何不公正的倾向,必须以一种对父母和管理者的惊奇和厌恶的表现来对待。"(STCE 109-110)

当然,由于公正和不公正的前提是私有财产,而小孩子没有自己的财产,因此无法理解财产,他们不能被过多地教导公正本身。最接近的是教导他们慷慨的行为。因为虽然孩子们没有什么财产,但他们可能会得到一些好的东西去享受,他们可以体验到分享,甚至放弃这些享受之物的暂时的自我否定。

洛克指出,慷慨的培养是最重要的,不是为了自己的利益,而是为了阻止"一切邪恶的根源";"贪婪,以及[225]渴望拥有我们的财产,在我们的统治之下,比我们所需要的更多"。起初,洛克说话是,他的意思是要抑制占有欲和贪婪;但他很快纠正了这种最初的印象。在这里,洛克从未停止过对合理的占有欲(只要它不伤害任何人)的赞美,同时谴责贪婪。孩子将被经验所教导,

> 最自由的人总是最富有的,受到尊重和赞扬的引导……让他对其给予的所有的自由,都要得到回报,并对此感兴趣;让他理智地感知,他对别人的慷慨并不是对他自己的抠门。(STCE 110)

孩子们在对待动物的过程中被仔细地观察和纠正,并在他们对处于社会地位低下的仆人和其他人的举止中得到纠正,从而学会同情和人性。欺骗和企图通过谎言来操纵别人,是一种非常严重的恶习。直到后来,年轻人才意识到他们在一生中被欺骗的机率和频率,以及有时在成年人面前"掩饰"的必要性;洛克式的绅

士是一个谨慎的人,但不是一个"狡猾"的人。① 这些个人经历将会被历史上的教育所强化,这种教育会让人对这种残酷、傲慢和缺乏自我约束的行为感到厌恶,而这种自我克制是许多所谓的"英雄或伟人"的特征。

随着孩子年龄的增长,他们的研究最终会在政治历史、法律和政府的反思中达到高潮,这些都是关于政治理论中关于人类的"自然权利,社会的根源和基础,以及由此产生的责任的一些重要知识……这是民法和历史的总则部分,是这位绅士不应该浅尝辄止的研究,而是应该不断地持续停留,而且从来没有停止过"(STCE 186; 116, 117, 120, 182, 185)。这个年轻人对这个最高的学习分支的介绍可能是西塞罗的,然后是格劳修斯和普芬道夫的;洛克谦虚地说,更高阶的或成熟读者应该在这里"乐此不疲"。

如果我们要准确地理解和定义洛克的教育观念的原创性,我们就必须将其与传统教育理论的源头——伟大的经典文本进行对比。在这样做的过程中,我们需要特别注意洛克所放弃的那些主题和目标。

洛克尖锐地提到了英国人在战斗中的传统勇气(STCE 70, 115),在他论述的开头,他说,"任何年龄的绅士,都应该是如此的有教养,适合携带武器,成为一名士兵"(STCE 15)。然而,他所倡导的勇气教育,几乎没有提到战场,也没有为在战场或其他任何地方冒生命危险做准备。

[226]柏拉图对健全公民教育最实际或最认真的阐述就是在狩猎教育中达到高潮的(《法义》第 7 卷末);在洛克的教育中,狩猎是不存在的。在洛克的教育哲学中,射手船、武器的承载,以及携带武器的权利,在洛克的教育哲学中扮演的角色非常少(比较

---

① 特别参见 STCE 94 和 140;关于被告知的谎言,或者欺骗他们的行为,特别参见 58, 85, 88, 102, 110, 125, 129, 131, 149, 155。

柏拉图的《法义》828d-835b 和 942a-943a)。洛克对击剑和决斗嗤之以鼻,只对马术进行了不温不热的认可,尽管他"在和平与战争中都使用了绅士"(STCE 198-199)。没有什么能比他在体操中放弃所有的古典教育,除了和平舞蹈的事实更能代表洛克的教育理念:

> 因为我没有什么能给孩子们如此多的自信……那就是舞蹈;我认为他们应该学会跳舞,只要他们有能力学习它就尽早开始。因为虽然这仅仅是在运动的外在优雅,然而,我也不知原因,它却给孩子们有了男子气概的想法……(STCE 67)

> 舞蹈是一种优雅的运动,它给予在所有的生命中最重要的是男人气概,以及树立小孩子的信心,我认为这是不可能过早学习的……(STCE 196;尤其对比柏拉图的《法义》673,813d-817e)

(在上述所有的方面,尤其能揭示出洛克的论述与色诺芬的教育作品文集的对比,我们的注意力被马基雅维利的《君主论》所深深吸引[第 14 章末]。)洛克的观点几乎可以说是"在战场上的勇气,对敌人的蔑视"是"自然属性,可以被指望在没有特别努力的情况下出现"(STCE 115,页 220;参考关于战场勇气的一种非常奇特的说法,70 节,170 页)。

与洛克形成鲜明对比的是,柏拉图笔下的雅典陌生人以勇气进行教育,主要理解为"战场勇气",这是他对良好教育的描述。柏拉图提出的勇气和军队精神的困难,是对公民教育最根本问题的介绍。正是在这个勇气教育的问题上,我们必须解决自然的问题,以及教育自然、女性的困难;正是从这个角度出发,我们才能最好地掌握最强大的人类焦虑的基本来源;正是从这个角度出发,我们才发现了一些政治上最重要的虔诚根源;因此,也正是在这个角度上,我们最容易认识到音乐、诗歌和悲剧的基本政治功能和政治风险;最重要的是,这是一种思想的道路,它能让我们对公民和哲学家之间不可避免的鸿沟产生最具体的理解(关于此问题的完整讨论,参见 Pangle,1979,477-496)。

[227]一旦我们对勇气的教育进行了这些比较观察,我们就不会那么惊讶了,尽管我们也不那么惊讶,因为爱国主义或对国家的热爱,在洛克的教育中比宗教更重要——尽管在书中,洛克的书中提到了这一点:"我认为每个人都是不可或缺的义务,为国家尽其所能"(STCE 页 111;参考 94 [页 197]和 187)。

对军队美德和爱国主义的彻底不重视与对"音乐"(musike)——诗歌、歌曲和艺术——的完全忽视是密切相关的,这些是古代教育中体操的一种对照章节。①洛克的教育是一种自我克制的教育,而没有自我牺牲和自我奉献;再重复一遍,洛克并没有爱若斯的教义。那么,"自然地",洛克的教育结束之处,就是爱情萌发之地:"但是这位年轻的绅士在结婚的时候,是时候把他留给他的爱人了"(STCE 215;对比卢梭《爱弥儿》)。

将洛克的教育思想与古典哲学家在同一主题上的思想进行比较,人们不禁会想,洛克是否没有低估人类的力量,也没有低估人类对自我提升或自我超越的渴望。洛克是否充分衡量了战争的心理根源,专制野心、道德、浪漫,或宗教狂热?②洛克的教育是否足以驯服和利用这些危险,但也有潜在结果的根源?换句话说,洛克的教育,是否培养并赢得了正义的一方英雄不再墨守成规——这种人可能会带头抵制暴政,他们可能会(至少在一开始)唤醒昏睡的大多数人,勇敢地面对轻蔑、蔑视或愤怒?也许这些人的驯服和

---

① STCE 174,197,203;特别对比柏拉图《王制》,403c,以及孟德斯鸠《论法的精神》,第 4 章,8 节。参见上文 85-87 页。
② 这里考查一下亚里士多德关于犯罪行为来源的主题讨论:*Politics* 1266b 28ff。

第十七章 神与人的正义

塑造需要完全不同的教育,为了这样的教育(撇开其他原因),一种从洛克的阐述中而来的、完全不同的政治秩序?

在托克维尔对美国现代民主精神的后续分析中,人们可能会更进一步,想知道洛克是否已经开始深入思考翻新的、温和的、阴险的"大多数人的暴政","公众舆论的暴政"的威胁——哈兹所说的"隐藏的一致性病菌"——这潜藏在特有的"自由社会的共同体主义"之中(参考 Hartz 1955, 11 – 12, 55)。正如我们所看到的,"文明"是洛克式道德苍穹中的新明星,这意味着受过良好教育的洛克式的人,在道德上不愿意承担精神上的独立或贵族的骄傲,这可能会遏制平等主义盲从因袭的发展势头:"我们不应该为自己个人着想,而是要站在自己的价值上;[228]在别人面前假设自己的一个偏好,因为没有任何优势,我们可以想象,我们已经超越了他们;但是,当它是我们应得的时候,适度地接受所提供的东西"(STCE 142;参考 141 – 146)。有了这些话,一个人站在了与亚里士多德《尼各马可伦理学》相反的立场上,在这个观点中,灵魂的自傲或伟大是美德的冠冕。根据亚里士多德的说法,一个人低估了他的优点,或者没有表现出他的优越性并要求他获得更大的荣誉,"这比虚荣更反对灵魂的伟大,因为它更经常发生,而且更糟"。①

洛克的文明新美德,以及以这种美德为基础的新"社群"的直接祖先,都可在霍布斯的第五自然法则的美德中找到:

> 彬彬有礼(COMPLAISANCE)——也就是说,每个人都努力适应其他的人……这个法则的观察者可以被称为是社会性的(SOCIABLE,拉丁人称它们 commodi),它的反义即是固执,

---

① *Ethics* 1123a 34ff.,特别是 1125a 33 – 35;另见柏拉图《申辩》36bff.,以及色诺芬《苏格拉底的申辩》。

不合群,甚至是不听话的。(《利维坦》第 15 章)

在以前的思想史中,洛克和霍布斯一起,在某种程度上并不为人所知,他教导人类必须努力适应他人。正因为人类天性如此危险地反社会,他们必须不断地斗争来组成和维持一个社群;人类有一种压倒一切的道德义务,要生活在一起,"和睦相处",因此,道德上有义务压抑自己对彻底独立或优越性的断言。但这意味着,无论何时,当人们背离最深层的社会标准时,他们都要被培养去感到焦虑,而不是兴奋。

洛克呼吁他的读者把自己从陈腐的传统中解放出来;但他含蓄地承诺,在这样做的过程中,他们最终会赢得认可,因为他们更理性;他承诺,他们将被视为或多或少谨慎地引领着新风尚。洛克并没有花太多精力试图让他的一些读者以一种永远不会引领潮流的方式来理性思考。

在洛克的作品中,有一种鼓励人们对一种道德或精神上固执的尊重——因为被莫里哀所嘲笑的,正是卢梭所推崇的"厌世"人格。另一方面,洛克对宣扬老式贵族的品味没有兴趣去追求那些古怪的、令人难以容忍的、异想天开的——最崇高的超人(the gai savoir)所体现的精神上的勇敢无畏,这正是尼采试图再次将其重新引入世界的。

在美国人的精神倾向和他们的思维习惯中,托克维尔在人类精神的历史中发现了一些全新的东西。他发现了现代哲学传统的第一个流行版化身,他明确地追溯到了笛卡尔、培根和伏尔泰(《论美国的民主》卷 2,第 1 部分,第 1 章)。他观察到,这一传统教导了每个人的平等价值和每个人观点的道德平等;[229]它灌输了对所有被重新授权的权威的不信任,并且成功地告诫我们,让我们去尝试或仅仅依靠我们自己的个人判断。但同样地,它也教会我们羞于把自己的观点视为高人一等;它教会我们从我们可能试图"强加"我们"个人"的判断建议中退缩。托克维尔却观察到,一个意想不到的后果,那就是建立的这一个新权威,但比以往任何人类所知的道德权威都无法挑战:

> 随着公民们日益平等和日益无差别,使人人都盲目相信某一特定的人或特定的阶级的倾向,将会减弱。于是,相信群众的趋势将会增强,并逐渐变成支配社会的观点。
> ……当生活在民主国家的人以个人与周围的所有人比较时,他会自负地觉得自己与每个人都一样平等;而当他环顾周围的同胞全体,拿自己与这个大整体比较时,他又会立即惭愧地觉得自己并没有什么了不起,而是力量微不足道。
> 这种原来使他觉得自己在每一个同胞面前都能自主的同一平等,现在把他孤立起来,不能反抗绝大多数人的行动。
> 因此,在民主国家,公众拥有贵族制国家的人民无法想象的强大力量。公众不是用说服办法,而是以全体精神大力压限个人智力的办法,将公众的意见强加于和渗入于人们的头脑的。(《论美国的民主》卷2,第1部分,第2章;亦参费舍尔·艾姆斯发表在《美国文学》上的文章,1983年,卷1,22-37页。)

第十八章　理性家庭

[230]洛克在很大程度上对人类存在的爱欲（erotic）维度漠不关心，但他对婚姻的理性或谨慎基础的问题却很在意。一旦我们有了他对教育的全新认识，我们就能意识到这在多大程度上，取决于孩子们在幼年里发生了什么——它关注的是父母之间的关系以及家庭生活中的孩子之间的关系，这应该比传统的英国上层阶级中更严肃地对待早期的育儿方式（特别参见 STCE 69 及阿克斯特尔的注释；参考 Horwitz 1977，144）。

但反过来，这又意味着教育将会按照理性进行，只有当人类家庭以理性的原则组织起来的时候，才会激发或强迫母亲和那些父亲们对"那些可爱的小东西"的早期教育产生浓厚的兴趣；至少可以说，家庭的组织受到了国内法的严重影响。

因此，有一个很好的理由可以解释为什么洛克把他的《政府论》如此多的笔墨用在了家庭问题上。他这样做不仅是为了澄清和阐明他的论点，即人类本质上是自由的，不依附的和不自然的状态；他也模拟演示了这个家庭是如何被理解为一个人为的，历史的人类建筑，并展示了一个全新的、更合理的建筑的方法。他的草图，如果是渐进的、半隐秘的方式，也就是一个巨大的人类家庭的改革方案。

第十八章 理性家庭

最后的,但并非最不重要的是,洛克给我们留下了深刻的印象,这一事实即政治秩序,必须被认为是一种人为的秩序,而不是个人的秩序,或者以前在家庭中被人呼来喝去,这是人们欠他们最重要的"教育"(参见《政府论》中对教育的讨论 I 90, 93; II 56, 59, 61, 65, 67, 68, 69, 170)。

家庭天然脆弱的根源

正如我们所看到的,洛克对家庭的描述始于这样一种证明,从广泛的、有时甚至是系统性的虐童行为可以看出,即人类并没有被任何内在的道德意识所阻止。但从这个意义上说,他并不是要我们得出这样的结论:人类没有本能的冲动促使他们去做父母。恰恰相反;在大多数情况下,父母都是"天然的爱着和[231]对他们的后代慈爱的"(TT I 97;参考 II 63, 75, 107,以及 STCE 34, 99, 107)。这符合大多数人的自然倾向,他们珍惜自己的孩子(ECHU I iii 12)。

最大的困难是,这些柔情的冲动——一种自然的、更弱的、仁慈的冲动——它们既不可靠,也不够好,不足以构成对人类行为的稳定观察。洛克显然确信这是残酷虐待的证据,这将给他的读者留下深刻印象;但他自己至少没有受到太大的震惊,但更常规的忽视和腐败却困扰着他,这是父母过度溺爱的产物:"几乎没有人担心父母会过分严厉地使用他们的权力;过度的情况很少在严重的方面,自然的强者走向了另一个方向。"(TT II 67)

> 父母们明智地或天生地爱着他们的孩子,是很恰当的;如果理性不谨慎地观察自然的感情,就会很容易,我认为,让它变成喜欢的……被溺爱的人必须……应他所渴求的,做他喜欢做的事。因此,父母们在很小的时候,通过迁就和把他们的

行为弄得很不愉快,就把他们弄得很腐败。他们的孩子的自然法则,当他们污染了源头的时候,他们自己就得喝下了苦水。当他们的孩子长大了……他们的父母再也不能使用他们了,就像玩具一样;然后他们抱怨说,这些孩子是倔强和反常的……试着用狗或马,或其他生物来试一试,看看它们是否学会了这些病态和慵懒的伎俩。年轻的时候,很容易做的事是亡羊补牢:然而,这些生物中没有一个是如此的任性和自傲,或者是一半渴望成为自己和他人的主人,就像人类一样。(STCE 34-35)

洛克似乎特别担心母亲在这方面,"把这作为一种普遍的和特定的观察,让女性考虑,也就是大多数孩子的章法要么被溺爱,要么被娇惯和温柔所伤害"(STCE 4;参考 5、7 和 13)。

为了准确地理解洛克的观点,在最初看似矛盾的家庭问题的概念上,我们最好从以下关键的文本开始:

上帝扎根在人类心中和镂刻在他的天性上的最根本和最强烈的要求,就是自我保存的要求,这就是每一个人具有支配万物以维持个人生存与供给个人使用的权利基础。但是,除此之外,上帝又在人类心中扎下了繁殖自己种类和延续后代的强烈的要求,这种要求就给予儿子们以分享父母的"财产权"和承袭他的财产的权利。(TT I 88)

在这里,洛克不仅教导人们传播的对人类自我保护的渴望是次要的,而且在人类中,[232]传播他们的欲望的渴求与继续他们自己的愿望是不可分离的:"人类父母的自然爱和温柔"不是无条件地指向他们的后代(就像其他动物一样),但是对他们的后代来说,这是"他们自己的一部分。"(TT I 97;对比 56)

第十八章　理性家庭　　　　　　　　　　　　　　　　351

现在,人类为人父母的这种显著特征充满了深远的、非常模糊的结果。即使是对洛克对个人认同或自我认同(ECHU II xxvii)的简要分析,也会显示出一个人成为另一个人的一部分并不是一件容易的事。的确,有人可能会怀疑,在《人类理解论》的这一章中,单身汉是否会含蓄地证明,在父母的爱中,存在着一种欺骗的必要。这一点是肯定的:根据洛克的教导,这是很自然的,因为人类父母的爱会有很大的不同,这取决于习惯,和"思想的联想"会导致对孩子的认同感。

人类的父母可能会爱所有的人,或者一些,或者他们的一个孩子,他们比动物更爱他们的尚未取名的可爱的小东西(TT II 70; ECHU II xi 7)。从这一点上我们可以理解为什么,根据洛克的说法,人类的为人父母是天生的,这是不可避免的,或者更确切地说,因为人类可以是非常慈爱的父母。总而言之,自然或自然之神对人类的推理能力构成了以下挑战:通过发明,可以将人类的父母和孩子编织在一个更可靠的联盟中,从而促进人类的繁衍,从而促进人类社会的发展(自然是盲目的意志),但同时是否也要对孩子们进行细致而严格的父母教育以"理性和勤奋的"习惯"?

家庭的理性力量基础

当我们把注意力集中到洛克的财产理论的一个重要方面时,答案就显现出来了,但直到现在我们还把它留在了背景中。在《政府论》中,关于继承的讨论,是关于洛克经常打断或出现的,但他一次又一次地返回讨论的主题;这个讨论逐渐揭示了一个全新的、理性的(也就是"自然的")继承法。像往常一样,洛克成功地使他的全新教义,听起来像是被接受的或传统的教义似的(我们可以在格劳秀斯那里找到一个很好的总结,特别是在 II viii 3 ff.)。

像格老秀斯一样,洛克坚持孩子继承父母财产的自然权利

(TT I 90)。但是格老秀斯,以及他所召集的传统权威,从先前的自然义务中获得了这一权利——父母为他们的后代提供的义务。相比之下,[233]洛克认为孩子的权利不是来自于任何义务,或者根本不是义务,甚至是最终来自另一种权利,来自于一种欲望——父母想要继续他或她自己的愿望。

因此,洛克强调,在他的继承理论中父母的"对丈夫的'义务'和将财产传递给孩子的行为,是被理解为完全没有与财产是"对每个人的特殊支持和使用的原则"相冲突的;或者是"财产"原则……是为了所有者的利益和唯一的利益,这样他就可以摧毁这个东西,即他拥有财产;或者一个人的"财产所有权"的原则"完全建立在他自己的私人利益和优势上"(TT I 88,92,93)。

而传统的自然法理论家认为,从本质上说,所有的没有被剥夺权利的孩子们都有无条件的从父母那里继承的权利(条件是有足够的财产存在),他们需要的是父母的支持,洛克认为孩子的权利是有条件的。它只是一个"先于其他人的权利";也就是说,孩子对父母财产的自然权利,只有在父母"没有用他的积极的资助来处理这件事的时候才能获得"(I 87);"一个父亲可以随意处置他自己的财产,当他的孩子们不再有幻想的时候"(II 65)。

对于富裕的父母来说,自然法并没有严格的道德标准,限制他们把自己的孩子都留给贫穷。①洛克用了一个小节来解释,为什么他在遗产问题上投入了如此多的空间来解释其教义的全部内容:他这样做不仅是为了反驳菲尔麦所说的,从亚当那里继承的皇室权威,但是也要展示长子继承制,尽管一般是由文明国家的国内法(the ius gentium),特别是英国的国内法所制定的,但这一切在"自然或神圣权利"中都没有任何基础(TT I 91;参考90,95,111,115)。

---

① 参考 Strauss 1953,218-219。对比洛克的学说与查士丁尼《法学阶梯》的学说和立法,第2卷,18篇,"不合人情的遗嘱"(*De Inofficioso Testamento*)。

第十八章 理性家庭

然而，在所有继承的道德基础上，洛克的革命教义如何能更安全地将家庭团结在一起呢？对于父母来说，在他们死后的财产处置中，没有给予父母的新自由，是否加剧了父母会供养他们的孩子的不确定性？

我们在这部作品的续集中找到了答案，也就是在下篇中题为"论父权"的章节。这一奇怪但至关重要的第六章，是《政府论》下篇中的最明显的联系，它是在上篇中相关章节的延续，它可能仅仅是一种简洁的、冗长的、重复的论点，并暗示反对菲尔麦的观点（参见拉斯莱特的注释）。然而，如果有人对辩论的前提和影响提出质疑，并且不允许自己简单地随波逐流，人们便开始看出，在这几个有争议的部分中，作为洛克对家庭和人类社会改革的基础，有一个相当令人震惊的论点或大纲。

在这一章的开头，洛克表达了他的担心，[234]他可能会因为他现在不得不说的话而受到谴责。这种担忧并非杞人忧天。因为，他在上篇中建立的基础上，洛克开始大胆地否认存在"父权"，至少在一般意义上是这样的。"如果我们去寻求理性或启示"，我们会发现他们"平等的的头衔"（II 52）。

但是从一开始，我们就会发现，父权（应该被称为）是一个共享的权力，如果不是一个分裂的权力，那么任何一个人都有权利和不确定的权力（II 53）。诚然，人类在"各种平等"中并非生来平等；但没有一个成年人是另一个人的自然统治者或臣民；所有人都在这一关键的尊重中，自然是"自由"的，尤其是对父母的关系中（II 54）。那么，如何协调自然独立的父母独立、平等和潜在冲突的权威呢？

而这个问题没有回答的是，洛克提出了其积极的教学内容，他认为这是一个更重要的问题：父母和孩子之间的自然关系。所有的人都是自由平等的；但是，当然（如果是矛盾的），没有人（因为亚当和夏娃）在这个平等中存在或诞生。

所有的孩子都出生在"服从"的"规则和法律"之中,即他们父母的"统治"之下(这当然不是"公民政府,也不是获得同意的政府")(Ⅱ55;参考66,67,74)。那么,是什么引导或限制了父母对孩子的专制权力?洛克突然转向了准圣经或虔诚的语言,他提出了一种启迪原则,即所有成为父母的成年人都是"根据自然法则,负有保护、养育和教育他们的孩子的义务"——这"不是他们自己的工作",而是他们要对他们负责的"无限义务"。

在这一点上,洛克似乎又回到了对一项揭露和(或)无条件义务的呼吁,这一义务要求父母相互合作,并牺牲自己的利益(如果有必要的话),以造福于他们的孩子。但在接下来的章节中,当读者仍然沉浸在这种崇高魅力的温暖光辉中,洛克肯定比他以前更清楚地肯定了,唯一的法律就是"理性的法则"。这项法律只适用于那些被"颁布"的人;它是"仅由一个简单的人发布或制造的"。最重要的是,法律,在它真正的概念中,是一个自由的,一个真正的代理人的方向,他的财产是他的财产,并且不超过法律规定的一般利益。"孩子们,既然他们不是来找理性的",就不能说成是这条法律。这些庄严的判断必然意味着,要求父母的唯一法律是一项要求他或她使用他或她的孩子,为他或她自己的利益(以及其他理性成年人的正当利益)服务的法律。

[235]那么,在自然或理性的法则中,是否保护了理性发展之前的儿童利益?特别是,为什么父亲或母亲不把自己的孩子当作财产?洛克提出了最后一个问题,尤其是在这里使用术语"财产",比他之前在《政府论》中使用过的为正当利益的服务具有更广泛的意义,一个人可以"自由地按照他的安排处理他的人事、行动、财富,和他的全部财产"。

不仅如此。在接下来的章节中,洛克将我们的注意力集中在父母必须承担的义务"这个难题"上,如果他们认为"义务就是他们的责任"(Ⅱ58)。然后,几乎是整个章节,洛克注意到一个事

第十八章 理性家庭

实,一个父亲可能拥有完美的合法性被一个"监护人"所取代;或者他可以代替一个副手或者至少是一个"家庭教师"(这样就更容易使自己免除"责任"或"麻烦")。

洛克还没有告诉我们这方面的适当程度:在父亲还活着的情况下,当家庭教师或副手接管时,父亲保留了完全合法的权力,并有相应的权利(而不仅仅依靠尊敬)让他的孩子们服从于自己。然而,他确实声明,在孩子达到了理性的年龄之后,在任何情况下,

> 父亲和儿子都是同等自由的,就像家庭教师和学生一样……在没有父亲的统治之下……无论他们是在国家还是在自然法之下,还是在实证法律之下。(II 59)

在其前后的部分中(II 58 和 60),洛克遵循了他在这一章开始时提出的原则,并强调了"父母"和"孩子"。在第 59 节中,洛克谨慎地将自己局限于说"父亲"和"儿子"的话题,根据自然法或合法的实在法,最终将成为自由而独立的"导师和学生"。因此,他把这个问题留给读者去弄清楚一个成熟的儿子和他的母亲,或者一个成熟的女儿和她的父亲之间的自然法或理性的关系(特别是当异性的父母还没有年老的时候,相同性别的父母已经去世、离婚,或者因其他原因而缺席家庭生活)。对洛克关于家庭本质的惊人教义的全面理解,需要仔细地关注第 6 章中明显疏忽的术语变化——这一章以最显著的引证方式开始,强调避免因未能对术语进行细致的关注而导致的错误。另见 Strauss 1953, 216-218,以及回顾了洛克关于保罗在《哥林多前书》中对岳母和女婿之间的私通行为的谴责(参见上文 157-158 页)。麦克威廉斯(1983, 27-28, 34-37)常常对我们今天的讨论是有帮助的,这是一种洛克-自由主义和圣经对婚姻概念的对比。

我们当然不得不怀疑,成熟、理性的孩子应该如何引导他们去照顾年迈的父母——当我们第一次被迫去想,父母应该有什么适当的兴趣去照顾他们那些麻烦的后代。

在他的细心的读者中,他对一些非常严肃而又敏感的问题提出了迫切的要求,洛克从第60节开始,提供了他们可以重新思考或重建他的回答的材料。他是在他第一次向权威致以标志性的敬意之后才这么做的——那就是明智的胡克权威。和往常一样,洛克引用的胡克的段落,以及洛克对这段话的评论,揭示了洛克在他的思想和胡克之间出现的巨大鸿沟。

洛克实际上提出了一个问题,父母对这样的孩子的职责是什么,由于他精神障碍,谁也不能指望他拥有自己的独立推理能力,因此,我们永远不能指望父母在他们年老时,能从像正常的孩子身上得到帮助、安慰和帮助?

胡克说,在这个揭示出的案例中,根据自然法则,照顾未成年人和精神上无能力人的责任,是一种自然法则要求理性的成年人采取行动,以理性地理解那些在这种情况下的人的利益("为他们寻找和获取他们的利益")。洛克说,[236]胡克所谈论的似乎是人类与"其他生物共享的一种责任,以保护他们的后代"——即这是一种不依赖于理性或理性生物的特定性质和自然法则的责任,它不会超越自我保存的范围,甚至也不可能超越了在猴子身上发现的它对其后代的关注。

洛克指出,胡克并不了解人类父母具体理性责任的本质或原因。在向胡克致敬后,洛克几乎立刻就对"野兽的悲惨状况"进行了评论,并将其与"温柔和关注的倾向"进行了对比。上帝已经安置在人类的父母之中。在人类中,与低等动物相反,这些"倾向并不是父母权力的根据或来源":它们只是"缓和这种力量"的因素。人类的温柔比在愚蠢的动物身上看到的更强烈,父母柔情的感觉更强烈,因为人类的温柔在最好的情况下只是一种补充,而且肯定可以被理性检视和引导(II 63)。

当被检视和引导时,人类父母就是在教育他们的孩子。他们教育他们对自己和他人最有用,这种教育包括让"他们在能够在

第十八章 理性家庭

自给自足的条件下工作"(II 64)。一个理性的父母很有可能发现,抚养孩子和教育孩子的麻烦,与其说是由于一种不可靠的良好感觉,不如说是一种可靠的经济计算。这种父母的爱,显然需要理性的父母对他或她的"亲爱的小东西"有一种不带感情的清晰远见。温柔的倾向,以及对孩子的认同感,可能是对这种远视的一种刺激,但如果他们不是真正的开明,这些感受也就可能是一种阻碍。

此外,洛克给我们的下一个提醒是,在男性(male)父爱倾向中,当然是不够可靠,不能保证对后代的极大关注。我们不仅看到了太多关于父亲逃避责任、教育和其他方面的证据,而且,为了探究这种可悲行为的根源,我们必须反思,如果离开男性会是什么样子,他们甚至感觉比在英国国内法之下更自由。"在这个世界上,如果一个女人一次拥有一个以上的丈夫,这个父权会变成什么样子呢?或者在美洲的部分地区,丈夫和妻子经常会把孩子们完全置于母亲的照料和供给之下……?"(回顾 II 49:"从一开始,整个世界都是美洲式的,比现在更为重要。")

在以几乎相同的语气下,洛克显示出,可以开始提供补救的理由了。理性的结论是,我们需要让父亲意识到他们并不是自动的作为父亲的,被赋予任何父母权威的:

> 不,这个权力如此之少,并不是由任何一种特殊的自然权利所拥有的,但是只有当他是他的孩子的监护人时,当他放弃了对他们的照顾时,他便失去了对他们的权力,[237]这与他们的养育和教育相一致,这是不可分割的附属物。(II 65)

理性告诉我们要走得更远。父亲可以也应该被教导说,在尊重、帮助甚至陪伴他们的成年子女的过程中,几乎没有任何事情是理所当然的。他们需要意识到,他们在这方面的每一个希望,都是为了满足他们的愿望,在年老时的舒适无忧,在百年之后的记忆,完全取决于他们在每个特定的孩子身上所花费的教育的数量和质量。

父母可以期待被尊重,但不是基于单纯的生育:为了获得这种被尊重的权利,他们不仅要给予"生命,还有一些幸福";对一个孩子来说,要有这样的尊重,他不仅要有"自己的存在",而且还要有能力通过那些他所尊敬的人"享受生活"(II 66)。父亲们尤其需要在他们的心中灌输这些严肃的合理教训,并在他们周围的社会中进行准备或强化。这是洛克在接下来的章节中,悄然地但又深刻地开始培养的经验(并继续在他的《教育漫话》中作为一个整体加以培养):

> 儿女所应尽的尊礼使父母享有受到尊重、致敬、赡养和孝顺的永久权利,这是多少与父亲的照应、花费和对他们的教育方面的关怀所费的力量相当的(II 67)。

> 很明显,这一切不是仅仅由于父亲的名义,也不是如前面已经说过的由于也受恩于母亲的缘故,而是因为对父母所负的这些义务以及对儿女所提出的要求的程度可以随着抚养、慈爱、操心和花费的不同而有所出入的,这些照顾在两个孩子之间时常是有厚薄之分的。(II 70)。

然而,到目前为止,洛克的尝试为父母和孩子之间的自然柔情提供了理性的支持(并对其进行了修改),这暴露出了一个相当明显的审慎困境:父母的"付出"是我们所说的他们交易的一部分,但是,为了获得许多互惠的利益,必须等到他们的孩子成熟,然后必须相信他们孩子的"感激之情"(II 68)——在孩子们可能对自己的孩子更加关注的时候,他们的父母曾经对他们也是如此关注。

第十八章 理性家庭

这并不是说"在《政府论》中,没有一个章节,洛克说孩子们对他们的父母有爱、温柔或喜爱的感觉(或者类似的东西)"(Goldwin 1963, 26;根据 STCE 99 对比)。教养良好的孩子有"荣誉和尊重、支持和辩护,并且任何感激都能使一个人获得他天生的最高利益"(TT II 69)。[238]但这些都不需要服从父亲的意愿。关于年迈父亲的遗嘱,最能说明的是,"在很多事情上,他可能会成为他的儿子,对他和他的家人来说并非容易,但却要尊重他"(II 69)。

在他的《教育漫话》中,洛克毫不犹豫地把注意力转移到这种危险上,以便给父母留下深刻的印象,他们需要人为地灌输给他们的孩子一种对你的爱,以及一种强烈的羞耻感,或者"对美德和名誉的爱"。但与此同时,洛克提醒我们,这是一种非常稳固的,甚至是肮脏的强化:孩子们害怕如果他们不喜欢你,就会只有一份微薄的遗产份额,但这可能会让他们成为你财产的奴隶"(STCE, 42;参考 97:"当你保留你的财产时,权力仍然掌握在你自己手中")。因为正是在这里,当他遇到问题的时候,洛克运用了他在上篇中提出的新继承学说,在下篇的这一点上指了出来:我们发现了完整的目的,如果你愿意的话,那就是优雅(TT II 72, 73;对比柏拉图《法义》922cff.):

> 虽然父母教养儿女的义务和儿女孝敬父母的义务意味着一方享有全部权力和另一方必须服从,并且这对双方关系都是正常的,但是父亲通常还有另外一种权力,使他的儿女不得不对他服从;虽然这种权力他和别人都是同样具有的,但是由于这种权力的实施机会差不多总是出现在父亲们私人的家庭里,别处这样的例子极少,亦很少受人注意,因此现在就被当作父权的一部分。这就是人们通常所具有的把他们的财产授予最讨他们欢喜之人的权力……然而父亲一般有权根据这个

或那个儿女的行为是否迎合他的意志和脾气而多给或少给。

这对于儿女的服从起着相当大的约束力……父亲可以运用这种权力,迫使他们的儿女即使已经达到成年仍然对他服从……

而且,我们可能会补充说,获得和加强这种"类型"(Tye)的需求,对于父亲积累尽可能多的财产是不小的激励。同样的,这一"类型",洛克立即补充道,这是一个关键的手段,孩子们被诱导成为他们成长的公民社会的公民(参考 II 73 和 120)。遗产,尤其是在内陆,不是由长子继承,而是由父亲和母亲所偏爱的子嗣继承,这被证明是将成熟的年轻人与社会、家庭和公民结合在一起的纽带。

麦克唐纳(1985, 11)引用了1776年的《弗吉尼亚法案》废除了遗产继承权,这是由杰斐逊在立法机构创制、提出和辩护的法案;该法案规定,作为对父母自由安排自己最后遗嘱的一种不正当的限制,并将其作为辩护理由之一,洛克的观点认为,这种限制父母在死后处理财产的自由"确实伤害了年轻人的道德,使他们独立于父母,不服从于他们的父母"(参考 Lerner 1987, 72-73)。然而,观察杰斐逊在多大程度上废除传统对遗产限制的论点是具有启发意义的,这是一种共和主义精神和一种超越了洛克所能发现的人类家族的观点。在杰斐逊的《自传》(1944, 38-39)中,他报告说,他提出了两种基于自然权利的理由,以支持他提出的改革方案:

取消这个特权["贵族秩序"],而不是贵族的财富,它会带来更多的伤害和危险,而不是对社会的效益,对贵族的美德和才能保持开放,自然就会明智地朝着社会利益的方向发展,并将它所有的条件平等给予每一个人,这些被认为对一个秩序井然的共和国是至关重要的——为了实现这个目标,没有必要的暴力,也没有被剥夺的自然权利,而是通过废除法律来壮大它。因为这将授权现有的持有者平等地将财产分割给他的孩子,因此他的爱也被分割了(至少在作为立法者的时候,杰斐逊慷慨地

第十八章 理性家庭

认为,在正常的情况下,父母会平等地爱着他们的孩子,只有通过非自然的法律才能保证平等的遗嘱支付)。

当然,洛克在他职业生涯的早期积极参与了卡罗来那宪法的起草工作(*Works*, vol. 10, 页 175ff.),班克罗夫恰当地将其描述为"美国国内第一个将政治权力与世袭财富联系起来的信号",这一命令根植于长子继承制。但在我看来,班克罗夫在其对洛克的参与角色的评估中也同样准确:"他对沙夫茨伯里的说服性影响表示了理解"(Bancroft 1884, 416 and 417)。参考 Ashcraft 1986, 122 n.164。

或者正如洛克在更感性的《教育漫话》中所写的那样:

> 没有什么能巩固和建立这样的友谊和善意,就像对关怀和关系的自信交流一样。若不是如此的善意将留下一些疑问;但是当你的儿子看到你向他敞开心扉,当他发现你对他的事情感兴趣时,当你愿意的时候,他们就会进入他的手中,他会关心他们,就像他自己一样;用耐心等待他的成熟,在他爱你的时候,不会让他对你形同陌路。[239]这也会使他明白,你所享受的乐趣并非对他毫无关心;他越是意识到,他就越不会嫉妒你的占有,而在这样一个好朋友的管理下,他也会觉得自己很快乐,而且他感到父亲也是关怀备至的。(STCE 96)

洛克在第 7 章中,完成了他的对家庭问题教义的最后处理的时候,我们看到他在上篇中抛下的话题悬念,又在下篇的第 6 章中开启:丈夫和妻子之间的依恋关系的真实、自然的基础,以及从那个基础上可以简化的理性法或"自然法"。

第 7 章在非常广泛的背景下讨论了这个主题:在这里,洛克给出了一个完整的、系统的答案来回答下篇中的问题(参见 2 节);正是在这里,他对人类社会能力的本质进行了严格的处理。这一重要的章节恰好是《政府论》的唯一的一章,以"上帝"这个词开头的。圣经中的上帝,洛克强迫我们记住,人类刚创造出来的时候,"人类独处应该是不好的";在这神圣审判的基础上,上帝"塑造了田野的每一个野兽和空中的每一只鸟";最后,为了让男人有一个"合适的帮手",他是在男人的肉体中将女人创造出来的——对他们来说,作为一个妻子,男人被"劈开",使他们成为"一体"(《创世记》2:18-24)。"因而我讨厌离婚",以色列的主人上帝说(《玛拉基书》2:16)。与此相反,洛克的(或"自然的")上帝"使人成为这样的生物",在这个生物"自己的判断中,独自一人是不好的"。或者正如洛克所说,自然之神让人"在必要的、方便的时候,倾向于驱使他进入社会"(II 77)。

"第一个社会"的人类被驱使进入"丈夫和妻子之间"的关系。这个"夫妻社会是由男女自愿的契约形成的"(II 78)。即使是"第一个社会",它也是一个惯例的问题;没有简单的自然或自发或本能的人类社会。这个第一个,契约关系是其他社会关系的基础,包括父母和孩子之间的关系,他们共同组成家庭,并"由男主人或女主人来统治"(II 77;参考 86:父权制可能是一种普遍的做法,但是,在圣经中,洛克不让我们忘记女性的平等权利或自然的可能性)。

正如洛克在接下来的章节中所阐明的(II 79-81),他没有忘记,"男性和女性"可以通过单纯的"交配行为"来繁殖后代:在没有契约的情况下也可以有孩子。此外,在动物王国的其他大部分地区,不仅存在着"男女之间的结合",而且还存在"夫妻关系",甚至是"夫妻社会"(II 80,81)——当然,它们之间也没有任何契约。

然而,在人类的情况下,[240]如果男女之间没有契约,就没有社会。如果我们意识到他对社会这个词的使用,在这一点上是相当精确的,那么洛克的奇怪教导就变得容易理解了:他的意思

第十八章 理性家庭

是,在同一物种的动物之间建立一种可靠的、稳定的、持久的关系,由特定的目的或目标所定义。在人类物种中,这种关系只能在经过计算的、自愿的和特定的常规协议的基础上才得以存在。

人们可能会很想知道,为什么洛克在他的主题治疗中没有提到爱或友谊,尽管他把"感情"称为婚姻社会的从属方面(II 78)。在《人类理解论》中(II xxi 34),洛克呼吁圣经权威支持他对婚姻"幸福"的理解:"圣保罗说:'结婚比去流浪要好';我们可以看到,到底是什么主要驱使人们享受婚姻生活的乐趣。"洛克在另一种语境中教导我们说"我们称之为爱的想法"可能,但并不一定,是对另一个人的幸福产生担忧的暗示(ECHU II xx 4)。另一方面,友谊的概念除了爱之外,还包括这样的暗示(II xxviii 18),在下篇的第7章中,他关于人类社会起源的讨论中,洛克对友谊保持沉默,而更引人注目的是他在前几页(在第6章的结尾处)就提到的友谊(TT II 70;另见107)。《政府论》两篇让我们思考洛克关于人性的教导中友谊的地位;但是附带的指引,是与我们对家庭和社会的理解非常相关,在《教育漫话》中有一些尖锐的评论。在书信中,他希望他能将自己的声誉传达给"子孙后代"。洛克将这项工作描述为他和他的绅士之间存在的"友谊的标志"——收件人是爱德华·克拉克。然而,在同样的工作中,洛克说,每个人,包括他的朋友和收信人,都应该同意,孩子们"当他们成年"时,应该把他们的父母看作是他们唯一可靠的朋友,这是"合理的"。洛克教导他的收信人,如果他要对这种唯一的友谊给予适当的证词,并让他的儿子尽可能地报答他,至关重要的是,"你对他的事情感兴趣,因为你愿意的事情会在他的手中得到他的帮助"(STCE 41和96;参考40,42,87,97,143)。洛克当然不否认还有其他形式的友谊,除了父母和孩子之间的友谊之外,"作为他们自己的一部分"(TT I 97),是他们未来的继承人;而未来的遗产肯定不是他为子女所做的唯一的基础;但他告诉我们,这是唯一确定的友谊,而遗产是其互惠性的必要条件。

因为当"我们发现低等的生物不断地服从"一个"规则,这是一个无限智慧的制造者亲手所创造的规则",这条规则使男性与女性保持结合并帮助女性"只要对小孩的营养和维持是必要的"(II 79),人类的处境是非常不同的。一方面,小孩成长所依赖的时间和狩猎的困难，使得女性需要男性的帮助的时间，比其他哺乳动物的获取"食肉猎物"的时间要长得多；而且，当男性留在身边的时候，女性很可能会在前面的孩子能够自己照顾自己之前，再次怀孕并生育。这一事实进一步加剧了这一难题。但另一方面，我们无法找到并欣赏上帝赋予人类男性和女性的强烈、清晰的本能或倾向，以指引正确的方式提供必要的合作。我们可以欣赏"伟大的造物主的智慧"，只有在这个程度上：制造了一个巨大的问题，或者让它变得有必要，丈夫和妻子构成的社会应该比其他生物中雄性和雌性的关系更持久，"他已经给了人远见和为未来做好准备的能力"（II 80）。

很自然地，人类花了很长时间才开始在制定规则和制裁的过程中发挥其远见，以防止"不确定的混合物，或者是夫妻社会的简单和频繁的解决方案"，从子孙后代利益的角度看，这将"严重扰乱"了财产的秩序。"一开始"，我们记得，"世界都是美洲这样的，比现在更重要"（II 49；参考108），在美洲的部分地区，丈夫和妻子经常会把孩子们"完全置于"母亲的"照料和供给"之下（II 65）。洛克把它留给了我们的想象和研究，来设想人类所构建的各种各样的氏族和部落规则，他们通过集体行动来执行一些"混合"的规则。就像洛克在另一个语境中所说的，"一个年轻的野蛮人，也许根据他部落的风尚，他的头充满了爱和打猎"（ECHU I ii27）——但是没有任何关于婚姻忠诚的必要概念。假设男人和女人在一定的时期已经有了语言和婚姻，但却不知道或使用"通奸"这个词的含义，这当然是不合理的（ECHU III vi44-45）。

总的来说，是父系家族成为了人类性别和社会性的自然难题的最明显的解决方案；这个解决方案也有一些合理的基础。[241]既然夫妻双方"难免会有不同的意愿"，"最后的决定"必须"放在某个地方"，它"自然地落在了男人的身上，就像有能力者和更强壮的人一样"（TT II 82）。但是父权制的家庭远远超出了这个合理的观察范围(参考 I 47)。父权家庭在对最初的野蛮行为做出反应或摆脱出来的时候,已经编织了一层厚厚的迷信面纱,这种迷信从男人和女人身上掩盖了真正的、根本的需求,而这正是婚姻契约的基础。人类已经忽视了这样一个事实,即"最主要的,即使不是唯一的原因",为什么丈夫和妻子的关系应该比其他动物在对后代的抚养和教育的持续时间更长(II 80)。洛克的意思是激发对这个真理及其所有含义的反思。

首先,"没有必要在事物的本质上"阻止婚姻的可分解性,只要双方同意,或者在固定期限之后,只要将孩子的教育和继承财产提供给他们(II 81));不,所谓的"丈夫的力量"是"与绝对的君主相比,在很多情况下,妻子有权利与他分离"。——通常是通过契约规定,但在某些情况下纯粹是通过"自然权利",也就是说,对"婚姻的本质"的看法就是,孩子们在这样的分离中,落在父亲或母亲的命运上,正如契约所决定的那样(II 82)。

因此,没有理由不允许和鼓励妻子和母亲以这样一种方式来维持非常可观的经济和个人独立:"权力之下的财产共同体,相互帮助和维护以及其他属于婚姻社会的东西,这可能是多种多样的……至少可能包括生育和抚养孩子所组成的部分"(TT II 83;参考 Tarcov 1984,74-75)。

毫无疑问,假设政府是为了提升或改变婚姻的最初目的而产生的:"民事法官不剥夺权利,也不为他们在一起的时候提供必要的权利,即生育和相互支持和帮助;但是只是判决了丈夫和妻子之间可能发生的任何有争议的事情。"(TT II 83)

在这个至关重要的问题上,应该以自然和理性为基础的基本原则是:

> 所有的一切都应该在夫妻之间进行安排,这样他们的勤劳就会得到鼓励,他们的利益会更好地团结起来,以便对于他

们共同的子女提供给养并进行储藏。(II 80)

对婚姻的持久性的一种不安,更不要说一段时间后可能会解体的预期,很可能会给夫妻双方带来一种非常强烈的不安,毫无疑问,在这两个人中,每一个人都必须意识到,每一个人都必须通过物质积累和谨慎的道德教育来确保未来几年对孩子们的支持。[242]所有这些显然对女儿和儿子的教育都有很大的影响。在他的《教育漫话》的论述中,洛克对当代的传统进行了讨论,几乎只讨论了男孩的教育问题,但在一开始他就悄悄地阐明了这一致敬只是敷衍了事:就女儿而言,"我冒昧地说……在她们的教育中,父母越接近她们的教育,就会从她们生活的剩余部分得到更大的好处"(STCE 9;另见6,37,70,152)。最后,在试图想象洛克最终目标的个人主义的全部内容时,我们不能轻率地假设他只考虑单一性的术语;我们必须记住"世界的某些地方(不一定是美洲,也不一定是野蛮的部分),一个女人一次有一个以上的丈夫"(II 65)。在一篇未出版的日记片段中,在培根风格的影响下,在题为"亚特兰蒂斯"(Atlantis)的名下,洛克提出"已经结婚的人可以娶另一个女人……这一关系、持续时间和条件……不应该是契约所表达的内容"(拉斯莱特在 II 81 注释中所引用)。正如施特劳斯所指出的(1953,218),"多配偶制与自然法完全相容",正如《政府论》所教导的那样。

洛克并不是自从他的时代,逐渐侵蚀了父系家族强大力量的唯一来源——这种形式的家族秩序,从远古时代就一直存在,并作为西方文明的重要组成部分,即希腊–罗马和犹太–基督教传统。但他通过给予它们最有力的理论依据和最冷静的修辞服饰,极大地增强了这些力量。我们生活在历史进程的一个相当高级的阶段,洛克做了很多事情来激励人们,只能在巨大的努力下,回忆起在父权制的视野中成长的意义——因此,在这场精神革命中,什么是危险的,它的潮水把我们推向了更远的地方。在菲尔麦的书中,洛克的观点是,我们可以找到一个真实的,即使不是具有洞察力的,那一古老的政制典范;但在我看来,就像过往一样,我们开始理解洛克事业的全部结论的最佳指南是,托克维尔的《论美国的民主》一书:

> 使我感到惊异的是,古代和现代的法学家们,竟没有使继承法对人间事物的发展产生巨大的影响……。立法家一旦把公民的继承法制定出来,他就大可休息了……照一定的方式制定的这种法律,随即把财产、不久以后又把权力积聚和集中起来,置于某一个人的手中。可以说,它使地上冒出了贵族。按另一种原则制定和按另一条道路发展时,它的作用的速度还会更快,但这时它是分化、分裂和分割财产与权势……它迅速上升,然后又立即落到地上,[243]扬起一阵飘载着民主的游荡风……平分遗产的法律不仅影响着财产的归属,而且也作用于财产所有者的精神,激起他们的热情来支持这种法律……在继承法以长子继承权为基础的国家,地产总是代代相传而不加分割。结果,家庭的声望几乎完全以土地体现……家庭的姓氏、起源、荣誉、势力和德行,依靠土地而永久流传下去。土地既是证明家庭的过去的不朽根据,又是维持其未来的存在的确实保证。而当继承法以平分原则为基础时,家庭的声望与保持土地完整之间的密切联系就遭到破坏……所谓的家庭声望,常常是建立在满足个人的自私心的向往之上的。可以说,人人都希望流芳千古,被子孙永久怀念。凡是在家庭声望不再生效的地方,个人的自私心就会取而代之……每个人就只求目前的安乐,只想把自己这一代搞好,而不考虑其他了……而在美国,继承法已接近完成它的破坏任务。正是在这里,我们才能研究它的主要后果……我还

> 没有见过哪一个国家的人比美国人更爱钱如命……(卷1,第1部,3章)

洛克反对父权家庭,这不仅仅是因为他看到了其背后的"幻象",而是因为他认为这种特殊的幻象对人类的幸福是有害的。在他关于父权君主制的历史起源详细推测(第6-8章)中,洛克生动地描述了父系家族所依赖的程度,并培养了对"善良和美德"的深刻信任,父亲们的"诚实和谨慎",以及作为父亲形象的领袖(TT II 94, 105, 112)。但是,人类天生就不应该受到这种信任。这样的信任导致了疏忽,并诱使了统治者的傲慢;而且,它往往使被统治者保持着一种孩童般依赖和天真的状态,使他们成为暴政的受害者。与此同时,传统的家庭及其所有权和继承法,使男人女人在经济状况方面出现自满情绪;因此,它会掩饰和压抑理性的不安,而这种不安只会刺激个人进入工业和科学领域,而这可能会减轻人类真实自然状态中悲惨的不安全感。

第十九章 "自然状态"

[244]我们现在终于可以对洛克所说的"自然的自由和平等"和"自然状态"做出简明的描述。这些术语首先是指人类的基本和无序的构成或激情,人类所处的自然环境的极度经济匮乏,以及这个人倾向于的社会状况或者是由于这个结构和这个条件而导致的极度匮乏,直到或者除非,或者只有他的理性能力聚集在一起,以一种决定性的、全面的方式来应对这种漂移。

人类是社会性的,因为他们需要彼此的帮助来生存,并且被冲动的激情和欲望、嫉妒和胜利、恐惧和统治所吸引;但是他们缺乏任何社会化能力的模式或秩序,而这在蜂群或狼群,或者牛群或鸟群中却可以辨别出来。事实上,他们最强烈、最频繁的激情,以及从这些激情中涌现出来的怪诞的想象,利用重新引导人类互相的威胁,并使自己处于没有任何有益的目的的危险之中。

自然状态是被救赎的,它可以被救赎,只有通过它所引发的强烈的恐惧和人类的理性能力来救赎。这种能力面对混乱,由混沌自然产生的恐惧所驱动,可以用极大的痛苦来构建规则和模式,减少自然的自由和平等,使之达到一定程度的秩序和混乱。

然而,同样的推理,在一些最复杂的进程中,可以帮助人们梦想上帝和世界,以及他们可以想象逃离大自然的胜利——在此基础上，他们从基本的重新定位中跌落，或者从根本的重新定位中走得更远，这本身就预示着某种真正自然的人性化。

人类可以与其他一些人和平共处一段时间；他们被驱使着，尤其是在金钱的理性发明和随之而来的财富积累的不平等之后，建立了各种各样，或多或少合理的制度和关系，涉及财产、金钱、婚姻、继承、教育、战争规则和宗教。他们通常构造特定的"政府"——家庭，这是以一种方式或另一种方式的发展结果。

但是，所有这些和平的收购和传统的有序关系仍然非常脆弱，直到理性采取了激进的措施。理性准备采取决定性的步骤，当它开始意识到人类真实的严重性的时候。然后理性理解了人类之间冲突的深层经济和[245]心理来源，以及它有如此不可靠的支持，它来自于人类无法相信和无法理解的人类动物激情，或者，如果它能够被理解，就会按照自己的理性去做。理性认为，即使是那些至少在一段时间内，追随和支持理性的人也很可能（正是因为他们对邻居激情的了解），才会运用"执行权"，比如升级暴力——或者很可能会被吓到（合理地）以不规律的方式行使执行权力（特别参见 TT II 123-127；Goldwin 1972, 458）。

因为人类就是这样一个人，坐落在一个自然环境，尽管它是如此贫瘠的自然状态，即使他存在一种进行推理的能力，但是也总是处于一种战争状态——即使不是总陷入一种战争状态，尽管这并不一定是一场所有人对所有人的战争。然而，任何团体或家庭的和平与稳定，可能会危及生命，无法解决的冲突，可能会在任何时候与另一组或同一组的一些成员发生冲突。而想象力，如果它被充分唤醒，就会被意识到，它所关心的一切，都超过了对生命和财产安全的焦虑或安全感的丧失，就是这种战争所提供的战争思考。

当我们谈到这里的时候，人类在他的骨子里理解了并感觉到关键的理性法则，或"理性法"或"自然法"。这条法律是必须加入或帮助建立这样的政府，这个政府拥有对强制的虚拟垄断，并利用垄断来提供神圣干预性的制裁,良心以及柔软的人性都无法提供这样的制裁:"治安官的剑,是对邪恶之人的威慑(a Terror to Evil Doers),通过这种威慑迫使人们遵守社会的实在法,使之符合自然法"(I 92)。当每个人组成"国家"的时候,他的行政权力就会被执行,他的行政权力会被用来执行理性的规则,但与此同时,国家也有权在行政执法中运用自己的力量。正是在这个时刻,人类第一次创造了一个由平民政府统治的公民社会。

然而,正是在这个时刻,当人类和它的政治理论站在解决方案的边缘时,它也在灾难的边缘徘徊。因为它会再次被蛊惑,部分原因是由于父权家族的古老传统,而部分原因是霍布斯的可怕错误:人类可能会成为这样一种观念的牺牲品,即恐怖应该掌握在父亲的手中,或者至少是一个绝对君主,一个人将会被赋予最初赋予那些将自己个人联合为国家的行政权力。但这意味着,我们不需要获得一个中立的"权威……社会上每个人都应该服从"(II 90),事实上,人类把自己置于"比自然状态更糟糕的境地"(II 137);[246]一种"比自然状态,或者纯粹的无政府状态更糟糕的情况"(II 225;参考13,91)。绝对君主制远非是一个理性的解决方案,"它确实与公民社会不一致,因此也不可能是任何形式的平民政府。"(II 90;参考163)

因此,自然状态可以被想象或理解为多种不同的形式,或者包含许多不同的生活方式;是什么把所有这些形式结合起来,严格地说,是什么定义了自然状态,这正是它所缺少的,而不是它所包含的:"无论哪里有多少人,不管如何联合,都没有决定性的力量去吸引他们,他们仍然处于自然状态"(II 89;参考90末,14,以及Goldwin 1972,454)。正如施特劳斯(1953,224 ff)、考克斯(1960)和戈尔德温(1972)已经证实的,为了掩饰他的契约范围与令人不快的霍布斯式的人性观,洛克夸大了(尤其是在《政府论》下篇的前半部分)一种和平而理性的可能性:因此,他吸引了大部分读者接受或娱乐了这一种的本质,而不必震惊地意识到他们在做什么,与此同时,也迫使一些人去解开谜团,从而真正地理解整个图景。

虽然自然状态、自然的自由与平等,它们定义消极,并且揭示了它是一种多种可能性的条件,所有这些原因都告诉我们要尽快地放弃,我们不能忘记,除了"充满恐惧和持续的危险之外"(Ⅱ 123),该条件还包含或揭示了所有合法和合理的法律或公共政策的存在。生命、自由和财产(estate)(《政府论》的后三分之一的章节,洛克开始使用一般术语——财产[Property]来称呼,[Ⅱ 123;参考 87],因此,强调了关键的人类商品的个人主义或占有的特性),而家庭成员对自己的私有财产的关心,使他们的家庭变得更加理性和稳定,这是由"公民社会的规则"所规定的。但是,这些基本商品的最终目的和本质绝不是由公民社会产生或改变的。

自然状态在我们现在所概括的第一个,也是最重要的意义上,并不是人类在过去的某个时候所居住的历史条件——借用霍布斯的有益表达——这是一种"由激情所产生的推论"(《利维坦》,章 13)。或者,用洛克自己的认识论用语,自然状态的概念是一种混合模式,由理性集中在一起来阐明激情的自然倾向(参考 Strauss 1953,230-231)。然而,这意味着,这个想法揭示了一个潜在的现实,一套不同的可能性,它隐藏在所有文明存在的表面之下,并解释了这种存在的存在。当法律和秩序崩溃时,[247]或者当人们发现自己暂时超出了"平民政府的恐惧"的范围时,潜在就变成了现实。

此外,由于没有任何一个公民权威对所有的人,或者任何一个人在任何时候都有管辖权,自然自由总是存在于边境上,而不仅仅是在边境上。因此,国际关系是一个永久的自然状态(为了进行一场生面讨论,参考 Cox 1960,第 4 章)。

因此,每一个人,在他达到理性的年龄,直到他发誓效忠或接受某些公民社会的权威时,"他是一个自由的人,在自由的情况下,他将自己置于政府之下"(Ⅱ 118; 参考 62 和 191)。在这个人的一生中,移民的权利在这个意义上是不可剥夺的。因此,居住的外国人,即使是那些拥有土地的人,也"没有处于战争状态",他们只是临时服从法律的成员,而不是这个家庭的成员,他们和平地生活在临时居所之中(Ⅱ 122)。

一般来说,对于公民社会来说,"没有什么能使任何一个人成为社会的一员"——不是家庭,不是土地所有权,甚至不是"默许"——"但他实际上是通过积极的参与和明确的承诺和简洁的方式进入了这个社会"。

不过,值得注意的是,一旦效忠誓言是由一个在法律上被社会认可的成年人公开做出的,那么他所承诺的:

> 永远是不可或缺的,必须是一个不可改变的主题……从来没有……在自然状态的自由之中;除非有任何不幸,他被政府所控制,被解除了关系;或者通过一些公共法案来阻止他的行为。(Ⅱ 119-122)

没有什么能生动地展示自由和"纽带"的非凡结合(Ⅱ 95),激进承诺的革命元素,作为个体的个人自愿飞跃和转变,这是洛克的理性的、合法的公民身份的基础(参考 Ashcraft 1986, 581-582)。

当然,我刚才提到的自然自由的例子,在很大程度上存在于一个已经建立的公民社会的保护天蓬中。在关键方面,人们可以称之为自然的司法状态有很大的不同——它退化成战争状态的可能性——取决于它发生在一个稳定的文明社会的领土上,在公海上,在荒野中,在暴乱中,或者在一个被暴君压迫的社会里。这种多样性似乎是洛克偶尔提到的,"日常的"或"完美的"自然状态(Ⅱ 14, 87, 91, 94)——暗示自然界存在着非凡的或不完美的(不完整的)自然状态。

然而，人类可能"完全处于一种自然状态，相互参照；在公民社会中，参照他人，以及处于对他人的战争状态"(II 14)。当你考虑或想象越来越多的关于自然的法律状态的例子时，你会发现越来越多的模棱两可，[248]需要进行概念改进的痕迹(关于自然状态、战争状态和公民社会之间关系的最精确和最有帮助的陈述，参见 Goldwin 1972, 452-460)。

洛克无疑留下了一些棘手的问题，以保证公共和国际律师的就业。一个人可能会怀疑洛克是否坚持在自然状态(即个人保留行政权力的关系)和"政治社会"(它存在于"那里，只有……所有的成员都放弃了这种自然力量"[II 87])之间严格的分裂，这个方案的应用可以维持，以及是否对一些重要的政治现象造成过度简化和扭曲的影响。自然状态这一奇观，我们在孟德斯鸠那里看到有所暗示，在休谟中明确指出，随着我们的研究，我们认为自然状态就是一种历史条件。

洛克还认为，自然自由的特征是遥远过去的原始人类，今天仍然是野蛮人的状况，尤其是在"美洲，这是亚洲和欧洲的第一个时代的模式"(II 108)。洛克严肃地看待他对历史和人类学的证据，他对情感倾向的自然条件的论断，因为他同意我们能发现的关于早期人类和他的历史发展的东西——就像我们可以观察到的儿童的发展——关于激情的自发的、自然的方向(或缺乏方向)的证明，以及它们与理性的关系。除此之外，洛克在这一背景下强调了他对菲尔麦的辩论，以及菲尔麦对人类历史起源和发展的两个相互矛盾的描述——亚里士多德和圣经传统。洛克让我们立刻想到了另一种选择，他最关心的是证据的不合理性：我们对政治起源的所有记录都将有利于他的观点，他坚持说，"除了犹太人，上帝自己立刻就会参与其中"(II 101)。如果圣经传统的教义是正确的，历史证据应该表明人类——不仅仅是犹太人——自亚当以来，一直处于一种有罪状态，而不是一种自然剥夺的状态。历史应该揭

第十九章 "自然状态"

示出关键的需要,而不是为舒适的自我保存和财产而建造理性的证据,而是救赎——通过上帝的帮助,并在人类内心的斗争、肉体的诱惑以及这个世界繁荣的基础上来实现(参考 Strauss 1953, 215-216)。

洛克实际上在大部分历史记录中发现的既不是自然状态,也不是真正的公民社会。一方面,

> 历史给了我们一个很少的、关于人类生活在自然的状态中的描述。这种环境下的不便,以及对社会的爱和渴望,很快就把他们聚集在了一起,但是如果他们想继续合作的话,他们现在就联合并组织起来。(II 101)

但是,既然建立一个真正的公民社会的契约,[249]需要一个相当复杂的经验和理性的发展,那么在历史的大部分时间里,人们都不会被认为生活在公民政府或任何接近的地方。当然,无论我们在哪里找到绝对的君主——这是一件很平常的事——我们要找到统治者和个人,他们没有比自己的意志更有权威,因此,

> 仍然处于自然状态……除非有人会说,自然和公民社会的状态是一样的,我从来没有发现过任何一个如此伟大的无政府主义的赞助者。(II 94)

但是洛克自己,在对过去的大多数政体进行分类和描述时,可以避免这种混淆,或者模糊自然状态与公民社会之间的界限吗?在其讨论开始时,洛克以这种方式阐述了他的论点:我们可能会发现,如果不是公民社会开端时的"简单实例",那么无论如何,这都是"显而易见的步骤"(II 101)。也许在这些令人困惑的段落中,最合理的判断是:洛克通过展现其困境,向我们展示了在他的未知

社会蓝图中,人类在历史上的这一基本的,但却并非完全不一致和混乱的探索。从洛克的观点来看,所有的传统社会都是一种无政府状态。

当洛克关于早期社会的讨论展开时,我们很快就会发现他的意思是,只关注历史记录的一部分,它照亮了所有和平的政府开端:"我现在谈和平,因为我将在另一个地方有机会谈一谈征服"(II 112;参考 103 末-104)。只是在其后许久,在另一个地方,洛克告诉我们这意味着他把自己限制在历史记录的很小一部分:"这就是世界上混乱的野心,在战争的喧嚣中,在人类历史上如此伟大的战争中,这种同意很少被注意到"(II 175;参考 II 5)。

然而,即使是历史上微不足道的一部分,也就是美好的、和平的、自愿的部分,结果却不是那么好。大多数建立在和平基础上的政府,通过某种形式的同意,是由那些聚集在一起的人组成的,他们选择了一个军事领袖(a warlord)来领导他们,并对抗他们的敌人:

> 他们首要关心和思考的应当是,如何保护自己不受外国势力的影响……用最聪明、最勇敢的人在他们的战争中指挥他们……这是他们的主要统治者。(II 107;参考 105 末,108,110)

这种情况首先是由圣经来担保,当仔细阅读时,它会揭露这一点,这些所谓的"士师"拥有他们的"主要业务……成为战争中的首领";在吉迪恩(Gideon)的描述中"一点儿都没有提到……,但是他作为一个将军所做的……或者是其他的士师们中所为的"(II 109)。在某些情况下,这些"和平"政府出现在那些"军队生活的人们之中,就像他们今天在佛罗里达所做的那样……"(II 102)。但是,圣经中的叙述呈现了"和平"民族更为常见的情况;在那里,

第十九章 "自然状态"

[250] 我们发现的不是军队,而是家庭,他们通过给予一名父权军阀统治的"默许"来建立政府。我们读得越深入,就越难辨别什么是"和平"社会的极少数派。我们是否能确信,这些只是自卫战争的社会关系呢?洛克实际上邀请我们通过重读"和平的、非激进的犹太人"的圣经故事来测试这个假设。

尽管历史上的自然状态与不断的战争或战争准备状态几乎没有区别,洛克声称,在没有证据表明这场战争是罪的结果。"和平"的武士团体,无论是军队,还是家庭,都可能一直在挥动着他们的刀剑,但他们还远不是罪人——就像圣经本身,经过仔细阅读所显示的——他们的"黄金时代"是"虚荣的野心,而邪恶的欲望,败坏了人们的思想"。不,这不仅仅是和平的军队和家庭,洛克坚持认为,他们被灌输了"第一个时代的纯真"(II 94);"几乎所有的政府,都是世界上最后一个"表明了"那一个贫穷而又丰盈时代的纯真和真诚"(II 110, 111)。

洛克对我们祖先的讨论并非没有滑稽的成分。我并不是想说,洛克并没有认真地相信,在他们无休止的战争中,前货币时期的人没有许多金钱的恶习,还是一个更有商业价值的人(参考孟德斯鸠《论法的精神》章 20,节 1-2,以及潘戈 1973, 208-210)。但我相信,他对我们祖先的纯真和真诚的重视是双重的。他想再次说明他离基督教的观点有多远,他会以一种有罪状态来识别自然状态;更重要的是,他希望(正如我已经注意到的那样)把爱和信任的社群变成了危险的状态。他们的纯真是"可以忽视和不可预见的"(II 94)。"经验"还没有给予他们"指示";他们并没有"被帝国的野心或傲慢所教导……要提防特权被侵犯";简而言之,他们"没有太多的麻烦要去费脑筋"(II 107;参考 163)。洛克为他们找借口,也许部分是因为无知不是罪(即使是罪恶的),但也因为"政府的框架"是"最适合把他们置于现在的状态和条件的"(II 107)。尽管如此,他也宣称:

谁认为绝对权力能纯洁人们的气质和纠正人性的劣根性,只要读一下当代或其他任何时代的历史,就会相信适得其反。在美洲森林里横行不法的人,在王位上大概也不会好多少;当他身居王位时,[251]或者会找出学说和宗教来为他加于他的臣民的一切行为辩解……(II 92)

洛克对人类长期以来,试图构建家庭和社会秩序的笨拙尝试的兴趣,几乎完全是负面的。他半开玩笑地赞美原始的父权制和高贵的军阀国王,但我们千万不要搞错了:这绝不是一种怀旧的表达,甚至是对失落世界的尊重。我们从对历史研究中得到的收获,或者是对仍旧南辕北辙的当下研究,是对我们必须避免的陷阱更深刻和更生动的认识。

第二十章　理性共和国

[252]在我们对洛克的人性教导的探索基础上,我们可以从严格意义上开始理解他的宪法理论的全部含义或预设。我的目的并不是要详细阐述洛克的国家理论;我的意思是只强调一些最重要的特征,它们的全部意义只有在我们现在参与的调查基础上才会变得清晰起来。为了描述和欣赏这些特征的独特性,我们首先要回顾一下在亚里士多德的《政治学》中最权威的传统宪法理论。

对亚里士多德来说,任何政治社会的核心都是那些运行"政制"(politeia)的人所执行的强制和有说服力的统治(arche)。这些"统治者"被视为承担着对一种特定的生活方式进行示范的责任,这种方式的目的是使其信徒不仅获得安全保障,而且还能保护他们的生命,但是,更为重要的是,"做品行高尚的人"从而展现人类的完满性(特别参见《政治学》1278b 20-30)。

共和政体表现出比君主制更高贵或更真实的政治和人性,因为在共和政体中,统治的挑战和责任是共享的。但所有的统治都在本质上是等级分明的。即使在一个共和国中,统治也可以通过轮换流转被"共享"——大多数(或者在一些民主制中,至少是在议会开会的时候的少数人),这些没有固定场所的人与军队里的士兵相似。他们可能表现出其他的公民美德,但他们不能表现出实用的智慧(phronesis)。

在最好的情况下,真正的观点在实践中占据了一席之地:他们服从命令(《政治学》1277b 25-30)。我们越是反思真正具有政治家风范的实用智慧的要求,这种卓越表现就越少见。对那些可能拥有这类优点的人的教育是政治学的最高任务,因此,这就是亚里士多德的政治著作的明确目的,以及柏拉图的主要(或唯一)政治著作的明确主题,即《法义》。

所有这一切都意味着,在每一个秩序井然的政体中,都有一个强大的贵族,甚至是君主政体。亚里士多德开启了他的《政治学》,他不同意与苏格拉底有关的教义,根据这一理论,在一个秩序井然的家庭中,父亲所行使的统治与在城邦中行使的统治之间没有本质区别(特别参考柏拉图《治邦者》和色诺芬《齐家》)。但正如菲尔麦所警觉指出的那样(1949, 76, 79-80, 特别是85),人们怀疑,作为一个整体的政治是否成功,或者是想要成功,来驳斥这种准父权制的论点。(当然,[253]菲尔麦并没有注意到,苏格拉底著名的或者说臭名昭著的说法,即自然的父亲们可能没有资格在家庭和城邦中行使君主式的统治。)

在目前的语境下,我们不应再加上一种观察,即所有政治中某种程度上的父权特征,在古典理解中,在任何政体的建国时期,"立法者"所扮演的角色,或者,正如我们仍然称呼的"建国之父"当中,都是最有力的证明。

在这种古典的、准父权制的意义上,洛克式的宪政试图摆脱对政治统治的需要;因此,它试图超越等级制度,这是传统的或亚里士多德式的社会概念的核心(特别参见《政治学》1254a 22ff.)。在洛克的计划中,没有任何理由假设人类的本性需要或倾向于一个政府来定义他们的幸福、美德或救赎:

> 在我看来,国家是一个由男性组成的社会,仅仅是为了保

第二十章　理性共和国

护和推进公民利益。我称之为生命、自由、正直以及从身体的痛苦中解脱出来,以及拥有诸如财产、金钱、储备等等的东西……事实上,治安官的整个管辖范围只涉及到这些民事利益,所有的民事权力、权利和统治都终止于此,而且仅限于对这些事情的关心和提升。(LCT 14-17,我的译文)

的确,基本契约赋予了治安官对公民道德的一些法律监督——但是,只有在必要的情况下,才能去保持和平,保障公民的生命、自由和财产。此外,如果他想要获得自由,治安官必须小心保护自己免受伤害:

你说:"如果有人忽视了他的灵魂呢?"我回答:如果他忽视了他的健康? 如果他忽略了他的家庭事务,这在很大程度上是由治安官所关心的? 治安官是否会对这个问题提出一项法令,以防止该当事人成为一个乞丐或有病之人? 法律尽可能地保护财物和健康免受他人的暴力和欺诈,而不是因为主人的疏忽和损耗。(LCT 44-45,我的译文;参考 42-43)

贪婪,无法减轻他人的贫穷,懒惰,以及其他许多类似的事情都被普遍认为是有罪的;但是,谁会审判他们受到治安官的惩罚呢? 无论哪一件事对他人的财产都没有损害,也不会扰乱公共和平,即使在那些被承认为有罪的地方,也不会受到法律谴责的胁迫。(LCT 70-71,我的译文)

[254]人们可能会对柏拉图的《法律篇》中所给出的"政治"的定义,进行有效的对比反思:政治是"一项关照灵魂的艺术"(650b;参考《高尔吉亚》464a-465e)。

考虑到像洛克所理解的公民社会的有限而明确或简单的目

的,它本身就是合法的,洛克的政治理论中没有一个地方是关于立法活动(或"预言")的内容,而这是古典和中世纪政治理论的中心主题。公民社会在其开始或重新建立的时刻,不需要也不应该屈服于那些声称对生命的意义或目的有特殊见解的人。公民社会只能通过全体成员的一致和同等权重的同意或契约来实现。

洛克的意思并不是说,必须有一个真正的无宗教仪式或某种形式的公民投票;但他暗示了这样一件事应该有"明显的进步"(例如,定期的庄严宣誓效忠)。任何政府都不应该致力于,任何不能合理地认为他完全可以理解的目标,在这个基础上,每个公民都可以接受他清醒的观点(特别参考 TT II 163)。

这种对人民的同意也不仅仅是被指责的。洛克的原则为政治上的新势力提供了一条笔直的道路,杰斐逊将其誉为"公众舆论的巨大浪潮"。①最终,人们保留了并且应该知道保留了对政府授权之权力的正确行使(TT II 149)。大多数人对权威的武装暴力抵抗是对人民主权的最生动的、非假想的表达。(就像戈尔德温指出的那样[1972,481],洛克坦率地承认,大多数人对这种抵抗的判断不是基于它的智慧或理性,甚至不是它所考虑的观点,而是基于它的"感觉"和"感知"[TT II 94 开篇,以及 225]。)可以肯定的是,大多数人与人民几乎不一样。

但是人类倾轧的趋势是如此强大,人类在建立共识的自然模式中如此缺乏,为了有能力采取行动或表达意愿,人民(和它的每一个成员)必须从一开始就认为,每一个决定在最初的契约中,将由简单多数的规则决定。大多数人的头衔,并不来自于任何声称优越的美德或谨慎(例如,"两个脑袋总比一个脑袋好使"),而是

---

① 1801 年 3 月 21 日致约瑟夫·普利斯特利的信,in 1944, 562;参考 Wood 1972, 612, 以及 1977, 125-128。

第二十章 理性共和国

来自纯粹的"更大的力量"（II 96）。

麦克弗森（1962, 222ff.）试图论证说，在谈到"人民"和"多数人"的时候，洛克的意思是完全排除了工人阶级，以及除了土地所有者之外，所有人都是如此。麦克弗森在很大程度上依赖于对"这是洛克时期典型的观点"的假设，以及洛克在这一观点中的专注："洛克不需要争论这些观点"（229；对比 Ashcraft 1986, 145-160）。相应地，麦克弗森却没有提供任何文本证据来证明他的许多观点（特别参见 222-223, 226-229, 231；同见，麦考伊 1980, 54, 也没有提供文本证据）。麦克弗森所引介的文本中，支持他的一些论点的有两种类型。

对麦克弗森来说，最有效的方法是考查他偶然撰写的一些文章，这些文章是洛克对当代场景的直接描述，揭示了洛克时代贫困阶层的前景，这是一种非常不乐观的观点。麦克弗森认为，洛克没有能力超越这些条件，或者超越他自己时代的"意识形态"。另一方面，麦克弗森所引用的《政府论》中的段落，当然也不能证明他的论点（TT II 119, 120, 122, 140, 158）。

最能说明的是，在这些段落中，洛克背叛了一种假设，那就是——他并没有提出必须存在的要求———一些选民的财产资格以及在财产和人口基础上分配给选区的代表。引人注目的是，麦克弗森吸引了我们的注意力是洛克对选举资格问题的模糊性或幅度问题（参考 Ashcraft 1986, 236-237）。对他的立场最合理的解释似乎是这样的：在他自己的时代和可预见的未来，洛克怀疑工人阶级，由于缺乏教育和经济独立，是否可以信任或有闲暇直接参与选举政治；因此，他们的表现，就像女性一样，将会是伯克所说的"虚拟的"。但是洛克保留了扩大选民的可能性，因为全体民众都从经济增长中获益，经济增长带来了占有欲和市场的解放；更重要的是，他一再坚持对多数人的最终主权，为这种扩张铺平了道路。然而，洛克是否充分地衡量了他的学说所带来的平等主义的势头，或者他的教导给工人阶级带来的繁荣，当然这是另一个更值得质疑的问题。参考 Cohen 1986, 301-302。

柏拉图的雅典陌生人曾教导说，更明智统治的头衔，尽管从自然而言是对的，但它一定是被更强的统治头衔所掺合的，而对此，一些智者说也是自然的（《法义》690b-c，714e-715a，756e-

758a)。洛克认为,在一个致力于实现目标的社会范围内,每一个人,包括最卑鄙的人,都能理解并同意,自然法支配着强者的统治。当然,这意味着,尽管多数人保留了最高的政治权力,但它并没有保留绝对权力,[255]也从未拥有无限权力。"至高无上"(不可抗拒的)权力支配着每一个理性人的行为,这是对自我保存的渴望,因此,每个人都保留着不可剥夺的权利,去抵制对他的财产和自身存在的威胁,不管这些威胁的源头是什么(II 129-130,168,208)。

大多数人在任何时候都不可能管理政府,因此它必须至少下放一部分行政权力;在几乎所有可想到的实际情况中,它都必须把所有的权力——立法、行政和司法都委派给它。分配的权力应该通过被划分为不同的分支或机构来平衡。

因为最初契约的一个主要目的必须被理解为创建政府,这将并非是不可预测的,不是以神一般的或有偏见的观点来处理个别事例,而是由固定的、颁布的规则适用于所有人,制定这些规则或法律——即"立法"在限制的意义上,洛克让我们很熟悉——是政府恰当的最高权力。我们应该尽一切努力让那些执行这种"立法"功能的人,成为传统意义上的统治者或立法者;他们要成为人民的代表,他们的意志将不再是人民的意愿。为了确保这一点,至少有相当一部分的立法机构,需要改选议席,从人民中选出来;最好的情况是,由人民在自由和有竞争的选举中筛选出来(II 143,154-158,213,216)。

然而,自然法或理性并没有严格规定任何特定形式的政府,也不严格要求选举立法机构——除了公共政策的一个重要方面之外。因为考虑到财产保护的根本重要性,以及它与舒适的自我保存之间的联系,而政府可能会对公共利益进行监管并剥夺财产,如果没有大多数人的明确同意,它可能不会"多拿一个子儿":"无代表不纳税"是自然法的基本原则。任何形式的税收都不可能在没有普选或被选代表的同意的情况下而增加(II 140, 142)。

理性政府是由代表制定的法治,而不是由明智和善良的上位者对规则的自由裁量。然而,法律必须得到实施和执行,即为了促进"公共利益",并与特定的个案具体情况相适应。因为人类的本性和条件,即使是公民社会中的人,对法律或理性也是如此的抵触,法律有时必须被暂停,甚至违反,以促进公共利益(II 160)。

换句话说,因为不可预测的激情和紧急情况,所以不可能有纯粹的合法统治。更重要的是,在外交政策中,政治领域永远处于自然状态。由此可见,政府的行政权力必须[256]被赋予很大的自由裁量权,并且能够以积极、紧急,甚至是保密的行动方式掌握在自己手中。

人民需要全能的行政官——在最好的情况下,一个选择过一种被赋予了"教育的优势"和"谨慎和智慧"的美德生活的人(II 147, 202)。洛克毫不犹豫地说"像上帝一样的君主",他的统治似乎是在"分享"上帝的智慧和美德(II 166)。在他们的研究中所发现的"政府的伟大艺术",洛克并没有在《政府论》中提出他的主题(回忆那一段明显的题外话,见 II 42)——就像他不把君主的教育作为他的主题一样。

难道我们在这里看不到古典政治科学的辩护,甚至是苏格拉底的论点,即使不是菲尔麦的论点吗?相反,洛克坚持认为,从根本上说,这位首席执行官——即使他获得了一部分的立法权,他仍然是人民的"代表",是议会中最不重要的成员(II 151)。

执政官对人民没有合法的"独特而独立的利益",而是"为人民而常设"的——这不是为了他自己,也不是为了大众以外的任何目的(II 163)。更具体地说,没有智慧或美德让他有能力或权威去试图,通过支配他们的宗教,他们道德教育,正确使用他们的财产,终结他们的婚姻,或者对他们幸福的正确追求,来照顾其人民的灵魂(对比柏拉图《法义》780a)。如果有任何牧羊人,像神一样的人物,他在古典的"规则"或"立法"中行使一些(非强制性的)部分权力,那这就是政治哲学家——他的议题涉及到理解力、宗教和教育,以及他对"公民政府的真正起源、范围和宗旨"阐述。

我们可以而且必须更进一步。在洛克健全政治的概念中,政治哲学家,以及那些形形色色的人,或多或少的自我意识的追随者,被称为"知识分子",他们承担起一种责任,扮演着一个超越传统观念的重要角色。这一巨大的变化,这标志着对"政治哲学"的角色和本质的根本性重新定义(对比柏拉图《法义》804b)。我倾向于认为,正是洛克的政治思想的特点,比其他任何一个人都更能远离古典思想家(霍布斯也一样,参见 Tarcov 1984, 3, 34ff.)并惊异地注视着——尤其是在他们看来,这几乎是一种近乎沈醉的希望,或者是洛克所表现出的自信。对洛克来说,正如我们所看到的,他绝不否认公民的道德和宗教教育——即对具有领导力的公民进行错综复杂的道德教育——对一个健全政体来说是必不可少的;他承认这一点,但他坚持认为,这样的教育既不是立法机构的工作,也不是政府的行政权力。洛克向我们保证,这一至高无上的责任,只可能是安全地托付给孩子的母亲和父亲,[257]而哲学家,在其关于教育的论述中,承诺要对此进行监督(参考 Tarcov 1984, 3, 73-74, 81, 94-95)。

洛克欣然承认,无论行政权力的范围多么有限,必要的自由裁量权所带来的长期威胁,会导致某种程度的倒退,成为父权式的暴政。矛盾的是,当善良和智慧的君主登上王位的时候,这种威胁就会增加;正如我们从对原始族长的调查中所了解到的,统治者的伟大美德往往是非常需要的,但也常常使自由处于危险之中。洛克赞同这一说法,"对人民的自由来说,好君主的统治总是最危险的"(TT II 166)。

通过仔细地划分和平衡政府权力,以及建立一个充满活力的、民选的立法机构来监督,和与行政部门竞争,可以大大减轻这种危险。但是洛克坚持认为,归根结底,这个问题是行政特权固有的,是不可避免的,或者说是公民社会固有的;这个问题不是一个可以被正确的宪法框架完全规避的问题。如果宪法不能指定一个拥有完全特权的行政官员,那么当这个特权被违反宪法的力量所释放,或者被反宪法的民众喧嚣所屈服的时候,这一天必定会到来——这些可悲的权宜之计将是合理的,因为任何未能提供这种特权的宪法都是一部宪法,它放弃了提供政府所需权力的责任,而这些权力正是由一个政府准备应对可以理性预期的危机所需要的。

对行政特权的潜在逾矩行为,唯一可靠的保障或制衡是行政人员对人民精神的良性的敬畏或尊重。这也是唯一的终极保障,可以防止相对较小,且不是太大的立法暴政的危险。要赢得这样的尊重,人民必须有能力做到这一点,而且必须在绝对必要的时候,能够令人信服地做好准备去奋起反抗。

洛克对其受欢迎的抵抗权的陈述并不是没有歧义的。一方面,他说的是,平民起义的可能性就像一种自然的力量;大众就像一口温泉,如果它在任何时间都被不恰当地阻塞,就会不可避免地喷发出间歇泉。但是他这样说,同时也为自己辩护,来反对一项非常严肃而危险的指控——他所提出的"假说"或"教义"的指责是"为频繁反叛提供了发酵剂"(II 224-226)。这是一种犯罪,倡导这种理论的书籍被烧毁,它们的作者(如锡德尼,Algernon Sidney)被处死。考虑到这一点,洛克在公开场合不愿承担这一学说的责任也就不足为奇了。就像戈尔德温(1972,481)所说,"洛克否认他的言论影响了这一情势。他的观点或学说对这件事情没有影响"。然而,[258]戈尔德温的声明有点过火了。洛克就声称他的学说对此的确是有一定影响的:

> 人民有以新的立法机关重新为自己谋安全的权力这一学说,是防范叛乱的最好保障和阻止叛乱的最可靠的手段。因

> 为叛乱不是反对个人,而是反对以政府的宪法和法律为根据的权威……只要以强力破坏法律并以强力为他们的违法行为辩护,就真正是地道的叛乱者……握有权力的人……最容易做这样的事,因此防止这种弊害的最适当的方法,就是向那些最容易受到诱惑去犯这种错误的人指出其危险性和非正义性。(TT II 226)

换句话说,这位政治哲学家警告那些当权者关于间歇泉爆发的可能性,因此他比任何人都更能阻止那些不可避免地导致火山爆发的条件(即无法无天的压迫)。洛克的讲话就好像他所发表的内容永远不会被人听到,或者如果听到的话,也对人民没有影响,同时却对当局产生了巨大的影响。但是,如果对持续暴政的普遍抵抗是自然的不可避免的力量,那么为什么在土耳其、锡兰、阿尔吉斯、秘鲁、墨西哥或其他一些居住在这个世界里的人们,民众起义爆发的数量如此之少,难道他们只会在压迫的枷锁下呻吟好几个世纪吗?

考虑到对洛克这样的指责和回应的可能性,我们不能责怪他在这里有些不老实。此外,在我看来,他已经说得很清楚,他实际上是想要对人们和他们对自己的观念产生重大影响。洛克将自己的思想引导到人们身上,唤醒他们作为个体和作为一个民族的精神,教导他们有权利和义务"诉诸天堂",如果要最终达到这个目标,他们就会走上街头。诚然,洛克似乎设想的是一个比美国建国者们的立法更具顺从传统和皇室权威的民众;但是他合法化了,因此为美国人的一种普遍的敏锐做好了准备,这是后来美国人的特点——或者,就这一点而言,还有对《卡图书信》感到温暖的英国人。让我们再聆听一遍杰斐逊在《独立宣言》的关键章节中所转述的话语:

这种革命不是在稍有失政的情况下就会发生的。对于统治者的失政、一些错误的和不适当的法律和人类弱点所造成的一切过失,人民都会加以容忍,不致反抗或口出怨言的。但是,如果一连串的滥用权力、渎职行为和阴谋诡计都殊途同归,使其企图为人民所了然——人民不能不感到他们是处于怎样的境地,不能不看到他们的前途如何——[259]则他们奋身而起,力图把统治权交给能为他们保障最初建立政府的目的的人们,那是毫不足怪的……(II 225;这篇文章似乎表明,与一些评论家所说或不一样的观点相反,洛克明确地、毫不含糊地证明了"革命"或革命性反抗的正当)。

洛克在这里表明,他并不是在幻想,通过宣扬大众抵抗的权利,人们就可以预先阻止权利的行使。洛克的抵抗权不像核威慑。虽然洛克不像马基雅维利和马克思那样,被一群武装平民所振奋,但他也不像霍布斯那样惧怕它。

的确,《政府论》的第一个明确的目的是"建立我们伟大复位者的王位,即我们现在的国王威廉";"在人民的同意下,使他的头衔变得更加荣耀"——所有的都是霍布斯式的学说;但是第二个明确的目的却是"向世界证明,英格兰人民对他们的正义和自然权利的热爱,他们决心要保护它们,拯救了这个国家免于处于奴役和毁灭的边缘"(TT 前言)。

洛克在他的余辉中发起了——与休谟形成鲜明对比的——他称之为一场光荣的大众革命。更笼统地说,这是洛克的特点,当他谈到平民起义时,他很少会指责人民,而几乎总是指责统治者。事实上,他教导人们,无论在哪里找到一个受欢迎的、"煽动性的"起义者,都可以假定那里存在着压迫,这证实了煽动叛乱的理由:una est quae populum ad seditionem congregat: oppressio[只有一件事会聚集起煽动叛乱之人:那就是压迫](我的译文,LCT 98-99)。在这些话中,我们听到洛克正站在距离霍布斯的最远端发声;我们听到洛克是现代对革命和对革命者同情的关键来源;我们听到洛克的观点,吓坏了休谟,①却乐坏了杰斐逊。这就是洛克,他不仅在国内为英国人庆祝革命,而且还愿意鼓励海外的解放战争:

> 谁会怀疑希腊的基督教徒们——希腊古代土地所有人的子孙——只要一有机会,就可以正当地摆脱他们久已呻吟其下的土耳其人的压迫? 因为任何政府都无权要求那些未曾自由地对它表示同意的人民服从。我们决不能假定他们表示过这种同意,除非他们是处在一种可以选择他们的政府和统治者的完全的自由状态中,或者至少他们具有他们自己或他们的代表自由地表示同意的经常有效的法律,以及他们被许可享有正当的财产,从而使他们成为他们的所有物的所有人,未经他们的同意,任何人不能取走其任何部分……(II 192)

[260] 洛克的革命教义的知识谱系,在李维的引言中指出,洛克将其附在《政府论》之后(参见上文第 30 页)。洛克在统治者中蓄意培养有益的恐惧,以及对民众的不信任的警惕,这是马基雅维利理论的一种驯服版本,根据这一理论,民众和统治者之间的持续冲突是健康公民生活的灵丹妙药。但是,洛克对培养一个能够成为不可战胜的大众军团毫无兴趣,但这是在与一个无情的议会阶层进行无休止的斗争的过程中磨练出来的,民众和领袖都挤在了

---

① 对比休谟,"被动的服从"一文(1985,490):"可以肯定的是,在任何一个民族中,反叛的倾向都会有出现,这是统治者暴政的主要原因,并迫使他们采取许多暴力的措施,而这些措施是他们永远不会接受的,每个人都倾向于谦恭和服从。"阿什克拉夫特(1986,特别是第 7,11 章,以及后记)在洛克的"人民"和大众革命的概念中提出了其激进特征,尽管他忽略了或大大低估了洛克对大多数人的合理性的保留意见。

第二十章 理性共和国

一个小小的公民共和国的高压锅里。洛克的目标是,在我看来,这是一种精神,和杰斐逊所推崇的精神一样,它是一种精神,它的爆发力是如此的令人钦佩,然后会更加令人钦佩地平静下来——在杰斐逊看来,这就是他的临时政党:

> 随着风暴的消退……仔细考虑这种现象是令人愉快的……因为人类历史上的这一章焕然一新。公众舆论的浪潮已经席卷了它,这是全新的。但最令人愉悦的新奇之处是,它如此平静地在如此程度的表面下沉到它的真实水平。从妄想中恢复的秩序和良好的判断力,以及最近出现的重大危机,确实在我们的国家中表现出了一种强大的力量,这在我们共和国持续时间里是一个好预兆……没有任何力量的概念,也不会在任何场合……这种和平的和合法的资源(制宪会议的呼唤),我们习惯了含蓄的服从,取代了所有的诱惑,并且永远在我们的范围之内,在我们建国过程中显示出一种宝贵的自我保存原则,除非环境发生变化,在任何确定的时间内都不可能发生……(1801年3月21日致约瑟夫·普利斯特列的信, in 1944,562-63)

这种受欢迎的"品性的力量",是由"自我保存的宝贵原则"所激发的,并不是一种英雄主义精神。它并不是罗马人的公民爱国主义,或是贵族的荣誉,或者是克伦威尔的清教徒的宗教狂热。然而,这是一种精神,它能表现出抗议、抵抗,甚至是抵御风险的能力。这种精神依赖于一种冷静的尊严或自尊。

洛克设想了,在他令人震撼的影响力著作中,他提出了一个关于人类和公民尊严的新观念。但是现在我们已经找到了洛克的新人性观的基础(在对上帝,财产,为人父母,婚姻和教育的全新理解下)——除此之外,我们还勾勒出了新的公民意识的政治表达——我们不禁还要意识到,一个重要的、核心的问题,[261]也许是真正核心的问题,仍然处于无人问津的状态。尽管,洛克打算并教导他的新社会秩序的男人和女人应该,并且必须充满一种崭新的、冷静的自尊(self-respect);正如洛克所理解的那样,在人类的内心深处,是否真正值得上这样的尊重呢?

第二十一章　理性自由与人类尊严

[262]初看,或者在首次阅读中,洛克似乎让这个问题很容易回答,即什么构成了理性自尊或尊严的根据:自由,以及对人类自由的贡献,是洛克式的人类尊严的源泉。但是恰恰是在仔细思考《政府论》中关于人类自由的地位和本质的论述基础之上,这个显而易见的答案却变得有问题了。

这部《政府论》以对自由的呼唤开始,被理解为英国绅士与生俱来的权利:

> 奴隶制是一种可恶而悲惨的人类状态,它同我们民族的宽宏性格与英勇气概那样直接相反,以致难以想象,一个"英国人",更不用说一个"绅士",竟会替它辩护。(TT I 1)

在这部作品的其余部分,我们不时听到这些激动人心的话语(例如,II 63 和 91);但总体而言,它们都湮没在这部作品的背景中。在下篇中,自由经常或通常被如此对待——特别是在关于奴隶制的确切含义的主题讨论中——它不是作为一种独立的善,而是作为一种严格地服从于或完全融入自我保存中的善:

> 这种从绝对的、任意的权力的自由,对一个人的自我保存是非常必要的,且紧密相连,他不能与之分离,而是使他的自我保存和生命全部丧失。(II 23;参考 85, 172)

在谈到公民社会的目的或原因时,洛克对简略版的自由,或允许其被"安全"所取代的态度是毫无疑问的。自由被视为不受约束或不服从的一端,它在自然状态中被发现并描绘了自然状态的特征;这是人类理性地发现,自我保存比自由更重要,这标志着从自然到公民生活的决定性进步,或者,

> 在公民社会中享有安全和保障,而安全和保障是原先建立公民社会的目标,也是他们参加公民社会的目标……任何人放弃其自然自由并受制于公民社会的种种限制的唯一的方法,是同其他人协议联合组成为一个共同体,以谋他们彼此间的舒适、安全和和平的生活,以便安稳地享受他们的财产并且有更大的保障来防止共同体以外任何人的侵犯。(II 94-95)

> ……人们……为他们自己的安全和保障,这是他们进入社会上的目的。(II 222)

[263]同样地,洛克在《论宽容》中所提出的有关下篇论证的非常清晰的纲要,却对作为目的的自由保持沉默(或者在这个问题上,作为一种手段的自由:参见 LCT 80-83)。然而,正如我们所看到的,在同一作品中,洛克将自由列为治安官是为其保护的第二重要的"公民利益"。同样的,在《政府论》中,洛克将自由称为"自我保存"的"屏藩",他还用同样的语气称其为"其余一切的基础"(II 17)。从这个角度看,自由可以代表所有人的基本权利:"每个人生来就有双重的权利:第一,他的人身自由的权利","第

第二十一章 理性自由与人类尊严

二,在其他人之前,首先是和他的兄弟继承他的父亲的财产的权利"(II 190)。

自由地位的模棱两可,洛克对将自由缩减为自我保存手段的犹豫不决,在他关于真正自由及其与法律的关系最重要的宣言中表现得最为明显(TT II 57):

> 法律,按其真正的含义而言,与其说是限制,还不如就是指导一个自由而有智慧的人去追求他的正当利益,它并不在受这法律约束的人们的一般福利范围之外作出规定[作者按:即自由本身不一定是正确的利益,也不一定是终极目标]……法律的目的不是废除或限制自由,而是保护和扩大自由[作者按:自由是一个,或者目的本身]……因为自由意味着不受他人的束缚和强暴,而哪里没有法律,那里就不能有这种自由[作者按:自由在安全方面被定义为消极的]……但是自由,正如人们告诉我们的,并非人人爱怎样就可怎样的那种自由……而是在他所受约束的法律许可范围内,随心所欲地处置或安排他的人身、行动、财富和他的全部财产的那种自由,在这个范围内他不受另一个人的任意意志的支配,而是可以自由地遵循他自己的意志[作者按:就一个模糊的和开放的机会而言,自由现在似乎被定义为积极的]。

我倾向于认为,在下篇,同样也包括在上篇中,洛克离开了自由的状态,以及诉诸以自由为基础的自尊,以一种模糊性适应于"这类性质的论题"(II 52)。如果我们想在对洛克式自由的理解上取得进一步的发展,我们必须像对其他主题一样,尝试以一种系统的方法,将所有主要的作品中的相关内容集合在一起。当我们做出这样的努力时,我相信,我们很容易就发现,这种模棱两可的东西,与其说是解决问题的方法,不如说是深化和丰富了它的全部含义。

在《教育漫话》中洛克很少提到自我保存——只提及了两次，如果我没有记错的话，而其中的一处还只是顺带而过的（STCE 115, 116）。他讲得非常频繁的，也非常赞赏的是理性自由和从理性自由的意识中获得的满足感，或者更准确地说，是来自于被他人尊重为理性和自由存在的意识。伴随这种意识而来的快乐，很可能是一个受过良好教育之人的生活中首要的，[264]因此也是主导的激情。然而，在他的一个有力的引用中，洛克的观点明确地表明，事实并非如此。"全人类的自我保存，就像他的谎言一样"，不仅是"每个人的责任"，而且是"规范我们的宗教、政治和道德的真正原则"（STCE 116）。每一个真正的或完全理性的意识，首先被这样的意识所控制——它是通过对集体自我保存的奉献，而形成的理性存在的"共同体"的意识。统治激情是由死亡引发的不安。

在此基础上，根据洛克对教育整体的论述，提出了以下合理的修正意见。自我保存虽然是理性生活或幸福的最终规范原则，但它可能不是唯一的建构原则。对自我保存的关注可能是最基本的，它可能胜过所有其他的担忧，但是我们寻求自我保存的生命或存在，如果我们是理性的，除了自我保存本身之外，肯定还会致力于其他的事情。

我们的品味或我们所享受的事物可能正在发生变化；我们可能天生就没有明确的顺序或等级的倾向；多样性和变化本身可能是人类快乐的主要组成部分；但是，我们在独立中所获得的快乐，或者相信我们是独立自主的，似乎是人类幸福的一个相对稳定的因素。这种对独立的自然向往，在人类中最为充分地体现在理性人的身上，因为他们是根据洛克的教育理论的原则来接受了教育。这样的人理解他对独立的渴望，并且生活在这种理解的基础上；他看到对独立的渴望是通过对所有激情的合理调节来实现的。洛克式的理性人以这种自我意识和理性的独立而自豪。正是在这里，在他自己和他人身上，他找到了人性优雅或美丽的根源：

思想自由,并掌握它自己和它的所有行为,而不是卑微和狭隘,不是傲慢和无礼,没有任何重大的缺陷,是每个人都能具有的。这些行为,自然地从这样一个构造精良的头脑中涌动出来,也请我们作为其真正标识;因为它是自然的,来自于内在的精神和性情,不能轻浮而不受约束。在我看来,这是一种美,它通过一些人的行为而大放光芒……(STCE 66)

尽管如此,这样优雅地赞美优雅的背景,强调了优雅是多么地依赖于"取悦他人",或者通过"所有那些礼貌和尊重的细微表达"赢得他人的认可。我们想起了洛克的绅士,是如何在赢得别人的认可的过程中有多么的深刻,以及洛克在多大程度上模糊了[265]理性与理性表象之间,渴望理性和欲望或者"把爱视为理性"之间,在人类想要的真正自由的欲望和渴求"表明他们是自由的"之间的界限。①人们不禁会注意到,在某种意义上,在原始的自然状态下,孩子或野蛮人的冲动的自然自由,似乎不那么依赖于受过良好教育的洛克式的绅士有教养和有深度的表现,而是更为诚实,或更为直率。这一思想当然就是卢梭攻击的开端。洛克自己的保留意见,似乎是在一个并不那么引人注目的,但也并非在完全不相关的方向上发展。

对于洛克来说,他的根本区别在于,他目前的目的是模糊的。洛克开启了关于教育的论述,显然是为了展示如何"正确地设定思想,在任何情况下它都可能被认为是否定的,但是又是什么可能适合于一个理性生物的尊严和卓越呢"(STCE 31)。这种对尊严和卓越的诉求有助于人们对声誉的关注,这是"真正的原则"——确切地说,洛克并没有明确地这样说(STCE 56)。

---

① STCE 73 和 81;参考前文 215-229 页,以及 Tarcov 1984, 73, 87, 91, 93-94, 96, 107-108, 115, 117-118。

然而,洛克也承认或"授予"这样的"奖赏和惩罚,是理性生物唯一的动机";因此,他否认这一声誉实际上是"美德的真正原则和衡量标准"。

> 知识,有关责任的知识、上帝的知识和奖赏的知识,这才是清晰而独特的知识,因为它沐浴在理性的"光芒"中,是唯一真正的原则和美德的衡量标准。(STCE 54 and 61)

这些知识,与某些权威观点相反,这些观点来自于所谓的知识,现在是由《教育漫话》中概述的教育所提供的(STCE 81,94,116,140,146,特别是200)。洛克谈到了儿童的"理性能力",并将其视为理性的生物,但在同一语气中,他强调了他在这里和整篇作品中使用"理性"这个词的宽松程度(STCE 81)。①教育所灌输的美德和真正的美德是两种不同的东西:最好的教育是实现真正美德的先决条件(STCE 200;参考柏拉图《法义》653a-c)。但是,除了绅士教育之外,而什么样的发展会产生真正的或完全的美德?哲学家们对教育进行了一种安静的思考,但却不断地挑起了读者去追问:鉴于对羞耻和声誉的深刻依赖,因此,即使是最好的绅士教育,除了真正的哲学家之外(毕竟在他的每一页都不显眼的字里行间中,有其独特之处),任何人是否都可以完全从童年成长开始,或者是拥有一个真正的成熟自我或人格呢?

因此,我们被引到了一个相当古典的想法上:他希望形成或改革的士绅阶级,[266]他希望这些男人和女人成为他新社会的领袖,而不仅仅是分享一个不完美的自由、理性和尊严。他们能最好地反映或预示真正的理性自由,真正的尊严,这只能在那一罕见

---

① 洛克表示愿意必要时,在《政府论》中更宽松地使用"理性"这个词: see II 61 and Tarcov 1984, 73。

第二十一章 理性自由与人类尊严

的、真正理性的人类类型中找到,即哲学家。然而,这一思想引出了一个经典的问题:自尊、尊严意识、新教养阶层的自我意识,与哲学家的真正自我认识到底有多么紧密的联系呢?哲学自由与一个受过良好教育的绅士所认为的自由有多么紧密的联系呢?① 是否存在一个连续统一体,从一个受过良好教育的人的关注和自我意识到哲学家的自我认识,或者是否还存在一个深刻的突破——甚至是一个粉碎性的解放——这将哲学家,无论在道德上还是智识上,从所有非哲学家中分离出来?

如果,这样看起来,对尊严的普遍关注是专注于他人的认可;换句话说,对尊严的关注在最后,代表了对"声誉法则"或多或少的盲从;那么,我们是否会问,至少,真正的哲学家的自尊、自我满足和"美"的感觉是否与自尊或自重的魅力有很大关系,这是最重要的,甚至是最为清醒的非哲学家的自我意识的堡垒吗?这就是洛克的特点,他没有直接或间接地解决这些关键问题。他没有在任何地方能使哲学家的生活和自我理解成为他的写作反思的焦点。因此,他让我们摸索着去发现,他对最充分的理性自我意识的概念;他让我们摸索,也就是说,去发现自由的意义。

在《人类理解论》中,提供的一些线索,似乎是由对人类自身本质以及人类行为的本质的反思。在这项工作中,我们了解到,自我或个人与"人"或人类是不一样的,个人身份与人类身份不尽相同。一个人的身份或人类是"除了一种持续存在的生命,由不断飞逝的物质的粒子组成,还在连续的生命中,不断地与同一个有组

---

① 正如塔科夫所言,"伟大的自由哲学家听起来几乎是一种居高临下的态度,他建议对孩子们说,事情是如此安排的,'他们亲爱的自由享受对他们来说,只是一种小小的鼓励'"(76节)。回想一下孟德斯鸠对自由的定义(《论法的精神》,第12章,12节):"哲学自由在于行使自己的意志,或者至少(如果有必要的话,必须与所有体系相一致)在意见中,一个人拥有自己的意志。政治自由在于安全,或者至少可以认为,一个人是有安全保障的。"

织的身体结合在一起"。而一个个体,

> 是一种智识思维存在,有理性和思考能力,可以把它看作在不同的时间和地点以同样的思考方式的自我……通过这一方式,每个人都是他自己,他称之为自我……仅在这一点上,就包含了个人身份,即理性存在的同一性……

> 因为我想,任何人只要看到一个同自己形相和组织相同的生物,则那个活物虽然终生没有理智,正如猪或鹦鹉一样,他亦会叫那个活物为人。并且我相信,一个人虽然听到一只猫或[267]鹦鹉谈话、推论、推断他亦只会叫它(或以为它)是一只猫或鹦鹉。他一定会说,前一种是一个愚昧无知的人,后一种是很聪明、很有理性的鹦鹉。(ECHU II xxvii 6-9)

自我或人格从"最自我"的核心延伸到一个区域,就像它的外围一样,它的外围既不是固定的,也不是精确定义的:

> 自我就是有意识、能思想的东西……它能感觉到快乐和痛苦、幸福与患难,因此,这个意识扩展到什么地方,则这个自我便对自己关心到什么地方。因此,人人可以看到,自我如果就是意识,则一个小指亦正同大部分一样,都是自我的一部分。

> ……意识能同什么实体结合,什么实体就能形成统一的人格者……(II xxvii 16, 17)

然而,我们会失去了意识,因此,即使大部分的自我不是通过遗忘的方式,更完整地在正常的基础上,是在某种程度上的良好睡眠中失去的,那么"人们就会怀疑我们是不是同一个思想存在""我们急迫地想知道到底是同一自我或者是不同的自我存在,当一个人睡觉和做梦时——除非他记得自己的梦境:"如果有同一的苏格拉底在醒时同在睡时不具有同一的意识,则醒时的苏格拉底同睡时的苏格拉底便不是同一人格者。就根据此一个人的行动,来惩罚其"孪生"兄弟,是一样不合理的,因为他的兄弟或者并不知道他的行动"(II xxvii 10, 19)。

洛克反复强调睡眠的经验,因为它通过对比,阐明了自我的关键要素或自我体验的经历。自我是统一的、连贯的清醒状态,它关注的是快乐和痛苦,不仅仅是感观的刺激,而是被一种意识所把握:"那就是快乐和痛苦的意识,那种渴望,那个有意识的自我,应该是快乐的"(II xxvii 26)。此外,自我或人格还是自主的意识:

> 那个主体是能受法律所支配,能够感受苦乐……这个人格所以能超过现在,而扩及过去,只是因为有意识。借着这种意识,它便可以关心过去的动作,对过去的动作负责,并且把过去的动作认为是自己的。(II xxvii 26)

但这意味着一种自由是自我固有的,自我感觉是一种"特权"或愉悦的自我意识。至少在人类中(与上帝或其他更"完美"的人物成对比),[268]如果正确地构想出,对自主权的认识可以被证明是有根据的。因为我们的大脑没有本能或自然地对我们的激情和目标进行排序,正是因为我们的思想被一种激情所占据,和被抛到脑后,我们的行动需要迫使我们的思想或心理机制使用我们"唯一的指南针":我们被迫暂时中止去评价,在我们的激情中进行裁决或选择,在某种程度上,无论是动物还是上帝,都不可能只对善有着可能的体验:

> 这种必然性不止能决定我们来追求真正的幸福，而且它可以同样的力量，使我们来考量、来停搁、并且来检查：每一种相继而来的欲望，是否在满足时能干涉了真正的幸福，并且把我们错领了。在我看来，这正是有限的含灵之物的大的特权，而且我愿意人们来考究，他们所已有、所能有、所能利用、所能用以支配动作的一切自由……（II xxi 52）。

自我不能避免被它的激情所驱使，最重要的是渴望舒适的自我保存。但它可以或多或少地盲目地驱动。自我可以被驱动为一种残缺的、倦怠的、疯狂的东西；或者，它可以作为一个专注的、警觉的实体，在某种程度上引导着激情的发电机，为它的存在提供动力。理性确实有能力控制，在某种程度上，是相互冲突的激情，通过相互制衡、说服、习惯化和想象的方式。"由此看来，在适当地考察了任何提出的善之后，我们便有能力来按照那种善的价值，引起比例相当的欲望"（II xxi 46）。

在某种程度上，理性在这样的努力中获得成功，自我似乎会统一自己，聚集自己，使自己变得更完整。这种自我占有或通过理性的自我构成，是否仍然是为其他的激情服务的，还是它成为了一种截然不同的激情对象呢？一个人难道不能说有一种独特的激情，一种了解自己的激情，拥有自己，成为一个完整的自我，可以超越所有其他的激情，甚至超越所有其他的激情吗？从这个意义上说，可能不是理性，而是想求知的欲望，从仆人的身份开始，成为最理性和自由人类的主人？这是一种激情，这种爱欲，先天不足且狡黠多谋，它不是哲学经验的核心，却是人类攀登到自由和清醒的自尊或自我满足的坚实顶峰？

至少，一些可能的自然根源，至少是真实自我的自我构成，在好奇心、多样性的喜悦、对自我的渴望和优越性的渴望中，都可以被辨别出来，洛克将其作为人类儿童的原始欲望。"只有新奇感才会让他们接受；不管礼物是什么，他们现在都渴望尝一尝，[269]但很快就满足了。他们很快就厌倦了同样的事情，所以他们对变化和多样性几乎都感到高兴"（STCE 167，页 273-274）。说到"它们极其影响的自然自由"，洛克说，"只有自由才会给他们的日常游戏带来真正的乐趣和乐趣"（STCE 76）。

> 因为知识包含了新事物和多样性，这是他们所喜欢的。唯一的可能性是，在我们称之为玩耍的时候，他们会自由行动，并自由地……利用他们的痛苦。（STCE 74）

因为知识包含了"新鲜和多样，这是他们所乐于看到的"，"孩子们非常高兴和快乐，特别是如果他们看到了，他们的好奇被认为是值得的，并且他们对知识的渴望得到了鼓励和赞扬"。由于这种混合的原因，"知识是对理解力的适应，就像光亮对于眼睛一样"（STCE 118）。在这些以及相似段落的基础上，塔科夫总结了洛克的观点"人类渴望自由本身，而不是他们欲望的特定对象"。①

然而，洛克从来没有展示哲学，将其理解为基于理性自我认识的自主性首要问题，如何可能会从塔科夫所称的人类原始（以及高度可疑的）"压倒一切的欲望，并以自己的方式成长起来"。洛克对这种渴望拥有自己方式的理性成熟的描述，以对舒适的自我保存和对他人的尊重和认可的渴望而告终。洛克对人类行为的最完整的描述，以及理性和激情在行动中的协调（ECHU II xxi），表明平庸的激情或爱若斯理性的诞生。

洛克所推崇的自由之体验，作为有限知识的特权仍然是一种权力的体验——这是一种手段的体验，而不是目的；这是一种无法

---

① Tarcov 1984, 115；亦参 173 和 176；塔科夫特别提到 STCE 128-130 和 148。另见 Jones 1966, 93-95, 119, 123, 129-130。

明确的、作为生命终极性的体验。这一"伟大的入口,以及所有自由的人所拥有的,足够或对他们有用的自由"是必须的——对各种各样的欲望进行坚定的审视,以确定哪一个是最能带来幸福的,也就是说,使不安降到最小。①洛克从未说过,进行这种审查的欲望本身或它本身就会变得强大,更不用说最强烈的不安了。然而,人们不禁会觉得洛克的行为心理学,虽然它可以或多或少地解释每一种行为,但却无法解释这种解释本身的行为;人们不禁会觉得,洛克神秘地离开了他对人类行为的描述——开始了他自己作为一名哲学家的行动。

当然,洛克对自己生活的唯一持续的讨论(ECHU,写给读者的信)是非常罕见的。他在哲学中所发现的力量和独立,迫切需要和强烈满足,肯定会闪耀光芒;但这些闪光点却被一种最古怪的自我贬低所掩盖。洛克愿意留下这样的印象,他认为哲学只是一种游戏,一种"狩猎"的形式,它服务于一些人,[270]他们具有品味,能够进行迷人的"娱乐"或"消遣"(参考 Tarcov 1984, 173-176)。

洛克认为,像哲学这样严肃的态度,是由于它作为自然科学的底层劳动者所做的地面清理工作。在后来的版本中,他注意到之前犯过的一些错误,洛克对其语言进行澄清并做出了适度的表达,他还指出,他不得不说的一些话,揭示了"道德和神性,这些知识部分是人类最为关心的东西"。在任何时候,洛克神秘的自我描述,都没有标识出将哲学与非哲学生活区分开来的鸿沟(同样可参考 CU xix, xxxii, xxxvii)。他并没有暗示这种激进的重新定位,即内在的独立宣言——苏格拉底所称的"灵魂转向"(柏拉图《王制》521c)——这是哲学化的含蓄表达,因为洛克自己显然知道并经历了这一切。这也不能说,洛克的作品就像修昔底德一样,默默

---

① 这里是艾森纳赫的告诫(1981, 239 n. 28):"洛克的学者们总是试图在洛克的政治中复活自主理性的元素,尽管洛克在他的认识论中否认了这一点。"

第二十一章 理性自由与人类尊严

地、全部更令人印象深刻地指向,或引入这个方向。对于洛克而言,他鉴于功利主义者的功利主义原因,而大张旗鼓地"兜售"哲学。

洛克选择代表或歪曲哲学,与他的结论结合一起的方式,并不是把哲学同自傲或英勇、虔诚、道德之人,或者他们年轻的崇拜者混为一谈。在《政府论》上篇中论及圣经时,洛克实际上已经把追求完美放在一边,或者把至善作为了一种徒劳的追逐。但是,他因此剥夺了我们,也许是剥夺了他自己,让我们的辩论或对话可能给我们带来了人类心灵最深处的渴望。更具体地说,洛克让我们知道,他是多么的坚定或毫不畏缩地——或者是哲学,他设想并体现了它——面对他自己对人类友谊的调查,对名誉或名声的热爱,对千古留名、永恒不朽的渴望。

洛克对自我认知、自我占有和舒适的自我保存的关注,是如何引发他的公众精神来关注他的同胞们?一个哲学家为什么,以及为什么应该撰写关于政府和教育的论著?在这个问题得到一个充分答案之前,我们就不能说,我们在洛克的理性主义中找到了他的生活方式的合理解释——即他的政治哲学化思想,以及他的政治哲学。当然,我们不能提供这样的理由——人们甚至不能清楚地定义什么是政治哲学——只要人们还认为,政治哲学的必要性和可能性是不证自明的。洛克,他也非常清楚在哲学中不关心政治的伊壁鸠鲁主义的传统,但他是否做出了这样一个不合理的假设呢?他是否能够解决这个主要的问题,这个他一生中最重要的问题?

洛克显然也未能解释他自己的公民精神,这只是他的著作中普遍存在的,[271]一个关于更为笼统问题的最令人震惊的例子。因为洛克似乎继续——偷偷地或不合理地——根据他的原则,这似乎是依靠公民和父母为国家和家庭承担的风险和做出的牺牲。他似乎在其他方面也有自己的想法,并且表现出对社会契约的关注,这种关系超越了可以用舒适的自我保存或自我利益来解释的东西。

简而言之，我们可能会怀疑，新的洛克式道德推理，是否为在一个宽容的洛克式公民社会中所要求和预期的道德行为提供了充分的理性辩护。当然，洛克微妙地运用虔诚和保守的言辞，证明了他敏锐地意识到的，在大部分民众中，对传统虔诚和道德主义的持续需求；但是洛克是否有足够的意识，认识到某种程度上的这种依赖，已经渗透到新的理性秩序的每一个层面，甚至是哲学层面？

要想了解这一问题的严重性，必须牢记以下几点思考。洛克未能解释或公正地解释他自己的政治理论对道德忠诚的依赖，这让我们无法确定洛克的根据是否坚实，以拒绝他（以及所有其他严格版本）理性主义的最佳选择。其中最有力的证据之一，也许是最有力的，支持了启示的主张（或者对来自更高权力的指示进行了可能的探索），这是人类灵魂对一种无法解释的，自我遗忘的对正义和高尚奉献的意识和崇敬。这种所谓的意识可能无法证实，但它有力地唤起了人们对超然的支持和根植其中的信念或希望。那些试图展现严格理性主义局限性的人都倾向于认为，理性总是发现自身才是道德行为困惑的关键源泉。他们认为，这类行为在其最高尚的时候，只能被理解成——它可以被理解为——受到启发的，或被请求，或者以某种方式，通过一种神秘的超理性的神圣秩序来实现和支持。毫无疑问，洛克既没有令人信服地解释，也没有辩解，甚至没有证明自己回避了超越自我的经验，以及它们在多个方面的暗示和尚未解决的问题。

可以推测的是，洛克拒绝将他自己的、极其理性的生活方式作为一个主题——这是经过深思熟虑或理性决定的结果。如果我们牢记洛克关于道德美德的教导，最重要的是关于教养的新美德，我们就可以开始认识到，这个决定的一些可能的原因。洛克似乎很满意，像他自己这样的哲学思想，在未来的平等和个人主义的社会中将受到更少的威胁，而不是在过去那种诗性的、傲慢的、等级森严的社会中的处境。但他也清楚地表明，[272] 为了使它自己安全,哲学就必须改变其行为模式,即使这并不是它的本质。哲学必须树立起一个新名声,基于它有能力帮助大量人类寻找到舒适、安全和一种适度的尊严。哲学必须终止将自己视为人类存在的顶峰。它必须缓和对尊严和道德美德的强调和关注,或者缓解任何以尊严和美德为中心的灵魂之伟大与自傲。

> 我们不应该仅仅为自己着想,而是要站在我们自己的价值立场上;在别人面前假设,我们自己是优先的,因为我们可以想象有任何优势,我们都已经超越了他们;但是,当它是我们应得的时候,就适度地接受所提供的东西。

正如塔科夫所说(1984, 91):

> 人们可能认为,洛克愿意夸大人类理性的非完美的形式,一般来说,为了迎合人类的理性,他相信"被视为理性的生物"是一种自傲,它在人类中被珍视,就像在孩子中一样,尽可能地,成为最伟大的工具(#81)。

这意味着,洛克给他的读者提供了比古典哲学家更少有的、生动或真实的理论生活的一瞥。他提倡一个理性的社会,也就是说,这是一种社会化的理性,因此模糊或掩盖了"理性"的真实的、完全独立的或反叛的本质。

思考一下此处孟德斯鸠对洛克式判断的坦率表达:对哲学的热爱,被理解为"推测的科学",使人变得"野蛮";在"古代哲学的不同派别"中,廊下派者"独自知道如何塑造公民",因为,他们"为社会而生,他们都相信自己的命运是为社会而劳作";或者就像孟德斯鸠在同样的背景下,以自己的名义说的那样:"因为人类是为了保护自己,为了养活自己,为了自己丰衣足食,从而行使所有的社会行为,宗教不应该强加给他们一个极具沉思的生活。"

(《论法的精神》第 4 章 8 节,以及第 24 章 10-11 节)与此形成鲜明对比的,参见 Maimonides *Guide of the Perplexed* III 27。

在洛克的作品中,很少有让读者想起或认识到"还有那些有勇气独自行走之人"的存在(卢梭,第一论[即《论科学与艺术的复兴是否有助于使风俗日趋纯朴》],结尾处)。相反,洛克教导说,对于一个人来说,他是"僵化和不理智的,以至于不断在自己同胞的厌恶和谴责之下生活……这是一种过于沉重而不符合人性的痛苦"(ECHU II xxviii 12)。我们必须怀疑,洛克是否已经充分考虑了生存的前提条件,并培养了这种极其罕见的年轻头脑或自我或个性,而仅此一项就有可能,在精确的意义上成为哲学。

就我刚才所描述的所有考量而言,洛克的立场与苏格拉底或柏拉图式的政治哲学的传统形成了鲜明的对比,因为这一传统延续着自己的传统(有些时候是在廊下派,新柏拉图主义,或新亚里士多德主义的外衣之下),不仅在西塞罗的罗马共和国中,而且还在中世纪的伊斯兰教、犹太教和基督教中。

从一开始,洛克就生动地提醒我们,并迫使我们反思他与原初的苏格拉底传统的关系。因为他在《人类理解论》的标题页下面,写着一段刺眼的和几乎令人反感的苏格拉底式的铭文:"如果你能承认你的无知,而不是说出令人作呕的废话,那就太好了!"在最初的语境中,洛克指示我们的是,这是一种尖锐的,尽管是善意的嘲讽,也就是说,苏格拉底式的怀疑论者,[273]是一个教条主义神学的拥护者。① 这是难以知晓的,我们是多么认真地对待洛克,并试图用苏格拉底式的或怀疑论的传统来证明他自己的身

---

① Cicero *On the Nature of the Gods* Bk. 1, secs. 84;为了全面了解著名的戏剧的背景,可以特别考查 Bk. 1, secs. 6, 11-12, 57-63(参考 fragment 1), 71, 85-86, 123; Bk. 2, secs. 2 和 168; Bk. 3, secs. 1, 3-10, 和 94-95。

份。①但是,让我们毫不犹豫地接受洛克的邀请,来反思他的这种亲和与协调关系。

与洛克不同的是,苏格拉底或柏拉图主义者(从苏格拉底自己开始,由色诺芬和柏拉图提出,继而有西塞罗、阿尔法拉比、迈蒙尼德和拉丁的阿威罗伊主义者),可以说,哲学在精确的意义上,是冒着灭绝或被遗忘的危险,如果它没有达到,或不支持高尚公民的尊严——这类公民的后代是为了抵抗潮流而长大的。②这一基本的判断似乎不仅仅来自柏拉图主义者对道德美德和共和社会的教育要求的反思,同时也把他们的注意力转向哲学家之所以作为哲学家的旨趣。在后一种情况下,他们似乎至少有三个最重要的考虑因素:

第一,他们认为,未来或潜在的哲学家和哲学专业的学生,最有可能在这些年轻人中被发现:他们的天性和教育使他们对贵族的品味,以及独立的能力渴求有所区别。

第二,他们似乎确信,在自傲的人类和他们的后代中,可以找出少数人,他们是哲学家所能找到的唯一的保护堡垒。打上这一标识的人都是值得尊敬的;如果有适当的照顾,可以肯定的是,有一些是非常少有的——可能会被引至崇高或尊重,并因此容忍哲学家的非正统和富有挑战性的方式。他们可能会把这些挑衅的方式解释为类似于他们自己的独立或杰出的习惯。当他们与其他道德和宗教领袖都陷入困境的时候,他们可能不仅会阻止迫害,甚至还会为政治哲学家辩护。

对苏格拉底而言,哲学家总是被看作更接近于"麻烦",因此总是需要更多的保护,而不是洛克所认为的假设或希望。在苏格

---

① 另见 ECHU II xxviii 11, IV iv 8 and x 6; STCE 185–186。
② 特别参见 Republic 487b–496e,这不仅要看看苏格拉底所说的,也要考察他的直接对话者——阿德曼托斯的本性,以及对他的影响或预期的效果。

拉底式的观点中,政治哲学家作为政治哲学家,不能回避对公民社会、法律、神和英雄的一种在本质上的打破旧习的姿态。这位政治哲学家本可以沉默或推迟其独立思想的批判性后果,但他的生活受到了威胁。关于苏格拉底教唆年轻人不敬和败坏的审判并不是偶然发生的,而是作为一种异常残酷的,因而具有启示意义的范例,它说明了在社会中哲学家的典型境遇。①

然而,这种不可避免的紧张绝不是一种不折不扣的诅咒,事实上,这在一定程度上是苏格拉底式哲学家深思熟虑选择的结果。[274]因为苏格拉底似乎也觉得——这是他们关于哲学家对社会的正确态度的第三个因素,也是最重要的方面——哲学的土壤需要持续的痛苦,这来自于谨慎而深刻的质疑和论证,并表达了人类的崇敬和信仰。

哲学必须成为一种政治哲学,它必须对好公民的信仰、爱和道德承诺进行批判性的探究,以澄清其行为的理由,以证明它自己的行为。只有通过与道德和宗教权威的无休止的对话,尽管这样的对话带来了所有的危险,哲学才能清楚地知道以理性为导向的生活意味着什么。只有这样,理性的生活才能在道德的法庭上合理地证明自己,即神圣的法律。只有这样,哲学家才能证明,最重要的是,为什么它是恰当的,为什么它是正确的,为什么它是正当的,他正致力于一种毫不妥协的思想。简而言之,在苏格拉底式的理解中,政治哲学有不止一个原因,它以崇敬为前提,但在这个充满崇敬的世界中,同时也反对政治哲学的存在。

洛克自己走出了这个世界。但是,他允许自己在这个世界上作为一个哲学家,对他必然陷入困境的处境进行不适当的处理。因此,他把自己的命运与培根和其他伟大的前辈们抛在了一起,他

---

① 特别参见 Plato *Gorgias* 485d-486d 和 521d-522c,以及 *Republic* 492a-496e; Xenophon *Education of Cyrus* III i 14-40, *Apology of Socrates to the jury* 3,以及 *Memorabilia* IV viii 4。

们决心要永远改变哲学、科学和社会之间古老的关系。洛克以惊人的成功来改变大众的美德和宗教,使基督教在他的意义上是"合理的",使之成为他新的道德和政治观念的积极盟友。他试图使一个理性的哲学家和科学家能够间接地、在幕后运用决定性的力量来影响世界,而不需要对传统的或纯粹的虔诚和崇敬的捍卫者做出回应。

但是,在洛克成功地消除了哲学与宗教之间的争论时,他铺平了道路,并抹去了最初的争议,即最初的问题,它定义了经典的哲学和真正的理性主义本质。他解除的紧张关系是一种至关重要的张力;在他带来了理性哲学和宗教信仰之间的和谐时,他减弱了精神上的火焰,混淆了两者的本质。他对世界的觉醒做出了贡献,他显然相信理性或哲学生活将会被接纳。但他没有充分注意到这样一个事实,即哲学理性主义似乎从一种年轻的从属地位发展到令人敬畏的迷人权威,随后接着的是不妥协的怀疑或对这种权威的质疑。

无论如何,从长远来看,洛克无意中准备了一个世界,[275]在这个世界里,一流的思想家——不仅仅是诗人,还有哲学家(卢梭,康德,黑格尔,尼采,海德格尔)——这些反抗者,他们不仅反对洛克主义或理性社会,而且反对纯粹的理论理性或理性主义本身的至高无上。洛克无意中促成了这一令人震惊的事情:最伟大的哲学家们可能会首先受到诱惑,然后被这个观念所迷惑,认为这是由哲学家们重新唤起的世界,他们最深切的责任是,重新创造或重新唤起宗教信仰,对悲剧的欣赏,以及对道德意志的崇敬。

我们很可能会同情卢梭及其伟大的后继者,对洛克有关自我和自我意识的本质极其不完整的表述而感到的不满(参考 Voegelin 1975, 41-42)。但我们可以也必须质疑,他们更有诗意,或更有灵性的自我学说,是否代表了对这种合理不安的充分回应。在他们对洛克派的反应中,他们发现的是冷漠的、不敬的——因此

(他们认为)是肤浅的——理性主义,这些伟大的思想家们难道没有遗失仍然存在于洛克作品中的真正的哲学经验吗?(特别参考《善恶的彼岸》,211 和 252)那些无法欣赏洛克的思想家,包括对他以不敬之名的最初反叛,难道他们没有遗失对理性主义哲学经验核心的一些东西吗,这是自苏格拉底以来一直为人所知的,而现在仍然存活于洛克身上的?对洛克的重新研究本身并不是对尼采或海德格尔的反理性主义和历史主义的充分解毒剂,这是一种终极的、通常不为人知的现代思想的来源;但是,至少对美国人来说,这样的研究可能是最重要的第一步。

在对哲学经验真正意义的重大分歧或争论开始进行调查的时候,我们试图深入自然状态意义的根源,现在可以在这里适当地终止了。洛克告诫我们要拥护,并开始教导我们要理解,理性自由以及它的政治防御所需要的东西。他选择以书面形式写下的冥想的那一部分,让我们看到,最自由的、因而也是最不妥协的理性存在,即哲学家的存在。但是洛克的著作并没有使这一存在成为它们的主题。在这一点上,我们的神秘向导悄然溜走了,他让我们走上一条进一步研究的道路,并认为他似乎相信,只有少数人,而且每一个人只能靠自己才能追随他。

结　语

[276]我们从洛克的书中找到的是对政治哲学的最彻底的阐述，它对制宪者施加了最强烈的吸引力，因为他们努力去形成对自己和他们最终目标的充分理解。在本书的第二篇开头，我在之前的政治哲学史上，对不同的对立阵营进行了限制；在这种背景下，我们能够用全新的视角来欣赏建国者们所面临的理论选择——或者，在很大程度上，他们被迫接受并与其同行。因为，正如我们所看到的，在一个已经负债累累的世界里，建国者们进行了他们的审议和思考，在某些方面，他们的观点与非正统和非基督教的政治哲学相对抗。在第三篇中，我故意超越了建国者（尽管是在他们尚未完全反思的方向上）。我试着进入到问题引力的中心，把它们吸引到正轨上，但这并不是毫不犹豫和没有抵抗的。这样做的目的是发掘出完整的、对许多甚至是所有的制宪者来说，这仍然是部分隐藏的——暗示和假设，这是对他们的理论观点的基本逻辑。简而言之，我们的目的，不仅是要看到建国者们在洛克身上看到的东西，而且要尽可能深入地研究洛克的观点。

我因此走近洛克的文本，而不是试图猜测或想象他们可能已经找到了特定的建国者，甚至是特定的同时代的洛克；但是，我尽可能试图接近洛克，然后尝试去阅读他，正如洛克本人所表露的，他希望自己的作品被他最细心的、最富同情心或哲学精神的读者去阅读。这就要求我们对洛克所说的,许多奇怪而引人注目的事项进行持续而细致的关注,这是一个政治作家为了避免迫害而表达自己的正确方式,从而获得最大的影响力,并教育少数具有真正开放思想和反思能力的读者。只有当一个人的阅读被这些明确的线索所引导时,洛克彻底无畏和令人震惊的勇气,才开始从在他那精心编织的、传统的、冷静谨慎的面纱中展露出来。就在这一刻,洛克作为一个思想家的激动人心、伟大而刺激的挑战才展现出来。

这本书的一个卓越目标是为现代的公民们带来一些令人兴奋、伟大和挑战的东西。[277]我曾试图将洛克从一种学院派的致命控制中拯救出来,这种视角会把他禁锢在他的时代,作为他那个"时代的幼童",他既不能指导,也不能用他过时的、难以理解的或陌生的概念来打扰我们。我已经和洛克有了深入交谈,他是一个对话者,我们都可能从中学到一些最重要的东西,我们需要学会倾听,即使我们有质疑和争论。因此,我并不把他的论点当作是意识形态的主张,或者是一些"历史范式"的例子,甚或是偏见的反映,而是作为推理的产物。

我的努力就是引导去发现,并批判性地评估洛克在他的著作体系中留下的归纳和演绎的痕迹,让忠实的读者自己去重新思考和追根溯源。因为就其底色而言,洛克不是一个意识形态者或教条主义者,而是一个哲学家。作为一个政治哲学家,他知道哲学必须经常出现在公共场合或者总是屈从于统治的教条;但就在他表面写作之下,人们可以邂逅一场批判性思维的盛宴。

当我们被这种挑战所唤醒和激发时,我们沉浸于洛克的文本中,我们发现的不仅仅是一个系统的、全面的关于作为理性个体的人性描述。在很大程度上,让这个描述如此引人注目的,是我们被其吸引,并通过它所受教导的令人振奋的理论争论。洛克的作品将细心的读者引导到一系列的基本辩论中,最重要的是理性与启示之间的争论,以及洛克式理性主义和古典理性主义之间的争论。只要它们还被认为是在遥远的过去才会发生的事情,那么这些辩论的重要性就被大大低估了。事实是,这些问题还在继续,即使只是在消解或删节的版本中,也会使人感到困惑、有所思考,并丰富了建国者们的反思。更重要的是,它们仍然存活于——即使它们表面上或暂时被遗忘——在我们周围的政治和精神生活中。

然而,在洛克和其启蒙运动的伟大同事们的世俗影响下,圣经的信仰已经被渗透和改变了,这种信仰保留了对现代理性主义胜利的顽固的、无法克服的核心观点。无论政治的意义,是如何被洛克关于个人平凡权利的教导重新定义的,古典共和理论在实际的行动,言辞和态度上,保留了原初的经验基础,这些仍然是共和主义的政治技艺和公民身份的特征,尤其是在最严峻的考验和自我反省的时刻。

从这种对洛克和他的对手的研究中,回到对美国国家经验的重新思考,就是要接受这种新的沉思,在某种程度上,[278]洛克指导我们通过参与这些基本的争议;我认为,用这种精神来反思美国,是为了实现真正的爱国主义挑战,而这种挑战是独特的,或者是真正美国的。美国不是一个传统的社会,因此它的爱国主义必然非比寻常。也许在无可比拟的程度,这个国家所树立的爱国主义观点,必须不仅仅表达对自己的忠诚,它还必须表达对美好事物的忠诚,以及有些人真正意识到自己和良善之间可能存在的紧张关系。

创建美国以及美国爱国主义的革命,是针对那些似乎不愿或不能正视这种紧张局势的英国爱国者或"保皇派"的。美国的《独立宣言》标志着历史上第一个国家的诞生,它明确地不是基于传统,也不是对传统的忠诚,而是基于对政治权利的抽象和普遍的哲学原则的呼唤。正如潘恩在《人的权利》中所言(1942, 148):

> 美国的独立是伴随着政府原则和实践的革命的……政府建立在道德理论的基础上……在人类不可剥夺的世袭权利方面,现在正在发生天翻地覆的变化。

这一理论确实构成了美国的"政治信条"(《联邦党人文集》23∶157;参考26∶169)。但是,它所要求的"信仰"或忠诚并不是宗教信仰,更不用说对某些"意识形态"的卑躬屈膝了。相信这些理论原则,就是首先要努力去满足这些原则的有效性;首先要把自己的责任放在自己独立的理性上,去分析那些原则,反对那些主要的替代方案。

人们有时会听到这样一种观点,即美国的政治生活特别的非理论化。这在日常层面是正确的,特别是如果你把美国和正在经历剧烈动荡的当代社会,或者与一些"意识形态"中的苦苦挣扎进行比较的时候。但是,"意识形态"是更深入层面的观察,这与理论大不相同,尽管在我们历史上相当长的一段时间里,我们美国人停止了争辩,但这些基本原理在我们历史的转折点和在这些时期挺身而出的领导者们,通常会把我们拉回到理论争论的深渊中。联邦主义者和反联邦主义者之间的竞争,杰斐逊式的革命以及随后的杰克逊式的革命,关于平等、自由和联邦意义的辩论,这在卡尔霍恩、韦伯斯特、克莱、林肯和道格拉斯的话语中上升到了极高的水平;而关于自由民主政治经济的未尽的争论是由新政带来的;马丁·路德·金在伯明翰监狱的信中对阿奎那和自然法进行呼吁——这些都是这个国家自我反省的漫长旅程的路标。

[279]对美国的代表性问题的质疑,并不是非美国式的;矛盾的是,这却是作为一个美国爱国者核心的一部分。在某种程度上,我们被要求热爱我们的国家,同时也要净化我们的热情,培养一种意识,即我们的国家不应该是最好的,当然也不是最好的政治秩序。在我看来,这似乎是一种合理的自傲。因为我们可以恰当地

断言,美国爱国主义与众不同之处在于,它有别于以往大多数形式的爱国主义,它是对老年人和年轻人思想的严厉挑战。

美国式的生活,并没有像早前更为高贵的共和制那样,在很多方面都强加上严厉的道德测试;它不需要频繁或定期地牺牲生命、财产、私人自由以及舒适;但它却把我们每个人都称为一个智识的正直之人,让我们在政治哲学的伟大经典中接受教育,去追求作为一个人的自我认知,这也许才是前所未有的。

参考文献

[315]本书正文和注释中所涉及的古代和中世纪作品的引用,均采用学界通用版本的标准页码或章节代码。本书中上述作品和现代作品的引文均由作者本人翻译,其他翻译版本已标注。

Acton, John Emerich Edward Dalberg-Acton, First Baron and Lord. 1985. "The Influence of America." In *Selected Writings*. 3 vols. Ed. J. Rufus Fears. Vol. 1, chap. 18. Indianapolis: Liberty Press.

Adair, Douglas. 1945. "James Madison's Autobiography." *William and Mary Quarterly*, 3d ser., 2: 191–209.

——. 1974. *Fame and the Founding Fathers*. Ed. T. Colbourn. New York: W. W. Norton.

Adams, John. 1854. *The Works of John Adams, Second President of the United States*. 10 vols. Ed. C. F. Adams. Boston: Little, Brown.

——. 1954. *The Political Writings of John Adams*. Ed. C. A. Peek. Indianapolis: Bobbs-Merrill.

——. 1959. *The Adams-Jefferson Letters*. See Cappon 1959.

Agresto, John T. 1977. "Liberty, Virtue, and Republicanism: 1776–1787." *Review of Politics* 39: 473–504.

Althusser, Louis. 1969. *Montesquieu, la politique et l'histoire*. Paris: Presses Universitaires.

Alymer, C. E. 1980. "The Meaning and Definition of 'Property' in Seventeenth-Century England." *Past and Present* 86: 87–97.

American Enterprise Institute for Public Policy Research. 1976. *America's Continu-*

ing Revolution: Eighteen Distinguished Americans Discuss Our Revolutionary Heritage. Carden City, N. J.: Doubleday Anchor Books.

Ames, Fisher. 1983. *The Works of Fisher Ames.* Ed. Seth Ames; ed. and enlarged by W. B. Allen. 2 vols. Indianapolis: Liberty Classics.

Appleby, Joyce. 1982a. "What Is Still American in the Political Philosophy of Thomas Jefferson?" *William and Mary Quarterly*, 3d ser., 39: 287–309.

———. 1982b. "Commercial Farming and the 'Agrarian Myth' in the Early Republic." *Journal of American History* 68: 833–49.

———. 1984. *Capitalism and a New Social Order: The Republican Vision of the 1790s.* New York: New York University Press.

———. 1986. "Republicanism in Old and New Contexts." *William and Mary Quarterly*, 3d ser., 43: 20–34.

Arendt, Hannah. 1953. "A Reply" [to Voegelin; *See* Voegelin 1953]. *Review of Politics* 15: 76–85.

———. 1958. *The Human Condition.* Chicago: University of Chicago Press.

———. 1965. *On Revolution.* Harmondsworth, England: Penguin Books.

Aronson, Jason. 1959. "Shaftesbury on Locke." *Anierican Political Science Review* 53: 1101–04.

Aarsleff, Hans. 1969. "Some Observations on Recent Locke Scholarship." In *John Locke: Problems and Perspectives.* Ed. John Yolton. Cambridge: The University Press.

Ashcraft, Richard. 1986. *Revolutionary Politics & Locke's Two Treatises of Government.* Princeton: Princeton University Press.

Bailyn, Bernard. 1967. *The Ideological Origins of the American Revolution.* Cambridge: Harvard University Press.

———. 1968. *The Origins of American Politics.* New York: Knopf.

Baldwin, Alice M. 1928. *The New England Clergy and the American Revolution.* Durham, N. C.: Duke University Press.

Bancroft, George. 1884. "Shaftesbury and Locke Legislate for Carolina," Part 2, chap. 7 of *History of the United States of Anierica From the Discovery of the Continent.* 6 vols. New York: D. Appleton.

Banning, Lance. 1974. "Republican Ideology and the Triumph of the Constitution, 1789 to 1793." *William and Mary Quarterly*, 3d ser. 31: 167–88.

———. 1978. *The Jeffersonian Persuasion: Evolution of a Party Ideology.* Ithaca: Cornell University Press.

———. 1986. "Jeffersonian Ideology Revisited: Liberal and Classical Ideas in the

New American Republic." *William and Mary Quarterly*, 3d ser. 43: 3-19.

Barber, Sotirios A. 1984. *On What the Constitution Means*. Baltimore: Johns Hopkins University Press.

Baumann, Fred. 1984. "A Toga for Washington." *The New Criterion* 2 (April): 82-88 [review essay on Garry Wills's *Cincinnatus; see* Wills 1984].

Beard, Charles. 1935 (orig. pub. 1913). *An Economic Interpretation of the Constitution*, with a new Introduction. New York: Macmillan.

Becker, Carl. 1942 (orig. pub. 1922). *The Declaration of Independence: A Study in the History of Political Ideas*. New York: Knopf.

Berns, Walter. 1976. *The First Amendment and the Future of American Democracy*. New York: Basic Books.

——. 1980. "Does the Constitution 'Secure These Rights'?" In *How Democratic Is the Constitution? See* Gold win and Shambra 1980.

——. 1985. "The Constitution as Bill of Rights." In *How Does the Constitution Secure Rights? See* Goldwin and Shambra 1985.

Blitzer, Charles. 1963. *The Commonwealth of England: Documents of the English Civil Wars, the Commonwealth and Protectorate, 1647-1660*. New York: Putnam.

Braxton, Carter. 1776. "An Address to the Convention of the Colony and Ancient Dominion of Virginia on the Subject of Government in General, and Recommending a Particular Form of Government to Their Attention, by a Native of This Colony." In C. Hyneman and D. Lutz. eds., *American Political Writing During the Founcling Era. See* Hyneman and Lutz 1983.

Brown, Robert. 1984. *The Nature of Social Laws: Machiavelli to Mill*. Cambridge: The University Press.

Brown, Robert E. 1956. *Charles Beard and the Constitution: A Critical Analysis of "An Economic Interpretation of the Constitution."* Princeton: Princeton University Press.

Burke, Edmund. 1855. *The Works of Edmund Burke*. 8 vols. London: Henry Bohn.

Cappon, L. J., ed. 1959. *The Adams-Jefferson Letters*. 2 vols. Chapel Hill: University of North Carolina Press.

Carlyle, R. W. and Carlyle, A. J. 1903-36. *History of Medieval Political Theory in the West*. 6 vols. Edinburgh: Blackwood.

Cassirer, Ernst. 1946. *The Myth of the State*. New Haven: Yale University Press.

Cohen, Joshua. 1986. "Structure, Choice, and Legitimacy: Locke's Theory of the State." *Philosophy and Public Affairs* 15: 301-24.

Coleman, Frank. M. 1977. *Hobbes and America: Explaining the Constitutional Foundations.* Toronto: University of Toronto Press.

Corwin, Edward. 1965 (orig. pub. 1928–29). *The "Higher Law" Background of American Constitutional Law.* Ithaca: Cornell University Press.

Cox, Richard. 1960. *Locke on War and Peace.* Oxford: Oxford University Press.

Coxe, Tench. 1788. "An Examination of the Constitution for the United States of America, Submitted to the People by the General Convention, at Philadelphia, the 17th Day of September, 1787, and Since Adopted and Ratified by the Conventions of Eleven States, Chosen for the Purpose of Considering It, Being All that Have Yet Decided On the Subject." In *Pamphlets on the Constitution.* See Ford 1888.

Cranston, Maurice. 1957. *John Locke: A Biography.* London: Longmans, Green.

Daly, James. 1979. *Sir Robert Filmer and English Political Thought.* Toronto: University of Toronto Press.

De Jouvenel, Bertrand. 1963. *The Pure Theory of Politics.* New Haven: Yale University Press.

DeLolme, John Louis. 1853 (orig. pub. 1771, English trans. 1775). *The Constitution of England; or, An Account of the English Government: In Which It is Compared Both with the Republican Form of Government and the Other Monarchies of Europe.* Fourth and enlarged edition of 1784. Trans. probably by the author, with the assistance of Baron Massères and Mr. Fellowes. Ed. John MacGregor. London: Henry G. Bohn.

Diamond, Martin. 1971. "The Federalist." In *American Political Thought.* See Frisch and Stevens 1971.

——. 1972. "The Federalist." *History of Political Philosophy.* 2d ed. Ed. Leo Strauss and Joseph Cropsey. Chicago: University of Chicago Press.

Dietze, Gottfried. 1960. *The Fecleralist: A Classic on Federalism and Free Government.* Baltimore: Johns Hopkins University Press.

Diggins, John P. 1984. *The Lost Soul of American Politics: Virtue, Self-Interest, and the Foundation of Liheralisrn.* New York: Basic Books.

——. 1984. "The Oyster and the Pearl: The Problem of Contextualism in Intellectual History." *History and Theory* 23: 151–69.

——. 1987. "Before the Falwell." Review of *Uncler the Cope of Heaven: Religion, Society, and Politics in Colonial America*, by Patricia U. Bonomi. *The New Republic*, 3 August, 39–41.

Driver, C. H. 1928. "John Locke." In *The Social and Political Ideas of Some Eng-*

lish Thinkers of the Augustan Age, ed. F. J. C. Hearnshaw. London: Harrap.

Dunn, John. 1968. "Justice and Locke's Political Theory." *Political Studies* 16: 68-87 [prints on p. 85-87 the passage entitled "Venditio" from Locke's Commonplace Book].

——. 1969a. "The Politics of Locke in England and America." In *John Locke: Problems and Perspectives*. Ed. John Yolton. Cambridge: The University Press.

——. 1969. *The Political Thought of John Locke: An Historical Account of the Argument of the "Two Treatises of Government."* Cambridge: The University Press.

Dworetz, Steven Michael. 1986. "The Radical Side of American Constitutionalism: Locke and the New England Clergy, Revisited." Paper presented at New England Political Science Association Annual Convention, Hartford, April, 1986.

Eisenach, Eldon J. 1981. *Two Worlds of Liberalism: Religion and Politics in Hobbes, Locke, and Mill*. Chicago: University of Chicago Press.

Eliott, Jonathan, ed. 1907. *The Debates in the Several State Conventions, on the Adoption of the Federal Constitution*. 5 vols. Philadelphia: J. B. Lippincott.

Epstein, David F. 1984. *The Political Theory of The Federalist*. Chicago: University of Chicago Press.

Erler, Edward J. 1981. "The Problem of the Public Good in *The Federalist*." *Polity* 13: 649-67.

Everett, Edward. 1820. "University of Virginia" [unsigned review essay on Jefferson's Rockftsh Cap Commission Report]. *North American Review* 10: 113-37.

Farrand, Max, ed. 1966. *The Records of the Federal Convention of 1787*. 4 vols. New Haven: Yale University Press.

Faulkner, Robert. 1968. *The Jurisprudence of John Marshall*. Princeton: Princeton University Press.

Ferguson, Adam. 1980 (orig. pub. 1767). *An Essay on the History of Civil Society*. New Brunswick, N. J.: Transaction Books.

Filmer, Robert. 1949. *Patriarcha and Other Political Works*. Ed. Peter Laslett. Oxford: Clarendon Press.

Fink, Zera. 1945. *The Classical Republicans: An Essay in the Recovery of a Pattern of Thought in Seventeenth Century England*. Evanston, Ill.: Northwestern University Press.

Flaumenhauft, Harvey. 1976. "Alexander Hamilton on the Foundation of Good

Government." *Political Science Reviewer* 6: 143-214.

Forbes, H. D. 1987. "Hartz-Horowitz at Twenty: Nationalism, Toryism and Socialism in Canada and the United States." *Canadian Journal of Political Science* 20: 287-315.

Ford, Paul Leicester, ed. 1888. *Pamphlets on the Constitution of the United States Published During Its Discussion by the People, 1787-1788*. Brooklyn: n. p.

Foster, Herbert. 1926. "International Calvinism Through Locke and the Revolution of 1688." *American Historical Review* 32: 475-99.

Fox-Bourne, Henry. 1876. *The Life of John Locke*. 2 vols. New York: Harper.

Franklin, Benjamin. 1959-. *The Papers of Benjamin Franklin*. 25 vols. to date. Ed. Leonard W. Labaree et al. New Haven: Yale University Press.

——. 1964. *The Autobiography of Benjamin Franklin*. Ed. Leonard W. Labaree et al. New Haven: Yale University Press.

Friedrich, Carl J., and McCloskey, Robert G. 1954. "The Roots of American Constitutionalism." Introduction to *From the Declaration of Independence to the Constitution*. New York: Liberal Arts Press.

Frisch, Morton, and Stevens, Richard, eds. 1971. *American Political Thought: The Philosophic Dimensions of American Statesmanship*. New York: Charles Scribner's Sons.

Goldwin, Robert A. 1963. "Locke on Property." Ph. D. diss., University of Chicago.

——. 1972. "John Locke." In *History of Political Philosophy*. 2d ed. Ed. Leo Strauss and Joseph Cropsey. Chicago: University of Chicago Press.

Goldwin, Robert A., and Shamhra, William, eds. 1980. *How Democratic Is the Constitution?* Washington: American Enterprise Institute.

——. 1985. *How Does the Constitution Secure Rights?* Washington: American Enterprise Institute.

Gough, J. W. 1950. *John Locke's Political Philosophy*. Oxford: Clarendon Press.

Haller and Davies, eds. 1944. *The Leveller Tracts, 1647-53*. New York: Columbia University Press.

Hamilton, Alexander. 1961. *The Federalist Papers* [co-authored with John Jay and James Madison]. *See* Rossiter 1961.

——. 1961-79. *The Papers of Alexander Hamilton*. 26 vols. Ed. H. C. Syrett et. al. New York: Columbia University Press.

Hamowy, Ronald. 1979. "Jefferson and the Scottish Enlightenment: A Critique of Garry Wills's *Inventing America: Jefferson's Declaration of Independence*." *William and Mary Quarterly, 3d ser., 36: 503–23.

———. 1980. "Communication [Reply to Varga and Ostrander]." *William and Mary Quarterly*, 3d ser., 37: 535–40.

Handlin, Oscar and Handlin, Mary F., eds. 1966. *The Popular Sources of Political Authority: Documents on the Massachusetts Constitution of 1780*. Cambridge: Harvard University Press.

Harrington, James. 1977. *The Political Works of James Harrington*. Ed. J. G. A. Pocock. Cambridge: The University Press.

Hartz, Louis. 1955. *The Liberal Tradition in America: An Interpretation of American Political Thought Since the Revolution*. New York: Harcourt, Brace.

Hinchman, Lewis P., and Hinchman, Sandra K. 1984. "In Heidegger's Shadow: Hannah Arendt's Phenomenological Humanism." *Review of Politics* 46: 183–211.

Hinton, R. W. K. 1968. "Husbands, Fathers and Conquerors," Part 2. *Political Studies* 16: 55–67.

Hobbes, Thomas. 1968. *Leviathan*. Eel. C. B. Macpherson. Harmondsworth: Penguin Books.

Hofstadter, Richard, and Smith, Wilson, eds. 1961. *American Higher Education: A Documentary History*. 2 vols. Chicago: University of Chicago Press.

Hooker, Richard. 1970. *The Works of the Learned and Judicious Divine Mr. Richard Hooker*. 3 vols. Ed. J. Keble. 7th ed., revised, by P. W. Church and F. Paget. New York: Burt Franklin (reprint of the 1887 ed.).

Horwitz, Robert H. 1977. "John Locke and the Preservation of Liberty: A Perennial Problem of Civic Education." In *The Moral Foundations of the American Republic*. Ed. R. H. Horwitz. Charlottesville: University Press of Virginia.

———. ed. 1986. *The Moral Foundations of the American Republic*. 3d and enlarged ed. Charlottesville: University Press of Virginia.

Hume, David. 1955. *Enquiries Concerning the Human Understanding and Concerning the Principles of Morals*. 2d ed. Ed. L. A. Selby-Bigge. Oxford: Clarendon Press.

———. 1969. *A Treatise of Human Nature: Being An Attempt to Introduce the Experimental Method of Reasoning into Moral Subjects*. Ed. Ernest C. Mossner. Harmondsworth: Penguin Books.

———. 1985. *Essays Moral, Political and Literary*. Ed. Eugene Miller. Indianapolis: Liberty Classics.

Huntington, Samuel P. 1968. *Political Order in Changing Societies*. New Haven:

Yale University Press.

Hyneman, Charles S., and Lutz, Donald S., eds. 1983. *American Political Writing During the Founding Era, 1760–1805.* 2 vols. Indianapolis: Liberty Press.

Jaffa, Harry V. 1965. "Agrarian Virtue and Republican Freedom." Chap. 2 of *Equality and Liberty.* Oxford: University Press.

——. 1975. "The Virtue of a Nation of Cities: On the Jeffersonian Paradoxes." Chap. 4 of *The Conditions of Freedom.* Baltimore: Johns Hopkins University Press.

Jay, John. 1788. "An Address to the People of the State of New-York On the Subject of the Constitution, Agreed upon at Philadelphia, the 17th of September, 1787." In *Pamphlets on the Constitution of the United States. See* Ford 1888.

——. 1961. *The Federalist Papers. See* Rossiter 1961.

Jefferson, Thomas. 1943. *The Complete Jefferson.* Ed. S. Padover. New York: Duell, Sloan, and Pearce.

——. 1944. *The Life and Selected Writings of Thomas Jefferson.* Ed. A. Koch and W. Peden. New York: Random House.

——. 1954. *Notes on the State of Virginia.* Ed. W. Peden. Chapel Hill: University of North Carolina Press.

——. 1959. *The Adams-Jefferson Letters. See* Cappon, 1959.

——. 1961. *Crusade Against Ignorance: Thomas Jefferson on Education.* Ed. C. C. Lee. New York: Teachers College Press, Columbia University.

——. 1983. *Jefferson's Extracts from the Gospels.* Ed. D. W. Adams. Princeton: Princeton University Press.

——. 1984. *The Writings of Thomas Jefferson.* Ed. M. Peterson. New York: Literary Classics of America.

Jones, Howard Mumford. 1966. *The Pursuit of Happiness.* Ithaca: Cornell University Press.

Kauper, Paul G. 1976. "The Higher Law and the Rights of Man in a Revolutionary Society." In *America's Continuing Revolution. See* American Enterprise Institute 1976.

Kramnick, Isaac. 1982. "Republican Revisionism Revisited." *American Historical Review* 87: 629–64.

Kristal, Irving. 1976. "The American Revolution as a Successful Revolution." In *America's Continuing Revolution. See* American Enterprise Institute 1976.

——. 1987. "The Spirit of '87'." *The Public Interest* 86: 3–9.

Kurland, Philip B., and Lerner, Ralph. 1986. *The Founders' Constitution.* 5 vols.

Chicago: University of Chicago Press.

Landi, Alexander. 1976. "Madison's Political Theory." *Political Science Reviewer* 6: 73–111.

Leibniz, Gottfried Wilhelm. 1962. *Philosophische Schriften*. Vol. 6, *Nouveaux Essais*. Berlin: Akademie-Verlag [contains *Nouveaux Essais sur l'Entendement Humain* and other writings on Locke's *Essay Concerning Human Understanding*].

Lerner, Ralph. 1979. "Commerce and Character: The Anglo-American as New-Model Man." *William and Mary Quarterly*, 3d ser., 36: 3–26.

——. 1987. *The Thinking Revolutionary: Principle and Practice in the New Republic*. Ithaca: Cornell University Press.

Levy, Leonard W. 1963. *Freedom of Speech and Press in Early American History: Legacy of Suppression*. New York: Harper and Row.

Lincoln, Abraham. 1946. *Abraham Lincoln: His Speeches and Writings*. Ed. Roy P. Basler. New York: The World Publishing Co.

Lloyd-Jones, Hugh. 1982. "Introduction," and Notes, to *History of Classical Scholarship*, by U. von Wilamowitz-Moellendorff. Baltimore: Johns Hopkins University Press.

Locke, John. 1696. *Some Consicelrations of the Consequences of the Lowering of Interest, and Raising of the Value of Money*. In *Several Papers Relating to Money, Interest, and Trade, etc.* London: Churchill.

——. 1823. *The Works of John Locke. A New Edition, Corrected*. 10 vols. London: Thomas Tegg et al.

——. 1824. *The Reasonableness of Christianity, as Deliverecl in the Scriptures, together with A Vindication of the Reasonableness of Christianity, &c., from Mr. Edwards's Reflections, and. A Second Vindication of the Reasonableness of Christianity, &c.* London: Rivington et al.

——. 1958. *The Reasonableness of Christianity*. Ed. and abridged by I. T. Ramsey. Stanford: Stanford University Press.

——. 1958. *Essays on the Law of Nature. The Latin text with a translation, introduction and notes, together with transcripts of Locke's shorthand in his Journal for 1676*. Ed. W. von Leyden. Oxford: Clarendon Press.

——. 1963. *A Letter Concerning Toleration: Latin and English Texts Revised*. Ed. M. Montuori. The Hague: Martinus Nijhoff.

——. 1965. *Two Treatises of Government*. Ed. P. Laslett. New York: New American Library.

———. 1968. *The Educational Writings.* Ed. J. L. Axtell. Cambridge: The University Press.
———. 1971. *Of the Conduct of the Understancling.* 2d ed. Ed. H. Fowler. New York: Burt Franklin (reprint of the 1882 ed.).
———. 1979. *An Essay Concerning Human Understanding.* Ed. P. H. Nidditch. Oxford: Clarendon Press.
Lukács, Georg. 1971 (orig. pub. 1923). *History and Class Consciousness: Studies in Marxist Dialectics.* Trans. R. Livingstone. Cambridge: MIT Press.
———. 1981 (orig. pub. 1952). *The Destruction of Reason.* Trans. P. Palmer. Atlantic Highlands, N. J.: Humanities Press.
Lutz, Donald. 1984. "The Relative Influence of European Writers on Late Eighteenth-Century American Political Thought." *American Political Science Review* 78: 189-97.
McCoy, Drew R. 1980. *The Elusive Republic: Political Economy in Jeffersonian America.* Chapel Hill: University of North Carolina Press.
McDonald, Forrest. 1956. *We the People: The Economic Origins of the Constitution.* Chicago: University of Chicago Press.
———. 1960. "Response to Main." *William and Mary Quarterly*, 3d ser., 17: 102-10.
———. 1985. *Novus Ordo Seclorum: The Intellectual Origins of the Constitution.* Lawrence, Kansas: University Press of Kansas.
MacDonald, William, ed. 1929. *Documentary Source Book of American History, 1606-1926.* 3d ed. New York: Macmillan.
Machiavelli, Niccolò. 1949. *Tutte le Opere.* 2 vols. Ed. F. Flora and C. Cordiè. N. p.: Arnoldo Mondadori.
McIlwain, C. H. 1924. *The American Revolution: A Constitutional Interpretation.* New York: Macmillan.
McKenna, George. 1984. "Bannisterless Politics: Hannah Arendt and Her Children." *History of Political Thought* 5: 333-60.
McLaughlin, Andrew C. 1961 (orig. pub. 1932). *Foundations of American Constitutionalism.* New York: Fawcett.
———. 1962 (orig. pub. 1905). *The Confederation and the Constitution, 1783-1789.* New York: Crowell-Collier.
Macpherson, C. B. 1962. *The Political Theory of Possessive Individualism: Hobbes to Locke.* Oxford: Oxford University Press.
———. 1968. "The Social Bearing of Locke's Political Theory." In *Locke and Berke-*

      ley: A Collection of Critical Essays. Ed. D. M. Armstrong and C. B. Martin. Notre Dame, Ind.: University of Notre Dame Press.

——. 1973. *Democratic Theory: Essays in Retrieval.* Oxford: Oxford University Press.

McWilliams, Wilson Carey. 1977. "On Equality as the Moral Foundation for Community." In *The Moral Foundations of the American Republic.* See Horwitz 1977.

——. 1980. "Democracy and the Citizen: Community, Dignity, and the Crisis of Contemporary Politics in America." In *How Democratic Is the Constitution? See* Goldwin and Shambra 1980.

——. 1983. "In Good Faith: On the Foundations of American Politics." *Humanities in Society* 6: 19–40.

——. 1984. "The Bible in the American Political Tradition." In *Religion and Politics.* Ed. M. J. Aronoff. New Brunswick, N. J.: Transaction Books (Political Anthropology Series, vol. 3).

——. 1987. "The Anti-Federalists." *Humanities* 8: 12–18.

Madison, James. 1900–1910. *The Writings of James Madison.* 9 vols. Ed. C. Hunt. New York: Putnam.

——. 1961. *The Federalist Papers. See* Rossiter 1961.

——. 1962–. *The Papers of James Madison.* 13 vols. to date. Ed. William T. Hutchinson et al. Chicago: University of Chicago Press, and Charlottesville, Va.: University Press of Virginia.

Main, Jackson Turner. 1960. "Charles A. Beard and the Constitution: A Critical Review of Forrest McDonald's *We the People.*" *William and Mary Quarterly*, 3d ser., 17: 88–102.

Manent, Pierre. 1987. *Histoire intellectuale du libéralisme: dix leçons.* Paris: Calmann-Lévy.

Mansfield, Harvey C., Jr. 1971. "Thomas Jefferson." In *American Political Thought. See* Frisch and Stevens 1971.

——. 1979. "On the Political Character of Property in Locke." In *Powers, Possessions and Freedom: Essays in Honor of C. B. Macpherson.* Ed. A. Kontos. Toronto: University of Toronto Press.

Marx, Karl. 1961. *Economic and Philosophic Manuscripts of 1844.* Moscow: Foreign Languages Publishing House.

Marx, Karl, and Engels, Friedrich. 1932. *Die Deutsche Ideologie: Kritik der neuesten Deutschen Philosophie in ihren Repraesentanten, Feurbach, B. Bauer* und Stirner, und des deutschen Sozialismus in seinen verschiedenen Propheten. Ed. V. Adoratskij. Vienna and Berlin: Marx-Engels Institute.

——. 1970. *The German Ideology: Part One, with Selections from Parts Two and Three*. Ed. C. J. Arthur. New York: International Publishers.

Mason, George. 1970. *The Papers of George Mason, 1725-1792*. 3 vols. Ed. Robert A. Rutland. Chapel Hill, N. C.: University of North Carolina Press.

Matthews, Richard K. 1984. *The Radical Politics of Thomas Jefferson: A Revisionist View*. Lawrence, Kansas: University Press of Kansas.

Meyers, Marvin. 1973. *The Mind of the Founder*. Indianapolis: Bobbs-Merrill.

——. 1980. "The Least Imperfect Government: On Martin Diamond's 'Ethics and Politics.'" *Interpretation* 8: 5-15.

Miller, Eugene. 1979. "Locke on the Meaning of Political Language: The Teaching of the *Essay Concerning Human Understanding*." *Political Science Reviewer* 9: 163-93.

——. 1984. "On the American Founders' Defense of Liberal Education in a Republic." *The Review of Politics* 46: 65-90.

Montesquieu. 1949-51. *Oeuvres complètes*. 2 vols. Ed. Roger Caillois. Paris: Callimard.

Morgan, Edmund S. 1977. *The Birth of the Republic 1763-89*. Revised ed. Chicago: University of Chicago Press.

Murrin, John M. 1980. "The Great Inversion, Or Court Versus Country: A Comparison of the Revolution Settlements in England (1688-1721) and America (1776-1816)." In J. G. A. Pocock, ed., *Three British Revolutions: 1641, 1688, 1776*. Princeton: Princeton University Press.

Newlin, Claude M. 1962. *Philosophy and Religion in Colonial America*. New York: Philosophical Library.

O'Neill, J. C. 1972. *The Recovery of Paul's Letter to the Galatians*. London: SPCK.

Paine, Thomas. 1942. *The Basic Writings of Thomas Paine*. New York: Willey.

Pangle, Thomas. 1973. *Montesquieu's Philosophy of Liberalism: A Commentary on the Spirit of the Laws*. Chicago: University of Chicago Press.

——. 1979. *The Laws of Plato, Translated, with an Interpretive Essay*. New York: Basic Books.

——. 1983. "The Roots of Contemporary Nihilism and Its Political Consequences According to Nietzsche." *Review of Politics* 45: 45-70.

——. 1987. "Nihilism and Modern Democracy in the Thought of Nietzsche." In Kenneth L. Deutsch and Walter Soffer, eds., *The Crisis of Liberal Democracy*.

Albany, N. Y.: State University of New York Press.

Parrington, Vernon. 1954. *The Colonial Mind, 1620 - 1800*. Vol. 1 of *Main Currents in American Thought*. New York: Harcourt, Brace 1954.

Pitkin, Hanna Fenichel, ed. 1969. *Representation*. New York: Atherton Press.

——. 1972. *Wittgenstein and Justice: On the Significance of Ludwig Wittgenstein for Social and Political Thought*. Berkeley, Calif.: University of California Press.

Pocock, J. G. A. 1971. *Politics, Language, and Time*. New York: Atheneum.

——. 1972. "Virtue and Commerce in the Eighteenth Century." *Journal of Interdisciplinary History* 3: 119-34.

——. 1975. *The Machiavellian Moment: Florentine Political Thought and the Atlantic Republican Tradition*. Princeton: Princeton University Press.

——. 1980. "The Myth of John Locke and the Obsession with Liberalism." In J. G. A. Pocock and R. Ashcraft, *John Locke*. Los Angeles: William Andrews Clark Memorial Library, University of California.

——. 1987. "Between Gog and Magog: The Republican Thesis and the *Ideologica Americana*." *Journal of the History of Ideas* 48: 325-46.

Polin, Raymond. 1960. *La politique morale de John Locke*. Paris: Presses universitaires.

Ramsey, David. 1787. "An Address to the Freemen of South Carolina, on the Subject of the Federal Constitution, Proposed by the Convention, which Met in Philadelphia, May, 1787." In *Pamphlets on the Constitution*. See Ford 1888.

Robbins, Caroline. 1959. *The Eighteenth-Century Commonwealthman: Studies in the Transmission, Development and Circumstances of English Liberal Thought from the Restoration of Charles II until the War with the Thirteen Colonies*. Cambridge: Harvard University Press.

——. 1976. "The Pursuit of Happiness." In *America's Continuing Revolution*. See American Enterprise Institute 1976.

Rossiter, Clinton. 1953. *Seedtime of the Republic: The Origin of the American Tradition of Political Liberty*. New York: Harcourt, Brace.

——. 1961. *The Federalist Papers*. New York: New American Library.

Rossum, Ralph A., and McDowell, Gary L., eds. 1981. *The American Founding: Politics, Statesmanship, and the Constitution*. Port Washington, N. Y.: Kennikat Press.

Rudolph, Frederick, ed. 1965. *Essays on Education in the Early Republic*. Cambridge, Mass.: The Belknap Press of Harvard University Press.

Rutland, Robert A. 1981. "George Mason: The Revolutionist as Conservative." In *The American Founding. See* Rossum and McDowell 1981.

Scanlon, James P. 1959. "*The Federalist* and Human Nature." *Review of Politics* 21: 657–77.

Schlesinger, Arthur M. 1964. "The Lost Meaning of 'The Pursuit of Happiness.'" *William and Mary Quarterly*, 3d ser., 21: 325–27.

Schochet, Gordon. 1975. *Patriarchalism in Political Thought*. New York: Basic Books.

Shaftesbury, Anthony Ashley Cooper, Third Earl of. 1900. *The Life, Unpublished Letters, and Philosophical Regimen of Anthony, Earl of Shaftesbury*. Ed. B. Rand. London: Sonnenschein.

———. 1964. *Characteristics of Men, Manners, Opinions, and Times*. 2 vols. in 1. Indianapolis: Bobbs-Merrill.

Shalhope, Robert E. 1974. "Adair and the Historiography of Republicanism." Foreword to *Fanie and the Founding Fathers*, by Douglas Adair. *See* Adair 1974.

———. 1982. "Republicanism and Early American Historiography." *William and Mary Quarterly*, 3d ser., 39: 335–56.

Shalhope, Robert E., and Cress, Lawrence D. 1984. "The Second Amendment and the Right to Bear Arms: An Exchange." *Journal of American History* 71: 587–93.

Sidney, Algernon. 1979. *Discourses Concerning Government, Published from an Original Manuscript of the Author*. Reprint of the 1698 ed. New York: Arno Press.

Silverman, Kenneth. 1976. *A Cultural History of the American Revolution*. Toronto: Fitzhenry and Whiteside.

Smith, Adam. 1976. *An Inquiry into the Nature and Causes of the Wealth of Nations*. 2 vols. Ed. R. A. Campbell, A. S. Skinner, and W. B. Todd. Indianapolis: Liberty Classics.

Smith, Lorraine. 1980. "Education and Liberty: A Study in the Thought of Thomas Jefferson." Senior thesis, Yale University.

Spinoza, Benedict. 1985. *The Collected Works of Spinoza*. 1 vol. thus far of 2 vols. planned. Ed. and trans. E. Curley. Princeton: Princeton University Press.

Stewart, Dugald. 1854 (orig. pub. in two parts, 1815 and 1821). *Dissertation Exhibiting the Progress of Metaphysical, Ethical, and Political Philosophy, Since* the Revival of Letters in Europe. Vol. 1 of *The Collected Works of Dugald Stewart.* 10 vols. plus a supplementary vol. Ed. Sir William Hamilton. Edinburgh: Thomas Constable.

Storing, Herbert J. 1976. "The 'Other' Federalist Papers." *Political Science Reviewer* 6: 215–47.

———. 1981. *The Complete Anti-Federalist.* 7 vols. Chicago: University of Chicago Press.

———. 1981a. "The Federal Convention of 1787: Politics, Principles, and Statesmanship." In *The American Founding.* See Rossum and McDowell 1981.

———. 1985. "The Constitution and the Bill of Rights." In *How Does the Constitution Secure Rights?* See Goldwin and Shambra, 1985.

———. 1986. "Slavery and the Moral Foundations of the American Republic." In *The Moral Foundations of the American Republic.* See Horwitz 1986.

Stourzh, Gerald. 1970. *Alexander Hamilton and the Idea of Republican Government.* Stanford: Stanford University Press.

Strauss, Leo. 1953. *Natural Right and History.* Chicago: University of Chicago Press.

———. 1958. *Thoughts on Machiavelli.* Glencoe, Ill.: The Free Press.

———. 1959. *What Is Political Philosophy?* Glencoe, Ill.: The Free Press.

———. 1964. *The City and Man.* Chicago: Rand McNally.

———. 1970. *Xenophon's Socratic Discourse: An Interpretation of the "Oeconomicus."* Ithaca: Cornell University Press.

———. 1983. "Jerusalem and Athens: Some Preliminary Reflections." Chap. 7 of *Studies in Platonic Political Philosophy.* Chicago: University of Chicago Press.

Strong, Tracy. 1975. *Friedrich Nietzsche and the Politics of Transfiguration.* Berkeley, Calif.: University of California Press.

Tarcov, Nathan. 1984. *Locke's Education for Liberty.* Chicago: University of Chicago Press.

Tawney, R. H. 1926. *Religion and the Rise of Capitalism.* New York: Harcourt, Brace.

———. 1958. Foreword to *The Protestant Ethic and the Spirit of Capitalism*, by Max Weber. New York: Charles Scribner's Sons.

Tocqueville, Alexis de. 1966. *De La démocratie en Amérique.* 2 vols. Ed. J.-P. Mayer. Paris: Gallimard.

———. 1967. *L'ancien régime et la Révolution.* Ed. J.-P. Mayer. Gallimard.

———. 1978. *Souvenirs.* Ed. Luc Monnier et al. Paris: Gallimard.

Trenchard, John, and Gordon, Thomas. 1733. *Cato's Letters or, Essays on Liberty, Civil and Religious, and Other Important Subjects.* 4 vols. 3d ed. New York: Russell and Russell.

Troeltsch, Ernst. 1976 (orig. pub. 1911). *The Social Teaching of the Christian Churches.* Trans. Olive Wyon. Chicago: University of Chicago Press.

Tully, James. 1980. *A Discourse on Property: John Locke and His Adversaries.* Cambridge: The University Press.

Vaughn, Karen I. 1980. *John Locke: Economist and Social Scientist.* Chicago: University of Chicago Press.

Vernier, Richard. 1987. "Interpreting the American Republic: Civic Humanism vs. Liberalism." *Humane Studies Review* 4: 3.

Voegelin, Eric. 1953. "Review of *The Origins of Totalitarianism.*" *Review of Politics* 15: 68–76.

———. 1975. *From Enlightenment to Revolution.* Ed. J. H. Hallowell. Durham, N. C.: Duke University Press.

Weber, Max. 1958 (orig. pub. 1904–5). *The Protestant Ethic and the Spirit of Capitalism.* Trans. Talcott Parsons, from the revised and enlarged edition of 1920. New York: Charles Scribner's Sons.

———. 1947. *Gesammelte Aufsaetze zur Religionssoziologie.* vol. 1. Tuebingen: J. C. B. Mohr [contains reprint of the 1920 ed. of *Die protestantische Ethik und der Geist des Kapitalismus*].

Webster, Noah. 1787. "An Examination into the Leading Principles of the Federal Constitution Proposed by the Late Convention Held at Philadelphia. With Answers to the Principal Objections that Have Been Raised Against the System." In *Pamphlets on the Constitution. See* Ford 1888.

———. 1790. "On the Education of Youth in America." In *Essays on Education in the Early Republic. See* Rudolph 1965.

White, Leonard. 1948. *The Federalists: A Study in Administrative History, 1789–1801.* New York: Macmillan.

———. 1951. *The Jeffersonians: A Study in Administrative History, 1801–1829.* New York: Macmillan.

———. 1954. *The Jacksonians: A Study in Administrative History, 1829–1861.* New York: Macmillan.

Wills, Garry, 1978. *Inventing America: Jefferson's Declaration of Independence.* New York: Doubleday.

———. 1981. *Explaining America: The Federalist.* New York: Doubleday.

——. 1984. *Cincinnatus: George Washington and the Enlightenment.* New York: Doubleday.
Wilson, James. 1930. *Selected Political Essays of James Wilson.* Ed. R. Adams. New York: Knopf.
——. 1967. *The Works of James Wilson.* 2 vols. Ed. R. G. McCloskey. Cambridge: Harvard University Press.
Winch, Donald. 1978. *Adam Smith's Politics: An Essay in Historiographic Revision.* Cambridge: The University Press.
Winstanley, Gerrard. 1941. *The Works of Gerrard Winstanley.* Ed. G. Sabine. Ithaca: Cornell University Press.
Wood, Gordon S. 1972. *The Creation of the American Republic, 1776-1787.* New York: Norton.
——. 1984. "The Intellectual Origins of the American Constitution." *National Forum* 64: 5-8.
——. 1985. "Framing the Republic, 1776-1820." In *The Great Republic: A History of the American People.* 2 vols. By Bernard Bailyn, Robert Dallek, David Brion Davis, David Herbert Donald, John L. Thomas, and Gordon Wood. Lexington, Mass.: D. C. Heath.
——. 1986. "The Democratization of Mind in the American Revolution." In *The Moral Foundations of the American Republic.* See Horwitz 1986.
Wright, Benjamin. 1949. "The *Federalist* on the Nature of Political Man." *Ethics* 59 (supplement to no. 2): 1-44.
Yolton, John W. 1956. *John Locke and the Way of Ideas.* Oxford: Oxford University Press.
Zuckert, Michael. 1974. "Fools and Knaves: Reflections on Locke's Theory of Philosophical Discourse." *Review of Politics* 36: 544-64.
——. 1975. "The Recent Literature on Locke's Political Philosophy." *Political Science Reviewer* 5: 271-304.
——. 1978. "Of Wary Physicians and Weary Readers: The Debates on Locke's Way of Writing." *Independent Journal of Philosophy* 2: 55-66.
——. 1979. "An Introduction to Locke's *First Treatise.*" *Interpretation: A Journal of Political Philosophy* 8: 58-74.
——. 1986. "John Locke and the Problem of Civil Religion." In *The Moral Foundations of the American Republic.* See Horwitz 1986.
——. 1986a. "Federalism and the Founding: Toward a Reinterpretation of the Constitutional Convention." *Review of Politics* 48: 166-210.

Zvesper, John. 1977. *Political Philosophy and Rhetoric: A Study of the Origins of American Party Politics*. Cambridge: The University Press.
——. 1984. "The Madisonian Systems." *Western Political Quarterly* 37: 236–56.
——. 1987. Review of *The Lost Soul of American Politics: Virtue, Self-Interest, and the Foundations of Liberalism*, by John P. Diggins. *Political Studies* 35: 354.

译 后 记

潘戈教授的《现代共和主义的精神》(中文书名意译为《18世纪北美的共和主义与洛克哲学》),这部30多年前的关于美国建国问题的政治哲学著作,是他博士论文研究主题——《孟德斯鸠的自由主义哲学》这一早期作品的姊妹篇。这代表了他对"哲学,即政治哲学"的现代版本,或者独特的"美国版本"长期的学术传承与积淀。这种"启蒙,激发的是一种革命性的理性主义,一种史无前例的契约政治理论化的影响,一种令人惊叹并且叹为观止的哲学家们的政治雄心,以哲学规划开创并尝试引领这一世界—历史的变革"。因此,潘戈教授将这本书献给了他的其中一位引路者——斯托林,让我们重新回到了这个国家建国者们的智识与行动的源头。

作为本书的中译者,这一次翻译,也是一种在学术上的"迷途知返"和重新回忆"翻译技艺"的原初激情的过程。对潘戈教授作品的翻译,最初是我在博士期间的翻译练习,2008年的暑假,快马加鞭地将《〈法义〉释义》译完,后以《政制与美德》为题出版,这本书成为提交给西南政法大学法学理论专业"经典阅读"训练课程的一份作业,同时也代表了我与周尚君教授的同窗之谊。

而今十年荏苒,经历了在博士论文中寻求西方自由主义法学的德沃金替代方案;彷徨于法理学与人权研究的中国问题之中;游历于得州大学奥斯汀分校,聆听潘戈教授富有激情的讲授。在几经周折后,这部迟到的译本终于呈现在了读者面前,这既是向我的博士后导师潘戈教授的致敬,同时也是对"美国建国问题及其司法应用"课题和中美关系的现代法理基础等相关研究的学术积累。

2018年,在中美贸易摩擦日益紧张,中美关系又一次走向不平凡的转折点的时候,我们两国的人们,更应当穿过当下的迷雾,洞察各自建国的"初心"和"主张",去发现我们的一致和差异。在这本书中,潘戈教授为我们做出了这样的示范:"现代理性主义在美国建国问题及其随后的宪政发展过程中,寻找到了决定性的成功政治的表达和成就。如果我们要完全理解,或者最深刻地定义那个已经成为美国伟大实验的基础——即如果我们要理解美国最深层的力量与劣势、美德与邪恶、希望和对未来恐惧的根源",那么以下几个问题是不容忽视的:

首先,《18世纪北美的共和主义与洛克哲学》是一部以施特劳斯学派解读方法重现美国核心建国者们的政治道德基础的"大书"。虽然全书深刻地带有隐微或显白的"故弄玄虚"的印记,但是潘戈教授在施派中保有的原初的"开放性",让这个作品中引介的文本活力四射。而本书作者的雄心早已经超越了本书的主标题"共和主义",同时也超越了它的副标题"洛克哲学"。与其说这部作品是在讨论当时美国学界流行的各种建国理论、制宪美德或是建国之父的洛克式哲学基础,不如说是在进行一场"哲学的贩卖"。它包括了三个层次:建国者的、洛克的和哲学本身的。

现代的"新卡图"们是我们这场"买卖"的介绍人,他们包括富兰克林、杰斐逊、麦迪逊等建国者,他们"很容易就从这种冷酷无情的马基雅维利心理学中,转换到对霍布斯和洛克政治原则的反复召唤中来",这些新卡图们在模仿"一位伟大的哲学家",他将"自然状态看作是一种战争状态";这是由于"更多的是人类生存的必需,而不是他们的倾向,他们才把自己置于法律的约束之下",或者说创建了"互守的契约"。"走入政治社会的人,他们唯一目的就是相互保护和防御",以及"无论何种权力,如果对这些目标没有贡献的话,那么就称不上统治,而是篡夺"。这些被保护的不仅仅是生命,还包括财产……竞争、野心、慷慨和对权力的热爱:所有这些因素,在恰当的规章制度下,都能为社会的幸福、财富和安全做出贡献……在自由国家,人们为了他们的开支、快乐和利润而拿出他们的钱来,并想出各种办法来获取利益和收益。新的项目日新月进,新的交易层出不穷,新的产业雨后春笋……"他们的人身和财产安全"就是人民的"最高目标"。

休谟和洛克成为了这一场交易的主要"叫卖人",而托克维尔是这场买卖的见证人。也许在政治经济学方面,休谟的理性主义更胜一筹,但是在上述介绍人的道德观念上,显然是洛克占了上风。正如潘戈教授所言,

> 我的研究与美国建国问题的大多数其他研究的不同之处在于,我对美国政治建国者们的哲学基础抱有一种强烈的严肃态度……洛克的立场与苏格拉底或柏拉图式的政治哲学的传统形成了鲜明的对比,因为这一传统延续着自己的传统(有些时候是在廊下派、新柏拉图主义或新亚里士多德主义的外衣之下),不仅在西塞罗的罗马共和国中,而且还在中世纪的伊斯兰教、犹太教和基督教中……因此,洛克的作品构成了"古今之争"的巅峰表现之一,这是现代自由文明及其不满的症结所在。

洛克绝不是唯一的,但却可以说是对美国的建国者们最有分量的一种哲学影响。

潘戈教授在这本书中最终想做的,正是他在《〈法义〉释义》以及多部作品中反复强调的"一种哲学沉思生活"的推销。仔细阅读,无论是对韦伯、哈兹、波考克、阿伦特等人的批判中,还是在建国者们的智识与行动美德的重构中,尤其是在洛克向功利主义者们大张旗鼓地"兜售"哲学时,这个主题反复出现,提醒人们"哲学必须成为一种政治哲学,它必须对好公民的信仰、爱和道德承诺进行批判性的探究,以澄清其行为的理由,以证明它自己的行为。只有通过与道德和宗教权威的无休止的对话,尽管这样的对话带来了所有的危险,哲学才能清楚地知道以理性为导向的生活意味着什么。只有这样,理性的生活才能在道德的法庭上合理地证明自己,即神圣的法律。只有这样,哲学家才能证明,最重要的是,为什么它是恰当的,为什么它是正确的,为什么它是正当的,他正致力于一种毫不妥协的思想"。然而,潘戈教授在本书中的第三个目标,却给他的这部作品带来了不少的"麻烦"。

其次,《18世纪北美的共和主义与洛克哲学》这部反对共和修正派的解释,不仅反对希腊—罗马古典共和的概念,而且反对传统的圣经解释为基础政治神学,虽然新普布利乌斯有着"崭新的真理"——人的自然平等和权利。要做到这一点,需要有勇气去进行非常规的书写。潘戈教授便以诸多"题外话"的方式,以明显"诗性的修辞"来解读支配18世纪美国人的新理性主义和新共和主义。这就好比一个作者"精于这一技巧撰写这类论文的时候……在他针对别人论点的作品中,他就会首先坦承自己的错误",精明的读者应该"不会认为……这是他的疏忽大意造成的错误"。相反,读者必须仔细地考虑到这样一种可能性,"就像一个谨慎的医生,当他要让病人吞下一些烈性或腐蚀性药水时,他会把它和大量的其他东西混在一起,这就可能会稀释它;这样药物中的散乱成分可能会减少随之而来的痛苦感,同时引发更少的厌恶感"。因此,有人评价这部作品是关于共和主义主题中最好的一部,也有人评价说,这是有关这个主题最为"天马行空"的一部作品。孰是孰非,需要各位读者去判断,但我认为,这部作品的缺陷,或者被美国主流学派所诟病的问题,并不是它的解读方法,即使是采用了令人迷惑的修辞,甚至产生了微言大义的悖论,而潘戈教授的"哲人"书写情结才是问题的根源所在。

最后,鉴于作者的三个层次的目的,因而就会期盼有三种不同类型的读者。就像我们在阅读马基雅维利的作品时所出现的:"一类是传统宗教、普通正派和古典共和主义的忠实信徒。流于马基雅维利的表面,这些读者形成了一种愤怒谴责的同声共气……他们无意间为马基雅维利的声名背书,并向不安分的年轻人传播了他的魅力。第二类读者是像斯宾诺莎这样的小众哲学家,他们深入研究了这一复杂的理论论证,至少在基本方向上,确信并开始扩展、修改或阐述马基雅维利的立场;第三类读者是那些具有爱国之心、聪明但不懂哲学的人,他们在马基雅维利那里,在他们反对教阶统治、慵懒贵族,以及绝对或世袭的君主政制的爱国主义斗争中,发现了一种强大的灵感源泉。"

作为译者,希望能够在潘戈教授所期待的三种读者("常识"的爱国者们、"虔诚"的洛克们,以及"哲人"苏格拉底们)中找寻到遣词造句的平衡,但更多期待对大众的一种"通识"教育。因而,我保留了《理想国》《法律篇》《联邦党人文集》《与美国和解》等文本的通俗译法,我们"需要不断努力去面对我们的偏见和盲点……(这样才能)被我们邂逅的伟大政治思想家所唤醒、所惊异,并有所改变……否则,要么是这个思想家还不算真的伟大,要么是我们还没有真正地见识他"。

这部作品的翻译,我首先要感谢的是潘戈教授的耐心指导,并为这本中译本重新作序。我在这里要特别致谢六点学术的倪为国老师和彭文曼老师,没有他们的宽容和耐心,就不可能有这个译本的面世;感谢赵雪纲教授的阅读和指正;感谢何永红教授对这部作品的割爱相让。同时,致谢西南政法大学人权研究院对我研究课题的资助,以及执行院长张永和教授在学术道路上对我本人的指引和帮助。

这部作品是关于洛克"教育"主题的示范解读,我第一时间就把译稿交给了我的学生们去阅读并进行校对,希望他们有所收获,但显然他们还没有做好准备,仍然感谢他们的付出:汪慧慧(第1、2、3、5章)、宗政征(第4、6章)、杨建舒(第7、8、9章)、余铮炀(第10、11章)、王德洺(第12、13章)、胡娆(第14、15章)、陈燕妮(第17章)。还有两名已经毕业的学生——胡艾雄和陈晓丹,她们的毕业论文也是与这部作品主题密切相关的。

在"家庭的问题"一章中,潘戈教授开篇即谈的"人类家庭是任何试图将人设想成本质上是一个独立个体的哲学路径上最明显的绊脚石",也就是说,"沉思的生活"与"家庭的生活"是永远都不可能水乳交融的。但这次在奥斯汀的三个月中,我的爱人杨化几乎承担了所有的家庭事务,让我有机会发现和感激这两种生活的交汇益处。还有我的两个"可爱的小东西"——维桢和予桢,我的这部翻译作品几乎是在你们的嬉戏吵闹声中完成的,但每每回顾起洛克《教育漫话》中的启发,人性中的所有色彩都已经在你们的幼小心灵中埋下了种子,期待在这场洛克教育的结束之处,能把这两位年轻的绅士,交到各自的爱人手中。

哲学的生活是"那些最能反躬自省的人,往往会选择一种独立悠闲的私人生活。但是，什么样的日常事务可以让你的闲暇时光充满乐趣呢？答案本身就是对艺术的眷顾和对政治史的研究或写作。但是艺术和历史上最适宜和最令人着迷的主题，却是让灵魂回到对积极生活的渴望中去"。阅读可以趋向一种完满和乐趣，但译事总是伴随着差错和失望。望诸君阅读愉快，批评指正（zhuying@swupl.edu.cn）。

是为后记。

朱颖

2018 年 9 月 30 日

初稿定于美国得州奥斯汀

马拉松路 4412 号

图书在版编目(CIP)数据

18世纪北美的共和主义与洛克哲学 /（美）潘戈著；
朱颖译. -- 上海：华东师范大学出版社，2020
 ISBN 978-7-5675-9900-0

Ⅰ.①1… Ⅱ.①潘… ②朱… Ⅲ.①洛克（Locke,
John 1632-1704）-政治哲学-研究 Ⅳ.①B561.24

中国版本图书馆 CIP 数据核字（2020）第 137471 号

华东师范大学出版社六点分社
企划人 倪为国

本书著作权、版式和装帧设计受世界版权公约和中华人民共和国著作权法保护

经典与解释・潘戈集
18世纪北美的共和主义与洛克哲学

著　　者	［美］潘戈
译　　者	朱　颖
责任编辑	彭文曼
特约审读	潘　林
责任校对	王寅军
封面设计	吴元瑛
出版发行	华东师范大学出版社
社　　址	上海市中山北路 3663 号　邮编　200062
网　　址	www.ecnupress.com.cn
电　　话	021-60821666　　行政传真　021-62572105
客服电话	021-62865537　　门市（邮购）电话　021-62869887
地　　址	上海市中山北路 3663 号华东师范大学校内先锋路口
网　　店	http://hdsdcbs.tmall.com
印 刷 者	上海景条印刷有限公司
开　　本	890×1240　1/32
插　　页	2
印　　张	14.25
字　　数	320 千字
版　　次	2020 年 10 月第 1 版
印　　次	2020 年 10 月第 1 次
书　　号	ISBN 978-7-5675-9900-0
定　　价	88.00 元
出 版 人	王　焰

（如发现本版图书有印订质量问题，请寄回本社客服中心调换或者电话 021-62865537 联系）

THE SPIRIT OF MODERN REPUBLICANISM: The Moral Vision of the American Founders and the Philosophy of Locke
by Thomas L. Pangle
Copyright © 1988 by The University of Chicago. All rights reserved.
Licensed by The University of Chicago Press, Chicago, Illinois, U.S.A.
Simplified Chinese Translation Copyright © 2020 by East China Normal University Press Ltd. All rights reserved

上海市版权局著作权合同登记　图字：09-2015-210 号